厚德博學
經濟匡時

普通高等院校“十三五”规划教材

工商管理系列

第4版

定价策略

骆品亮　编著

上海财经大学出版社

图书在版编目(CIP)数据

定价策略/骆品亮编著. —4 版. —上海:上海财经大学出版社,2019.8
(匡时·工商管理系列)
(普通高等院校"十三五"规划教材)
ISBN 978-7-5642-3331-0/F·3331

Ⅰ. ①定… Ⅱ. ①骆… Ⅲ. ①定价决策-高等学校-教材 Ⅳ. ①F714.1

中国版本图书馆 CIP 数据核字(2019)第 153478 号

策划编辑:王永长
责任编辑:王永长
封面设计:张克瑶
版式设计:朱静怡

定价策略(第 4 版)

著 作 者:骆品亮 编著
出版发行:上海财经大学出版社有限公司
地 址:上海市中山北一路 369 号(邮编 200083)
网 址:http://www.sufep.com
经 销:全国新华书店
印刷装订:上海华教印务有限公司
开 本:787mm×1092mm 1/16
印 张:21.75
字 数:425 千字
版 次:2019 年 8 月第 4 版
印 次:2025 年 6 月第 5 次印刷
印 数:33 801—34 800
定 价:56.00 元

第四版前言

在保持第三版的章节结构不变的条件下，第四版除了对第三版进行勘误外，主要修订工作如下：

1. 增加课外思考练习题

每章的思考练习题扩充到10题，全书共有110个思考练习题。一方面，除了对原来一些开放性习题的基本背景，根据最新进展进行修改外，还更换了部分时过境迁的思考练习题；另一方面，增加了许多根据现实场景设计的思考题。

2. 增加了思考练习题的参考答案

本版附录部分对所有思考练习题提供了参考答案或分析思路，供读者思考时使用。

3. 专栏修改

本版修改了13个正文中的专栏。其中，10个专栏进行了较大的修改甚至重写，分别是“iPhone的经济价值分析”“可口可乐的新型贩卖机”“中国移动的语音批发定价”“上海市私车额度拍卖”“吉列公司的新产品定价”“跨国公司的转移定价”“中国银商之争透视”“电影票价变化折射电影市场改革”“机场餐饮降价”“旅游景点调价风波”。此外，还补充了“大数据杀熟”“互联网条件下的商业模式演进”“应对打车难：动态调价还是网约车”3个专栏，力求反映互联网条件下定价策略的创新实践。

4. 参考文献补充

在不改变第三版的理论框架下，本版增列了16篇参考文献，力图为读者提供进一步了解定价策略近几年进展的线索。

感谢我的博士研究生翁智澄、金锐、张洺在本版的修订工作中，为资料检索和思考练习题参考答案整理所提供的帮助。

骆品亮

2018年9月30日

第三版前言

本书第一版和第二版分别于2006年4月和2008年8月由上海财经大学出版社出版。第三版在保持第二版的内容体系和逻辑结构的基础上，进行了局部修订。其主要有：

1. 部分章节修改

特别是对第三章"盈利性定价的财务分析"进行了较大的修改，包括数值例子的重新设计、盈亏平衡分析应用、毛利率与定价关系的进一步解释、产品线毛利调整规则的数学公式表达等。其余章节主要是进行文字修改、引文补注或注释。

2. 案例修改

考虑到案例的时效性，第三版删除了"吉利的渗透定价策略""农夫山泉的认知价值定价""航空公司的价值定价""提威特的自动价格保护计划"等案例，并且以专栏形式增加了"德比尔斯的坯钻定价""产能约束对非对称性企业价格竞争的影响""非对称性企业的产能扩张与缩减""任天堂和世嘉的网络效应差异"等案例，改写了"可口可乐的新型贩卖机""动感地带的短信批发""吉列公司的新产品定价""DHL的转移定价""5元钱电影院折射电影市场改革""首都机场餐饮降价事件"等案例。

3. 修改并补充了课外思考题

对第二版编入思考题的一些案例进行浓缩和提炼，包括"卡罗莱纳鱼饵引诱剂""预付卡定价策略""朗科优盘的PLC定价策略""平价药房引发围攻"等；对近几年出现的一些具有代表性的定价事实进行提炼，以微型案例的形式编入思考题，包括"中国宽带反垄断案""解构奢侈品定价之谜""国内成品油价格见涨不见跌谁之过""阿里巴巴中国供应商欺诈门"等。

第一版在定价原理的阐释方面主要参考了Nagle & Holden(2003)的《定价策略与技巧—赢利性决策指南》；第二版在定价技术分析方面吸纳了Dolan & Simon(2004)的《定价圣经》的处理技巧；第三版更侧重于定价理论与中国本土化定价实践的

结合。希望通过再次修订后，教材的特色更加鲜明，符合教师教学需要，适合培养学生的独立思考能力与教学讨论的要求。

骆品亮

2013 年 3 月 21 日

于复旦大学管理学院思源楼

第二版前言

本书第一版于 2006 年 4 月由上海财经大学出版社出版。这次的修订工作主要有：

1. 章节结构做了局部调整

(1)全书由原来的十二章压缩为十一章，将原来第七章"非线性定价"中的"二部定价"和"质量价格歧视"并入第四章"价值定价"中，"二部定价套餐"并入第六章"细分定价策略"中，将原来第四章的"参考价格"移到第五章的"定价心理分析"中。

(2)将原来每章最后一节的微型案例放入正文中，以专栏形式出现。

(3)每章最后增加了思考题，供学员小组案例讨论使用或作为学生课外作业。

2. 内容修改与补充

(1)第四章在经济价值分析中，增加了基于需求曲线的价值估价分析，并以此为基础阐述了二部定价策略。

(2)第五章的定价心理分析作了较大的修改，特别是对前景理论的阐述更加系统，还增加了诸多测试题目。

(3)重写了第六章的细分定价策略。

(4)第七章的价格博弈增加了"定价与竞争战略"，并将原来第九章的动态价格联盟压缩修改后放到这里。

(5)第八章的动态定价策略修改较大，首先归纳了动态定价的类型，然后系统介绍 PLC 定价策略。

(6)第十章"网络经济视角下的定价机制创新"也做了较大幅度的修改，主要是重写了电信定价机制、支付卡网络跨行交换费利益博弈两节。

(7)第十一章"公共资源的定价模式"中，增加了旅游景区的定价决策部分。

3. 写作风格有所变化

第二版中删掉一些技术性较强的模型分析，改用直观形象的描述性介绍，并增加了大量的微型应用案例专栏。如此,第二版更适合于 MBA 学员阅读。

4. 图形与文字修订工作

第二版对一些图形进行修订,使得曲线更加美观。另外,对诸多文句进行修改润色,更具可读性。

骆品亮

2008 年 4 月 23 日

第一版前言

定价策略是全球商学院营销专业的一门专业基础课。但是,国内商学院 MBA 课程中《定价策略》开设较晚。笔者于 1999 年在美国 Dartmouth 大学 Tuck 商学院旁听过这门课,用的教材是 Thomas Nagle 和 Reed Holden 编著的《定价策略与技巧——赢利性决策指南》。不久,清华大学出版社出版了该书的中译版。我于 2000 年 9 月为复旦大学 MBA 开设这门新课程《定价策略》,并推荐学生购买该中译本。至今,我已为复旦大学 MBA 开设"定价策略"课程 10 余次。笔者感觉该书的基本原理对于 MBA 很有启发,但是该书缺乏应用案例,甚为遗憾。出于教学需要,我不断收集、整理,甚至自行开发定价案例已有 5 年之久,积累了大量本土化案例。由于该课程在复旦 MBA 中反响不错,特别是经本人修改完善的课程体系及本土化案例颇受修读该课程的学生欢迎,历届学生均要求本人连续开设该课程。因此,为方便授课和便于学生阅读,我决定整理积累的教学研究资料,汇编成《定价策略》。

本书按 40 课时共 10 次课设计内容体系,每讲 4 个学时,每章最后附 1～2 个案例供学生讨论。本书的基本逻辑是:第一章提出定价策略的基本目标和核心问题;第二章提炼定价的 3C 基本原理;沿着 3C 基本框架,第三章介绍成本定价;第四章介绍价值分析方法与价值定价;第五章分析定价心理因素;第六章论述细分定价;第七章分析非线性定价原理;第八章介绍竞争导向定价;第九章论述动态定价;第十章分析整合营销定价策略,论述定价与产品线、广告、渠道的匹配关系;最后,作为应用,第十章分析网络定价,而第十一章研究公共资源的定价模式。在教学时,笔者建议可将第一章和第二章合并。

我个人觉得,本书的基本特色为:(1)体系结构创新。本书沿着定价的 3C 基本原理展开,然后汇合论述整合营销定价及动态定价,最后进行应用研究。(2)全球化与本土化有机结合。本书的案例既有国际企业的定价案例,也有本土企业的定价案例,既能培养学生的国际视野,又立足于中国企业的定价实践,具有较强的应用参考价值。

(3)前瞻性。在过去20年中,营销工程与产业组织理论在定价理论与应用研究中取得丰富的研究成果。本书在介绍基本原理之余,力求反映定价理论的研究进展。其中部分前沿进展的介绍是基于笔者近几年来的研究心得及研究成果集成的。(4)理论与实际相结合。定价的技术分析较复杂,在营销专业中是较具挑战性的课程。本书力求用生动形象的语言与实例阐述艰涩的定价理论,并附以大量的应用案例予以阐释。

本书要求读者具备较扎实的管理经济学基础理论和市场营销专业知识。本书既是方法导向的,又是问题导向的。希望从事定价理论研究的读者可以从本书领会到定价理论的基本研究方法;而希望运用定价理论解决实际定价问题的读者可以从本书的一些案例及定价原理中得到诸多启示。

最后,我要感谢复旦大学首席教授郑绍濂导师长期以来的鞭策和鼓励;感谢我的研究生潘忠、殷华祥在做《定价策略》课程助教中编译的部分案例;感谢我的研究生陈连权在将部分PPT文件转化成为Word文件及查询文献中的辛勤劳动;感谢香港大学商学院陶志刚教授、美国华盛顿大学Martin Cripps、复旦大学管理学院张喆博士提供的部分学术资料;感谢上海财经大学出版社王永长同志为本书出版提供的策划。此外,我还要感谢所有修读过我开设的《定价策略》课程的MBA和本科生在课堂中无私贡献的学术智慧。

本书是笔者在繁重的教学工作之余完成的,每天花费大量时间完成公式文字输入及演算工作,缺失或错误在所难免。

当然,我本人对本书所有错误和不足之处承担全部责任,欢迎读者批评指教。

骆品亮

2005年11月21日

于复旦园

目　录

第一章　绪　论

产品与服务的定价是市场营销中的一项基本内容，是企业最重要的决策之一。在某种程度上，企业的各种竞争策略最终都将在定价决策上得到体现。对企业来讲，4Ps 营销组合策略中的产品(Product)、渠道(Place)、促销(Promotion)都是“花钱”的，只有价格(Price)这个 P 是“挣钱”的。从这个意义上讲，其他 3P 是为价格 P 做铺垫的。因此，定价策略在营销战略中具有不可撼动的定位，定价策略创新引领着企业的营销策略创新。本章主要阐述定价策略的基本内容、定价目标、成功定价的基本步骤，并归纳常用的定价方法。

第一节　定价策略的基本内容

定价是长期困扰企业经营层的基本营销问题。传统的定价决策是由企业财务部门制定的，因为财务部门可以核算产品或服务的成本。因此，企业一般根据财务报表的结果来判断定价是否合理。可喜的是，企业经营层已经知道价格在很大程度上是由市场决定的，而不是由企业控制的。企业的定价决策正由“制定价格”向“战略定价”转变，定价职能也正由财务部门转移至营销部门；定价注意力正由结果转向过程。定价经理关心的首要问题不再是“价格应该为多少”，而是“定价时应该充分考虑对价格具有决定性作用的因素有哪些”。当然，战略定价不仅要求企业在定价思维上的改变，还要求在定价时间、定价方式和定价决策参与者等方面的转变。可以说，战略性定价实质上是营销与财务两大职能之间的交互作用，旨在寻求满足顾客的愿望和回收成本并获得预期利润两者之间的平衡①。

定价策略旨在通过对战略定价的系统理性思考，深刻理解定价战略在市场营销战

---

① Thomas Nagel，Reed Holden. 定价策略与技巧——赢利性决策指南．应斌等译．北京：清华大学出版社，2003，第 2 页．

略中的重要地位，认识战略定价与制定价格的区别，掌握定价策略与技巧，为有效定价提供理论指导作用。总体而言，定价策略的主要内容包括四个模块：(1)价格的决定因素分析；(2)目标市场细分及定价目标选择；(3)定价战略制定；(4)定价策略的战术实施，参见图 1.1 所示。

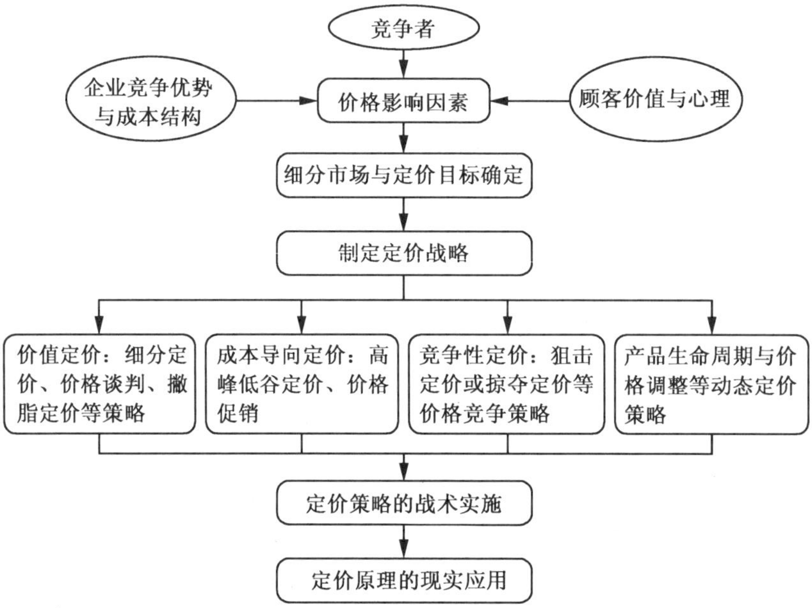

图 1.1　定价策略基本内容框架

第二节　定价目标

一、战略与协调

成功的定价具有两个特点：一是定价方针与公司整体营销战略相辅相成；二是定价过程具有协调性和整体性[①]。

价格和营销策略中其他组合要素的一致性和协同作用对于成功定价是至关重要的。企业的定价方针会向市场传递一种信息，让顾客对企业的商业理念有所了解。比如，通用的全资子公司土星(Saturn)的定价方针为“统一价、不议价”，此种定价政策向市场发出信号，避免经销商和顾客之间由于讨价还价而产生对立情绪。斯沃琪(Swatch)手表的定价政策也说明了这一点——Swatch 手表的定价想传递这样一种

① Robert Dolan. 如何定价．哈佛商业评论，2005(2)：pp. 44～56.

信息:手表可以既实用又充满乐趣。Swatch 基本款式的手表价格 10 余年来固定为 40 美元不变。正如 Swatch 公司设计实验室主任 Franco Bosisio 所说的:"价格是一面镜子,折射出我们想要表达的产品特点。Swatch 手表不仅使得人人买得起,而且看上去容易让人亲近。下决心买一块 Swatch 手表并不难,也容易接受。它会勾起你的购买欲望,但不会令你考虑太多"。①

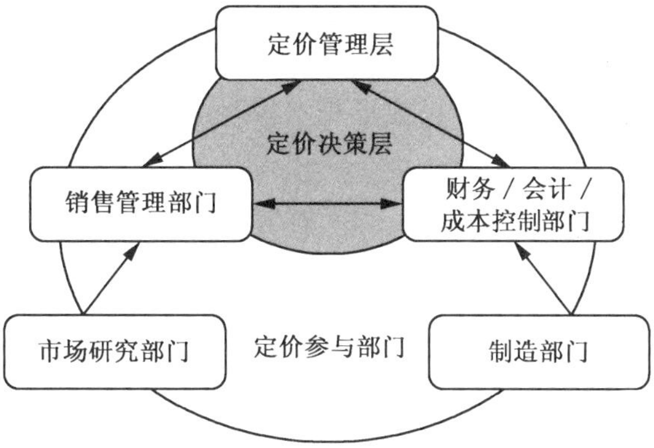

图 1.2 定价决策与参与部门(Dolan & Simon,2004)

另外,定价过程需要许多部门参与,比如会计部门提供成本估算信息、市场部门传达定价战略、销售部门提供市场需求信息、生产部门设定产量、财务部门确保资金安全等。Dolan & Simon(2004)给出如图 1.2 所示的定价决策权与定价参与情况的示意图(其中箭头方向表示信息流),认为正确的定价需要市场、销售部门和成本控制、财务、会计部门的介入②。一般来说,在下列情形下,定价决策单位的级别就应越高:(1)越是对公司重要的产品;(2)高层经理越了解产品或市场;(3)市场同质性越高、市场越稳定;(4)各细分市场定价一致性越重要,或一致性信号对竞争者越重要。

因此,成功的定价需要各参与部门协调一致,形成共同目标,并有效处理冲突。如果职能部门的目标有所不同,那么冲突在所难免。定价实践中有一些用于化解定价冲突的方法,比如在汽车行业中普遍采用"四眼原则"——由分别来自财务部门和销售部门的两个人就价格达成共识后向总经理提出定价建议;在消费品行业中,通常成立一个由多个职能部门的人员参与的定价小组来提出统一的价格建议;而在航空、电信、服务、药品、工业品等行业中,通常由一名定价经理负责收集各种与定价相关的信息,提出定价建议后向总经理报告。一般来说,成功的协调机制需要考虑以下问题:我们的定价目标是什么?是否每位参与者都明确这个目标?他们是否都具备努力实现这个

---

① 转引自:Robert Dolan. 如何定价. 哈佛商业评论,2005(2):pp:44~56.

② Robert J. Dolan,Hermann Simon. 定价圣经. 董俊英译. 北京:中信出版社,2004,第 296~298 页.

目标的动力?

二、定价目标

定价目标是企业通过定价活动要实现的目标。不同企业的定价目标可能不同,比如:提供新产品的企业希望通过定价提高产品或服务的价值形象;而面临进入威胁的在位企业希望通过定价来遏制潜在进入者;另一些企业的定价可能是为了在失去订货的市场上恢复订货。另外,处于不同发展阶段的企业的定价目标也可能不同,比如:在市场规模扩张时,企业定价的目标可能不是实现利润最大化,而是扩大市场份额并树立品牌形象。此外,定价目标通常和细分子市场的选择紧密相关。比如,企业是专注于愿意为差异化产品支付溢价的高端市场,还是同时服务不同的细分市场?再比如,航空公司定价时需要确定是只为特定身份的顾客提供折扣,还是只在特定的时间为顾客提供折扣?

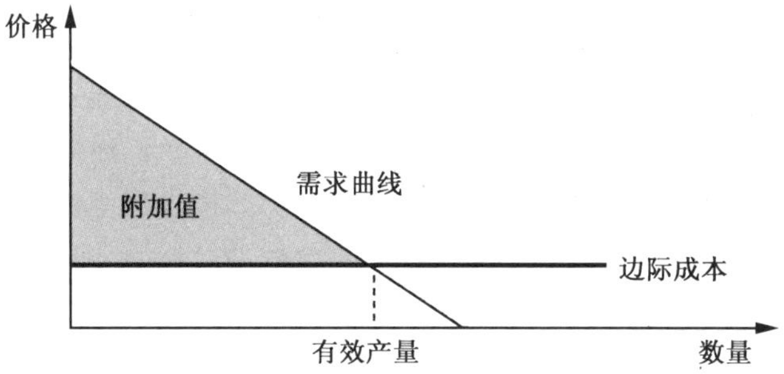

图 1.3 谋取利润最大化的定价目标

定价理论倾向于认为,持续盈利是企业定价的目标,或者说定价目标是寻求边际收益与市场份额的平衡,从而使得产品的长期利润最大化[①]。在图 1.3 中,企业的定价目标就是选择合适的价格,使得它从其所创造的附加值中获得最大的回报。一般来说,假设企业在 n 个细分市场持续销售产品 T 期,则定价目标是确定各个市场的价格组合 $P=(p_1,p_2,\cdots,p_n)$ 使得总利润最大,即

$$P\in \arg\cdot \mathrm{Max}\{\Pi=(1+\delta+\cdots+\delta^{T-1})[\pi_1(P)+\pi_2(P)+\cdots+\pi_n(P)]\} \quad (1.1)$$

其中,δ 为贴现率(discounting factor),arg · Max 表示由最大化目标函数的元素组成的集合。当然,子市场 i 中的价格 $p_i(i=1,2,\cdots,n)$ 可能是动态变化的,也可能是非线性的。

---

① 高明的定价者善于思考产业演变的可能趋势,并预测当前的定价行为对未来价格走势的影响。提高当前市场份额的最简单方法是降价,但在价格刚性的作用下它可能会破坏未来的赢利能力。因此,高明定价者非常关注长期赢利性,而不仅仅盯住短期利润。

三、定价政策

定价政策是指导企业定价活动的基本原则或规则。比如，通用公司对土星(Saturn)的定价政策规定对顾客一视同仁，不提供价格折扣与差异价格；而斯沃琪(Swatch)基本款式的手表和松下电池的定价政策规定永不降价。有些定价政策界定了销售代表所能提供的折扣权限，要求只有征得定价部门的同意才能提供更大的折扣；而有些定价政策规定随时注意竞争者的价格变动并及时做出反应，但是价格有所调整时，必须提前(比如1周)公布于众，以便市场有所适应。

专栏 1.1

顶点公司定价政策的转变

工业设备制造企业顶点公司(Acme Incorporated)过去的定价政策是：公司公布了每一种产品的目录价格；销售部门对所有产品在每个市场的折扣有个上限约束；销售代销必须征得定价部门的同意才能提供更大的折扣。但是，销售代表们认为他们的任务是争取市场份额，将定价经理和定价分析师看成一种障碍。由于最高管理层不会同意失去市场份额，而且由于缺乏有效的控制，结果变相鼓励销售代表在价格折扣核准过程中走捷径。一个销售代表可能会要求定价部门批准一个大大超出定价政策允许范围的折扣，而且即使定价部门同意了，这个销售代表也可能为完成一笔交易而向客户提供更大的、未经过批准的折扣。例如，定价部门可能批准一个订单的价格是81 000美元，但实际的发票价格却是75 000美元；而另一个订单的核准价格可能是31 000美元，而发票价格却是28 000美元。由于每年都有成千上万笔销售交易，使得确保实际交易价格符合核准价格的任务非常艰巨。

面对此种五花八门的实际交易价格，顶点公司不是简单地提高目录价格，而是改变定价政策。新的定价政策的重点为：(1)成立定价决策委员会，拥有较大的价格折扣权限。(2)给予销售代表、定价分析师、定价经理三级人员不同级别的折扣核准权限。比如，定价经理可以核准40%的价格折扣。(3)编制例外编码，对每笔价格折扣的交易贴上相应的编码(比如"领导层核准""回应竞争""销售过失"等各种标签)，使得顶点公司可以追踪价格变化的原因。(4)建立月检查制度。比如，评估小组发现某位销售代表完成的交易经常贴上"销售过失"标签，该销售代表的上司就会更详细地检查该销售代表是如何进行销售谈判的。

顶点公司的定价政策转型极大地减少了定价部门和销售部门之间的摩擦，在3个月内实现了年收入增长50万美元的目标①。

---

① 改编自：ManMohan Sodhi，Navdeep Sodhi. 六西格玛定价法．哈佛商业评论，2005(7)：pp. 40～50.

第三节　定价步骤

战略定价需要制定一个完整的定价程序，图 1.4 显示了有效定价的 9 个步骤①。

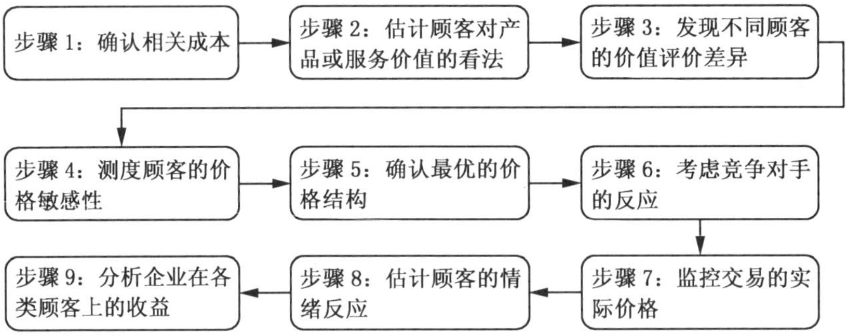

图 1.4　有效定价的 9 个步骤(Dolan,2005)

一、确认相关成本

价格和成本是一对孪生姐妹，成本是定价的底线；反过来，定价会影响成本——比如，降低价格可以增加销量，在规模经济下单位成本就会下降，但在规模不经济的情形下，单位成本会随着销量的增加而上升。特别值得注意的是，并不是所有的成本都对定价产生影响，比如沉淀成本（Suck Costs）对定价决策就无影响。因此，确认定价的相关成本（Relevant Costs）就显得尤为重要。

举一个原油加工站为汽油定价的实例来说明定价时如何确定相关成本（见表 1.1）。假设加工站在 2005 年 1 月 1 日以市场价格每桶 50 美元购进原油 2 000 桶，到了 2005 年 8 月 31 日，库存量还有 1 000 桶，但原油的市场价格上升至每桶 70 美元，那么，加工站在为其产品定价时，应确认的原油成本是多少？

表 1.1　原油成本的核算

时　间	原油市场价格(美元/桶)	库存量(桶)	相关成本(美元)
2005 年 1 月 1 日	50	2 000(进货)	50
2005 年 8 月 31 日	70	1 000	70
2005 年 9 月 30 日	40	500	40

显然，50 美元是这些原油的会计成本（即历史成本），如果加工站以 50 美元为单

① 改编自：Robert Dolan. 如何定价. 哈佛商业评论，2005(2)：pp. 44～56.

位成本进行定价，将导致定价偏低。实际上，原油加工站可以选择以 70 美元将剩余的原油转卖掉，每桶原油产生 20 美元的利润，此即每桶原油用于加工的机会成本[①]。因此，加工站为这些原油定价时应以每桶 70 美元(50 美元的会计成本加上 20 美元的机会成本)进行成本核算。

再假设，到了 2005 年 9 月 30 日，库存还有 500 桶，但原油的市场价格则下跌至每桶 40 美元，那么，加工站为原油定价的相关成本是多少？显然，每桶原油产生了 10 美元的沉淀成本，如果加工站以历史成本每桶 50 美元为相关成本定价，将导致定价偏高而失去市场份额相对于零库存的竞争对手。正确的成本核算应是每桶 40 美元。

所以，确认相关成本不能采用传统的会计核算方法，比如"先进先出"法(First-In-First-Out，FIFO)或"后进先出"法(Later-In-First-Out，LIFO)，而应采用"将进先出"法(Next-In-First-Out，NIFO)，即将成本核算与要素的市场价格挂钩[②]。这就不难理解，为什么面粉涨价时超市的方便面立刻提价，尽管这些方便面是面粉涨价前进的货。但是，反过来，当面粉跌价时，方便面也应降价，即使这些方便面是在面粉高价位时进的货。

二、价值评估

定价的第二步是估计顾客对产品或服务价值的看法。传统的成本加成定价是先着眼于企业内部，然后推向外部市场。这种由内及外的传统推动式定价方法忽略了外部市场对企业定价的制约。有效的定价策略应该是反其道而行之，首先分析顾客对产品或服务的价值评价，然后通过成本控制来设计生产产品。

图 1.5 是关于基于成本定价(CBP)模式与基于价值定价(VBP)模式的比较分析。CBP(Cost Based Pricing)是一种推动式(Push)定价模式，在确认顾客的认知价值之前就选择了销量及目标顾客，从企业内部因素出发制定价格，再将此价格强加给顾客。而VBP(Value Based Pricing)是一种拉动式(Pull)定价模式，首先分析顾客的认知价值与支付意愿 WTP(Willingness to Pay)，然后以此为价格上限的基准(Bench Mark)，通过内部成本控制来生产产品或提供服务[③]。

CBP：产品→成本→价格→价值→顾客

VBP：顾客→价值→价格→成本→产品

图 1.5　CBP 和 VBP 的区别(Nagle & Holden，2003)

---

① 机会成本(Opportunity Costs)是指资源因用于某种特定的用途而放弃了其他各种可能的用途所产生的潜在的最大利润损失。加工站对原油进行加工就意味着放弃直接将原油转售，而转售每桶原油的利润为 20 美元。

② Thomas T. Nagel，Reed K. Holden，定价策略与技巧——赢利性决策指南. 应斌等译. 北京：清华大学出版社，2003，第 17 页.

③ Robert J. Dolan，Hermann Simon. 定价圣经. 董俊英译. 北京：中信出版社，2004，第 296～298 页.

专栏 1.2

Glaxo 的善胃得定价策略

格兰素(Glaxo)的善胃得(Zantac)和史美克(SmithKline)的泰胃美(Tagamet)都是用于治疗胃溃疡的药物。SmithKline 的泰胃美在 1977 年进入市场,1983 年成为头号治疗胃溃疡的药物。1983 年,Glaxo 推出善胃得。与泰胃美相比,善胃得的性能更加卓越:药品剂量更小,副作用更少,而且可以与其他药品同时服用。由于预见到善胃得在消费者心目中具有更高的感知价值,Glaxo 一开始便为善胃得定价高出泰胃美 50%。4 年后,善胃得替代泰胃美成为市场领导者。

图 1.6 显示了 Glaxo 如何改变行业的等价值曲线使得泰胃美处于价值劣势区域,并进而运用价值定价原理为其善胃得定价。鉴于善胃得的价值定位 $PV_Z > PV_T$,如果善胃得的定价与泰胃美相同,则行业的等价值曲线由 OA 改变为 OB,泰胃美将处于价值劣势区域。给定泰胃美的价格 P_T,善胃得的合理定价上限为 $P_Z = P_T + BC$。本例中,善胃得的实际定价为 $P_Z = 1.5P_T$,即 B' 的位置。

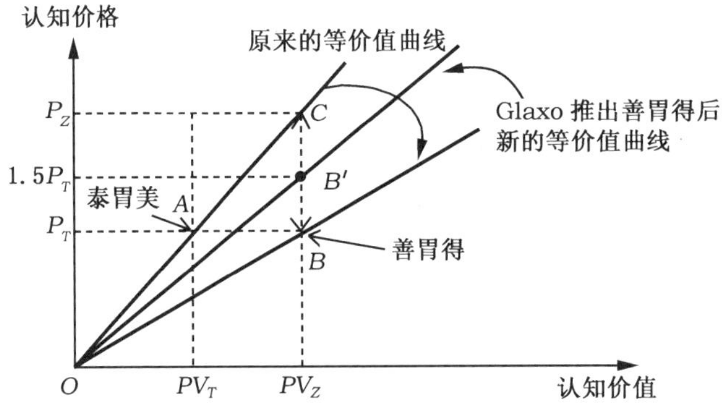

图 1.6 善胃得改变行业等价值曲线

三、识别顾客的价值差异

发现不同顾客在产品价值评价上的差异是企业实行差异化定价的出发点。比如,软件厂商推出新款畅销软件时,会对旧版用户打折,因为旧版用户可以继续使用旧版产品,因此,对新版产品的价值评价较低。

在区别顾客认知价值的差异时,一般应思考以下问题:顾客在产品使用频率上是否有差别?顾客的使用方式是否有差别?即使用途相同,顾客对产品性能的要求是否不同?

图 1.7 显示了电脑产品在秘书用途和工业设计用途方面使用价值的差异,电脑公

司可以基于价值差异实施顾客细分定价①。

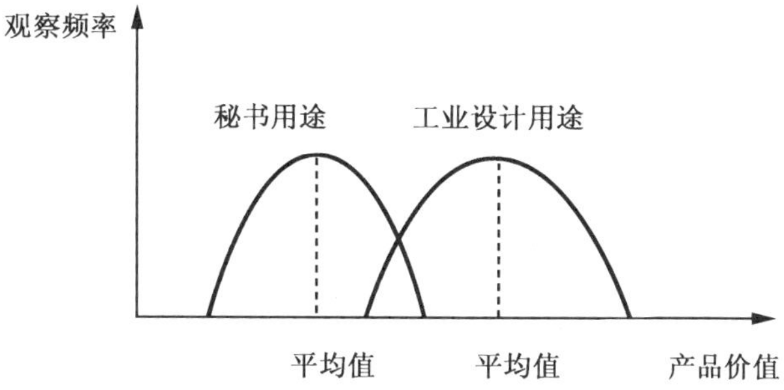

图 1.7 同一产品,不同价值(Dolan,2005)

四、测度价格敏感性

当企业为新产品定价,或者进入新的市场,或者决定调整已有产品的价格时,顾客的价格敏感性分析是至关重要的。价格敏感性又称价格弹性(Price Elasticity),定义为需求变动的百分比与价格变动的百分比的比值,即

$$\varepsilon=\frac{\Delta q/q}{\Delta p/p}=\frac{p}{q}\cdot\frac{\Delta q}{\Delta p}=\frac{pq'(p)}{q} \tag{1.2}$$

一般来说,价格与价格弹性成反比例关系:价格弹性越大,价格就应制定得越低,即 $p'(|\varepsilon|)<0$。所以,如果产品存在许多替代品,应制定较低的价格;当进入一个由在位者控制的市场时,可以采用低价格的渗透定价策略(Penetration Pricing)以吸引价格敏感的顾客。

五、设计价格结构

决定价格结构需要考虑两个问题,即是否提供数量折扣,以及是否进行捆绑销售。数量折扣在工业品销售中很常见。

(一)非线性定价

表 1.2 显示了两个买家(A 和 B)对边际产品的价值评价。如果制造商的边际成本为 $c=20$,那么,最佳的单一价格是 $p=70$,得到利润 $\pi=\pi_A+\pi_B=(70-20)+(70-20)=100$。但是,制定“最佳价格”往往不是定价问题的关键,而制定最佳“价格结构”才会带来更大的利润机会。

---

① Robert Dolan. 如何定价. 哈佛商业评论,2005(2):pp. 44~56.

表 1.2　　不同买家的边际支付意愿

产品数量	买家 A	买家 B
1	70	70
2	20	50
3	20	40
4	20	35
5	20	30

如果企业采用数量折扣的定价方式，最优的定价方案为

$$p(n)=\begin{cases}70(n=1)\\50(1<n\leqslant 2)\\40(2<n\leqslant 3)\\35(3<n\leqslant 4)\\30(4<n\leqslant 5)\end{cases}\tag{1.3}$$

也就是说，消费者只买 1 件产品需要支付价格 70，买 2 件另加 50，买 3 件另加 40……此种收费机制为阶梯形定价机制，如图 1.8 所示。那么，消费者 A 将购买 1 件，消费者 B 将购买 5 件，总利润为 $\pi=\pi_A+\pi_B=(70-20)+(70+50+40+35+30-20\times 5)=175$，利润增加了 75%。

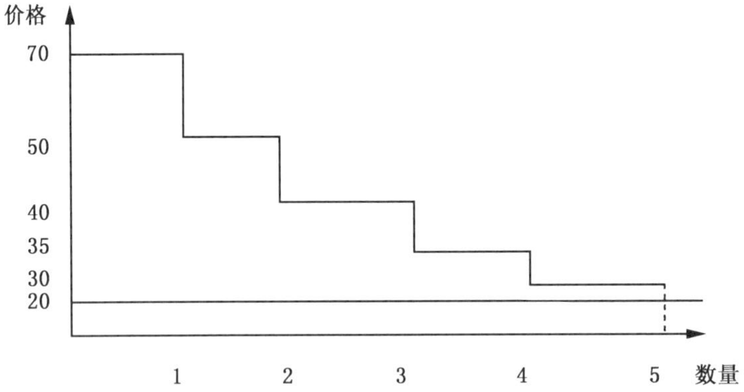

图 1.8　阶梯定价机制

上述的阶梯定价实际上是一种典型的非线性定价(Nonlinear Pricing)策略。俱乐部的两部定价(Two Part Tariff)、工业品的数量折扣、航空公司的里程累积计划(Frequently Flying Program)、饭店等服务业中的多人优惠定价、零售业中的板块定

价(Block Pricing)都是非线性定价的表现形式[1]。图 1.9 比较了几种典型的定价模式。

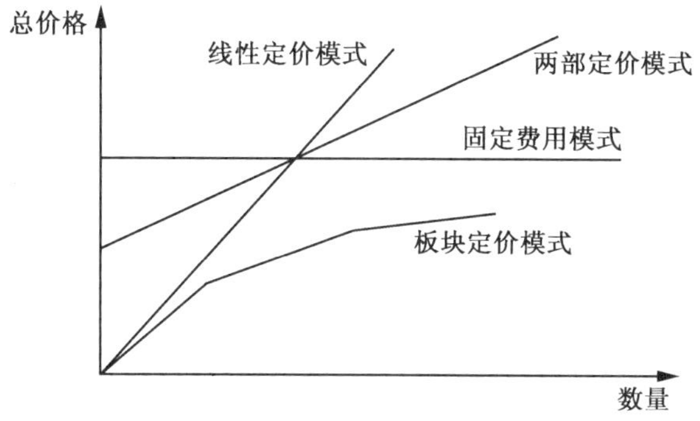

图 1.9 线性与非线性定价模式比较(Dolan & Simon,2004)

专栏 1.3

德国铁路公司的火车预付卡定价

1993 年之前,德国铁路公司采用基于里程数收费的定价模式,其中头等车厢每公里票价为 0.36 马克,而次等车厢每公里票价为 0.24 马克。当时,德国汽油成本为每公里 0.15 马克,由于汽车成本为固定成本,大多数消费者只将油价作为开车的成本,因此,许多消费者选择自己开车。

1993 年,德国铁路股份公司推出 Bahn 预付卡,消费者只需要预付一笔费用,一年内每次旅行便可获得 50%的票价优惠。Bahn 预付卡的实质是两部定价制,具体为:(1)一等车厢的 Bahn 卡售价 440 马克,每公里票价为 0.18 马克;(2)二等车厢的 Bahn 卡售价 220 马克,每公里票价为 0.12 马克;(3)对于老人和学生等特殊群体,Bahn 卡售价减半。

我们以二等车厢的 Bahn 卡为例来分析其对消费者的吸引力。由于 220 马克的年费为沉淀成本,消费者只需比较每公里票价(0.12 马克)与油价成本(0.15 马克)来决定是选择乘坐火车还是自己开车。显然,持有 Bahn 卡的消费者会选择乘坐火车。同时,假设年消费者量为 q 公里的消费者对是否持有 Bahn 卡无所谓,则 $220+0.12q=0.24q \Rightarrow q=1\ 833$。因此,年旅行距离超过 1 833 公里的旅客购买 Bahn 卡更划算。实际上,自 1993～1996 年,每年有 310 万张 Bahn 卡被售出,年收入达 20 亿马克[2]。

---

① 非线性定价是指消费者支付的成本与其购买的产品或服务的数量不成严格的正比例关系,或者说,消费者为单位产品或服务支付的成本(平均价格)是数量的非线性函数。其中,两部定价是指固定费加上单位产品使用费的价格结构;多人优惠定价是指在"主要客户"购买产品或服务后,与其相关(如配偶或同事)的"新增客户"如果购买相同的产品或服务,可以获得价格折扣;而板块定价是指边际消费量的价格变动(递增或递减)的定价模式,阶梯定价属于板块定价模式。

② 改编自:Robert J. Dolan,Hermann Simon. 董俊英译. 定价圣经. 北京:中信出版社,2004,第 171～175 页.

（二）捆绑定价

在确定最佳的价格结构中，捆绑定价（Bundling）具有重要作用。定价实践中，捆绑销售的形式有多种，包括：（1）纯粹捆绑销售（Pure Bundling），即只提供成套产品，不能单独购买产品。比如，微软（Microsoft）将其 MS-DOS 操作系统和 IE 浏览器捆绑销售并引发了微软垄断案；再如，移动通信公司的短信批发等批量定购。（2）混合捆绑销售（Mixed Bundling），即除提供组合产品外，还拆零销售。比如，餐馆除提供套餐服务外，还提供点菜服务。（3）搭配销售（Tying），即将主打产品与附属品搭售。比如，20 世纪 50 年代，施乐公司（Xerox）垄断了复印机市场，但未垄断复印纸，施乐对复印机与复印纸进行搭售销售；而 IBM 一度要求租用者使用 IBM 制造的计算机纸卡。（4）交叉优惠券（Cross Coupon），即商家对购买其主体产品的消费者发放用于折价购买其他产品的优惠券。它经常出现于消费品行业中，比如可口可乐公司在其瓶装的两升建怡可乐外包装上附上一张低糖迷美果汁（Diet Minute Maid）的优惠券①。

捆绑定价的正当理由包括：（1）可以降低顾客的交易成本与检测成本，因此可以提升交易效率。（2）可以逃避管制，垄断厂商将受管制的业务（如市内电话服务）与不受管制的业务（如计算机业务）搭配销售，通过对后者索取高价避开电话费率的管制。（3）可以控制价格折扣，特别是对常客暗中给予价格折扣，比如买 100 元送价值 10 元的商品。（4）通过捆绑销售保证产品质量（Assure Quality）。比如，柯达公司声称，顾客买了胶卷后要拿回到柯达公司冲洗。柯达此举是实施了搭配销售，其理由是不相信其他的相片冲洗商能像柯达一样娴熟地冲洗柯达胶卷。试想一下，如果冲洗不当导致冲洗效果不佳，消费者搞不清是胶卷问题还是冲洗问题，有可能今后就不买柯达胶卷了②。

那么，捆绑定价是否可以增加厂商的利润？考虑表 1.3 所示的定价实例③：考虑到观众有两种基本类型，前卫观众和传统观众，电视台决定推出两个频道，一个为教育频道（E），另一个为流行音乐频道（M）。电视台知道每类观众对每个频道的价值评价，但无法识别观众的真实类型。

表 1.3　观众对电视频道的价值评价

频道 \ 观众	前卫观众 F	传统观众 C
教育频道 E	11	20
流行音乐频道 M	11	2

---

① Robert J. Dolan，Hermann Simon. 定价圣经．董俊英译．北京：中信出版社，2004，第 217 页．

② Jeffrey Church，Roger Ware. Industrial Organization：A Strategic Approach. 北京：清华大学出版社，2000，第 168～170 页。

③ 参考：方博亮、林祖嘉. 管理经济学. 台北：智胜文化事业有限公司，2003，第 464～465 页.

当边际成本 $c_E=c_M=0$，则最佳价格为 $p_M=11$，$p_E=11$，对应利润为 $\pi=\pi_E+\pi_M=33$。而最佳价格结构是将E和M组合定价22，即 $p_b=22$，那么，$\pi=\pi_E+\pi_M=22+22=44$，利润增加了33%。为什么捆绑定价能增加利润？这是因为顾客群对个别产品的认知价值不同，当企业为某个产品制定一个特定的价格时，可能会将某些仍具有盈利性的边缘化顾客群“挤出”市场，或者未能从某些愿意支付更高价格的顾客群处充分赚取利润；而当企业将两种或多种产品组合在一起时，各顾客群对组合产品的认知价值差异就缩小了。

图1.10比较了单独定价与捆绑定价模式的差异，其中横轴表示消费者对产品E的认知价值 v_E，纵轴表示消费者对产品M的认知价值 v_M，这样一来，每个消费者可用特征参数(v_E，v_M)在 v_E-v_M 平面上予以表示。

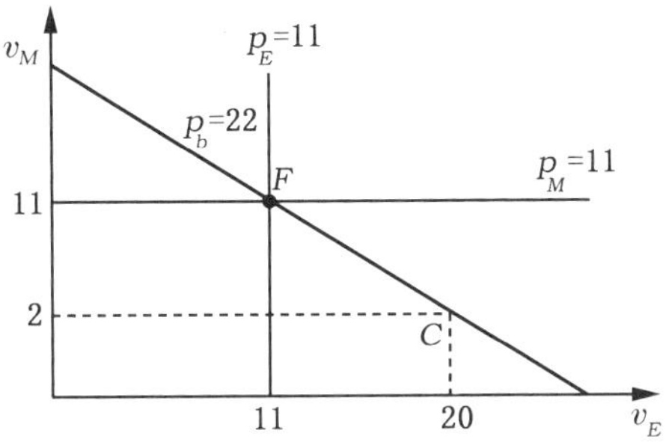

图1.10 单独定价与捆绑定价模式比较

当边际成本 $c_E=c_M=5$，电视台的最优定价结构是什么？如果仍将教育频道和音乐频道进行组合定价 $p_b=22$，则 $\pi=2\pi_b=(22-10)+(22-10)=24$。但是，因为传统观众对音乐频道的支付意愿低于电视台的边际成本，所以，电视台不应“贴本”销售音乐频道给传统观众。所以，电视台可以制定价格结构

$$\begin{cases} p_b=22 \\ p_E=19.99 \end{cases} \tag{1.4}$$

在此价格结构下，前卫观众将购买组合产品，而传统观众将只购买教育频道，电视台获得利润 $\pi=\pi_b+\pi_E=(22-10)+(19.99-5)=26.99$，比纯粹组合定价的利润增加近12.5%。

学界普遍认为，Burnstein(1960)和Stigler(1963)是首次提及捆绑(他们称之为组合定价)定价的学者。之后，Adams和Yellen(1976)提出一个包含两件产品的组合定价模型[①]。该模型考虑三种组合模式：纯组合、混合组合和拆零销售。在纯组合销售

① Adams, W. J., Yellen J. L. Commodity Bundling and the Burden of Monopoly. *Quarterly Journal of Economics*, 1976, 90(August): pp. 475～498.

下，消费者要么购买整个组合产品，要么什么都不买。在混合组合销售下，消费者可以选择购买整个组合产品，也可以选择购买单个组件或产品。在拆零销售下，消费者可以购买单个组件或产品（如果消费者购买两个组件，等于自我实现了购买纯组合下的整个组合产品）。

图 1.11 说明了消费者在以上三种销售情形下的选择区域。其中横轴表示消费者对商品 1 的价值评价；纵轴表示消费者对商品 2 的价值评价。我们可以根据每个消费者对两种产品的价值评价即(V_1, V_2)在图中找到他的位置。图 1.11(a)是拆零销售的情形，两种产品的价格分别为 P_1 和 P_2，整张图被切成 4 个象限：在第Ⅰ象限的消费者(V_1, V_2)满足 $V_i < P_i (i=1,2)$，他们不购买任何产品；第Ⅱ象限的消费者(V_1, V_2)满足 $V_2 > P_2, V_1 < P_1$，他们只购买产品 2；以此类推，第Ⅲ象限的消费者既购买产品 1 又购买产品 2；第Ⅳ象限的消费者只购买产品 1。图 1.11(b)和图 1.11(c)分别显示了纯组合销售和混合组合销售的情形，不再赘述。那么，在纯捆绑销售下，厂商是否可以赚取更多利润？显然，在图 1.11(b)中的第Ⅰ象限，有一些消费者在拆零销售下将选择购买产品 1 或 2，但在纯捆绑销售下他们将不购买任何产品。因此，在纯组合销售下，厂商将失去一部分市场。那么，这些损失是否可以从对购买组合产品的消费者中得到补偿？这取决于消费者对两种产品需求的相关性。在需求负相关下，厂商可以通过组合产品从组合定价中赚取更多利润；但若消费者对两种产品的需求呈正相关，纯捆绑销售将得不偿失。

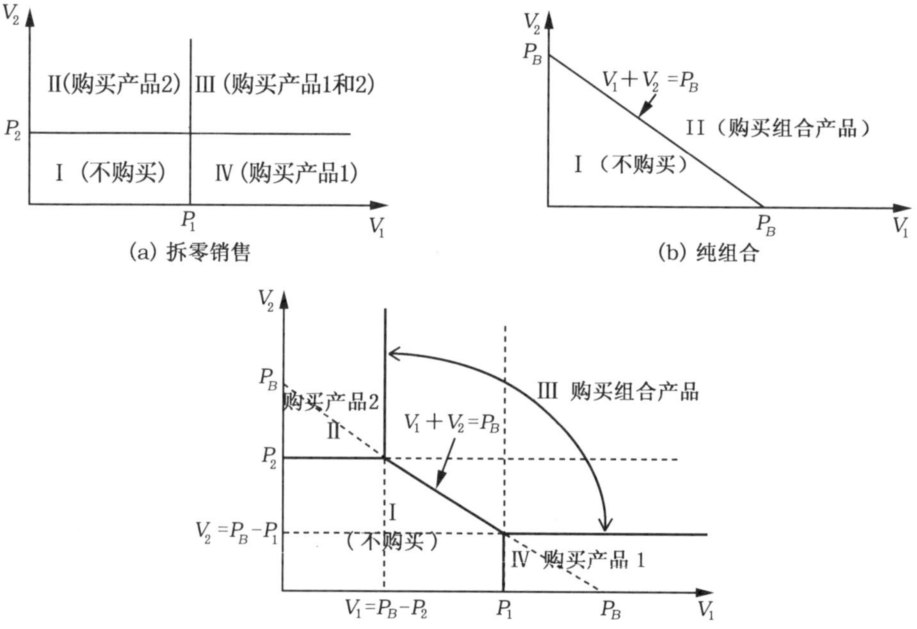

(c) 混合组合

图 1.11　两件产品的组合定价中消费者的选择区域

一般来说，如果顾客对产品的认知价值类似——所有人都认为某种产品的价值相对较高而另一产品的价值相对较低，那么应采取分开定价；如果顾客对产品的认知价值相反——一类消费者认为价值较高的产品在另一类消费者看来则是价值较低的，那么应该采用纯捆绑销售策略；如果市场上有形形色色的消费者——从认知价值分布看，极端偏好者和均衡偏好者并存，那么应采取混合捆绑销售策略。

六、考虑竞争对手的反应

定价更像是在下象棋，而不是走跳棋。因此，定价时需要考虑竞争对手的反应。定价时应该考虑以下问题：价格变动会对竞争对手产生怎样的影响？对方看到价格变动后的第一反应是什么？假如我是对方，会怎么反应？以及新价格对整个行业的盈利能力将产生怎样的影响？比如，1994 年柯达（Kodak）胶卷的市场份额为 70%，但其旗舰产品“柯达金胶卷”的价格比富士胶卷（Fuji）高出 17%。由于单位变动成本较低，富士胶卷的毛利率高达 55%，存在较大的降价空间。因此，柯达没有茫然采取降价策略，而是采取竞争性品牌（Fighting Brands）策略：柯达推出低价产品“快乐一刻”（Funtime），其胶片数量较少，但每卷的价格低于富士。

七、监控实际交易价格

尽管产品的标价只有一个，但最终交易价格可能五花八门。Marn & Rosiello（1992）区分了“标价”和“净价”，在进行大量案例分析后，发现从标价到净价的过程中，可能流失大量的收入，即出现“价格瀑布”过程。比如，标价为 6.00 美元的产品经过数量折扣及竞争性折扣后，发票价变为 5.78 美元；在扣除即时付款折扣、年度累计优惠、经销商佣金、免收运费及发票外折扣（比如回扣）后，净价变为 4.47 美元，与标价比“缩水”了 22.7%。因此，企业除了花费精力制定标价外，应对实际交易价格进行动态控制[①]。

八、估计顾客的情绪反应

企业的每笔交易都会影响顾客对企业的看法以及他们在别人面前对企业的评价。例如，Intuit 公司给自己的理财软件 Quicken 定价为每套 35 美元。有人认为微量上

---

① 这里涉及是否将定价权授予销售人员的争论。一方面，将定价权授予销售人员的好处在于：刺激销售人员的销售动力、有助于销售人员根据顾客的购买愿望实现差别化定价、增加定价的灵活性减少订单延误、快速应对市场变化、在议价情形下提高决策效率；另一方面，将定价权从销售人员那里收回的理由包括：销售人员迫于销售压力容易让步、销售人员交回价格控制权后在与客户的讨价还价中反而处于优势、避免各子市场价格的非一致性。详细讨论可参见：Robert J. Dolan，Hermann Simon. 定价圣经．董俊英译．北京：中信出版社，2004，第 299～301 页。

调价格短期内不会对销售产生重大的负面影响。但是，Intuit 坚决不涨价，因此大部分顾客认为花 35 美元买这个软件很划算。这种看法产生两种良好的效果：一方面，提高了 Intuit 的声誉；另一方面，已购买的顾客向潜在用户“广告”Intuit 的产品，建议他们购买 Intuit 的产品。

九、顾客收益分析

根据每位顾客为企业带来的收入和企业的服务该顾客支付的成本，在图 1.12 中找到该顾客的位置，得到顾客网格（Customer Grid）图，其中对角线为平衡轴，它显示的是净价与服务成本之间的高度相关性，即服务成本与价格相匹配的细分市场。而那些位于左下方（低价格、高服务成本）的顾客中，有些可能是大顾客而颇受青睐，并被称为“战略客户”。但是，实际上放弃对这些战略客户的服务往往对企业更有利[①]。

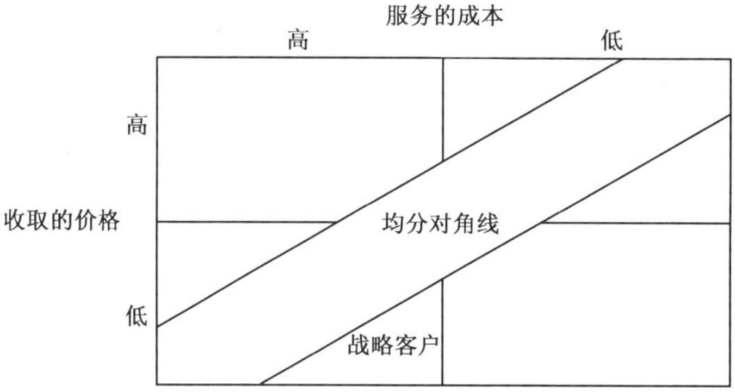

图 1.12　顾客网格图（Dolan & Simon，2004）

第四节　本书的逻辑框架

基于“价格是本企业与竞争对手及顾客博弈的结果”这个基本思想，本书从价格的决定因素出发，通过对传统的成本加成及随行定价模式的批判性介绍，引入价值定价（Value Based Pricing）、细分定价（Segmented Pricing）、竞争导向定价、动态定价原理及产品生命周期定价策略，在此基础上提出整合营销定价策略（Integrated Pricing Strategy），包括价格优惠计划、广告与定价的匹配，以及渠道价格管理与转移定价。然后，在网络经济视角下讨论定价创新模式，深入分析信息产品和网络服务的定价策略。

① Robert J. Polan，Hermann Simon. 董俊英译. 定价圣经. 北京：中信出版社，2004，第 323～324 页。

最后,探讨垄断性公共资源的定价模式(见图 1.13)。

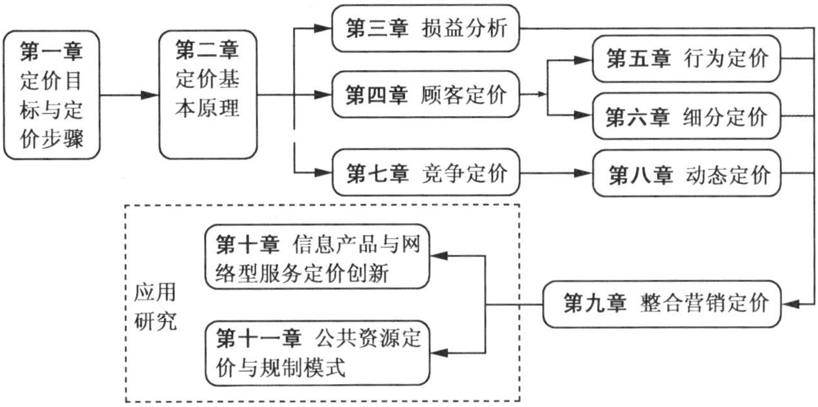

图 1.13 本书的逻辑框架图

思考练习题

1. 听说过图书论斤卖吗? 据《泉州晚报》2011 年 11 月 13 日报道[①],该市丰泽街某大型超市的图书论斤卖,每斤 9.9 元。比如,一本原价 10 元的《一千零一夜》按重量计价后只需要 7.5 元。无独有偶,央广网 2015 年 10 月 11 日报道[②],上海市黄浦区某书店的图书论斤卖,每斤 10 元,有些标价数十甚至上百元的书籍,论斤卖后只要 10 余元。请评价此种定价策略的利弊。

2. 当面粉涨价时,超市马上提高方便面的价格。财经评论家对超市的做法提出批评,认为这些方便面是在面粉提价前进的货,采购价格并未受面粉涨价的影响。你是否同意评论家的意见?

3. 琅琊山等风景名胜区沿途设计了许多景点,有些景点是收费的,有些则是免费的。游客在购买门票(比如 80 元)后,如果想乘坐缆车直接到达最高峰,需要另行付费(比如 50 元)。也就是说,乘坐缆车的游客相当于支付了 130 元的入门费,而步行的游客只支付了 80 元的入门费。步行游览全程者观看的景点要多,为何反而支付较低的费用? 请解释。

4. 解释以下定价现象:(1)电影院一般对儿童以对折销售电影票,但其销售的饮料不对儿童打折。(2)宾馆、航空公司一般选择在需求淡季降价促销,但服装店、游戏软件一般选择在节假日或年终等需求高峰期降价促销。(3)为什么名车与书籍的相对价格在美国要比在中国便宜许多?

5. 假设 4 类顾客对教育频道和音乐频道的价值评价如表 1.4 所示,电视台无法识别每类顾客,但可以选择单独定价、纯捆绑或混合捆绑定价。比较三种定价机制下电视台的收入。

---

① 相关内容也可参见网易新闻对《泉州晚报》的转载:1 斤 9.9 元超市图书论斤卖。网易新闻,http://news.163.com/11/1113/13/7IOC1GGT00014AED.html,2011.11.13。

② 付若愚.上海一家书店图书论斤卖引市民吐槽.央广网,2015.10.11。http://news.cnr.cn/native/pic/20151011/t20151011_520107999.shtml。

表 1.4 顾客对教育频道和音乐频道的价值评价

客户群	教育频道	音乐频道	教育频道＋音乐频道
1	90	15	105
2	80	50	130
3	45	85	130
4	25	90	115

6. 某通信运营商为消费者提供三种可供选择的定价方式：(1)每分钟通话资费为 0.20 元；(2)月租费 20 元，每分钟通话资费 0.10 元；(3)包月费 50 元。请画出三种方式的资费曲线，并分析消费者如何根据其月消费量来选择相应的付费方式。

7. 根据上海市水务局 2013 年印发的“关于调整本市居民用户水价”的 632 号文，该市自 2013 年 8 月 1 日起实施居民阶梯水价方案。文件称，居民用水以年度为结算周期，具体分为三个阶梯：第一阶梯的(年，下同)用水量为 220 立方米(含)以下，综合水价为 3.45 元/立方米；第二阶梯的用水量为 220～300 立方米(含)，综合水价为 4.83 元/立方米；第三阶梯的用水量为 300 立方米以上，综合水价为 5.83 元/立方米。此外，合用表的居民客户暂不执行阶梯式水价，按第一阶梯水费单价结算。

问题：

(1)试画出新的水价曲线，并评价新方案的合理性。

(2)分析新方案对各级用户用水成本的影响。

(3)你认为新方案实施会遇到哪些问题?

(4)根据你的经验或对定价的认识，试给出一些可行的居民用水定价方案。

8. 据《广州日报》2012 年 1 月 3 日报道①，广州市的一名消费者到酒店消费，自带了一瓶价值 100 元的清酒，但店家要收 500 元的开瓶费，双方僵持不下，最终不欢而散。实际上，开瓶费之争由来已久，间有官司见诸报端。2014 年 3 月 15 日，新修订的《消费者权益保护法》开始实施，其第二十六条规定：经营者不得以格式条款、通知、声明、店堂告示等方式，作出排除或者限制消费者权利、减轻或者免除经营者责任、加重消费者责任等对消费者不公平、不合理的规定，不得利用格式条款并借助技术手段强制交易。你是否赞成店家收取开瓶费？为什么？如果可以收取，你觉得开瓶费应该如何收取比较合理?

9. 根据王梦婕在厦门网(http://www.xmnn.cn)2011 年 11 月 16 日报道，广西柳州按小时收取机动车进城费引起争议。根据柳州市政府 2005 年 80 号文件《柳州市人民政府关于印发城市路桥机动车辆通行费收费管理的暂行办法》规定(大意)，柳州市本地的机动车应购买年票(摩托车年票 100 元、小轿车 680 元、8～15 座客车及 2～5 吨货车年票 1 250 元……)；外地车辆在交纳一笔进城费(摩托车 1 元、小轿车 10 元……)后，可在柳州市内停留 72 小时，超过 72 小时后，以 48 小时为一个计价单位，每 48 小时(不足 48 小时以 48 小时计算)必须再交纳一次通行费(当然，外地车也可办

① 李大林. 广州 KTV 自带 100 元清酒，收开瓶费 500 元. 广州日报，2012.01.03.

理年票)。针对各方的质疑,柳州市有关部门的解释为:对外地车辆按小时收取市内停留费,既体现了对城市路桥有偿使用的原则,又体现了公平原则——防止本地车辆转为外地牌照逃避"年费",从而对承担本地道路资源使用费用的本地车辆所造成的不公。据柳州市统计,对外地车辆按小时收费后,本地车辆转籍现象下降了 70%。

问题:

(1)以小轿车为例,比较本地车和外地车在柳州市内城市路桥使用费的差异,并计算当外地车辆在柳州市内停留多少天以上时购买年票更为合算。

(2)评论柳州市有关部门对按小时收费质疑的回应。

(3)是否有其他替代方法来防止本地车辆转籍现象?

10. 根据《泉州市物价局转发福建省物价局关于调整居民生活用电阶梯分档电量有关问题的通知》(泉价〔2016〕129 号)要求,泉州市实行的阶梯电价方案为:每月每户用电量在 230 度以下的,每千瓦时电价为 0.498 3 元/度;介于 231～420 度的用电量的电价为 0.548 3 元/度;超过 421 度的用电量的电价为 0.798 3 元/度。另外,用户可自由选择是否实行峰谷分时定价,高峰时段(早上 8 点至晚上 10 点)的电价在各档电价的基础上加价 0.03 元/度,谷段的电价在各档电价的基础上降价 0.20 元/度。

问题:一户居民每月的谷段用电占其全月用电量的比例超过多少时,选择分时定价方案更节省电费?

第二章　定价的基本原理

价格是本企业与竞争对手、客户及利益相关者博弈的均衡结果。竞争者的价格是定价的参考点，顾客价值估价是定价的上限，而成本是定价的下限，规制机构的价格法规及道德伦理规范则构成定价的约束条件。本章阐述定价的"3C＋R"原理，比较分析渗透定价与撇脂定价的适用条件，特别是探讨了耐用品的定价策略。

第一节　定价思维误区

首先对一个定价案例进行诊断[①]：某企业开发了一种治疗仪，对多种牙科疾病有显著疗效，而且还可以当作牙刷用，具有日常保健牙齿的功能；企业在各方面都下了功夫，无论是产品的包装设计还是核心卖点提炼都经过了较为科学的探讨；产品在入市前进行了消费者的调研，使用效果与反响不错，在同类产品中得到较高的评价；在渠道开发上，一部分考虑直接进入药店、医院、牙科诊所等终端，另一部分通过选择一些有实力的经销商合作开拓市场；定价方面，统一零售价 120 元，其中物化成本 28 元（包括包装物等）、税收约 20 元、广告促销费约 10％（12 元）、企业期望利润 30％（36 元）、给经销商的利润 20％（24 元）；之后，企业开始进行全面的市场拓展[②]。然而，产品进入市场的表现却不理想，主要障碍表现在：

第一，招商遇到困难。主要是产品上市初期，10％的广告费不足以支撑庞大的宣传成本，经销商不得不考虑在 20％的毛利中剥出一部分做广告，导致利润减少，缺乏吸引力。对于一级经销商，20％的毛利已显不足，自然缺乏动力开发次级经销商。

第二，消费者的接受程度不高。由于该产品价格定位不高，因此大多数消费者并不相信该产品的诸多功能，甚至很多消费者将其视作高级牙刷的同类产品，而不是一

---

① 屠云波. 市场细分——找对您的顾客. 北京：企业管理出版社，1999.

② $P=28+20+10\%P+30\%P+20\%P \Rightarrow P=120$.

个科技含量很高的精密治疗仪，出现“便宜没好货”的心态。

第三，企业对产品推广费用估计不足，包括产品的研发、宣传、促销甚至原料价格浮动等因素考虑得不是很充足，使得利润不像预期的那样可观。

总体而言，上述治疗仪定价的失误主要表现在四个方面：(1)对影响价格的因素考虑不全面，缺乏对消费者认知价值及替代品价格的分析。(2)定价未能传递准确的价值信号。在产品导入期，消费者对价格相对缺乏敏感性，消费者对产品价值的评价很大程度上取决于产品的市场定位。实际上，根据信号传递(Signalling)原理，在信息不对称下，价格是产品质量的一个可靠信号，消费者往往根据观察到的价格来判断产品的质量。(3)长期成本估计不足，特别是广告宣传、品牌建设等费用投入不足。(4)价格管理不完善，特别是渠道激励不到位。

上述治疗仪的定价沿用传统的成本加成定价模式，由于这种定价模式表面上可以保证财务回报，并且实施成本较低，因而为许多企业所接受。但是，成本导向的定价模式至少存在以下缺陷：其一，成本导向定价实际上是在销售实现之前便预先确定了销售量。其二，它只考虑成本对价格的影响，忽略定价对成本的反作用。事实上，“成本→价格→销量→成本”是一个闭环。忽略定价对成本的影响会陷入恶性循环的危险境地：当出现竞争使得销量降低时，单位成本上升，应该提高价格；而价格上升将进一步使得销量减少，导致单位成本进一步上升，这又要求相应地提高价格……[①]其三，当成本核算比较困难，或者像软件这种边际成本几乎为零的数字化产品或服务性产品，成本加成定价模式难以应用。

令人遗憾的是，《商业周刊》1984 年的一份调查表明，在产品定价时，大多数定价经理只考虑自身成本，44%的定价经理能考虑到竞争对手，而考虑消费者并进行消费者测试与调研的不足 10%。而 1994 年的调查显示，只有 12%的企业认真研究过定价，其中仅 2/3 的企业能较好地利用有关的研究结果——许多企业要么让市场决定价格，要么简单地认为其产品的价格应该和竞争者的价格保持一致，而更多的企业只是凭经验定价[②]。Dolan & Simon(2004)归纳了企业难以“正确定价”的两个关键因素：(1)产品间及市场间的相互依存性。事实上，为应对日益细分的市场竞争，一方面，企业不断进行垂直式与水平式的产品扩张，增加了产品线内部产品之间的关联性，使得基于产品线的定价远比个别产品的定价复杂；另一方面，企业不断进行市场扩张，各个市场之间的联动性要求企业定价具有全局性，而基于电子商务的全球化采购战略进一步缩小了企业的弹性定价空间，所谓“牵一发而动全身”。(2)信息问题。一方面，定价

① 王安公司一度采用成本加成定价模式为其文字处理机定价，到 20 世纪 80 年代，随着 PC 机的普及，文字处理机销售出现滑坡，王安公司便提高价格，导致销量迅速减少。

② 转引自 Robert J. Dolan，Hermann Simon. 定价圣经．董俊英译．北京：中信出版社，2004，第 4 页．

经理缺乏对定价相关信息的充分把握，这些必要信息包括变动成本、固定成本、竞争者的价格、顾客认知价值、顾客的价格反应、学习曲线效应、价格接受度等，信息匮乏阻碍了“正确定价”；另一方面，随着消费者购买经验的积累与日趋成熟，加上信息技术方便了价格信息在全球范围内的传播，这些都在一定程度上限制了定价策略的运用。

但是，随着全球化竞争市场格局的逐步形成，以及定价在营销组合策略中地位的提升，定价策略已引起企业高层的重视，企业内部已出现定价师、定价经理、定价中心等定价职能。Dolan & Simon(2004)解读了经营者对营销问题压力程度评级的一项调查报告，其中“定价压力”以 4.3 分(1 分表示压力最小，5 分表示压力最大)远远超过“产品差异化”“销售成本”“产品质量”“市场饱和”“分销与售后服务”等营销问题。正如哈佛商学院的 Raymond Corey 所精辟指出的：“定价是真理的时刻——定价决策是所有营销活动的焦点。”①

诚然，许多企业的定价思维尚停留在战术性定价层面，未能提升到战略性定价层面，因而在定价实践中经常陷入一些常见的定价误区。比如，许多定价经理经常思考的问题是：我们应该制定什么样的价格以回收成本并实现利润目标？我们的顾客愿意支付什么价格？我们应怎样给价格敏感的顾客予以折扣而不让其他顾客发觉？我们应该用什么价格来实现销售目标与市场占有率？等等。由于战略性定价的含义不仅仅是制定价格，还包括挖掘能盈利的市场、交流合理化定价的信息、管理定价过程和系统、让价格与传递给消费者的价值相符等要义，因此，如果从定价战略的层面思考这些问题，定价经理应该考虑的是：当价格变动后销售额必须怎样改变才能有利可图？我们是否能够采取某个营销战略使得销售额的变动控制在可接受的范围？在价格可被市场接受并能盈利的情况下，我们的成本应控制在什么范围内？相对产品或服务的价值，我们的价格是否合理？如果价格合理，如何让顾客认同价值？我们应该如何更好地细分市场，并根据不同价值制定不同的价格，同时让顾客相信价格与价值是相符的？以及什么样的销售额和市场占有率最有利可图，应采用什么样的营销工具以最低成本赢得市场份额②？

在定价实践中，许多企业尝试进行定价策略创新并取得优良的定价绩效。比如，Beyond.com 于 1994 年开始在网上销售软件，对其财务软件 Quicken Deluxe 实行顾客差异化定价——其中对 Macintosh 用户定价 54.97 美元，而对 Windows 用户定价 59.95 美元，但 Windows 用户可以获得制造商的 30 美元还利(Rebates)；另外，对 Encarta 99 定价 35 美元，但是，由于顾客可以分别从微软公司和 Beyond.com 那里得

---

① Raymond Corey. Industrial Marketing：Cases and Concepts. New Jersey：Prentice-Hall. Inc. 1983，p. 311.

② Thomas Nagle，Reed Holden. 定价策略与技巧——赢利性决策指南．应斌，吴英纳译．北京：清华大学出版社，2003，第 7 页．

到25美元和10美元还利，它实际上是免费的(Carl shapiro，Hal Varian，2000)。在餐饮业，大大小小餐馆为招揽顾客想尽了办法。早些年，英国伦敦市中心街角的一家饭店采用自我定价的创新策略：该饭店只有菜单没有价格，让消费者自己决定该付多少钱。该饭店被认为是伦敦的“疯人”饭店。据英国《太阳报》2008年2月20日报道，最近英国又有一家餐厅抛出一项更诱人的待遇：让客人自行填写账单，只为值得的菜品埋单。该餐厅位于英国南部普尔市中心，装修得十分高档，来到这里就餐的客人一律自己填写账单，不仅可以只为“值得的”菜品埋单，就连价格也是客人自己说了算。该餐厅的老板迈克·卡拉罕说，曾经有一个摇滚乐队呼吁歌迷不要为了追星而买不喜欢的专辑，这启发他创办了这家餐厅。迈克充满信心地说：“我坚信，客人会给他们吃到的美味一个公平的价格。”另一个例子是20世纪90年代后期，可口可乐公司曾考虑推出新型的可乐贩卖机——它可以根据天气情况自动改变可乐的售价。可口可乐公司对此的解释为：“在一个炎热的夜晚，人们相聚在体育馆里观看足球决赛，这时一罐冰的可口可乐效用是非常高的，所以可乐在这时更贵一些也是公平的。机器只是让这个过程自动化而已。”

第二节　定价3C+R原理

定价的主要影响因素包括：成本(Cost)、顾客(Customer)、竞争者(Competitors)。或者说，价格是本企业与竞争对手及顾客(甚至包括政府价格管理部门)博弈的均衡结果。这也是定价的“3C+R”基本原理(见图2.1)，其中成本是定价的下限约束，顾客价值是定价的上限约束，竞争者的价格是定价的标定点，价格规制(Regulation)是定价的外部约束条件。

一、成本

(一)相关成本

成本是企业定价的底线，只有补偿成本的定价才能保证企业持续发展。因此，尽管成本不足以确定最优价格水平，却可用于确定价格的下限。短期内，只有变动成本(Varied Costs)构成定价的下限约束；但从长期看，所有成本都是可变的，因而固定成本加可变成本构成定价的下限约束。

在采用基于成本的定价策略时，定价经理应考虑哪些成本？或者说，哪些成本是定价的相关成本(Relevant Costs)？定价经理普遍感到困惑的问题是，固定成本是否影响定价决策？答案是，所有受定价决策影响的成本都应纳入考虑的范围——如果价

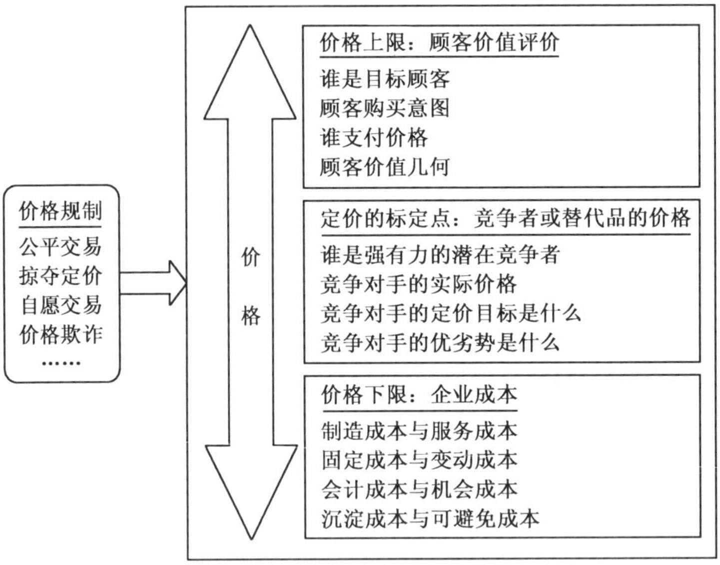

图 2.1　价格的主要影响因素

格决策引起固定成本的变化，那么，固定成本就应纳入定价的考虑范围。定价实践中，判断定价相关成本的基本准则是，可避免的增量成本（Avoidable Incremental Costs）就是定价的相关成本。形式化表示为：

相关成本＝（增量成本－沉淀成本）＋机会成本

　　　　＝可避免成本＋机会成本

所谓增量成本，是指销量变化（可能是因为价格变动，也可能是因为业务创新）引发的追加成本。值得注意的是，一些固定成本可能属于增量成本。比如，扩建产能追加的固定成本通常是增量成本，而当决定提供新产品或服务时，相关投资引发的固定成本也是增量成本。[①]

以下通过一个简单例子来阐释增量成本对定价的意义。假设某公司生产自用的零部件（比如，长途电话与本地电话一体化的电信企业为自己提供的本地电话服务）数量 $Q_1=10$，花费固定成本 1 000 元，变动成本 100 元。由于具有冗余产能，该公司可向外部市场提供 $\Delta Q=5$ 单位的部件（比如向其他长途电话公司提供本地电话接入服务），为提供额外的 5 单位部件所要求追加的成本为 50。那么，该公司在为这 5 个单位部件定价时的相关成本为 50 元，而不是 $\frac{1\,000+150}{15}\times 5=383$（元），因为固定成本 1 000 元不是生产额外 5 单位部件的增量成本；但是，如果产能有限，提供额外 5 单位

① 传统的增量成本分析，用平均成本的概念来指导定价，产生许多困惑。比如，对固定成本进行平均分担，导致非高峰期的产出承担了无关的产能成本。另外，存货计价中考虑了业已形成损失的沉淀成本。

部件需追加固定成本 1 000 元，此时，追加的固定成本 1 000 元是额外 5 单位部件的增量成本，因此，该公司在为这 5 单位部件定价时的相关成本为 1 050 元，见图 2.2。

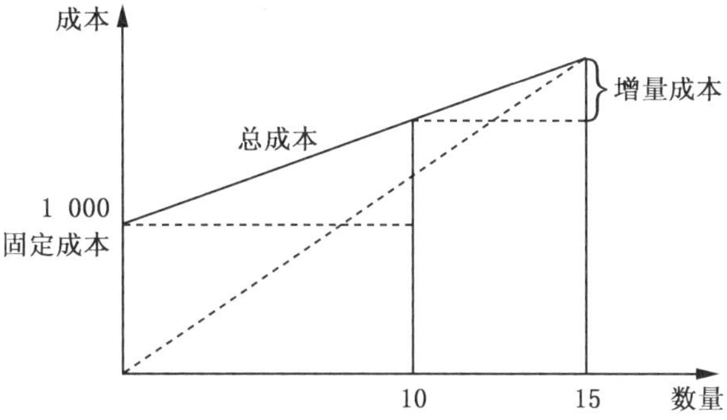

图 2.2　增量成本

相关成本的概念有助于我们理解许多定价现象。在高峰—低谷（Peak Load Pring）定价中，超出非高峰期所必需的额外产能投资是为了满足高峰期的需求，与非高峰期的需求无关，应完全由高峰期的需求承担。因此，酒店、航空公司在淡季的定价远低于旺季，因为淡季应承担的产能投资成本较低，与定价相关的单位成本更低。另外，当平均成本中包含了并非增量成本的固定成本时，许多公司可通过追加出售低于平均成本的产品来获利。比如，包装品生产商以低于平均成本的价格出售无品牌产品；而剧院在开演前（航空公司在起飞前）以超低价格售票。

可避免成本是指那些没有发生或发生后可以回收的成本。与可避免成本对应的是沉淀成本。可避免成本是与销售相联系的未来成本（Future Cost）而不是已经发生的历史成本（Historical Cost）。为说明沉淀成本不影响定价，介绍一个书店库存书定价的例子①。假定一家小型书店进了一批 MBA 名著，包括《定价理论与实践》《创业学》《管理经济学》《宏观经济学》《金融工程》《运营管理》等各 2 000 册。每本书批发价格 16 元，零售价格 20 元，则每本利润为 4 元。但是，由于 MBA 任课教师一般都使用自己编著的教材，加上这些名著大多缺乏本土化案例，因此，销路不是很好，书店第一年售出不到 50%。未售出的书存放库房，既占用仓库又占用流动资金。随着利率的提高，每本书 4 元的利润已不足以支付库存占用流动资金的利息成本了。假设资本成本为 18%。那么，书店应该如何为这些教材定价？注意，1 元钱到第 n 年的累计利息成本为$(1+18\%)^n-1$。从表 2.1 可见，10 元钱到第 4 年的资金利息成本为 9.39 元，到第 5 年的资金利息成本为 12.88 元。因此，预计超过 4 年不能卖出的书籍（比如《金

---

① 改编自：Thomas Nagle，Reed Holden. 定价策略与技巧——赢利性决策指南. 应斌，吴英纳译. 北京：清华大学出版社，2003，第 18 页.

融工程》《定价理论与实践》)现在应定价 10 元,即打对折销售。本例中,进货成本(每本书 16 元)是沉淀成本,与定价无关,只有资金成本(即机会成本)是相关成本。①

表 2.1 **库存书的累计利息成本**

库存时间(年)	1	2	3	4	5	6	7	8
1 元的累计利息(元)	0.18	0.39	0.643	0.939	1.288	1.699	2.185	2.759

总结一下,在"基础业务+增值业务"中,增值业务定价的相关成本是提供增值业务的增量成本;在要素成本变动的环境中,如果错误地考虑历史成本,会以过低的价格销售存货;如果错误地考虑非增量的固定成本,会忽略那些价格高于增量成本的赢利性业务;如果考虑沉淀成本,会导致定价偏高;如果忽略了机会成本,会导致定价偏低。

(二)成本加成定价

成本加成定价的基本公式为:价格=单位成本+加成②。在定价实践中,通常采用的定价经验公式为:价格=总成本÷业务量+目标利润÷业务量=单位成本+目标回报率×营运成本÷业务量。

比如,药品零售价的计算公式为:零售价=含税出厂价(口岸价)×(1+流通差价率),其中,含税出厂价格由制造成本、期间费用、利润和税金构成,具体为:含税出厂价=[(制造成本+期间费用)÷(1-销售利润率)]×(1+增值税率);而进口药品口岸价的计算公式为:含税口岸价=到岸价×(1+关税率)×(1+增值税率)+口岸地费用,其中口岸地费用包括报关费、检疫费、药检费、运杂费、仓储费等。

举一个具体的数值例子来说明成本加成定价模式:假设单位变动成本为 10 元,固定成本 300 000 元,预计销量为 50 000,那么,单位成本=单位变动成本+单位固定成本=10+300 000÷50 000=16(元),再假定销售利润率为 20%,则价格=单位成本÷(1-销售利润率)=16÷(1-0.2)=20(元)。

理论上,加成比例(Markup)可以由利润最大化条件得到。事实上,假设企业面临的需求函数为 $p(q)$,则收益函数为 $R(q)=p(q)q$,边际收益为 $\Delta R=p\cdot\Delta q+\Delta p\cdot q$,或者 $MR(q)=\dfrac{\Delta R}{\Delta q}=p+\dfrac{\Delta p}{\Delta q}\cdot q=p+p'(q)\cdot q$,其中第一项为边际产品的销售收

① 在这里,库存占用的资金成本就是可避免成本——可以通过折扣销售来避免。如果折扣销售的损失小于节约的资金成本,就应该折扣销售。更一般地,假设 n 年后可全价(p)卖出,当前折扣价格为 p_0,则折扣销售的损失为 $\Delta p=(p-p_0)$,但节约的资金成本为 $\Delta c=p_0[(1+\Sigma)^n-1]$,其中 i 为利率。因此,折扣销售的条件为 $\Delta p=\Delta c$,即 $p\leqslant p_0(1+i)^n$。

② 一种表达为:加成=单位成本×回报率,对应地,价格=(1+回报率)×单位成本。另一种表达为:加成=价格×销售利润率,对应地,价格=单位成本/(1-销售利润率)。

入；但是，增加边际产品的销售将导致所有产品的销售价格下降，因此，第二项为边际产品销售导致之前销售的产品因为价格降低而产生的收益损失。根据利润最大化条件，有

$$MC(q)=MR(q)=p+p'(q)q=p\left(1+\frac{p'(q)q}{p}\right)=p\left(1+\frac{1}{\varepsilon}\right) \tag{2.1}$$

其中，$\varepsilon=\frac{q'(p)p}{q}$为需求关于价格的弹性。由(2.1)式得到成本加成定价法则：

$$p=MC\cdot\frac{\varepsilon}{1+\varepsilon}=\left(1+\frac{1}{-(1+\varepsilon)}\right)\cdot MC=(1+\sigma)\cdot MC \tag{2.2}$$

因此，成本加成定价模式为：价格＝边际成本×价格弹性/(1＋价格弹性)。值得指出的是，由于 $\varepsilon=-1$ 时 $MR=0$，所以(2.2)式中 $\varepsilon<-1$，因此 $\sigma=\frac{1}{-(1+\varepsilon)}>0$。特别地，如果 $p=a-bq$，则 $MR(q)=a-2bq$；假设 $MC=c$ 且 $a>c$，则利润最大化产量为 $q=\frac{a-c}{2b}$，价格为 $p=\frac{a+c}{2}$，对应的弹性为 $\varepsilon=\frac{q'(p)p}{q}=-\frac{a+c}{a-c}$。

专栏 2.1

钱诺 5 号、奥里马斯克、惠特曼试剂的成本加成定价

一般药店的柜台(OTC 药品)可以买到三种药品：钱诺 5 号(Channel ＃5)、奥里马斯克(OleMusk)、惠特曼(Whitman's)。钱诺 5 号拥有对品牌十分忠诚的顾客，其弹性为－1.1；惠特曼虽然有十分近似的替代品，但其名声显赫且包装已为人们所熟悉，弹性为－1.86；奥里马斯克则存在许多替代品，弹性－12.0。根据公式(2.1)，得到上述三种药品的最优价格加成及毛利率(见表2.2)。

表 2.2　　药品的价格加成与毛利率一览表

产　品	弹　性	价　格	毛　利	加成比例(%)	毛利率(%)
钱诺 5 号	－1.1	11MC	10MC	1 000	91
惠特曼	－1.86	2.16MC	1.16MC	116	54
奥里马斯克	－12.0	1.09MC	0.09MC	9	8

资料来源：Mark Hirschey，李国津译. 管理经济学. 北京：机械工业出版社，2005.

我们再举一个成本加成定价的应用实例。假设布鲁公司生产了一种应用于化学实验室的科学仪器。该仪器的价格是按照平均可变成本(AVC)的 180%来制定的。公司的营销主管接到一个由一家大化学公司打来的电话，对方想以每台 5 000 美元的价格购买 6 台仪器。为满足要求，布鲁公司不得不在其后的 3 个月里生产这 6 台仪

器，但这也意味着布鲁公司由于生产能力的限制而失去4台仪器的订单。如果得到这4台仪器的订单，将以每台7 200美元的正常价格成交。那么，布鲁公司是否应当接受大化学公司的订单？如果不应当，布鲁公司要求大化学公司支付的最低价格应为多大？如果你是布鲁公司的管理顾问，那么你会向他提出保持还是放弃成本加成定价的政策？

由于 $p=1.80$，$AVC=7\ 200$ 美元，所以 $AVC=4\ 000$ 美元。比较两种销售方案的利润：(1)接受订单，则利润 $\pi_a=(5\ 000-4\ 000)\times 6-FC=6\ 000-FC$，其中 FC 为固定成本；(2)如果不接受订单，则正常利润 $\pi_r=(7\ 200-4\ 000)\times 4-FC=12\ 800-FC$。所以，布鲁公司不应该接受该化学公司的订单。显然，只有当 $(p-4\ 000)\times 6\geqslant 12\ 800$ 美元，即 $p\geqslant\frac{18\ 400}{3}$ 美元时，才能接受化学公司的订单。这里，每台仪器的正常毛利 $\frac{\pi_r}{6}=\frac{6\ 400}{3}$ 美元，是布鲁公司为这6台仪器定价的相关成本，即机会成本。布鲁公司可以要求化学公司补偿其机会成本，比如通过加急订货支付额外费用的形式。可见，如果存在生产能力“瓶颈”问题，并且现有生产能力可派上其他用场，那么，定价的相关成本应由机会成本来决定。

最后，对成本加成定价模式做一个简单的评价。(1)成本加成定价模式之所以被广泛采纳，主要原因在于：卖方确定成本比估计需求更容易；在稳定的寡头市场中，所有企业都能使用此种定价方法，价格趋于相似，价格竞争最小化；成本加成定价对买卖双方均比较公平，在买方需求较紧迫时，卖方不会乘机谋取额外收益，容易被买方接受。(2)理论上，成本加成定价是一个简单的盈利指南，但实际上它可能导致平庸的财务绩效。在多数行业中(除非需求完全缺乏弹性)，在制定产品价格之前确定单位成本是不可能的，因为，单位成本是内生的，它随着销量发生变化——固定成本的分摊取决于销量的大小，而销量随价格变动。(3)成本加成定价导致在市场疲软时定价过高，而在市场景气时定价过低。因此，成本加成定价模式不仅仅恶化因竞争激烈而销量日减的产品的销售，其对畅销品带来的潜在风险甚至更大。①

二、竞争

(一)竞争溢价分析

根据竞争状况确定价格正成为一种时尚的战略定价模式。德州仪器(TI)公司训练其销售工程师时强调“知己知彼”，因为竞争对手是消费者购买的候选方案。

---

① Thomas Nagle，Reed Holden. 定价策略与技巧—赢利性决策指南. 应斌等译. 北京：清华大学出版社，2003，第2页，第3页，第26页。

需要明确的是，竞争导向定价的目标不是为了实现市场份额的增长。实际上，牺牲毛利换取市场份额是毫无意义的。定价的目标是为了长期利润最大化，而不是虚无缥缈的市场份额神话。竞争导向定价也不是为了降价，只有当产品价格与竞争产品的价格相比，不再与价值相匹配时——准确地讲，当产品的性价比较低时，降价才是明智的。形式化地，记某企业产品的价格—价值组合为(p_o，v_o)，竞争对手产品的价格—价值组合为(p_c，v_c)，如果

$$\frac{p_o}{p_c}>\frac{v_o}{v_c} \tag{2.3}$$

那么，可以选择降价策略或者提升产品性能，从而为顾客创造更多附加价值。

竞争导向定价是为了增加消费者对差异价值的感受，并刺激消费者为差异价值支付相应的溢价(Premium)。表 2.3 显示了杜邦公司某化学产品在质量、送货、系统、创新等方面与标准水平的差异，此差异价值支持了杜邦公司为其产品制定的 5 美元溢价[①]。

表 2.3　杜邦公司的溢价分析

性质	标准水平	溢价水平	附加价值(美元)
质量	杂质含量低于万分之一	杂质含量低于百万分之一	1.40
送货	两星期内	一星期内	0.15
系统	只提供化学品	提供全部系统	0.80
创新	研究开发支持少	高水平的研究开发支持	2.00
再培训	只有最初的培训	按要求再培训	0.40
服务	从办事机构购买	当地提供	0.25
价格	每磅 100 美元	每磅 105 美元	5.00

（二）竞争性投标[②]

竞争导向定价经常应用于投标中(比如政府采购、工程招标)。投标者需要制定高于边际成本但低于潜在竞争对手的价格。投标者从报价 p 中获得的期望利润为

$$E(\pi_p)=f(p)(p-c) \tag{2.4}$$

其中，$f(p)$为中标概率，c 为预期成本。

如表 2.4 所示，假定本企业的预期成本是 c＝9 400 元，则若报价为 9 500 元，利润

① 肖怡．市场定位策略——找准顾客心．北京：企业管理出版社，1999，第 137 页。

② 以下讨论主要参考：①Lilien，Gary L.，Arvind Rangaswamy. Marketing Engineering. 清华大学出版社，2003. ②Jagpal，Sharan. Marketing Strategy and Uncertainty. Oxford University Press，1999. ③Pashigian，B. Peter. Price Theory and Appliations. McGraw-Hill Companies，Inc. 1998.

为 100 元；若报价为 10 000 元时，利润为 600 元……但报价越高，则中标概率越小[①]。根据(2.4)式，可以确定最优报价为 10 000 元，期望利润为 216 元。

表 2.4　　不同报价下的期望利润　　单位：元

本企业报价	本企业利润	中标概率	期望利润
9 500	100	0.81	81
10 000	600	0.36	216
10 500	1 100	0.09	99
11 000	1 600	0.01	16

在投标报价中，估计中标概率是最为关键的问题。假设招标者只关心价格，那么报价最低者将中标。假设有 n 个潜在竞争对手，记 $f_i(p)$ 为特定投标者在报价为 p 的情形下比竞争对手 i 报价更低的概率，则

$$f(p)=f_1(p)f_2(p)\cdots f_n(p) \tag{2.5}$$

虽然不知道竞争对手在本次投标中将如何报价，但可以根据历史数据推算 $f_i(p)$。将竞争对手在过去多次投标中的报价除以本企业的成本得到投标价格比率，即

$$r_i=\frac{p_i}{c}\quad(i=1,2,\cdots,n) \tag{2.6}$$

其中，p_i 为竞争对手 i 在过去某个投标项目中的报价，c 为本企业在该投标项目的估算成本，由此可以推测竞争对手报价比本企业高的概率 $h_i(r_i)$。

表 2.5　　一个投标价格比率的历史数据(Lilien & Rangaswamy, 2003)

项目序号	A 的成本	B 的投标价格比率	C 的投标价格比率	D 的投标价格比率
1	59 000	73 750　125%	74 930　127%	70 800　120%
2	28 000	41 160　147%	39 200　140%	39 760　142%
3	30 000	43 200　144%	45 000　150%	43 800　146%
4	36 000	47 520　132%	48 240　134%	46 080　128%
5	21 000	34 440　164%	34 020　162%	33 180　158%
6	15 000	23 250　155%	24 000　160%	24 300　162%
7	20 000	29 800　149%	30 400　152%	30 000　150%
8	30 000	39 900　133%	38 100　127%	37 500　125%
9	42 000	60 900　145%	58 800　140%	59 640　142%
10	22 000	29 700　135%	28 600　130%	28 160　128%
11	70 000	99 400　142%	102 200　145%	98 000　140%
12	32 000	53 760　168%	52 480　164%	53 120　166%

① 在没有限价的私车牌照拍卖中，报价越高，中标概率越大。

续表

项目序号	A的成本	B的投标价格比率	C的投标价格比率	D的投标价格比率
13	8 000	12 080　151%	12 160　152%	12 000　150%
14	47 000	64 860　138%	61 100　130%	62 980　134%
15	10 000	12 000　120%	12 200　122%	11 500　115%
16	50 000	72 500　145%	71 500　143%	69 000　138%
17	25 000	33 750　135%	35 000　140%	33 000　132%
18	40 000	62 800　157%	64 000　160%	61 600　154%
19	65 000	88 400　136%	89 700　138%	88 400　136%
20	15 000	19 800　132%	19 500　130%	20 100　134%

举例说明如下(Lilien & Rangaswamy,2003):如表2.5所示,在过去的20个投标项目中,分别计算竞争对手B、C、D相对于本企业A的投标价格比率;进一步得到本企业A各种报价下中标的概率及期望利润,如表2.6所示,其中中标概率由(2.5)式计算得到。比如,如果A报价 $p=110\%c$,由表2.5,一方面,B在过去的20次报价中均超过A成本的110%,所以A此次报价 $p=110\%c$ 低于B报价的概率为100%;另一方面,C与D在过去的20个投标项目中报价均超过A成本的110%,所以A此次报价 $p=110\%c$ 低于C和D报价的概率也为100%。因此,A此次报价 $p=110\%c$ 中标的概率为100%。

表2.6　　各种报价下中标概率及期望利润表(Lilien & Rangaswamy,2003)

报价与A的估计直接成本的比率(%)	超高报价的次数			比竞争对手报价低的概率			胜率	贡献毛利	期望报酬
	B	C	D	B	C	D			
110	20	20	20	1.00	1.00	1.00	1.000	10	10.0
115	20	20	19	1.00	1.00	0.95	0.950	15	14.2
120	19	20	18	0.95	1.00	0.90	0.855	20	17.1
125	18	19	17	0.90	0.95	0.85	0.727	25	18.2
130	18	14	15	0.90	0.70	0.75	0.472	30	14.2
135	13	13	12	0.65	0.65	0.60	0.254	35	8.9
140	11	9	9	0.55	0.45	0.45	0.111	40	4.5
145	7	8	7	0.35	0.40	0.35	0.049	45	2.2
150	5	6	4	0.25	0.30	0.20	0.015	50	0.7
155	3	4	3	0.15	0.20	0.15	0.004	55	0.2
160	2	2	2	0.10	0.10	0.10	0.001	60	0.1

如果竞争对手是对称的,那么计算中标概率比较简单,(2.4)式变为

$$E(\pi_p)=(p-c)h(r)^n \tag{2.7}$$

另外，如果不清楚潜在竞争对手的具体数目，则(2.7)式应修正为

$$E(\pi_p)=(p-c)\mu_0+(p-c)h(r)\mu_1+\cdots+(p-c)h(r)^n\mu_n \tag{2.8}$$

其中，$\mu_j(j=0,1,2,\cdots,n)$为竞争对手数量为 j 的概率。

（三）投标报价拓展模型

考虑一个拍卖：拍卖对象的真实价值为 0.5；每个竞价人的估价在[0,1]之间均匀分布。我们来分析所有竞价人中最高估价的平均值（期望值）如何随着竞价人数的变化而变化。假设有 N 个竞价人，将所有竞价人的估价按照升序排列，记为 $X_1, X_2, \cdots, X_n$，其中 X_N 为 N 个估价中的最高值。由于 $X_i(i=1,2,\cdots,N)$全部均匀分布于[0,1]，因此，X_i 的期望值 $E(X_i)$将在[0,1]区间上等距离分布①。比如，当 $N=1$，$E(X_1)=0.5$；当 $N=2$，$E(X_1)=\frac{1}{3}$，$E(X_2)=\frac{2}{3}$；当 $N=3$，$E(X_1)=\frac{1}{4}$，$E(X_2)=\frac{2}{4}$，$E(X_3)=\frac{3}{4}$，如图 2.3 所示。

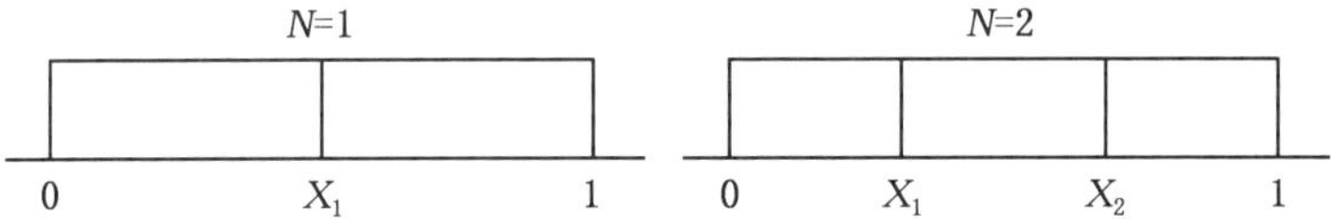

图 2.3 最高估价的期望值示意图

更一般地，X_N 的分布函数为 $F(z)=\Pr\{X_N\leqslant z\}=\Pr\{X_i\leqslant z, i=1,2,\cdots,N\}=z^N$，其概率密度为 $f(z)=F'(z)=Nz^{N-1}$，因此，X_N 的期望值为

$$E(X_N)=\int_0^1 zf(z)\mathrm{d}z=\int_0^1 Nz^N\mathrm{d}z=\frac{N}{N+1} \tag{2.9}$$

举例说明如下②：假设 50 个人在为一个古董竞价，每个竞价人对古董的估价在[0,C]上均匀分布，C 为已知。假设每个人对古董的估价是无偏的，即估价的期望值等于古董的真实价值。如果你对古董的估价为 500 美元，那么，你应该竞价多少？注意，本例中古董的真实价值为$\frac{C}{2}$。如果你的估价是 50 人中最高的，则它满足：$\frac{N}{N+1}C=500\Rightarrow\frac{50}{51}C=500\Rightarrow C=510$。因此，你的竞价策略是报价不超过古董的真实价值，即$\frac{C}{2}=255$。所

---

① 事实上，由于 $0\leqslant X_1\leqslant X_2$，或者说 X_1 在区间[0, X_2]上均匀分布，因此，$E(X_1)=\frac{X_2}{2}$。而 $X_1\leqslant X_2\leqslant X_3$，或者说 X_2 在区间[X_1, X_3]上均匀分布，因此，$E(X_2)=\frac{X_3-X_1}{2}$。依此类推，$E(X_N)=\frac{1-X_{N-1}}{2}$。可以验证，各个估价的期望值在[0,1]上等距离分布。

② Robert H. Frank. 微观经济学．李绍荣等译．北京：中国财政经济出版社，2005，第 196～201 页．

以，竞价 255 美元是你的最优策略。

三、顾客

市场导向是市场经济的基本游戏规则，而以人为本是现代企业的生存法则。再好的产品，如果不能为市场所接受，也注定要以失败而告终。因此，在定价之前，企业需要制定 STP（Segmentation-Target-Positioning）基本战略。定价时，企业需要识别消费者类型、价格敏感性、用途以及使用方式等基本要素，制定人性化的价格策略。

现代营销理论认为，由产品的市场定位决定产品价格的方法已经取代传统的以成本确定价格的“成本加价法”，成为产品定价的主流。市场经济条件下，已经很难简单地以生产成本去衡量产品价格是否合理。比如，许多在中国东部沿海地区通过代工生产的世界著名服装品牌，其生产成本通常不会超过几美元，但其市场定价是生产成本的十倍甚至几十倍。实际上，奢侈品动辄数十倍甚至上百倍的加价已引起各方的关注。营销专家认为奢侈品主要是基于价值的定价，而不是传统的成本加价。

顾客导向定价并不是简单地寻求顾客满意度。实际上，提高顾客满意度的最简单办法是给予价格折扣。以顾客价值为基础的定价之要义在于，企业在为顾客提供更高的附加价值的同时获得长期利润最大化。但这并不意味着市场份额的扩张。一个企业完全可以只为一个很小的细分市场提供高价值的产品而获得高额利润。但是，不能简单地认为顾客导向定价就是尽可能地剥夺消费者的剩余，因为顾客可能会故意隐藏其价值信息。按照 Nagle & Holden（2003）的观点，顾客导向定价的任务并非简单地以顾客当前愿意支付的价格销售产品，而是要激发顾客以更符合其真实价值的价格购买商品。因此，价值定价的关键在于细分市场，进而确定不同的市场定位，并针对各个子市场按其价值制定相应价格。比如，航空公司通常提供经济舱与商务舱两种不同的舱位服务并制定不同的价格；而《华尔街日报（亚洲）》在新加坡、日本和中国香港发行时的订阅价格呈现差异。

Harmer（1989）按照消费者对认知价格与认知价值差异的感受将消费者划分为四种类型（见图 2.4）[①]。其中，价格型购买者（Price Buyers）总是寻找价格最低的供应商，他们对产品质量的要求并不高，一般不愿意为产品质量的改进支付相应的溢价。价格型购买者一般选择价格在线（priceline. com）[②]或自由市场（freemarkets. com）等价格低廉的渠道购买产品。面对价格型购买者，销售商可以提供天天平价（Every Day

---

① 以下内容改写自：Thomas Nagel，Reed Holden. 定价策略与技巧——赢利性决策指南 . 应斌等译 . 北京：清华大学出版社，2003. 第 82 页，第 155～159 页 .

② Priceline 是美国一家基于 B2C 商业模式的旅游服务网站，创立了客户自我报价（Name your own price）的定价模式。

Low Price)等最低价格保证。

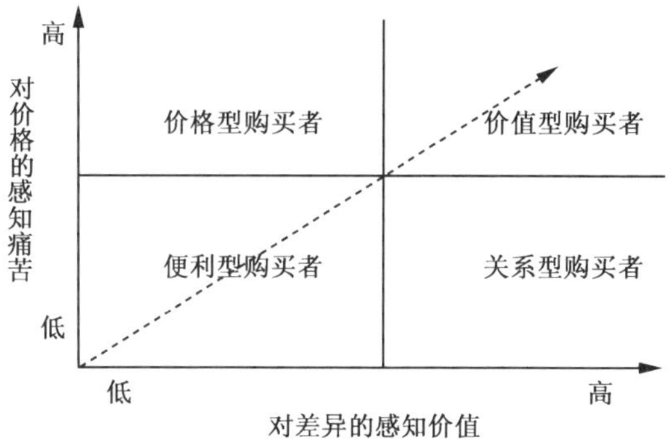

图 2.4　消费者细分模型(Harmer,1989)

便利型购买者(Convenience Buyers)对品牌之间的差异和价格不太关注。他们一般会选择最方便的购买方式(比如就近购买,或者向熟悉的供应商购买)。对于便利型购买者,提供延伸服务是非常重要的。

关系型购买者(Relationship Buyers)对某些品牌已形成强烈偏好,不会轻易替换供应商。对于关系型购买者,商家可以用建立未来持续的良好关系来吸引他们,以降低其转移成本。

价值型购买者(Value Buyers)非常关注产品的性价比。他们会通过各种渠道收集相关信息,比较各种产品的性能与价格。由于价值型购买者总是努力寻求价格与价值的匹配,因此企业可以采用认知价值(Perceived Value)定价法。

当然,企业总是同时为多种类型的顾客提供产品或服务的,为此,定价需要与产品、渠道、广告、服务等营销要素配合使用。比如,为不同类型的顾客提供略有性能差异的产品,或者通过不同的渠道向各种类型的顾客销售产品。

四、价格规制

企业在定价时,应考虑法规环境。我国 1998 年 5 月出台了《价格法》,对标价、定价等行为进行约束。其中第十三条规定:"经营者销售、收购商品和提供服务,应当按照政府价格主管部门的规定明码标价,注明商品的品名、产地、规格、等级、计价单位、价格或者服务的项目、收费标准等有关情况;经营者不得在标价之外加价出售商品,不得收取任何未予标明的费用。"第十四条规定:经营者不得有下列不正当价格行为:"相互串通,操纵市场价格,损害其他经营者或者消费者的合法权益;在依法降价处理鲜活商品、季节性商品、积压商品等商品外,为了排挤竞争对手或者独占市场,以低于成本的价格倾销,扰乱正常的生产经营秩序,损害国家利益或者其他经营者的合法权益;捏造、散布涨价信息，哄抬价格，推动商品价格过高上涨；利用虚假或使人误解的折价手段，诱骗消费者或其他经营者与其进行交易；提供相同商品或者服务，对具有同等交易条件的其他经营者实行价格歧视；采取抬高等级或压低等级等手段收购、销售，变相提高或者压低价格。”

在此基础上，我国价格管理部门于 2002 年又对价格欺诈进一步明确界定，包括：标价签、价目表等所标示商品的品名、产地、规格、等级、质地、计价单位、价格等或者服务的项目、收费标准等有关内容与实际不符，并以此为手段诱骗消费者或者其他经营者购买；对同一商品或者服务，在同一交易场所同时使用两种标价签或者价目表，以低价招徕顾客并以高价进行结算；使用欺骗性或者误导性的语言、文字、图片、计量单位等标价，诱导交易；标示的市场最低价、出厂价、批发价、特价、极品价等价格表示无依据或者无从比较；降价销售所标示的折扣商品或者服务，其折扣幅度与实际不符；销售处理商品时，不标示处理品和处理品价格；采取价外馈赠方式销售商品和提供服务时，不如实标示馈赠物品的品名、数量或者馈赠物品为假劣商品；收购、销售商品和提供服务带有价格附加条件时，不标示或标示含糊。

同时，2002 年出台的《价格法》规明确禁止企业的下列定价行为[①]：虚构原价，虚构降价原因，虚假优惠折扣，谎称降价或者将要提价，诱骗他人购买；收购、销售商品和提供服务前有价格承诺，不履行或者不完全履行；谎称收购、销售价格高于或者低于其他经营者的收购、销售价格，诱骗消费者或者经营者与其进行交易；采取掺杂、掺假，以假充真，以次充好，短缺数量等手段，使数量或者质量与价格不符；对实行市场调节价的商品和服务价格，谎称为政府定价或者政府指导价。

第三节　渗透定价和撇脂定价

图 2.5 显示了认知价格和认知价值的三种组合：(1)低价格—高价值组合，即渗透定价(Penetration Pricing)。(2)高价格—低价值组合，即撇脂定价(Skimming Pricing)。(3)中等价格—中等价值组合，即适中定价(Moderate Pricing)。

一、渗透定价

渗透定价是指将价格定的比经济价值低很多，以此吸引并赢得大量顾客。渗透定价不是说必须便宜，而是相对于感知价值来讲比较低。比如，吉利轿车就是通过渗透

---

① https://baike.sogou.com.

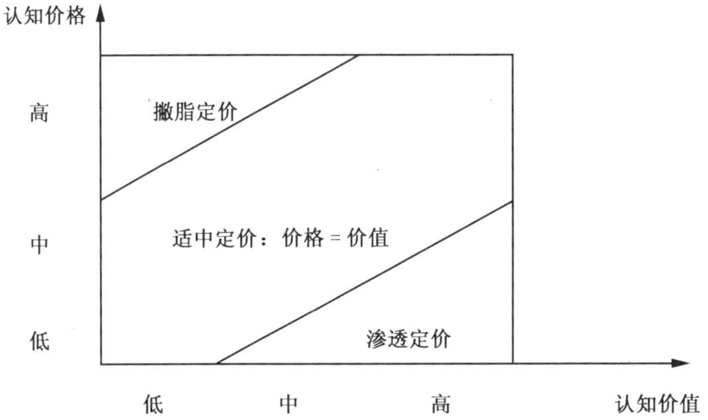

图 2.5 价格—价值组合(Nagle & Holden,2003)

定价进入汽车市场的;雷克萨斯(Lexus)、北电网络(Nortel Networks)以及沃尔玛(WalMart)都是成功实施渗透定价的典范。

渗透定价奏效的前提是存在一个愿意因为价格差异而变换供应商的较大的市场空间。如果增量成本仅占价格很小的部分,则每增加一点额外的销售都会产生一个很大的利润贡献,那么渗透定价是有利的。但是,渗透定价对于质量难以衡量的产品并不起作用。特别是,潜在顾客会简单地认为低价位产品是低价值的产品。

只有在竞争者缺乏能力或动机去降低价格遏制渗透定价时,渗透定价才有利于赢得市场份额。但是,在三种情况下,渗透定价是合理的:(1)当公司的成本优势或资源优势十分明显时,竞争者相信如果他们发起价格战必然带来损失;(2)当公司拥有很多产品线或补充产品时,为带动其他产品线盈利,可以使用一条产品线的产品作为"亏损线";(3)公司目前还不起眼,它能够迅速提高销售而又不会给竞争对手造成太大的影响,而不会引起对手强烈的反应。[①]

① Thomas T. Nagle,Reed K. Holden. 定价策略与技巧—赢利性决策指南. 应斌等译. 北京:清华大学出版社,2003,第129页.

二、撇脂定价

(一)阶段性撇脂定价

撇脂定价是指靠牺牲销量来获得较高的毛利。多数情况下,撇脂定价相对于消费者愿意支付的价格是较高的。在决定是否采用撇脂定价时,企业需要权衡两个定价方案:(1)采用较高的价格在价格敏感性较低的细分市场上销售;(2)采用低价销售整个市场。显然,只有当前者的利润高于后者时,采用撇脂定价策略才是合算的。撇脂定价已在一些商业领域得到成功应用,比如婚礼宴会厅、情人节卖花女都是通过撇脂定价从细分市场上获得丰厚利润。一般来说,撇脂定价的基本条件为:一开始的高价不会吸引太多的竞争者进入市场;高价有助于树立优质产品的形象。有些时候,即使一个企业不具有防止未来竞争的能力,仍可采用撇脂定价策略——“先捞一把”的赚钱策略。

一种常见的撇脂定价策略是阶段性撇脂定价,即从一个较高的价格开始,首先吸引对价格最不敏感的购买者;随着公司搜刮完购买者的油水,这个市场逐渐缩小直至消失。为了维持销量,公司将价格降低到一定水平,向下一个最赚钱的市场销售产品。将这个过程持续下去,直至试尽所有撇脂的机会——比如,价格已经足够低足以吸引最敏感的顾客了,或者价格再降低就没有利润了(见图 2.6)。[1]

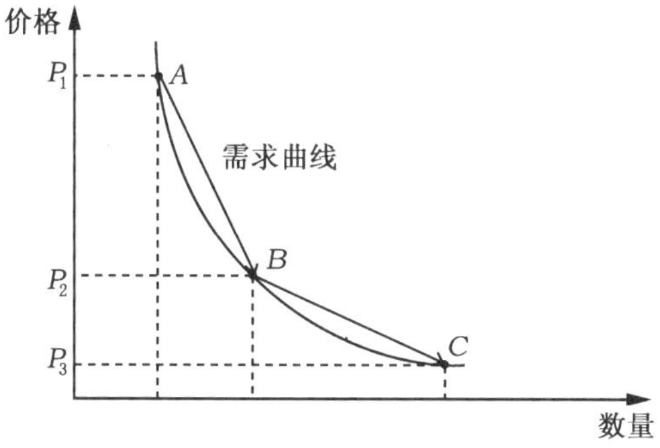

图 2.6　阶段性撇脂定价

以下用一个简化的数字例子来说明耐用品的阶段性撇脂定价策略。[2] 假设某耐用品的边际成本为 20 元,潜在顾客对产品价值估价如下:(1)25%的人认为产品价值为 100 元;(2)25%的人认为产品价值为 90 元;(3)25%的人认为产品价值为 70 元;(4)25%的人认为产品价值为 40 元。根据以上信息,可画出该耐用品的销售反应曲

① Thomas T. Nagle, Reed K. Holden. 定价策略与技巧—赢利性决策指南. 应斌等译. 北京:清华大学出版社,2003,第 124～127 页.

② Robert J. Dolan, Hermann Simon. 定价圣经. 董俊英译. 北京:中信出版社,2004,第 272～273 页.

线，如图 2.7 所示。显然，该耐用品的短期利润最大化价格为 70 元，75％的潜在顾客会以 70 元购买该产品；之后市场上只剩下价值评价为 40 元的 25％顾客了，此时耐用品厂商可将价格降至 40 元。在(70,40)的双价格体系下，该产品的单位毛利为 0.75×(70－20)＋0.25×(40－20)＝42.5(元)。但是，一开始将价格设定为 70 元将大量蚕食未来的需求。如果一开始将价格设定为 90 元，那么将有 50％的顾客购买该产品，虽然短期利润比定价 70 元时低，但未来市场规模还有 50％；然后将价格降至 70 元卖给 25％的顾客；最后将价格锁定为 40 元卖给最后 25％的顾客。在三价格体系(90,70,40)下，该产品的单位毛利为 0.50×(90－20)＋0.25×(70－20)＋0.25×(40－20)＝52.5(元)。当然，可行的话，最优的定价战略是让价格沿着销售反应曲线往下降，形成(100,90,70,40)的多级价格体系，单位毛利将高达 55 元。

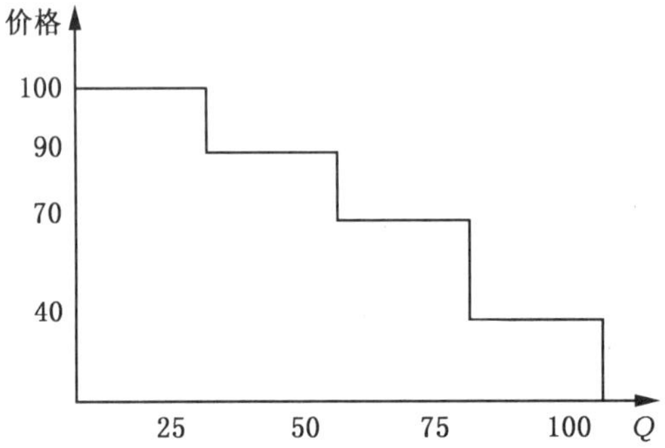

图 2.7　耐用品的销售反应曲线

阶段性撇脂定价常见于耐用品定价实践中，比如电脑、手机、复印机。耐用品上市初期价格很高，然后降价或者引进升级产品予以替代。比如，宝利来黑白与彩色相机，黑白相机从 20 世纪 50 年代的 200 美元到 60 年代初期的 139 美元，再到 60 年代末的 35 美元，最后到 1975 年的 15 美元(以上价格按 1975 年美元价值计算)。而彩色相机从 20 世纪 60 年代中期的 290 美元到 60 年代末的 59.95 美元，最后到 70 年代中叶的 25 美元。

(二)科斯问题

耐用品的阶段性撇脂定价受两个因素制约：(1)自我替代或自相残杀(Cannibalization)。即使是垄断耐用品厂商，也存在“明天”与“今天”的竞争。(2)耐用性(Durability)与预期(Expectation)。除非升级换代，耐用性使得耐用品的潜在需求越来越小，价格下降成为不可避免的趋势。这样，耐用品的预期价格 $\{p_t^e\}_{t=1}^{\infty}$ 对需求的影响很重要：如果消费者预期价格将下降，可能出现战略性推迟购买(Strategic Delay)，等到价格下降到可以接受的时候再购买。所以，今天耐用品厂商和“明天的它”在争夺消费者的购买力。

由于存在战略性推迟购买的消费者，耐用品厂商基于购买时间的差别化定价可能变成无利可图。比如，假设一个垄断耐用品厂商有两个单位的耐用品，边际成本为零；市场上有两个潜在顾客，具有较高支付意愿的顾客愿意支付 15（以美元为单位，下同），另一个顾客的支付意愿为 10。假定耐用品市场持续两期，贴现率为 δ。那么，厂商在每一期必须制定一个价格，而顾客则决定是否购买。那么，厂商应该如何为每期定价？

如果消费者不进行战略性推迟购买，那么，当价格低于价值估价时，消费者就会购买。（1）厂商制定价格 $p_1=15$，$p_2=10$，那么，支付意愿高的顾客将在第 1 期以 15 美元的价格购买，而另一个顾客将在第 2 期以 10 美元的价格购买。这样，厂商利润为 $\pi(15,10)=15+10\delta$。（2）厂商制定价格 $p_1=p_2=10$，那么，两个顾客都会在第 1 期购买，厂商利润为 $\pi(10,10)=20$。显然，只要 $\delta\geqslant 0.5$，最优的价格策略为 $p_1=15$，$p_2=10$，即跨时差别化定价获得更高利润。

但是，消费者的战略性推迟购买策略会损害厂商的跨时差别化定价能力。我们采用回溯法分析：（1）显然，在第 2 阶段，最优定价是 $p_2=10$ 美元。（2）支付意愿高的顾客预见到，若第 1 阶段不购买，可以在第 2 阶段以 10 美元的价格购买，获得剩余 $CS=5$ 美元。因此，第 1 阶段的价格应使得这个顾客没有动力推迟到第 2 阶段购买，即 $CS(p_1)=15-p_1\geqslant 5\delta$，或者 $p_1\leqslant 15-5\delta$。这样，$\pi(15-5\delta,10)=15-5\delta+10\delta=15+5\delta$。但是，如果制定价格 $p_1=p_2=10$，则 $\pi(10,10)=20$。由于 $\delta\leqslant 1$，所以，$\pi(15-5\delta,10)\leqslant\pi(10,10)$，即实施跨时差别化价格得不偿失。

可见，由于存在战略性推迟购买，跨时价格歧视反而会降低利润。基于这个逻辑，科斯提出著名的科斯猜想（Coase Conjecture）：当价格调整的时间差趋于零时，跨时垄断利润为零。因此，一个很快改变价格的垄断者将完全丧失垄断力量。

（三）耐用品定价策略

科斯猜想的关键要素是消费者是连续进入市场的，而且消费者有足够的耐心推迟购买。如果垄断厂商只对市场进行有限细分，或者消费者没有足够耐心等待降价，那么，垄断厂商还是可以通过阶段性撇脂定价成功实施跨时差别化定价的。另外，垄断厂商可以通过只租不售、价格承诺（Price Guarantee）、限定产能（Limit Capacity）、开拓新市场（New Customers）、产品升级换代等策略来消除战略性推迟购买对其销售的负面影响。

出租（Leasing）而不出售耐用品在复印机、碟片、汽车、照相机等行业中经常见到，施乐公司一度只出租其复印机。以下简化模型比较垄断耐用品厂商的出租和销售的利润情况。假设一个垄断厂商在两个阶段（$t=1,2$）销售耐用品，在第 1 阶段购买耐用品的消费者可以在第 2 阶段继续使用，也可以转售（不贬值）。假设每阶段的市场需求

函数为 $p=100-q$；生产的边际成本 $MC=0$。①

(1)出租：垄断厂商在每阶段以价格 p^R 出租耐用品，使用期限 1 期，到了期末厂商将收回产品。当然，消费者可以续租，那么，每一期厂商的利润最大化条件为

$$MR^R(q_t)=100-2q_t=MC(q_t)=0 \tag{2.10}$$

则 $q_t^R=50$，$p_t^R=50$，也就是说，垄断厂商生产 50 个单位产品，每期以 50 单位的租金出租，总利润为

$$\pi^R=\pi_1^R+\pi_2^R=5\ 000 \tag{2.11}$$

(2)出售：垄断厂商在每个阶段出售产品，由于在第 1 期已经购买的消费者在第 2 期不需再购买产品，因此厂商在第 2 期面临的剩余需求曲线为

$$p_2=100-(\bar{q}_1+q_2)\text{或 }q_2=(100-\bar{q}_1)-p_2 \tag{2.12}$$

其中，$\bar{q}_1$ 为第 1 期的销售量。所以厂商在第 2 期的利润最大化条件为

$$MR_2^S(q_2)=(100-\bar{q}_1)-2q_2=0 \tag{2.13}$$

则，$q_2=50-\dfrac{\bar{q}_1}{2}$，$p_2=50-\dfrac{\bar{p}_1}{2}$，对应的利润为 $\pi_2^S=p_2q_2=\left(50-\dfrac{\bar{q}_1}{2}\right)^2$。

回到第 1 期，注意，支付意愿为$(100-\bar{q}_1)$的消费者正好对在第 1 期购买或者在第 2 期购买无差异。如果他在第 1 期购买，获得消费者剩余 $CS=(100-\bar{q}_1)+(100-\bar{q}_1)-p_1$，因为产品可以使用两期，所以消费者利益是两期利益相加；但支付的成本只是第 1 期的价格。如果他在第 2 期购买，获得的消费者剩余为 $CS=(100-\bar{q}_1)-p_2=\left(50-\dfrac{\bar{q}_1}{2}\right)$。由无差异条件，有 $2(100-\bar{q}_1)-p_1=50-\dfrac{\bar{q}_1}{2}$，得到 $p_1=150-1.5\bar{q}_1$。所以，$\pi_1^S=p_1\bar{q}_1=(150-1.5\bar{q}_1)\bar{q}_1$。

厂商的目标是最大化两期的总利润，即

$$q_1\in\arg\cdot\text{Max}\{\pi^S=\pi_1^S+\pi_2^S=(150-1.5q_1)q_1+(50-0.5q_1)^2\} \tag{2.14}$$

一阶条件为 $100-2.5q_1=0$，所以 $q_1^S=40$，$q_2^S=p_2^S=50-\dfrac{q_1^S}{2}=30$，$p_1^S=150-1.5q_1=90$。因此，有

$$\pi^S=p_1^Sq_1^S+p_2^Sq_2^S=4\ 500<5\ 000=\pi^R \tag{2.15}$$

所以，垄断厂商出售耐用品的总利润小于出租的总利润。

另外，为消除消费者的价格预期，具有良好声誉(Reputation)的厂商承诺不降价(Contract Commitment)，或者降价后向已购买产品的消费者退还差价(Money Back Guarantee)，而有些厂商则公布未来几年的价格表，如惠普(HP)公布其未来价格表

① Oz Shy. Industrial Organization: Theory and Application. Cambridge: The MIT Press. 1995; pp. 80～89.

(Price Lists)。

专栏 2.2

德比尔斯的坯钻定价:价格承诺还是动态调整?

成立于19世纪七八十年代的德比尔斯(De Beers)是全球最大的钻石采掘企业,它通过兼并收购方式控制了南非绝大部分的钻石矿,并以参控股方式拥有其他国家的一些钻石矿,再利用总部设在伦敦的中央销售组织CSO(Central Selling Organization)和钻石贸易公司DTC(Diamond Trading Company)对坯钻的流通环节进行控制(周惠中,2006)。CSO是连接采矿场和钻石加工商的桥梁,尽管其销售的坯钻只有一小部分来自德比尔斯自有的钻矿,但全球80%左右的坯钻都通过CSO销售,主要原因有二:一方面,CSO实际上是一个钻石卡特尔组织,它不但通过库存量来调节钻石价格,而且德比尔斯的集中广告对其他采矿企业都具有正的外部性;另一方面,德比尔斯采取往目标市场投放坯钻(从而导致坯钻价格下跌)的做法来胁迫当地的采矿企业将坯钻交给CSO销售(Cabral,2002)。

包括Stokey(1981)和Tirole(1988)在内的经济学家认为,钻石是垄断耐用品(Durable Goods)的典范。我们在正文中已阐述了耐用品定价的两个关键影响因素:转售(Resell)和未来需求减少。转售,是指当前已购买者在未来可以转卖(几乎不损耗);未来需求减少,是指不转售的当前购买者在未来不必再购买。科斯(Coase,1972)指出,耐用品垄断者实际上在创造自己未来的竞争对手——今天的它在和明天的它竞争。科斯进而提出了著名的科斯猜想(Coase Conjecture):如果垄断耐用品厂商不能有效地抑制未来竞争,那么,它的价格会以很快的速度收敛于边际成本。我们在正文中已列举了常用的限制方法,这里特别强调的是“承诺不降价”,即所谓的“钻石恒久远,一颗永流传”。

那么,德比尔斯对坯钻的定价实践是否与理论相吻合?Ghemawat(1997)注意到,德比尔斯的坯钻并非从不降价——即便是名义价格。实际上,1995年下半年,德比尔斯就下调了一些细小而便宜的坯钻的名义价格。为进一步揭示德比尔斯坯钻价格的变化规律,Ghemawat(1997)以坯钻的实际价格变化作为被解释变量,以CSO库存与实际销售的比率作为解释变量,用1978～1993年间的时间序列数据建立的回归分析模型发现:当CSO库存/实际销售≤75%时,坯钻的实际价格会上涨;反之则下降。在Ghemawat所观察的16年中,只有8年的实际价格是上涨的。因此,Ghemawat(1997)断言:德比尔斯的CSO会根据其库存来调整坯钻的价格,而不是遵循垄断耐用品厂商的定价行为。

那么,问题出在哪里?此种现象的一个可能解释是,德比尔斯对坯钻的定价并不严格符合科斯猜想的基本条件:(1)由于钻石联姻的作用,每期的钻石需求相对稳定;(2)由于情感因素或交易成本的影响,钻石转售的可能性并不大;(3)德比尔斯的垄断地位日落西山。实际上,由于德比尔斯的钻石卡特尔违反了美国的反托拉斯法,第二次世界大战以来德比尔斯一直未能直接进入美国市场,而Lev Leviev于20世纪90年代初分得了俄罗斯的一部分钻石原料,严重削弱了德比尔斯的市场势力(周惠中,2006)。

参考资料：

(1)Ghemawat,Pankaj. *Games Business Play*:*Cases and Models*. Boston:The MIT Press,1997.

(2)Ghemawat,Pankaj. 产业竞争博弈. 胡汉辉、周治翰译. 北京：人民邮电出版社,2002,pp. 10～12。

(3)周惠中. 商战自有正道. 上海：上海人民出版社,2006,pp. 84～91.

(4)Tirole,Jean. *The Theory of Industrial Organization*. Boston:The MIT Press,1988,pp. 72～74,pp. 79～87.

(5)Shy,Oz. *Industrial Organization*:*Theory and Practice*. Boston:The MIT Press,1995,pp. 80～89.

(6)Cabral,Luis M. B. 产业组织导论. 胡汉辉、赵震翔译. 北京：人民邮电出版社,2002,pp. 124～125.

(7) Stokey, N. Rational Expectations and Durable Goods pricing. *The Bell Journal of Economics*,1981,12:pp. 112～128.

三、适中定价

不存在适合于撇脂定价或渗透定价的环境时，一般采取适中定价。适中定价有意降低价格因素在营销组合策略中的突出设置，而通过发挥其他组合要素的作用未实现长期盈利目标。比如，音乐会经常将票价定在很多愿意听音乐会的人具有能力购买的水平——因为去听音乐会的人通常还会购买音像品，并影响其他人去买。这样一来，适中定价可以有效促销音乐会和音像品所形成的具有互补性的产品线。关于产品线定价策略的详细讨论见下一章。

思考练习题

1. 归纳成本加成定价的适用条件，说明成本加成定价的优缺点。

2. 推导成本加成定价公式：价格＝单位成本/(1－销售利润率)。

3. 假设酒店为每个房间每天分摊的固定成本为 120 元，房间若租出则需要额外增加 30 元的成本(房间打扫、日用品、水电消耗等)。从长期(比如 1 年)角度看，为每个房间定价的相关成本是多少？从短期看，为每个房间定价的相关成本又是多少？

4. 有效实施渗透定价的前提条件是什么？结合一个定价实例说明渗透定价的实施策略。

5. 讨论消费者预期对耐用品厂商定价的影响，并归纳总结耐用品厂商应对消费者预期的常用方法。

6. 一些耐用品商家(比如电器行)采用“自动价格保护计划”APP(Automatic Price Protection)——商家售出商品后，如果在一个规定的时间内对相同的产品降价超过一定范围，则商家将自动退还差价给已购商品的消费者。类似的事情发生在几年前的深圳房地产市场中，因楼盘降价，房产公司退还差价给业主。(1)比较 APP 与天天平价(EDLP)的差异。(2)APP 计划对商家有哪些好处？(3)如果竞争对手降价，作出 APP 承诺的商户将如何应对？

7. 假设一个垄断者在 10 个市场运营，其单位成本为 10 元，每个市场统一定价 50 元。现有一个潜在进入者，其单位成本为 20 元。如果潜在进入者只瞄准其中的一个市场，则应选择什么价格进入？如果想进入其中的 2 个市场，进入价格又应为多少？

8. 假设垄断厂商的边际成本为常数 c，其面临的市场需求为 $P=a-bQ$。证明：(1)如果厂商谋求收入最大化，则定价为 $P=\frac{a}{2}$。(2)如果厂商谋求利润最大化，则定价 $P=\frac{a+c}{2}$。图示说明这两种价格所在位置的几何意义。

9.《新民晚报》2012 年 1 月 6 日刊发"一款 Swatch 手表有两种标价"的报道，故事的梗概是：某市民在上海南京东路 Swatch 专卖店看中了款式为"SVCK4035G"的手表，标价签上写 1 300 元，营业员说只需 1 180 元，该市民以为是打 9 折，便同意购买。但到收银台付款时，却被告知要 1 300 元。该市民仔细观察手表包装盒时发现盒子上的标价为 1 180 元。对此，商家的解释是，此款手表在 2010 年上海世界博览会期间已调过价，新营业员对情况不了解，报错了价格。由于随同亲友一定要购买该款式的手表，该市民最终还是支付了 1 300 元。之后，该市民以"商家用低价吸引顾客再用高价结算因而涉嫌价格欺诈"为由向法院起诉商家，要求"退一赔一"。法院以交易乃在价格争议发生后进行的为由驳回上诉。你认为，该专卖店是否应该以 1 180 元销售该款式的手表？

10. 2012 年春节期间国内一些热点旅游城市被曝光存在宰客现象，引起人们对旅游城市的海鲜排档、出租车、酒店定价的广泛关注。某些地方政府部门以当事人未出面举证、价格乃明示且有食客签名等为由，否认存在价格欺诈行为，并对个别消费者通过微博发布有损其旅游城市形象言论的行为表示谴责。

问题：

(1)你如何理解价格欺诈的含义？某君在某海鲜排档点了三个普通菜被要价 4 000 元是否遭遇价格欺诈？

(2)为什么旅游景点的物品通常比商业区的贵许多？

(3)从部分旅游城市被曝光的宰客事件看，政府有关部门在价格规制方面存在哪些不足？如何改进？

(4)国内频发的旅游景区宰客事件反映了我国旅游产业盈利模式存在哪些弊端？请就如何促进旅游产业的商业模式创新提出个人见解。(提示：参阅《第一财经日报》2012 年 2 月 7 日乐琰发表的"三亚宰客背后中国旅游商业模式畸变"。)

第三章　盈利性定价的财务分析

需求的价格弹性告诉我们销售关于价格变动将作出怎样的反应。众所周知，如果定价是为了实现销售收入最大化，那么，与单位弹性对应的价格是最优的选择。换句话说，如果顾客对当前的价格是缺乏弹性的，企业应对产品提价；反之，如果顾客对当前的价格是敏感的，企业应对产品降价。但是，如果定价是为了最大化盈利，那么，在什么条件下企业应该对价格作出调整？或者说，在需求关于价格调整作出什么样的反应下，企业可以从价格调整中获得更多的利润？本章从财务角度分析定价的盈利性。首先引入毛利贡献的概念，然后将其应用于损益平衡分析中，最后将损益平衡分析原理拓展至产品线定价中。

第一节　利润驱动的定价模式

为产品定价时，企业财务部门考虑的是价格需要多“高”才能实现预期利润。财务部门假定销售量是给定的，然后将相关成本分摊到单位产品上，制定实现预期利润目标的价格水平。而营销部门考虑的是价格需要多“低”才能让消费者有激励购买，从而实现销售目标。可见，成本导向的定价(Cost Driven Pricing)忽略了市场需求，营销部门实际上变成销售部门；而顾客导向的定价(Customer Driven Pricing)忽略了成本，即使实现了销售目标，最终也可能是亏损的。正确的定价应是利润驱动的(Profit Driven Pricing)，即成本驱动和需求驱动的有机集成(Integrated)，图 3.1 给出利润驱动定价的集成分析框架①。

---

① (1)Thomas T. Nagle, Reed K. Holden. 定价策略与技巧——赢利性决策指南 . 应斌等译. 北京：清华大学出版社，2003. (2)Robert J. Dolan, Hermann Simon. 定价圣经. 董俊英译. 北京：中信出版社，2004. (3)Marn, Michael V. , Robert L. Rosiello. Managing Price, Gaining Profit. *Harvard Business Review*, 1992(5): pp. 84～94.

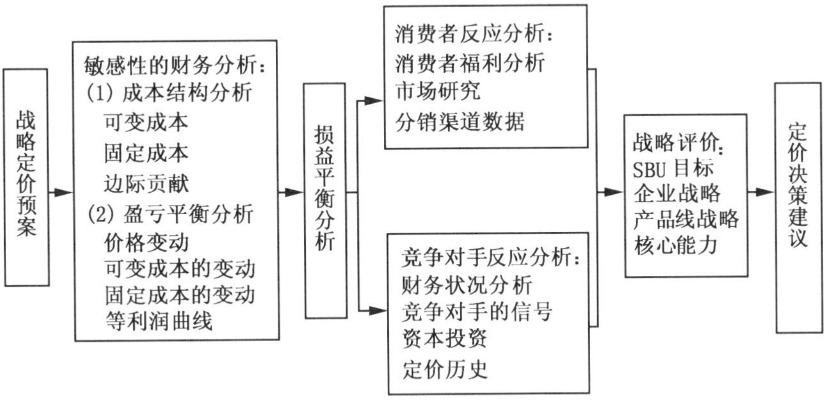

图 3.1　利润驱动的定价模式

一、成本与毛利

定价时需要考虑的成本包括短期成本和长期成本。短期成本一般包括固定成本和可变成本。固定成本是指随着产量的变化保持不变的成本。若记总成本为 $C(q)$，则固定成本为 $FC=C(0)$。一般而言，购置固定资产的成本支出均为固定成本，比如厂房投资、设备投资、广告支出、研发费用。变动成本是指随着产量的变动而变动的成本，比如原材料成本及劳动力成本。变动成本 $VC(q)=C(q)-C(0)$。专用性资产投资等固定成本一般会形成沉淀成本(Sunk Costs)。沉淀成本是指已支出但不能回收的成本，比如广告支出、研发投入、专用性设备投资等。长期成本涉及市场进入、产能(Capacity)投资、市场拓展、品牌建设等相关成本支出。

另外，一个重要的成本概念是边际成本(Marginal Costs)。边际成本是指追加额外一个单位产品的生产所追加的成本，即 $MC(i)=C(i)-C(i-1)$. $i=1,2,\cdots$，因此，有

$$VC(q)=MC(1)+MC(2)+\cdots+MC(q) \tag{3.1}$$

我们举一个例子来说明这些成本概念在定价中的应用。假设某个宾馆有 300 间客房，根据历年的经验，宾馆全年的入住率为 80%，财务部门据此预测平均每个房间的成本为 150 元，其中每个房间每晚的变动成本(诸如清洁、床单、服务等)为 30 元。那么，在某个晚上(比如周末)，如果有多余的客房，客人只要出价高于 30 元(即边际成本)宾馆就可租出房间。但是，宾馆管理者需要不断核算累计已租出的客房的平均价格，到了年终，只有当测算出来的平均价格大于 150 元时，宾馆本年度才能盈利。

以下对成本曲线的形状略做讨论。假设成本函数为一次的，即 $C(q)=\alpha+\beta q$，那么，固定成本 $FC=C(0)=\alpha$；边际成本 $MC(q)=C'(q)=\beta$ 为常数；单位固定成本为 $AFC=\dfrac{FC}{q}=\dfrac{\alpha}{q}\rightarrow 0(q\rightarrow\infty)$；单位可变成本为 $AVC=\dfrac{VC(q)}{q}=\beta=MC(q)$；而单位成本

为 $AC(q)=AFC(q)+AVC(q)=\beta+\frac{\alpha}{q}\to\beta(q\to\infty)$。图 3.2 给出对应的 MC 曲线和 AVC 曲线，此种成本函数具有规模经济性（Economies of Scale）——单位成本随着产量的增加而不断下降。

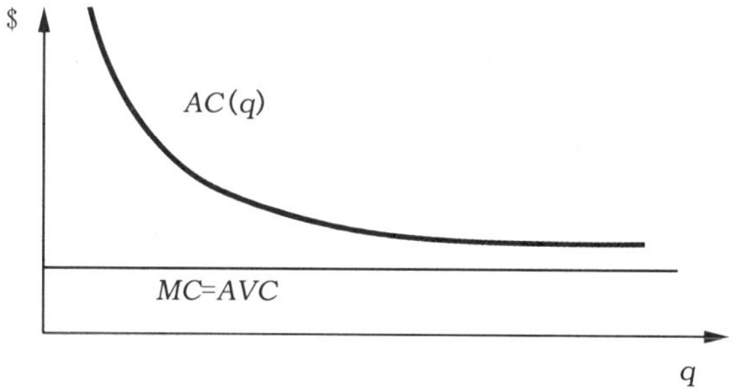

图 3.2 线性成本函数下的边际成本曲线和单位成本曲线

再假设成本函数是三次的，即 $C(q)=\alpha q+\beta q^2+\gamma q^3$，那么，固定成本 $FC=C(0)=0$；边际成本 $MC(q)=C'(q)=\alpha+2\beta+3\gamma q^2$；单位固定成本为 $AFC=\frac{FC}{q}=0$；单位可变成本为 $AVC=\frac{VC(q)}{q}=\alpha+\beta q+\gamma q^2$；而单位成本为 $AC(q)=AFC(q)+AVC(q)=\alpha+\beta q+\gamma q^2$。图 3.3 给出对应的 MC 曲线和 AVC 曲线，它们都是 U 形的。①

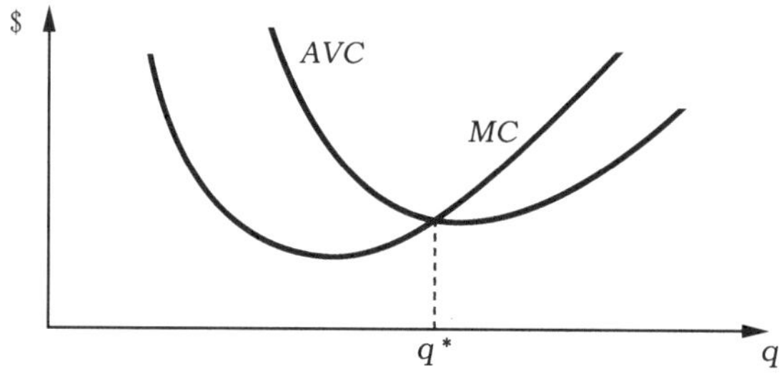

图 3.3 三次成本函数下的边际成本曲线和单位可变成本曲线

接下来，我们引入“毛利”的概念。通常，将价格和边际成本之差称为边际毛利，记为 IM（Incremental Margin）；将价格和单位可变成本之差称为平均毛利（或单位毛利贡献），记为 CM（Contribution Margin）。形式化表示为

---

① 边际成本穿过单位（变动）成本的最低点。由 $AVC(q)=\frac{VC(q)}{q}$，有 $AVC'(q)=\frac{VC(q)-VC'(q)q}{q^2}$。当 AVC 最小时，有 $AVC(q^*)=0$，即 $VC(q^*)=VC(q^*)q^*$，因而 $AVC(q^*)=MC(q^*)$。直观地，当额外增加一个产出所追加的成本低于当前的平均变动成本时，则包含该额外产出的平均变动成本降低了；反之，当额外增加一个产出所追加的成本高于当前的平均变动成本时，则包含该额外产出的平均变动成本增加了。

$$\begin{cases} IM = p - MC \\ CM = p - AVC \end{cases} \quad (3.2)$$

图 3.4 给出边际毛利和单位毛利的直观解释，显然有

$$n \cdot CM(n) = IM(1) + IM(2) + \dots + IM(n) \quad (3.3)$$

进一步，定义边际毛利率（$IM\%$）和单位毛利率（$CM\%$）为：

$$\begin{cases} IM\% = \dfrac{p - MC}{p} \times 100\% \\ CM = \dfrac{p - AVC}{p} \times 100\% \end{cases} \quad (3.4)$$

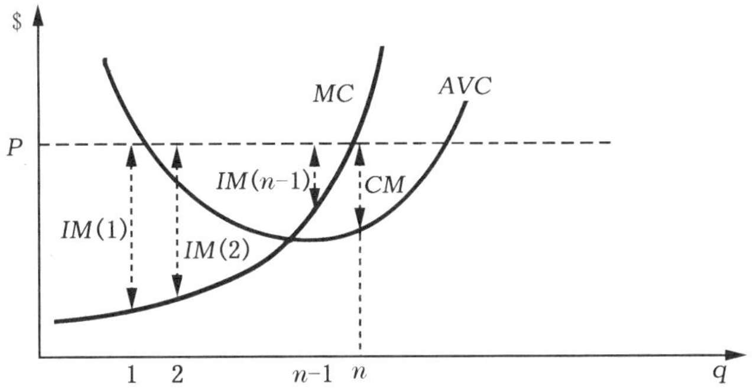

图 3.4　边际毛利和单位毛利

值得指出的是，即使两个企业具有相同的单位成本，但是由于成本结构的差异，其边际毛利率（或平均毛利率）却有很大的差异。比如，表 3.1 所示的两种产品的价格相同，单位成本也相同（都是价格的 80%），因而利润率都是 20%；但产品 A 的单位变动成本占价格的 60%，单位固定成本占价格的 20%；而产品 B 的单位可变成本只占价格的 40%，单位固定成本占价格的 40%。因此，产品 B 的毛利率（60%）高于产品 A 的毛利率（40%）。在下节的讨论中将看到，这种差异很可能导致两种产品选择完全不同的价格调整策略。

表 3.1　　成本结构对单位毛利的影响

	产品 A	产品 B
单位固定成本与价格的比率	20%	40%
单位变动成本与价格的比率	60%	40%
利润率	20%	20%
毛利率	40%	60%

另外，成本结构的差异对企业的经营决策也产生重要影响。以电力产业为例，铀的主要民用用途是核发电。核电厂的固定成本很高，但具有很低的边际成本；而天然

气发电厂的固定成本很低，但边际成本较高。在图 3.5 中，核电的单位成本曲线为 AC_1；而天然气电的单位成本曲线为 AC_2。显然，当电力需求量 $Q\in[Q^*, Q^{**}]$，核电的总成本小于天然气电的总成本；而当电力需求量在这个区间以外时，天然气电的总成本小于核电的总成本。因此，发电厂倾向于使用核电力设施来满足基础负荷的需求；而使用燃气发电来满足高于基础负荷的、相对波动的剩余需求。另外，由于电力需求的高峰在白天而低谷在深夜，因此，有的发电厂在夜间用其核电往湖里灌水，在第二天排放这些蓄水来为水力发电厂供能。从物理学角度讲，就是先将动能转化为势能，再将势能转化为动能。

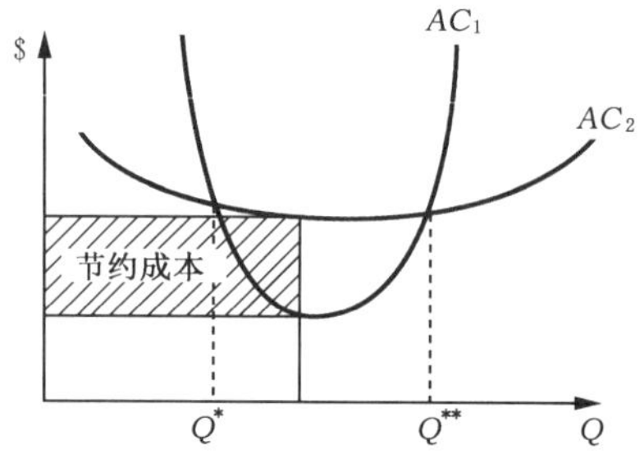

图 3.5　两种成本结构下的经营决策

二、盈亏平衡分析

盈亏平衡(Break Even)分析是指寻求使得企业的收益正好补偿成本的价格或者销量。由于利润 $\pi=R-C$，而收益 $R=p\cdot q$，成本 $C=c_f+c_v\cdot q$，其中 p,q,c_f,c_v 分别为价格、销量、固定成本及单位变动成本，盈亏平衡意味着 $\pi=0$，即 $(p-c_v)q=c_f$。因此，盈亏平衡产量为

$$q^{BE}=\frac{c_f}{p-c_v}=\frac{c_f}{CM} \tag{3.5}$$

即盈亏平衡产量等于固定成本和单位毛利的比值。或者说，在盈亏平衡产量水平下，总毛利贡献正好补偿固定成本，如图 3.6 所示。

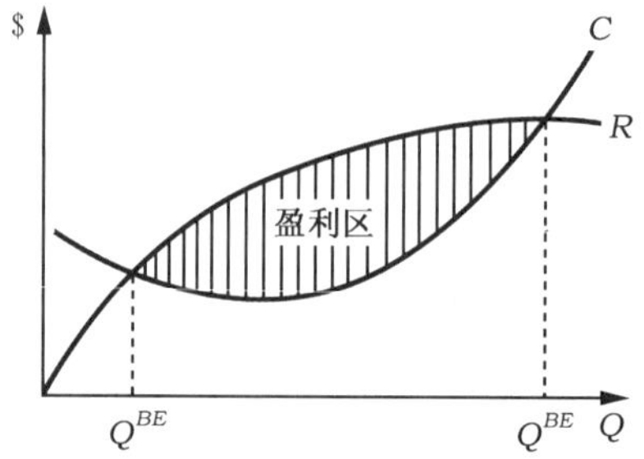

图 3.6　盈亏平衡产量图解

举一个数值例子来说明盈亏平衡分析的应用。假设固定成本为100万元，单位变动成本为50元，当前定价为100元，则盈亏平衡产量＝固定成本/(价格－单位变动成本)＝2(万元)(单位)，如图3.7所示。

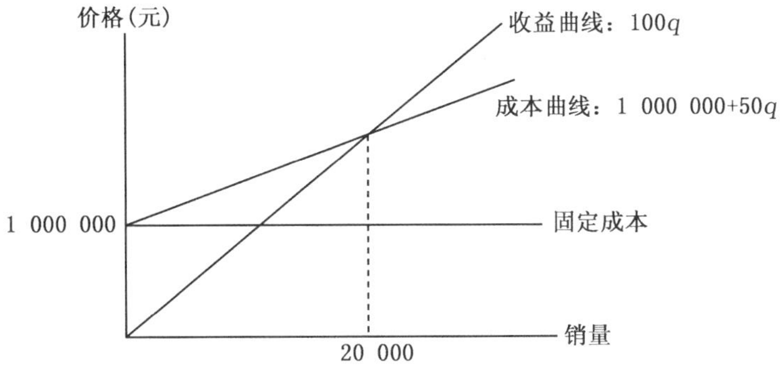

图3.7　盈亏平衡分析实例

值得指出的是，不同成本结构的生产技术所要求的盈亏平衡产量可能差距甚远。资本密集型的生产技术一般具有高固定成本和低变动成本的特点，而劳动密集型生产技术则相反。通常情况下，相对于劳动密集型生产技术，资本密集型生产技术所要求的盈亏平衡产量较大。因此，当预期可实现的销量较大时，选择资本密集型技术是适宜的；而当预期可实现的销量较小时，一般应选择劳动密集型生产技术或外包(Outsourcing)等固定成本较低的生产方式。

第二节　损益平衡分析

一、损益平衡分析基本原理

面对动态变化的市场，企业经常需要进行价格调整。损益平衡分析是一种动态盈亏平衡分析方法，主要分析企业在价格调整中保持原有赢利水平的销售变动临界值[①]。我们知道，提价减少销量而降价增加销量，那么，企业在调价决策中面临的两个基本问题自然是：

① Thomas T. Nagle，Reed K. Holden. 定价策略与技巧——赢利性决策指南. 应斌等译. 北京：清华大学出版社，2003，第27～39页. 值得说明的是，Nagle & Holden著作第二版中译本(赵平等译，清华大学出版社，1999)采用的术语为"损益平衡分析"，而第三版中译本(应斌等译，清华大学出版社，2003)采用的术语为"动态盈亏平衡分析"。实际上，盈亏平衡分析意味着$\pi=0$，而损益平衡分析意味着$\Delta\pi=0$。为避免混淆，本书采用"损益平衡分析"的表述。

（1）当选择降价时，销量至少增加多少才能保证原来的利润水平？

（2）当选择提价时，销量最多减少多少才能保证原来的利润水平？

换句话说，为保证调价决策是合算的，从理论上看，降价（或提价）应使得销量增加多少（或应将销量减少控制在多少）？

我们通过一个简化的数值例子来说明损益平衡分析原理：假设当前价格 $p_0=100$，销量为 $q_0=2\ 000$；企业成本为 $C(q)=50\ 000+45q$，其中固定成本为 50 000，单位变动成本 $c=45$，则当前的利润水平为 $\pi_0=(100-45)\times 2\ 000-50\ 000=60\ 000$。该企业正在考虑降价 5%（即 $\dot{p}=\frac{\Delta p}{p}=\frac{p_1-p_0}{p_0}=-5\%$），降价后的价格为 $p_1=95$。假设降价前后固定成本保持不变，那么，对应于 5%的降价，销量增长率为多少才能保证利润水平不下降？

一种静态方法是求解在新的价格水平下实现 60 000 元利润的销量，即 $\pi_1=(95-45)q_1-50\ 000=\pi_0=60\ 000$，得到 $q_1=2\ 200$，即 $\Delta q=200$，$\dot{q}=10\%$。

另一种动态方法是分析降价 5%对利润的双重影响：一方面是价格效应—由于价格降低使得单位毛利下降所导致的利润损失；另一方面是数量效应—价格降低引发的销量增加所增加的利润。

由于 $\Delta p=-5$，所以价格效应等于

$$\Delta\pi_P=\Delta p\cdot q=-5\times 2\ 000=-10\ 000 \tag{3.6}$$

数量效应等于

$$\Delta\pi_Q=[(p+\Delta p)-c]\cdot\Delta q=(100-5-45)\cdot\Delta q=50\cdot\Delta q \tag{3.7}$$

显然，保持利润水平要求数量效应抵消价格效应，即 $\Delta\pi=\Delta\pi_P+\Delta\pi_Q=0$，所以：

$$(p+\Delta p-c)\cdot\Delta q=-\Delta p\cdot q\Rightarrow 50\cdot\Delta q=10\ 000 \tag{3.8}$$

因此，销量变化 $\Delta q=200$，销量增长率

$$\dot{q}=\frac{\Delta q}{q}=\frac{200}{2\ 000}=10\%$$

如果降价 5%能使得销量增加 10%，那么降价 5%能保持原来的利润水平（60 000）。也就是说，如果销量增长超过 10%，那么降价 5%能增加利润水平。

这样，我们得到计算损益平衡销量变化率的公式

$$\frac{\Delta q}{q}=-\frac{\Delta p}{(p+\Delta p-AVC)}=-\frac{\Delta p}{(CM+\Delta p)}=-\frac{\Delta p/p}{(CM/p+\Delta p/p)} \tag{3.9}$$

其中，$CM=(p-AVC)$为单位毛利贡献（Contribution Margin，以下简称单位毛利）。本例中，$CM=100-45=55$。对公式（3.9）有两点说明：（1）负号表示销量变化方向与价格变化方向相反。（2）计算损益平衡销量变化率时，既可采用价格变化量（对应地，

采用单位毛利)，也可采用价格变化率(对应地，采用单位毛利率)。

公式(3.9)也可用文字表达为

损益平衡销量变化率＝－价格变动÷(单位毛利＋价格变动)

＝－价格变动÷价格变化后的单位毛利

＝－价格变动率÷价格变化后的单位毛利率　　(3.10)

上述分析可由图3.8予以直观表示。其中，图3.8(a)刻画了价格变动前的毛利；图3.8(b)刻画了价格变动后的价格效应和数量效应，损益平衡销量变化率应使得数量效应(本例为正)补偿价格效应(本例为负)。

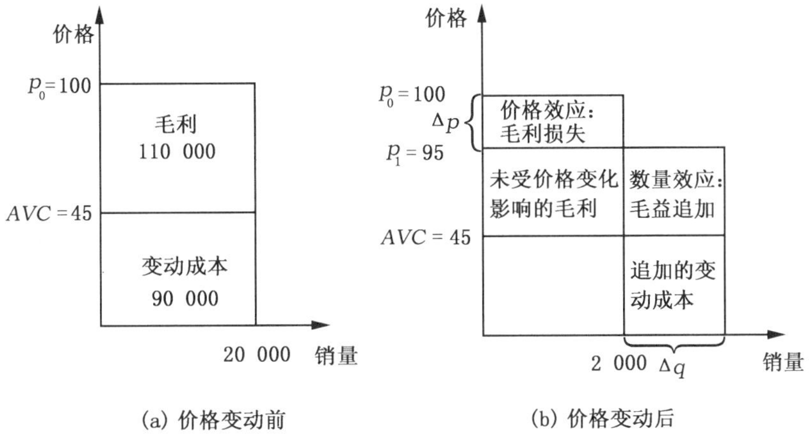

图3.8　损益平衡分析示意图(Nagle & Holden，2003)

二、毛利率与定价

由公式(3.10)可以得到毛利率与定价的关系：

(1)对于单位毛利越大的产品，损益平衡销量变化率越小。因而，若降价，对销量增加的要求越低；若涨价，对销量减少的要求越苛刻。

(2)反之，对于单位毛利越小的产品，损益平衡销量变化率越大。因而，若降价，对销量增加的要求越高；而若提价，则更能承受销量的减少。

因此，对于单位毛利大的产品可以制定低价，而对于单位毛利小的产品则制定高价。该结论从经济学角度来理解是很直观的。我们知道，当固定成本为沉淀成本时，对定价起作用的是单位变动成本。单位毛利高意味着单位变动成本低，所要求的成本补偿就低(对应的价格就低)；而单位毛利低意味着单位变动成本高，所要求的成本补偿就高(对应的价格就高)。

以两个石油公司(比如中石化和中石油)为例，假设公司A原油高度依赖进口(原油价格构成其变动成本的一部分)，而公司 B 的原油开采比例较大，因此，公司 A 的固定成本较低而变动成本较高，公司 B 的固定成本较高而变动成本较低。假设 A 和 B 的成本结构如表 3.2 所示，尽管两种产品的销售利润率相同(均为 20%)，但是，产品 A 的变动成本较大，毛利率较低；而产品 B 的变动成本较小，毛利率较大。根据所计算的损益平衡销量变化率，产品 A 更可能选择提价，而产品 B 更可能选择降价。[①] 可见，就成品油定价而言，中石油和中石化在调价决策上很可能出现分歧：中石化对提价的要求更强烈。

表 3.2　　毛利率和定价

	企业 A	企业 B
成本结构与毛利率分析		
价格水平	100	100
单位固定成本(含沉淀成本)	20	40
单位变动成本	60	40
单位利润	20	20
毛利(CM)	40	60
损益平衡销量变化率分析		
降价 5%	14.3%	9.1%
降价 10%	33.3%	20%
提价 5%	−11.1%	−7.7%
提价 10%	−20%	−14.3%

企业生产组织结构的选择会影响其成本结构，从而对其调价策略产生影响。我们知道，一般而言，采用外包生产(纵向分离)的企业的变动成本较高，而高度纵向一体化的企业的固定成本较高，那么，纵向分离和纵向一体化的企业在调价决策中将出现什么差异?

以下运用毛利率对定价影响的基本原理来分析一个独立制造公司和联合制造公司的价格调整策略差异。[②]

假设双头垄断的市场上有两家同质企业，独立制造公司(SM)和联合制造公司(UM)。产品市场价格 $p=1.0$；企业的生产需要两种投入要素 A 和 B(如 MS-DOS 和

① 本例主要参考：Thomas T. Nagle，Reed K. Holden. 定价策略与技巧——赢利性决策指南．应斌等译. 北京：清华大学出版社，2003，第 25 页．数据已做调整。

② 本例主要参考：Thomas T. Nagle，Reed K. Holden. 定价策略与技巧——赢利性决策指南．应斌等译. 北京：清华大学出版社，2003，第 245～249 页. 数据已做调整。

CPU)；生产技术条件 $q=\mathrm{Min}\{A,B\}$，即投入要素的比例固定为 1∶1；产量和投入要素比例为 1∶1∶1；两种投入要素分别由两个企业 α(Alpha)公司和 β(Beta)公司提供。联合制造公司具有自己的 α 部门和 β 部门生产 A 和 B 要素；而独立制造公司需要向外部市场购买 A 和 B 要素，要素的市场价格分别为 $p_A=0.2$，$p_B=0.3$。

表 3.3 汇总了 SM 公司、UM 公司、α 公司和 β 公司的价格、销量、成本、利润信息，以及最终产品降价 5%的影响。这里假设降价 5%能增加 10%的销量，提价 5%将减少 10%的销量。

表 3.3　　独立制造公司、α 公司、β 公司和联合制造公司的销量和成本

	独立制造公司 SM		α 公司		β 公司		联合制造公司 UM	
	当前	降价 5%，销量增加 10%	当前	销量增加 10%	当前	销量增加 10%	当前	降价 5%，销量增加 10%
销量(万件)	1 000	1 100	1 000	1 100	1 000	1 100	1 000	1 100
价格(元)	1.0	0.95	0.2	0.2	0.3	0.3	1.0	0.95
单位变动成本(元)	0.6	0.60	0.05	0.05	0.15	0.15	0.30	0.30
单位固定成本(元)	0.2	0.18	0.05	0.046	0.10	0.091	0.35	0.317
单位毛利(元)	0.4	0.35	0.15	0.15	0.15	0.15	0.70	0.65
毛利率(%)	40%	36.8%	75%	75%	50%	50%	70%	68.4%
利润(万元)	200	185	100	115	50	65	350	365

显然，独立制造公司和联合制造公司的成本结构存在较大差异：联合制造公司的固定成本较高，因为 α 公司和 β 公司的固定成本都成为联合制造公司的固定成本，因此，联合制造公司的单位固定成本追加了 0.15(0.05+0.10)，即联合制造公司的单位固定成本为 0.35，而单位变动成本为 0.30(0.10+0.05+0.15)。而独立制造公司的固定成本较低，只有 0.2，但其变动成本较高，因为作为投入要素的 A 和 B 产品的市场价格都成为独立制造公司的变动成本，因而独立制造公司的单位变动成本高达 0.60(0.1+0.2+0.3)。

成本结构的差异造成不同的单位毛利，联合制造公司的毛利 $CM_{UM}=p-AVC_{UM}=1.0-0.3=0.70$，毛利率为 $CM_{UM}\%=\dfrac{0.70}{1.0}=70\%$；而独立制造公司的毛利为 $CM_{SM}=p-AVC_{SM}=1.0-0.6=0.4$，毛利率为 $CM_{SM}\%=\dfrac{0.4}{1.0}=40\%$。根据公式(3.9)，独立制造公司和联合制造公司对降价 5%所要求的销量增加率有较大差异。独立制造公司要求销量变化率为

$$q_{SM}\%=\frac{-\Delta p}{\Delta p+CM_{SM}}=\frac{-\Delta p}{p}\Big/\left(\frac{\Delta p}{p}+\frac{CM_{SM}}{p}\right)=-\frac{(-5\%)}{-5\%+40\%}=14.3\% \tag{3.11}$$

这意味着，如果独立制造公司若降价 5%，销量必须增加 14.3%才能保持利润。而联合制造公司降价 5%的损益平衡销量变化率为 $q_{UM}\%=\frac{-\Delta p}{\Delta p+CM_{UM}}=-\frac{(-5\%)}{-5\%+70\%}=7.7\%$。它意味着，联合制造公司若降价 5%，则需增加 7.7%的销量就能维持利润。但是，如果提价 5%，独立制造公司的损益平衡销量变化率 $q_{SM}\%=-\frac{5\%}{5\%+40\%}=-11.1\%$，则允许销量降低 11.1%；而联合制造公司的损益平衡销量变化率 $q_{SM}\%=-\frac{5\%}{5\%+70\%}=-6.7\%$。由于降价 5%只能增加 10%的销量，而提价 5%将减少 10%的销量，所以，独立制造公司想提价，但它面临着联合制造公司想降价的压力。

为应对联合制造公司降价的威胁，独立制造公司可以采取的策略至少包括：(1)独立制造公司可以一次性缴付供应商的固定成本，甚至可以通过参股或控股方式获取这些资产的部分产权，在以后的采购中，仅补偿供应商的变动成本及一定的利润。这种做法在汽车制造企业(比如 General Motor)的供应链管理中较为常用。(2)最初从供应商那里购买产品时就将价格定得很高，使其能补偿供应商的固定成本；在以后的购买中，再降低价格，使其仅补偿变动成本及保证供应商一定的利润。(3)此外，还可以兼并供应商，即纵向一体化(Vertical Integration)。由表 3.3 最后一行所示的利润可以看出，联合制造公司的利润等于独立制造公司、α 公司和 β 公司的利润总和。若降价 5%，SM 公司的利润减少 15，但 α 公司和 β 公司的利润分别增加 15，因此，一体化的 *UM* 公司的利润反而增加 15[①]。

三、损益平衡线

我们可以分别对各种可能的价格变动水平进行损益平衡分析，得到损益平衡线(参见图 3.9)。损益平衡线实际上是一条等利润曲线：位于该曲线上的任何一种(价格，销量)组合所产生的利润水平相等(本例中为 60 000)。显然，增加利润的调价策略所引起的销量变化应位于损益平衡线的右方区域(即实际增加的销量大于临界值，或者实际减少的销量小于临界值)；而减少利润的调价策略所引起的销量变化则位于损益平衡线的左方区域。

① 关于应对策略的更多讨论，参见：Thomas T. Nagle，Reed K. Holden. 定价策略与技巧——赢利性决策指南. 应斌等译. 北京：清华大学出版社，2003，第 248～249 页 .

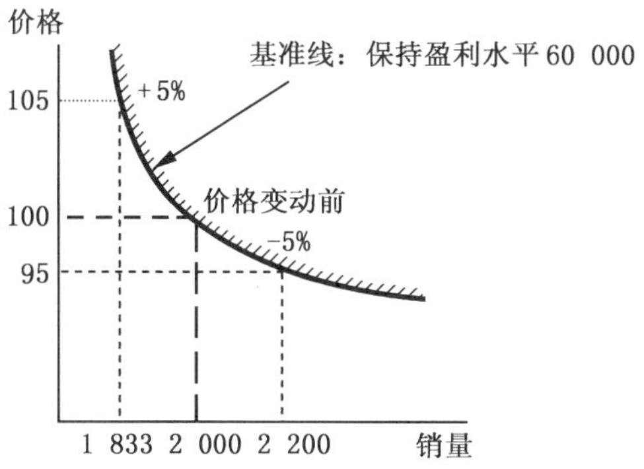

图 3.9　损益平衡线(Nagle & Holden,2003)

损益平衡线给出的是有利可图的调价策略所要求的销量变化的临界值(或阈值),而价格变化所引起的销量实际变化是由需求曲线决定的,因此,我们可以通过比对损益平衡线和需求曲线来决定调价策略。如图 3.10(a)所示,对于价格弹性较小的产品,可以制定提价策略;图 3.10(b)显示,对于价格弹性较大的产品,可以制定降价策略;图 3.10(c)显示,目前的定价已实现利润最大化,任何调价决策都只会降低利润。这与微观经济学的基本原理是相一致的,即当需求富有价格弹性时降价,而当需求缺乏价格弹性时提价。

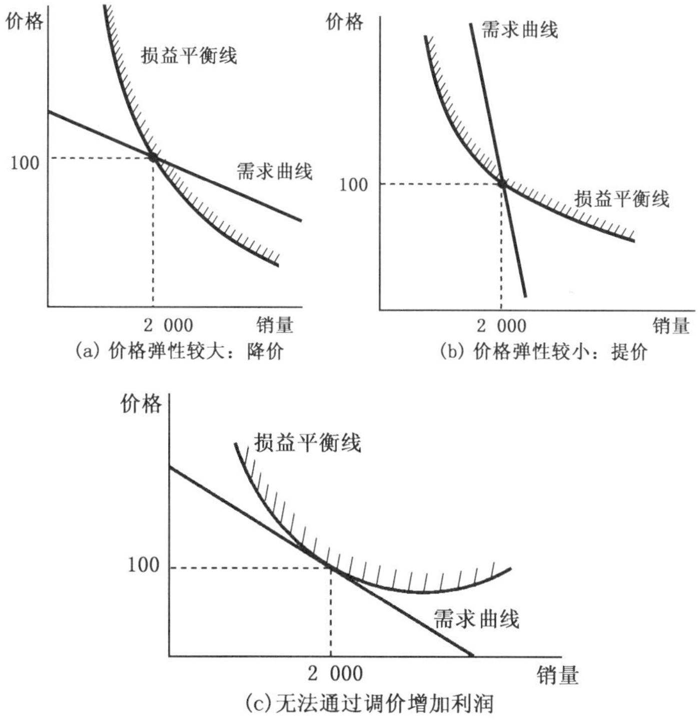

图 3.10　损益平衡线和需求曲线(Nagle & Holden,2003)

值得说明的是，图 3.10 中的损益平衡线是不变的，而需求曲线却会因为企业采取了“价格宣传”或“价值宣传”而发生变化(Dolan & Simon，2004)[①]。实际上，当价格沿着需求曲线往上移动而高于以前的价格水平时，价值宣传可以使得需求曲线变得更加陡峭；而当价格沿着需求曲线向下移动而低于以前的价格时，价格宣传会使得需求曲线变得平缓，如图 3.11 所示。

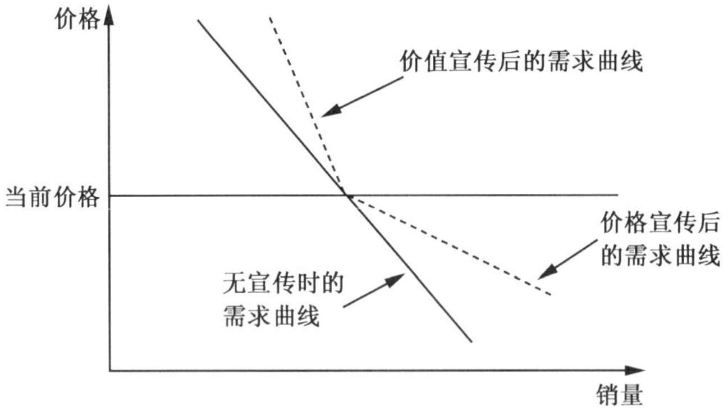

图 3.11　价格宣传和价值宣传的效应(Dolan & Simon，2004)

第三节　产品线的损益平衡分析

随着消费者需求的日益多样化，大众市场被细分为针对消费者个性化需求“量身定做”的各个子市场，许多企业向顾客提供多元化产品线——比如，宾馆不仅出租客房还提供餐饮及娱乐；超市销售的产品范围广泛，不仅有各种肉类、农产品及包装的货物，甚至还卖成套的餐具、玩具和服装。如果这些产品是相互独立的，那么定价相对简单。但是，企业提供的多种产品之间往往在生产或需求领域具有相互依存性——互补性与替代性是最为典型的两种依存关系(参见图 3.12，其中：“＋”表示增加，“－”表示减少)[②]。这些依存性为产品定价提出新的问题，也带来了新的机遇。譬如，产品之间的依存性如何影响最优定价？在以现有的产品为基础进行产品线扩张时，现有产品价格应如何调整？

---

① Robert J. Dolan，Hermann Simon. 定价圣经. 董俊英译 . 北京：中信出版社，2004，第 305 页。

② 参考：Robert J. Dolan，Hermann Simon. 定价圣经. 董俊英译. 北京：中信出版社，2004，第 182 页.

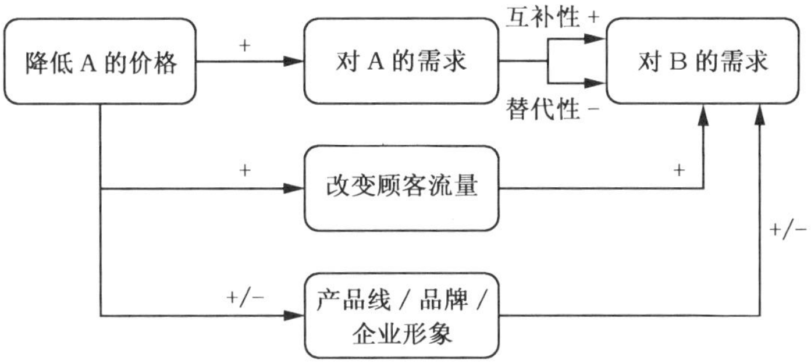

图 3.12　产品线之间的依存关系(Dolan & Simon,2004)

一、替代品的损益平衡分析

假设具有一定垄断势力的加油站为用户提供两种汽油:普通汽油与高级汽油。当前价格与成本如表 3.4 所示。①

表 3.4　　替代品的损益平衡分析实例

	每加仑的价格	单位变动成本	单位毛利	毛利率	调整后的单位毛利	调整后的毛利率
普通汽油	2.00	1.70	0.30	15%	—	—
高级汽油	2.50	1.90	0.60	24%	0.48	19.2%

如果加油站将高级汽油的价格提高 10%,那么对加油站的利润有何影响? 如果高级汽油和普通汽油是相互独立的,根据公式(3.9),损益平衡销量变化率等于 −10.0/(24.0+10.0)=−29.4%,即如果销量减少能控制在 29.4%以内,提价能增加利润。

如果市场分析人员报告加油站经理,高级汽油提价 10%后其销量将减少 32%,那么,加油站经理是否应该放弃 10%的提价计划?

考虑到加油站具有一定的区域垄断势力,驾驶员一般不会因为高级汽油提价而跑到其他加油站,而是改买普通汽油,因此,高级汽油与普通汽油之间具有一定的替代性。加油站经理根据从业经验估计,因高级汽油提价不再购买的驾驶员中约有 40%会转而购买同等容量的普通汽油。那么,每减少 1 加仑高级汽油的销售并不意味着损失 0.60 元的毛利,因为在高级汽油销量减少 1 加仑的同时普通汽油的销量却增加了 0.4 加仑,而这 0.4 加仑的普通汽油所贡献的毛利为 0.12 元,因此,对加油站产品线

① 本例主要参考:Thomas T. Nagle, Reed K. Holden. 应斌等译. 定价策略与技巧——赢利性决策指南. 北京:清华大学出版社,2003,第 193～194 页. 除了数据修改外,表 3.4 还增加了调整后的毛利及毛利率。

的整体毛利而言，每减少 1 加仑高级汽油的销售所减少的毛利为：0. 60－0. 12＝0. 48（元）。[1] 因此，加油站经理会将高级汽油的单位毛利调整为 0. 60－40%×0. 30＝0. 48，将高级汽油的毛利率调整为 0. 48/2. 50＝19. 2%，进而将提价 10%的损益平衡销量变化率修正为－10. 0/（19. 2＋10. 0）＝－34. 2%。根据市场人员的分析报告，高级汽油提价 10%后销量只减少 32%，因而完全可以实施提价计划。

一般地，对存在替代品的产品的毛利调整规则为：

调整后的毛利＝调整前的毛利－替代品 1 的销量变化×替代品 1 的毛利－替代品 2 的销量变化×替代品 2 的毛利－……

用数学公式表示为

$$\overline{CM_A} = CM_A + \sum_S \left(\frac{\Delta Q_S}{\Delta Q_A}\right) \cdot CM_S \tag{3.12}$$

其中，A 与 S 为替代品，$\overline{CM_A}$ 表示对产品 A 的毛利调整，CM_A 表示 A 的未调整毛利，CM_S 表示替代品 S 的毛利，$\left(\frac{\Delta Q_S}{\Delta Q_A}\right)$表示 A 的销售每变化一个单位引起 S 的销售变化量（注意，A 与 S 的销量变化方向是相反的，其符号为负），$\sum_S$ 表示对所有的替代品求和。

专栏 3. 1

产品线长度设计

许多汽车厂商、家电企业采用多品牌战略，根据价格和性能为其产品定位。当企业推出处于产品线低端的新产品时——比如战斗性品牌或竞争性品牌，替代性问题或自我竞争（Cannibalization）尤其重要。

对于某种产品制定高价可以促进替代品的销售，厂商一般会引进现有产品的替代品并制定高价以促进目标产品的销售。或者说，厂商一般会设计产品线长度。那么，产品线的合适长度是多少？

Simonson & Tversky (1992)对 Emerson 与 Panasonic 的微波炉进行实验[2]。他们让消费者进行以下选择：(1) Emerson、Panasonic；(2) Emerson、Panasonic Ⅰ、Panasonic Ⅱ。结果发现，在增加 Panasonic 的高价位产品Ⅱ型号后，Ⅰ型号产品的销量增加了 17%。可见，在产品线中安排一个高

① 反过来，如果高级汽油降价，则每增加 1 加仑高级汽油的销售所贡献的毛利不是 0. 60 元，应扣除普通汽油销量减少所损失的毛利（如果普通汽油的销量也是减少 0. 4 加仑，则对高级汽油调整后的单位毛利也是 0. 60－0. 4×0. 3＝0. 48 元）。

② 参考：(1) Itamar Simonson, Amos Tversky. Choice in Contex: Tradeoff Contrast and Extremeness Aversion. *Journal of Marketing Research*, 1992, 29 (8): pp. 281～295. (2) Thomas T. Nagle, Reed K. Holden. 定价策略与技巧——赢利性决策指南．应斌等译．北京：清华大学出版社，2003，第 197 页.

价位(或低价位)产品不一定会导致溢价(或廉价)产品本身销售的增加,但确实能强化顾客对其他产品价格的合理感知度,因为消费者总是厌恶边缘化。

一般建议产品线长度为3个。比如,存在两个替代的产品,一个为高价位,另一个为低价位。那么,如果增加一个更高价位的产品后,将促进原来高价位产品的销售。3个价位的产品广泛存在于许多领域,比如,软件产品一般包括标准版本、加强版本、黄金版本。

二、互补品的损益平衡分析

关于互补品的意义,石油大王洛克菲勒曾经说过:你完全可以免费赠送油灯,因为人们需要购买与灯相配的煤油。其营销意义在于:(1)在大多数公司的总利润中,有相当一部分利润来自附加产品或附加配置的贡献;(2)通常,产品的维护收入远高于产品本身的销售收入(Dolan & Simon,2004)。

比如,计算机商店一般同时销售计算机、软件与外部设备(比如打印机),表3.5显示了产品线的价格、成本与毛利①。历史销售经验表明,若用户在该店购买一台计算机,一般还会购买一种软件程序,还有60%的用户会在该店购买一套外部设备。现在店主决定将PC机价格下调5%,市场部门预测计算机销量将增加25%,你认为这是一个明智的调价决策吗?

表3.5　　互补品的损益平衡分析实例

	价格	单位变动成本	单位毛利	毛利率	调整后的单位毛利	调整后的毛利率
计算机	5 000	4 000	1 000	20%	1 800	36%
软件程序	300	100	200	66.7%	—	—
外部设备	3 000	2 000	1 000	33.3%	—	—

如果这些产品的销售是完全独立的,那么PC机的损益平衡销量变化率为5%/(20%−5%)=33.3%。也就是说,如果PC机价格下调5%,要求PC机的销量增加33.3%,才能保持原来的利润。看来这不是一个明智的调价决策。

但是,考虑到计算机、软件、外部设备之间的互补关系,计算机降价5%所要求的损益平衡销量变化率要低于33.3%。实际上,由于每增加一台计算机的销售会带动一种软件程序和0.6套外部设备的销售,因此,计算机的单位毛利应调整为1 000+(1×200)+(0.6×1 000)=1 800,调整后的毛利率=1 800/5 000=36%,损益平衡销量变化率=−(−5.0)/(36.0−5.0)=16.1%。也就是说,计算机降价5%后只要计算机销量能增加16.1%,即可实现损益平衡。

① 本例主要参考:Thomas T. Nagle, Reed K. Holden.定价策略与技巧——赢利性决策指南．应斌等译.北京:清华大学出版社,2003,第194～195页．数据已做修改,表3.5还给出调整后的毛利及毛利率。

一般而言，对存在互补品的产品的毛利调整规则为：

调整后的毛利＝调整前的毛利＋互补品 1 的销量变化×互补品 1 的毛利＋互补品 2 的销量变化×互补品 2 的毛利＋……

用数学公式表示为

$$\overline{CM_A}=CM_A+\sum_C\left(\frac{\Delta Q_C}{\Delta Q_A}\right)\cdot CM_C \tag{3.13}$$

其中，A 与 C 为互补品，$\overline{CM_A}$ 表示对产品 A 的毛利调整，CM_A 表示 A 的未调整毛利，CM_C 表示互补品 C 的毛利，$\left(\frac{\Delta Q_C}{\Delta Q_A}\right)$表示 A 的销售每变化一个单位引起 C 的销售变化量（其符号为正），$\sum_C$ 表示对所有的互补品求和。

专栏 3.2

选择特廉产品

鉴于产品线中产品之间的互补性，可以给互补品中的某个产品制定较低的价格（甚至是亏损价格）以吸引顾客并促进其他产品的销售。这种产品称为特廉商品或削价商品。超市的特廉商品一般选定为白面包、面粉、鸡蛋等（并冠以 Special Price），而火锅城的特廉商品一般是啤酒或某类海鲜。

一般而言，特廉商品的两个选择依据为：（1）经常性购买的商品（容易记住价格便于比较）；（2）价格敏感型顾客经常购买的商品，如面粉、白面包等。①

三、产品线定价的经济学分析

综合公式（3.12）和公式（3.13），可以得到产品线中产品毛利的调整公式为

$$\overline{CM_A}=CM_A+\sum_R\left(\frac{\Delta Q_R}{\Delta Q_A}\right)\cdot CM_R \tag{3.14}$$

其中，R 表示与产品 A 相关的产品（包括替代品与互补品）。公式（3.14）说明，在产品线中，对某一产品的单位毛利进行调整时，需要全面考虑其替代品与互补品的销量变化所引起的毛利变化。

我们运用产业组织理论中的多产品定价模型对产品线定价策略做更深入的讨论②。假设垄断厂商生产 $n(n\geqslant 2)$ 种产品，其价格组合为 $p=(p_1,p_2,\cdots,p_n)$，产量组合为 $q=(q_1,q_2,\cdots,q_n)$，其中 $q_i=q_i(p)=q_i(p_1,p_2,\cdots,p_n)$ 反映了任何一种产品的需求不但与这种产品自身的价格有关，还可能与其他产品的价格有关：

---

① 关于如何选择削价商品的进一步讨论参见：Thomas T. Nagle，Reed K. Holden. 定价策略与技巧——赢利性决策指南. 应斌等译. 北京：清华大学出版社，2003，第 195～197 页.

② Jean Tirole. The Theory of Industrial Organization. Cambridge：The MIT Press，1988：pp. 69～70.

(1)如果$\frac{\partial q_i}{\partial p_j}=0(j\neq i;i,j=1,2,\cdots,n)$，那么，这些产品是相互独立的；

(2)如果$\frac{\partial q_i}{\partial p_j}>0(j\neq i)$，那么，产品 i,j 是替代品；

(3)如果$\frac{\partial q_i}{\partial p_j}<0(j\neq i)$，那么，产品 i,j 是互补品。

另外，假设成本函数是可加的(additive)，即 $C(q_1,q_2,\cdots,q_n)=\sum_{i=1}^{n}c_i(q_i)$ 。成本函数的可加性意味着，从需求角度看产品之间具有相关性，但从生产技术角度看并不具有范围的经济性。

那么，垄断厂商的利润最大化决策问题可以表示为

$$p=(p_1,p_2,\cdots,p_n)\in \arg\cdot\mathrm{Max}\{\sum_{i=1}^{n}[p_iq_i(p)-c_i(q_i)]\} \tag{3.15}$$

利润最大化的一阶条件为

$$\left(q_i+p_i\cdot\frac{\partial q_i}{\partial p_i}\right)+\sum_{j\neq i}\left(p_j\cdot\frac{\partial q_j}{\partial p_i}\right)=\sum_{j=1}^{n}\left(\frac{\partial c_j}{\partial q_j}\cdot\frac{\partial q_j}{\partial p_i}\right)\qquad i=1,2,\cdots,n \tag{3.16}$$

进一步，有

$$\frac{p_i-c'_i}{p_i}=\frac{1}{-\varepsilon_{ii}}-\sum_{j\neq i}\frac{(p_j-c'_j)q_j\varepsilon_{ij}}{p_iq_i\varepsilon_{ii}}\qquad i=1,2,\cdots,n \tag{3.17}$$

其中，$\varepsilon_{ii}=\frac{q'_i(p_i)p_i}{q_i}$为产品 i 的自身价格弹性，$\varepsilon_{ij}=\frac{q'_j(p_i)p_i}{q_j}$为产品 i 与产品 j 的交叉价格弹性。

由(3.17)式，可知：

(1)如果 $\varepsilon_{ij}>0$(即产品 i,j 是替代品)，由于 $\varepsilon_{ii}<0$，所以有$\frac{p_i-c'_i}{p_i}>\frac{1}{-\varepsilon_{ii}}=\frac{p_i^M-c'_i}{p_i^M}$。因此，垄断厂商将产品 i 的价格定得大于只生产产品 i 时的垄断价格(即 $p_i>p_i^M$)，其目的是为了减少产品 i 的销售从而刺激其他替代品的销售。

(2)反过来，如果 $\varepsilon_{ij}<0$(即产品 i,j 是互补品)，由于 $\varepsilon_{ii}<0$，所以有$\frac{p_i-c'_i}{p_i}<\frac{1}{-\varepsilon_{ii}}=\frac{p_i^M-c'_i}{p_i^M}$。因此，垄断厂商将产品 i 的价格定得小于只生产产品 i 时的垄断价格(即 $p_i<p_i^M$)，其目的是为了增加产品 i 的销售从而拉动其他互补品的销售。

产品线定价的基本思想可用图解予以直观说明。以互补品为例，如图 3.13 所示，其中，P^M 为独立的最优定价，P^L 为产品线中的最优定价。购买产品 A 的消费者会另

行购买其互补品 B——所增加的利润可归入产品 A 的贡献，等价于降低了产品 A 的单位变动成本，对应的最优价格也就下降了[①]。

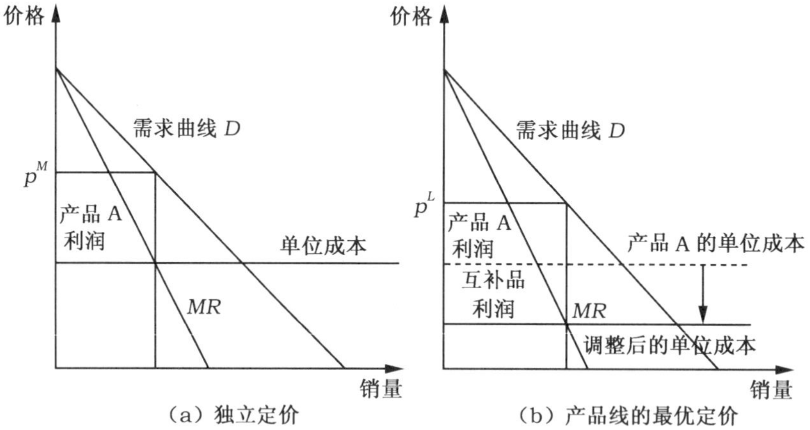

注：p^M 为独立的最优定价；p^L 为产品线中的最优定价

图 3.13 互补品的独立定价与产品线定价比较(Dolan & Simon，2004)

综上所述，我们得到产品线的基本定价策略如下：

(1)在产品之间存在替代性关系时，对高端产品的定价应高于对其单独定价时的最优价；而对低端产品的定价应低于对其单独定价时的最优价。其目的在于进一步分割产品线以避免自相残杀(Cannibalization)。

(2)当产品线内的产品存在互补关系时，产品在产品线中的最优定价应低于其独立定价时的最优定价，而且随着产品互补性强度的增加或者互补产品毛利的增加，对产品的定价应越低。

思考练习题

1. 新时代电影院是环岛路上唯一的一家电影院，离它最近的竞争者大光明电影院在 30 公里外的白鹭洲。尽管如此，新时代电影院正在遭遇亏损。在与新时代电影院投资人的一次谈话中，电影院的主管提出如下建议：因为新时代电影院在本地是垄断的，所以我们应该提高票价来获取足够的利润。

(1)评论新时代电影院主管的提价策略。

(2)从长期看，新时代电影院应考虑什么选择？请你给出至少 3 项建议，并简要说明依据。

2.《让子弹飞》改编自川籍作家马识途的小说《夜谭十记》。据 2010 年 12 月 28 日《天府早报》披露，该片主要演员的片酬为：周润发 4 000 万元并参与票房分红；姜文没有片酬但参与票房分红，

---

① Robert J. Dolan，Hermann Simon. 定价圣经. 董俊英译. 北京：中信出版社，2004，第 189 页.

葛优530万元片酬，刘嘉玲440万元片酬。(1)请分别写出周润发、姜文和制片公司的目标函数。(2)根据以上的目标函数解释以下观点：如果演员与制片公司都只关心经济利益，那么演员更希望将电影发行价格定得低一些。

3. 假设某企业的固定成本为100单位，边际成本为10单位，该企业当前定价 $P=20$ 单位，预计可实现的销量为15单位。

(1)求解盈亏平衡产量，并说明盈亏平衡产量如何随着边际成本的变化而变化。

(2)计算该企业在当前价格水平下的利润，并画出损益平衡线。

(3)假设该企业面临的需求函数为 $P=50-2Q$，请通过对需求曲线和损益平衡线对比分析，该企业为提高利润是应该提价还是降价？

4. 分析以下做法对制造型企业成本结构以及对盈亏平衡产量的影响：(1)零部件业务外包；(2)采用基于绩效的报酬机制PFP(Pay For Performance)；(3)由劳动密集型生产方式转向资本密集型生产方式。

5. 回顾本章第二节有关独立制造公司(SM)和联合制造公司(UM)的例子，回答以下问题：

(1)在当前价格 $P=1$ 元、销量 $Q=100$ 万的条件下，计算Alpha、Beta、SM、UM的利润。

(2)相关市场信息表明，如果最终产品价格变动10%，市场需求将反方向变动20%。如果SM和UM都降价10%，计算Alpha、Beta、SM、UM的利润；如果SM和UM都提价10%，计算Alpha、Beta、SM、UM的利润。

(3)进一步计算，在降价10%的条件下，如果SM和UM均想保持之前的利润水平，其销量应分别增加多少？若提价10%呢？

6. 汇率变动后如何调整价格(Dolan & Simon，2004)

假设一家美国企业将其产品销往A国，美国企业的边际成本为60美元，产品在A国的价格为150本币(A国的货币)。1996年本币与美元之间的汇率为0.67(即1元本币可兑换67美分)，150元本币相当于100美元，此时美国企业的单位毛利为40美元。2001年，由于美元升值，本币与美元之间的汇率下降为0.5，即1元本币只能兑换50美分。面对美元升值，美国企业应如何调整其在A国市场的价格？考虑以下三种方案：

(1)价格保持不变，仍为150本币(相当于75美元)。

(2)保持以美元计算的单位毛利不变。这样，美国企业需要继续向A国客户收取100美元(相当于200本币)的价格。

(3)适当提高产品在A国的售价，比如165本币。

问题：假设A国客户关于该产品需求的价格弹性为−2.5，试比较方案(1)和方案(2)的优劣；并论证方案(3)是上述三个候选方案中最优的。

7. 在一个双寡头的市场中，两个企业(A和B)的固定成本均为60 000元，单位成本如表3.6所示①。两个企业均可为其产品定价3元或4元，市场份额分配与价格组合的关系 $q_A(p_A, p_B)$，$q_B(p_A, p_B)$ 为：

$$\begin{cases} q_A(3,3)=125 \\ q_A(3,4)=200 \end{cases}, \quad \begin{cases} q_A(4,3)=75 \\ q_A(4,4)=100 \end{cases}, \quad \begin{cases} q_B(3,3)=100 \\ q_B(4,3)=150 \end{cases}, \quad \begin{cases} q_B(3,4)=25 \\ q_B(4,4)=80 \end{cases}$$

① 部分数据来自：Francis J. Aguilar. Begauregard Textile Company. Harvard Business School，1990.

表 3.6 企业 A 和 B 在各种产量下的单位成本 单位:元

产量	25	75	80	100	125	150	200
单位成本	6.861	3.960	3.960	3.574	3.310	3.136	3.102

(1)如果两个公司都谋求利润最大化,双方的定价分别是多少?

(2)如果 A 公司谋求利润最大化,而 B 公司谋求现金流最大化,则双方分别定价多少? 相对于(1),A 公司损失多少?

8. 2015 年 10 月 8 日起上海市域出租车起租价由 13 元/3 公里调整为 14 元/3 公里,超起租里程单价由 2.40 元/公里调整为 2.50 元/公里;超运距加价距离由 10 公里起调整为 15 公里起,低速等候费由每 5 分钟计收 1 公里单价调整为每 4 分钟计收 1 公里单价;夜间加价(当日 23 时至次日 5 时)仍按原规定上浮 30%①。

问题:

(1)分析上海出租车行业中各利益主体的关系(出租车公司、出租车司机、乘客等)。

(2)在汽油不断涨价的背景下,你认为是应该提高运营价还是降低"份子钱"(即出租车司机向出租车公司缴纳的租赁费)来保证出租车司机的利益? 假设决定提高运价,那么是应该提高起步价还是提高单价? 两者对出租车需求的影响有何不同?

9. 钓鱼运动在美国非常盛行。由于大部分比赛禁止使用活鱼饵,钓鱼爱好者只好选用人造鱼饵,由此推动了鱼饵引诱剂市场的发展。2003 年,钓鱼酷爱者考伯及其家人开发了卡罗莱纳鱼饵引诱剂(Carolina Lunker Sauce)。这种引诱剂引入了一种慢慢释放的技术,使得引诱剂放进鱼饵后能够使用 1 小时,而不需经常更换;另外,它不油腻,可以融入水中,使得气味的扩散象活诱饵。2003 年底,第一批卡罗莱纳鱼饵引诱剂面世了,其单位变动成本为 4 美元。鉴于当时传统型引诱剂的零售价格一般在每瓶 3.99~5.99 美元,最贵的也就 7.99~8.99 美元,考伯决定为其新品定价每瓶 14.95 美元,扣除零售商所拿走的 40%毛利,每瓶的批发价格实际为 8.97 美元,这将为考伯家带来超过 55%的毛利率。但是,几乎所有的渔具零售商均对如此高的零售价格望而却步。美国户外运动装备的主要零售商 Cabela's 希望考伯能将零售价格降到每瓶 7.99 美元。由于这是新产品的第一单生意,考伯有点心动。但是,考伯家人担心如此低的价格会给考伯家带来财务困难②。

问题:

(1)如果考伯接受 Cabela's 的提议,其新产品的毛利率为多少? 与考伯原来设想的每瓶 14.95 美元相比,盈亏平衡产量有何变化? 考伯是否应该接受该建议? 阐述你的理由。

(2)在相继拿下其他一些大的零售商后,2005 年卡罗莱纳鱼饵引诱剂已经成为鱼饵引诱剂市场的主要产品了。但是,考伯公司仍未转亏为盈。考伯是否应该降价以扩大销量?

---

① 上海出租车运价调整方案终于尘埃落定 10 月 8 日起将正式调整。上海市人民政府网,http://www.shanghai.gov.cn/nw2/nw2314/nw2315/nw17239/nw18078/u21aw1063579.html,2015.09.30。

② 背景资料及部分数据来自:Tim Calkins & Matt Cobb. Carolina Lunker Sauce. Kellogg School of Management, Northwestern University, 2006.

(3)2005年考伯决定将产品打入沃尔玛。根据考伯的估计，如果能拿下沃尔玛的订单，产品的销售规模至少能扩大1倍。但是，沃尔玛素以天天平价(Every Day Low Price)著称，它要求零售价格不超过10美元，而且坚持拿走40%的毛利。如果接受，批发价格就要降到5.99美元。你认为，考伯是否应该进入沃尔玛？

(4)请你为考伯公司的未来发展提供建议。

10. 据《第一财经日报》2011年10月18日报道，淘宝商城10月10日发布的2012年新规引发“反淘宝联盟”的围攻，戏称“十月围城”。淘宝新规的实质在于涨价：每年的技术服务费(实际上就是商户进驻淘宝商城的年费)由6 000元提高至3万元或6万元；防范供应商风险的保证金由1万元调整为1万元、5万元、10万元、15万元不等。淘宝新规发布后，旋即遭到中小卖家的抵制，它们组成“反淘宝联盟”对淘宝商城大卖家发起“拍商品、给差评、拒付款”的攻击行为。据报道，截至10月15日，112家淘宝商户被攻击。攻击发生后，淘宝商城的日均交易由平常的1 900万元骤增至4 800万元，而支付宝的成交付款率由日常的56%下降为0.8%。迫于压力，淘宝商城调整了新规，包括延缓实施时间及保证金减半(另一半由阿里巴巴集团拿出10亿元作为消费者保证基金)等，但部分商家仍然不满，集体向淘宝网的第三方支付平台“支付宝”集体提现。但是，阿里巴巴集团董事局主席马云态度强硬地表示：淘宝商城提升商户品质、打击假货和炒作信用的原则不会让步。据《泉州晚报》2011年11月2日报道，针对淘宝商城围攻事件，商务部表示正在制订《网络零售管理条例》，并已会同国家工信部、发改委讨论是否对淘宝商城涉嫌垄断行为进行调查。(注：据《第一财经日报》2012年1月12日报道，2008年淘宝网开辟了B2C商城业态，2010年11月淘宝商城Tmall域名独立，2011年6月淘宝商城与淘宝网拆分后独立运营，2012年1月11日淘宝商城取其域名之谐音更名为“天猫”。)

问题：

(1)描述淘宝商城的运营模式及其盈利模式。

(2)你认为淘宝商城出台2012年新规则的目的是什么？

(3)淘宝商城在决定提高技术服务费时，应考虑哪些因素？根据以上事实，你认为淘宝商城的提价决策是否成功？

(4)淘宝商城是一个典型的双边平台(Two Sided Platform)。根据Mark Armstrong(2006)等关于双边平台定价的理论研究，在平台间竞争的条件下，是否引入卖家竞争机制(即平台内竞争)取决于平台是否具备向买家收费的能力。实际上，如果可以向买家收费，则让卖家竞争可降低商品或服务的价格，进而可收取较高的买家服务费；如果不能向买家收费，则为卖家提供垄断地位可收取高额的卖家服务费。请结合相关实例阐释以上观点。

第四章　价值定价原理

财务分析只是给出盈利性定价的必要条件，战略定价还需要预估消费者和竞争者的价格反应。比如，相对于产品功效、安全性能、交货情况等特征，价格对于最终消费者有多重要？和竞争产品相比，我们的产品在消费者所重视的特征方面表现如何？不同细分市场的消费者对产品属性、认知价值、供应商满意度、偏好、价格敏感性等诸方面有什么不同？定价决策中，对价格反应缺乏了解或判断失误可能会给企业带来毁灭性打击。例如，英国的蜂窝电话运营商 Mercury 于 1993 年推出一项促销活动——晚间 7 点至次日上午 7 点打电话免费，结果吸引了 30 多万新客户，但这些新客户绝大多数选择在夜间打电话，从不在需要付费的白天消费。由于夜间电话流量激增，使得夜间也成为高峰期；更为严重的是，Mercury 需要为这些客户提供无限期的夜间免费服务①。

50 多年前，管理大师德鲁克观察到一个公司的首要任务是创造顾客。但是，今天的顾客面临纷繁复杂的品牌选择，日渐成熟的消费者开始基于价值最大化进行购买选择。成本加成定价模式颠倒了因果关系；而高明定价者从顾客开始，了解顾客如何对潜在供应商的价格和价格变化作出反应。因此，深入进行顾客价值分析，提供最大化顾客认知价值的产品或服务，已成为现代企业的基本生存法则。许多学者在研究麦当劳的成功定价经验时发现，人们离不开麦当劳，并不仅仅是因为人们喜好麦当劳的汉堡包，更是因为人们喜欢麦当劳遍及世界的高标准的质量(Q)、服务(S)、整洁(C)及价值(V)所构成的 QSCV 系统。在麦当劳可口的汉堡包后面有全面的、完善的、强大的支援系统全面配合，以达到质与量的有效保证。而这强大的支援系统包括：拥有先进技术和管理的采购网络、健全的人力资源管理和培训系统、运销系统、开发建筑、市场推广、准确快速的财务统计与分析等。

---

① Robert J. Dolan，Hermann Simon. 定价圣经．董俊英译．北京：中信出版社，2004，第 45 页．

第一节　顾客价值分析

一、顾客让渡价值

从营销学角度讲，顾客让渡价值是指整体顾客价值与整体顾客成本之间的差额部分。而整体顾客价值是指顾客从给定产品或服务中得到的所有利益。顾客让渡价值又称为顾客附加价值（Value Added）。图 4.1 给出了顾客价值和顾客成本的构成要素[①]。

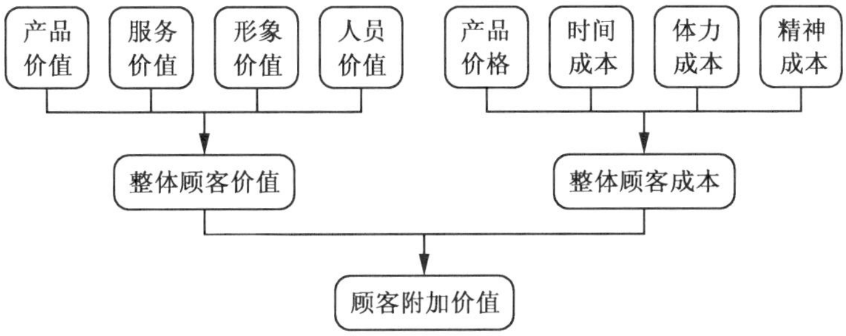

图 4.1　顾客附加价值的构成要素

在确定顾客让渡价值系统后，可以采用联合测度方法（Cojoint Analysis）对价格反应进行量化分析。以汽车业中一家德国汽车公司的 LION 案例来说明联合测度的分析步骤[②]：

（1）首先选择一系列反映产品属性的描述性变量。这里选择 5 个重要属性，分别是品牌、发动机功率、耗油量、环保性能、价格。

（2）接着，对每种属性确定多种价值等级以便向顾客调查（每种属性的等级数量不必相同）。这里选择 3 种等级，分别是 LION 品牌（A）、另一德国品牌（B）、日本品牌（C）所代表的等级。

（3）然后，设计多组"产品概况"数据，让受访者选择以显示其偏好结构。图 4.2 显示了一组产品概况的对比数据，其中产品 1 为 LION 系列产品，它只符合最低环保要求，耗油量大，价格较高，但发动机功率强劲；而产品 2 为日本品牌产品，其环保性能较

① Philip Kotler 等．市场营销管理．郭国庆等译．北京：中国人民大学出版社，2000，第 36 页．

② 改编自：Robert J. Dolan，Hermann Simon. 定价圣经．董俊英译．北京：中信出版社，2004，第 53～59 页

.

优，耗油量小，价格低，但发动机功率较差。调查中，可以根据受访者的回答调整展示给顾客的产品概况。

产品概况 1

LION 品牌
符合最低环保要求
耗油量 16 升 / 100 公里
马力 250
价格 60 000 德国马克

产品概况 2

日本品牌
超过环保要求
耗油量 12 升 / 100 公里
马力 150
价格 50 000 德国马克

如果偏好 1，请选择 1；如果偏好 2，请选择 2

图 4.2　LION 品牌与日本品牌对比示例

(4)让受访者对 10～20 组产品进行选择后，可以采用数学方法推算出每种产品属性对顾客的重要程度。当然，"重要性"因人而异，这里采用加权平均计算的结果显示，品牌权重为 30%、发动机功率权重 28%、价格权重 20%、耗油量权重 12%、环保性能权重 10%。

(5)之后，推算产品 A、B、C 在各种产品属性上对顾客的价值，如表 4.1 所示。其中每种产品属性中处于最低位置者被赋以零值，比如，产品 A 的发动机功率最低，其价值为 0。

(6)最后，将每个属性的价值按照各属性的重要性进行加权求和，得到产品的总价值。具体计算公式为：

$$\text{某产品的加权价值} = \sum \text{属性权重} \times \text{某产品的属性价值}$$

表 4.1　三种车型总价值的联合测度

属性与权重	产品 A		产品 B		产品 C	
	等级	价值	等级	价值	等级	价值
品牌 30%	LION	85	另一德国品牌	150	日本品牌	0
发动机功率 28%	150	0	200	110	250	140
耗油量 12%	12	60	16	0	14	50
环保性能 10%	新标准	50	符合要求	0	符合要求	0
价格 20%	60 000	35	70 000	0	50 000	100
总价值(加权)		44.7		75.8		65.2

二、经济价值分析

(一)顾客价值

顾客价值反映消费者从产品中获得的全部利益或满足的净值，称为使用价值或效用。需求曲线实际上反映了顾客对产品的边际价值估价，总价值等于边际价值的加总。如图 4.3 所示，顾客对第 1～4 个产品的边际价值估价分别为 20 元、19 元、18 元、17 元，因此顾客对 4 个产品的总价值估价为 74 元，注意到图中每个矩形的宽度为 1，4 个产品的总价值实际上等于图中 4 个矩形的面积之和。如果企业对产品定价 $P=17$ 元，则顾客的买方剩余（Buyer Surplus）为 74－68＝6（元），其中第 1～4 个产品对买方剩余的贡献分别为 3 元、2 元、1 元和 0。

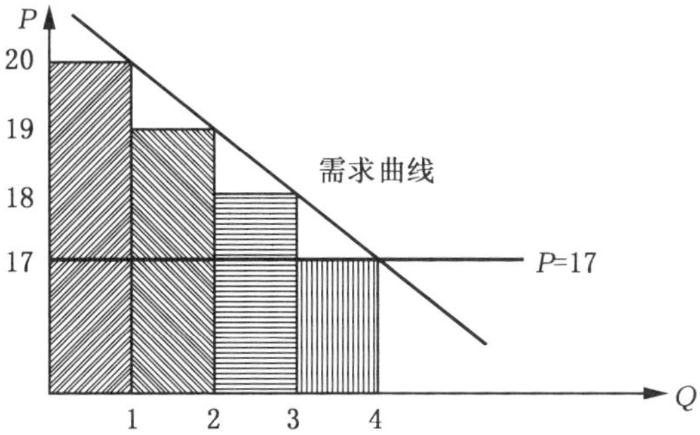

图 4.3 顾客价值示意图

区别总价值和边际价值是重要的。以“水与钻石的悖论”为例，我们知道，水对人类是非常重要的，但为什么水比钻石便宜许多？实际上，价格反映的是边际价值。我们说，水比钻石对人类更重要是指水的总价值更高；而钻石比水贵是指钻石的边际价值更高，如图 4.4 所示。

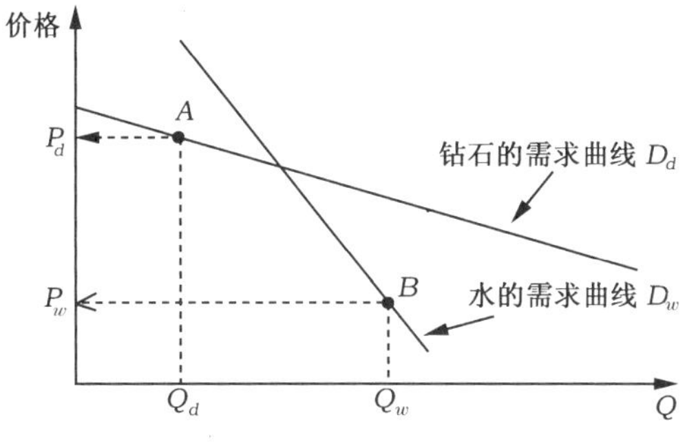

图 4.4 水与钻石悖论示意图

利用顾客价值分析可以实施价值定价策略。比如，假设一个标准家庭对国际长途电话的需求为 $q=240-4p$，其中 q 是每月打长途电话的时间（以分钟计算），p 是每分钟的电话资费（以角计算）。显然，如果每分钟收费 25 角，那么一个标准家庭每月会打 140 分钟的国际长途电话。假设长途电话公司的边际成本为 0，那么电话公司在每个家庭上获得的毛利为 $\pi=p\cdot q=25\times140=3\ 500$（角）。但是，从消费者的角度看，140

分钟国际长途电话对于一个家庭的经济价值为 $EV=\frac{25+60}{2}\times 140=5\ 950$（角）。因此，基于经济价值的定价应该对 140 分钟的国际长途电话“打包”定价 5 950 角，利润增加了 70%（见图 4.5）。[1]

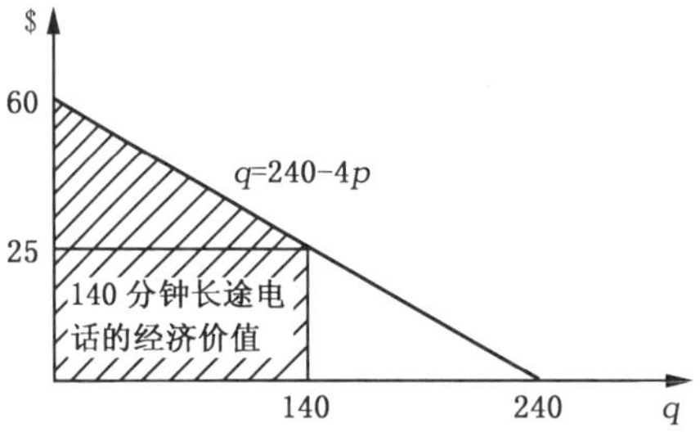

图 4.5 长途电话的经济价值分析

（二）经济价值界定

按照 Nagle & Holden(2003)的定义，经济价值 EV(Economic Value)是指交换价值，即企业所实际提供的产品与顾客的期望之间的比较价值。或者说，经济价值是消费者认为最佳的可选方案的价格加上该产品区别于最佳参考产品的价值。一般将消费者的最佳可选方案的价格称为参考价值 RV(Reference Value)，而将企业实际提供的产品区别于参考产品的价值称为差异价值 DV(Difference Value)。因此，经济价值等于参考价值加上差异价值，即 $EV=RV+DV$，如图 4.6 所示。

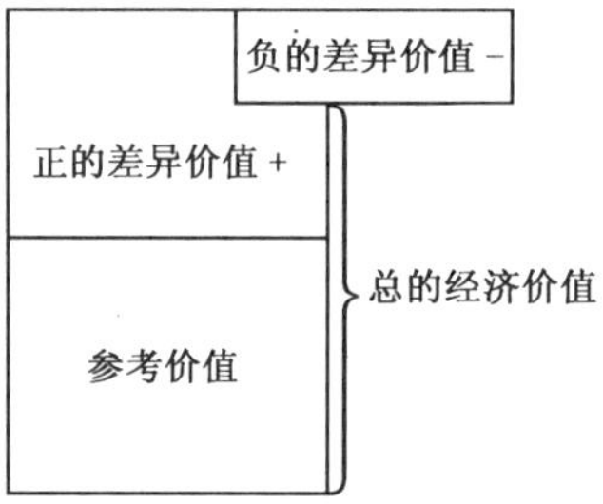

图 4.6 经济价值的构成(Nagle & Holden,2003)

专栏 4.1

iPhone 的经济价值分析

2004 年，苹果公司组建了 iPhone 研发团队。从 2007 年 1 月苹果发布了第一代 iPhone 开始，到 2018 年 9 月发布 iPhone XS 系列产品，苹果公司在过去十余年总共发布了 12 代 iPhone 智能手机。

---

① 另一种定价方法是，单价为每分钟收费 25 角，但收费固定月租费 2450 角（即消费者剩余以固定费的形式收回）。

在 2018 年 9 月 13 日的秋季发布会上，苹果发布的 iPhone XS、iPhone XS Max、iPhone XR 手机价格远高于相近配置的安卓手机，但依然吸引了众多消费者。与相近替代品相比，iPhone 具有明显优势：(1)iPhone 手机外观更时尚，设计更精美。许多安卓手机的外观都是仿照 iPhone 设计的。(2)iPhone 手机搭载最新的处理器，其 CPU 和 GPU 的性能比其他品牌手机更为稳定，图像解析度更强。(3)iPhone 的手机操作系统 iOS 操作简单流畅，安全性更高，对个人隐私保护更严密。(4)苹果设备之间可以自由切换，内置应用(如 iMovie 等)更强。图 4.7 显示了苹果手机的经济价值构成。

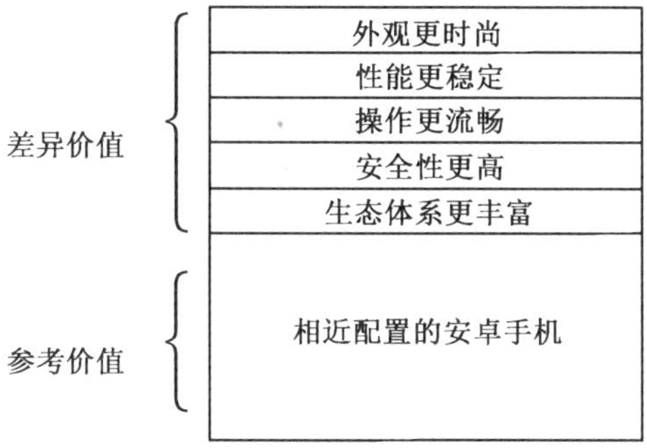

图 4.7　iPhone 的经济价值构成

资料来源：(1)关于苹果 iPhone 系列智能手机的介绍详见 https://baike. baidu. com/item / iPhone/238239)。(2)苹果发两款新 iPhone：命名 XS/XS Max 均为全面屏设计. 新浪科技. 2018. 09, 13，https://tech. sina. com. cn/apple/2018－09－13/doc－ihiycyfy0185255. shtml。(3)外媒评 iPhone 汇总：继续价格抬高战略，单价更贵更赚钱. 新浪科技，2018. 09. 14，https://tech. sina. com. cn/it/2018－09－14/doc－ihiixzkm8630028. shtml。(4)苹果官网新品发布会专题：https://www. apple. com/cn/apple－events/september－2018。

经济价值的溢价对定价具有重要意义。一般地，经过合理的价值沟通后，产品技术效率的提高对经济价值的提升具有放大性传递作用，因而，以价值为基础的定价可以获得更大比例的提高。而这一点在定价实践中经常被忽略。很多公司狭义地理解"性价比"，简单地认为：如果公司产品的技术效率水平 T_0 比竞争者的技术效率水平 T_c 高出 $a\%$，那么其价格 P_o 应正好比竞争者的价格 P_c 高出 $a\%$，即

$$\frac{P_o}{P_c}=\frac{T_o}{T_c} \tag{4.1}$$

这种基于技术效率的定价方式忽视了技术效率对经济价值的放大作用，正确的理解应该是具有相同的单位经济价值，即

$$\frac{P_o}{P_c}=\frac{EV_o}{EV_c} \tag{4.2}$$

事实上，如果一种药物的治疗效应比同类产品高出 50%，病人会拒绝购买这种价

格比同类产品贵 50%还多的药品吗？答案是显而易见的。

表 4.2 所给出的杂志社广告的经济价值分析深刻地阐释了技术优势如何放大价值优势。杂志发行商经常会碰到来自广告主企业对其广告价格的指责，他们会指出竞争对手提供了较低的价格，尽管该发行商拥有更好的作者、更有趣的内容、更忠实的读者群。我们不禁要问：广告主的指责合理吗？假设国家一级杂志发行量比地区一级杂志的发行量多出 11%，那么，其收取的广告费就不能多于竞争对手的 11%吗？事实上，表 4.2 的结果表明，11%的发行量优势经过价值传递后激增为 211%的价值优势[①]。

表 4.2　　杂志社广告的经济价值溢价比较

项　目	地方性杂志	全国性杂志	优势
发行量(份)	1 400 000	1 550 000	11%
每本杂志的读者(人)	1.8	2.1	
读者数(人)	1 520 000	3 255 000	
看广告的比例(%)	9.20	14.50	
看广告后受影响者的比例(%)	1.60	2.20	
受影响者购买广告品的比例(%)	20	20	
购买广告品的读者(人)	742	2 077	
卖给每个顾客的售价(元)	180	200	
总利润率(%)	30	30	
广告的价值(元)	40 062	124 601	211%
广告的成本(元)	29 000	67 400	
广告的回报(元)	11 062	57 201	

资料来源：Nagle & Holden(2003)，第 57 页。

（三）经济价值分析框架

1. A25 经济价值分析实例

以下举一个实例来说明如何确定产品的经济价值[②]。树脂可用于生产农场地下灌溉系统所用的塑料导管，每生产 100 英尺的导管大约需要 16.25 磅树脂。1955 年，杜邦公司开发了 Alathon25 聚乙烯树脂，与其他制造塑料导管的树脂竞争。用

① Thomas Nagle，Reed Holden. 定价策略与技巧——赢利性决策指南．应斌等译．北京：清华大学出版社，2003，第 57 页．

② (1)Thomas Nagle，Reed Holden. 定价策略与技巧——赢利性决策指南．应斌等译．北京：清华大学出版社，2003，第 57～62 页．(2)E. Raymond Corey. E. I. Du Pont de Nemours & Co. Industrial Marketing：Cases and Concepts. Prentice-Hall Inc.，1976，pp. 179～187.

Alathon25 制造的导管比其他树脂制造的导管更耐用。实验表明，用 Alathon25 制造的导管的故障率只有 1%～3%，而其他树脂制造的导管的故障率为 7%～8%。

那么，Alathon25 对导管制造商的经济价值是多少？首先，参考价值是普通树脂的价格，即 0.28 元/磅。其次，需要分析 Alathon25 的差异价值。为分析 Alathon25 对导管制造商的差异价值，需要分析用 Alathon25 制造的导管对导管使用者的差异价值。由于导管有许多用途，不同用途的差异价值显然是不同的。也就是说，用 Alathon25 制造的导管在不同的细分市场有不同的差异价值。下文以地下灌溉系统为例来分析用 Alathon25 制造的导管的差异价值。

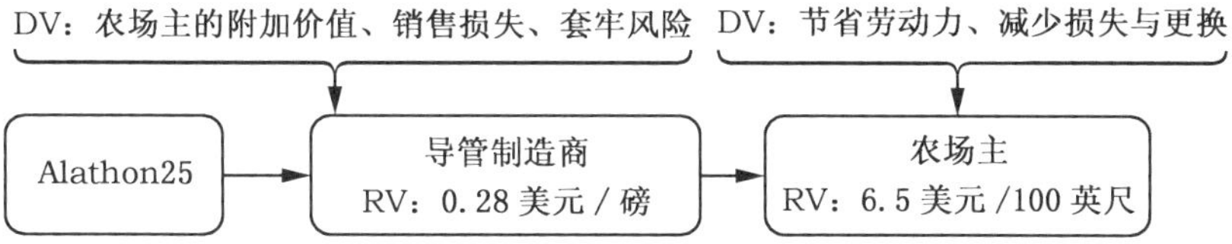

图 4.8　Alathon25 的经济价值链分析

现在分析 Alathon25 导管对于农场主的经济价值。如图 4.8 所示，参考价值是标准替代品的购置成本，即用普通树脂制造的导管的价格，每 100 英尺的价格是 6.5 美元。Alathon25 导管相对于普通树脂导管的差异价值体现在：

(1)节省劳动力，正的差异价值 3.00～3.60 美元；

(2)减少庄稼损失，正的差异价值 0.40～0.48 美元；

(3)减少更换导管的成本节约，正的差异价值 0.31～0.39 美元。

由于经济价值＝参考价值＋差异价值，因此，Alathon25 导管对农场主的经济价值为

$$\begin{aligned} EV_{A25}^{F} &= 6.5+(3.00\sim3.60)+(0.40\sim0.48)+(0.31\sim0.39) \\ &= 10.21\sim10.97 \end{aligned} \tag{4.3}$$

其中，下标 $A25$ 表示杜邦的 Alathon25；上标 F 表示农场主。

接下来分析 Alathon25 对导管制造商的经济价值。由于每生产 100 英尺的导管需要 16.25 磅树脂，因此，每磅 Alathon25 树脂正的附加价值为

$$V_{A25}^{M}(+)=\frac{(10.21\sim10.97)-6.5}{16.25}=0.228\sim0.275 \tag{4.4}$$

其中，M 表示导管制造商。但是，由于 Alathon25 导管更耐用，因而会导致 Alathon25 导管制造商的销量减少及销售费用增加。另外，Alathon25 导管制造商还将面临因杜邦垄断供应树脂所引发的套牢风险。因此，Alathon25 树脂的负的附加价值为

(1)销量减少，负的差异价值－0.010 美元；

(2)销售费用增加,负的差异价值－0.080美元;

(3)供应商的敲竹杠(Hold Up)风险,负的差异价值－0.020美元。

注意到,每镑Alathon25树脂的参考价值是普通树脂的价格,即0.28元/磅,因此,Alathon25树脂对导管制造商的总经济价值为

$$
\begin{aligned}
EV_{A25}^{M} &= 0.28+(0.228\sim0.275)-0.010-0.080-0.020 \\
&= 0.398\sim0.445
\end{aligned}
\tag{4.5}
$$

因此,每磅Alathon25树脂的经济价值是0.398～0.445美元,这是杜邦公司为Alathon25进行价值定价的基础。

2. 经济价值分析步骤

通过以上A25的实例分析,我们可以归纳经济价值分析的四个基本步骤如下[①]:

(1)首先,找出被消费者认为是理想选择的替代品的价格。

(2)其次,确定使本产品与上述替代品差异的因素,例如:较好或较差的性能、较好或较差的可靠性、增加或减少的功能、较低或较高的维护费用、较好或较差的信誉或知名度、快速有效或迟缓的服务。

(3)接着,确定这些差异对消费者的价值。价值的来源可能是主观的(如心理上的满足感),也可能是客观的(如节约使用成本)。

(4)最后,将差异价值和参考价值相加得到总的经济价值。

3. 经济价值评价法

在具体评价本企业产品与替代品的差异价值时,可以采用企业自我评价和关键顾客评价相结合的方式。比如,假定已确定顾客价值系统的主要因素包括质量、服务、成本、速度和创新等5个方面,可以通过Delphi法或AHP方法确定这五个要素的相对重要性或权重,不妨假设都是20%;然后,让企业相关人员按7分制就以下问题作出判断(7分表示非常强;6分表示强;5分表示较强;4分表示一般;3分表示较弱;2分表示弱;1分表示非常弱):

(1)对本企业产品或服务的各价值属性如何判断?

(2)对竞争者的产品或服务的各价值属性如何判断?

同样,请关键顾客就以上问题按7分制进行打分。最后,由本企业相关人员和关键顾客对竞争者的产品或服务按7分制就以上问题进行判断。如此,得到本企业产品或服务与竞争对手相比较的自我评价和关键顾客评价图(如图4.9所示),从中可以发现本企业的优劣势及为顾客创造的差异价值[②]。

---

① Thomas Nagle,Reed Holden.定价策略与技巧——赢利性决策指南.应斌等译.北京:清华大学出版社,2003,第60页。

② 项保华.战略管理:艺术与实务.北京:华夏出版社,2003,第177～178页.

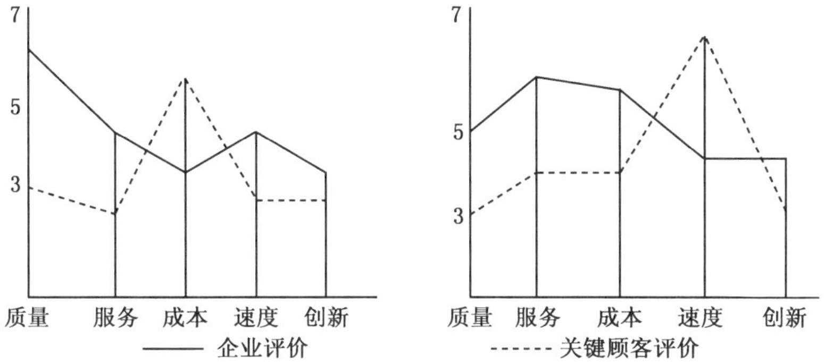

（a）企业价值评价　　（b）竞争对手价值评价

图 4.9　顾客价值特性的构成要素评价(项保华,2003)

第二节　价格与价值匹配原理

在消费者日趋成熟的网络营销时代,许多企业已经开始先发制人地管理市场,并通过主动改变顾客对产品的价值感知、参考价格(Reference Price)及可察觉的替代品,进而改变消费者的支付意愿。

一、价值定价思维

首先,价值导向的定价策略之实质在于以竞争对手无法模仿的竞争优势最大可能地创造顾客的经济价值,并有效传递价值,使消费者支付意愿最大化。价值定价在航空公司、互联网营销、汽车销售甚至 MBA 学费等诸多领域已得到广泛应用。比如,在航空业,与绕飞服务(Indirect Flying)相比,直飞服务(Direct Flying)既节省了旅客的时间,又提高了飞行的安全性及便捷性,因此,直飞的票价比绕飞的票价高出许多。再如,相对于传统的实物形式销售,网上零售表面上可以为其便捷性制定更高的价格。但是,实际上,Walmart、Sears、Carefoure 等品牌零售商由于商品本身及商场环境要优于网络零售商,知名零售商可以为其商品制定更高的价格。另外,国内著名商学院的 MBA 学费比区域性商学院的 MBA 学费高出数倍,主要是因为著名商学院的品牌效应、课程设计、师资力量、著名企业资源、教学设施、学生职业发展、学生课外活动等许多方面具有明显优势产生的差异价值。

专栏 4.2

卡特皮勒公司的价值定价

美国卡特皮勒公司巧用消费者认知价值为其拖拉机成功定价。它给自己的拖拉机定价 10 万美元，而竞争对手同类拖拉机的价格只有 9 万美元，但是，卡特皮勒的拖拉机销售却超过竞争对手们。卡特皮勒的价值定价依据见表 4.3。

表 4.3 卡特皮勒拖拉机的差异价值

项　目	价格(美元)
参考价值(竞争对手拖拉机的价格)	90 000
更具耐用性的差异价值	7 000
更具可靠性的差异价值	6 000
更好服务的差异价值	5 000
零件较长保修使用期的差异价值	2 000
总经济价值	110 000
价格折扣	−10 000
最终价格	100 000

资料来源：肖怡．市场定位策略——找准顾客心．北京：企业管理出版社，1999.

消费者最后发现，尽管他们为卡特皮勒的拖拉机多支付了 10 000 美元，而实际上却获得 10 000 美元的优惠。

其次，需要明确的是，基于价值的定价并不是一种销售策略，而是一种营销策略。价值定价需要为价值创造和价值传递建立价值导向的营销策略，包括：(1)将技术能力转化为服务能力，创造消费者利益；(2)发展与这些利益相关的价值信息；(3)通过有效的销售管理，传递价值口碑，使消费者从比较竞争对手的价格转向比较价值，强化消费者的感知价值。理论上，可以借鉴关系营销的 5C 原则实现以上目标[①]：理解(Comprehend)是什么为消费者提供了持续价值；为消费者创造(Create)价值；传递(Communicate)所创造的价值(包括有形特征与无形特征)；说服(Convince)消费者为所创造的价值支付；获取(Capture)价值。在推行价值定价时，销售人员需要重新学习如何思考产品的价值，需要认识客户采购中心的成员并了解其需求信息，在价格谈判时应能够提出自己的方案。Nagle & Holden(2003)总结了价值定价中销售人员需要准备的问题清单[②]：

(1)价值——他们的需要与代价是什么：驱动顾客购买的需求是什么？客户还能购买其他什么产品，购买成本如何？我们的产品在性能、服务、支持等与顾客能获得的替代

① Thomas Nagle，Reed Holden. 定价策略与技巧——赢利性决策指南．应斌等译．北京：清华大学出版社，2003，第 120 页．

② Thomas Nagle，Reed Holden. 定价策略与技巧——赢利性决策指南．应斌等译．北京：清华大学出版社，2003，第 161 页．

产品有何差异？客户的组织内部谁关心我们产品的差异化所带来的收益，他们为什么关心？对我们产品优势的自我评价如何，如何让我们的客户理解这些优势？我们产品价值的来源有哪些？

(2)理解采购中心——谁影响购买决策：和我们打交道的顾客属于哪种类型？采购者认识到我们产品的优势和价值吗？购买者采购的标准是什么？采购者中的哪些人支持我们成为他们的供应商？这些人愿意为产品支付与价值相对应的价格吗？

(3)生意——我们的产品方案里应包括：什么样的产品和服务能匹配顾客的需求？我们该向顾客提供什么样的产品和服务组合？提供什么样的价格折扣？

(4)谈判——我们如何获取价值：我们如何防止顾客想方设法逃避按价值支付相应的价格？我们向顾客提供什么样的备选方案？什么样的价格和服务水平是维护我们公司利益的底线？

最后，不同顾客对相同产品的价值评价可能完全不相同，即使是同一顾客，其对产品的认知价值也可能随着时间的变化而变化：居民用户在夜间对电力的认知价值要高于在白天对电力的认知价值，而企业在白天营业时间对电力的认知价值显然要高于晚间的认知价值；一般人在周末对滑雪场或高尔夫球场的认知价值要高于工作日时间；人们在夏季和冬季对空调机的认知价值要高于春季和秋季。价值定价要求价格结构能够反映产品或服务在经济价值上的此种差异。通过寻找能够反映价值差异的衡量标准，企业可以提高销量和扩大利润空间。因此，价值定价的关键在于寻找使得价格自动与价值传递相匹配的衡量尺度，保证消费者都处于“价格＝价值”的范围内。

对 Nagle & Holden(2003)的价格—价值图进行拓展，如图 4.10 所示，对于未充分发挥价值的所谓“失去的机会”的区域，企业可以通过折扣适当降低价格或者有选择性地提高附加价值，使得价格与价值匹配——比如，航空公司为度假(Vacation)旅行者或绕航旅行者提供折扣；而对于支付价格低于价值的所谓“无收益价值”区域，可以

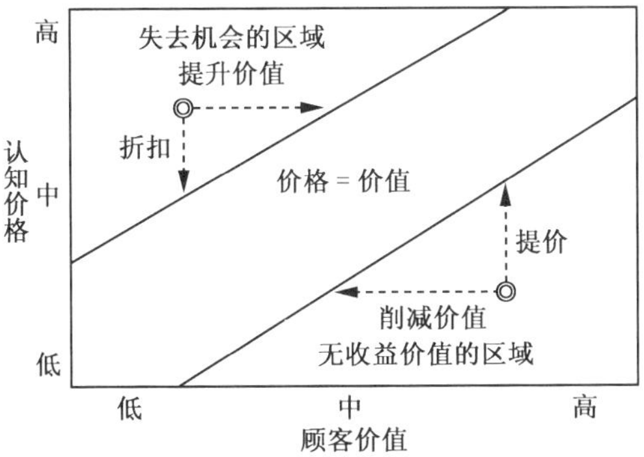

图 4.10 价格与价值比较

通过削减顾客的经济价值使价格与价值匹配——比如，通过提供较短的保修服务期或简化产品的基本功能。

二、价格谈判

价格谈判（Price Negotiation）是实现价值定价的重要手段。今天，随着 B2B 市场的发展，即使是一些从不议价的著名公司也逐渐改变固定价格模式，其定价政策开始变得非常具有灵活性，销售人员可以为每笔交易制定不同的价格。

假设卖方的保留价格（即经济成本）为 S；买方的保留价格（即支付意愿或价值）为 B，则双方进行交易的必要条件是顾客的支付意愿大于企业的生产成本（$B>S$）。理论上，谈判的均衡价格为 $P\in[S,B]$，其具体数值取决于买卖双方的相对讨价还价能力，见图 4.11。[①]

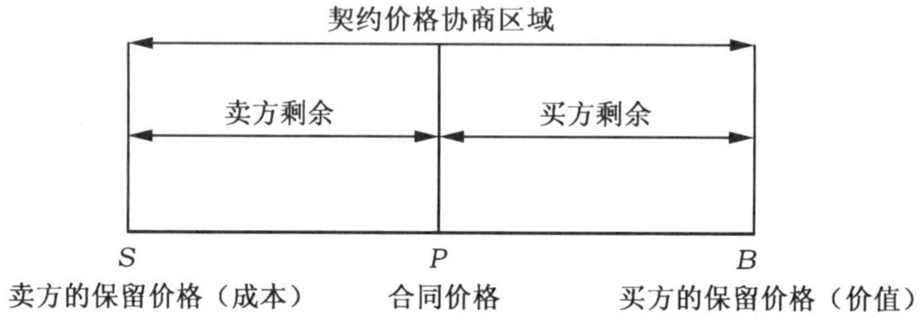

图 4.11　价格谈判

特别地，在买卖双方讨价还价实力相等的情况下，纳什均衡价格满足

$$P^*\in \arg\cdot \mathrm{Max}_P\{U_S(P-S)\cdot U_B(B-P)\} \tag{4.6}$$

其中，目标函数为对称的 Nash 乘积。如果买卖双方实力不对等，则纳什均衡价格满足

$$P^*\in \arg\cdot \mathrm{Max}_P\{[U_S(P-S)]^r\cdot [U_B(B-P)]^q\} \tag{4.7}$$

其中，r、q 分别表示卖方和买方的市场力量。表 4.4 给出评价卖方和买方市场力量的一个例子。

表 4.4　买方和卖方市场力量评价（Pashigian，1998）

指　标	评价（10 分制）	权重（10 分制）	得　分
卖方			
配送系统	5	1	5
公司形象	2	1	2

① Lilien，Gary L.，Arvind Rangaswamy. Marketing Engineering. 清华大学出版社，2003，pp. 424－426.

续表

指　标	评价(10 分制)	权重(10 分制)	得　分
产品质量	3	2	6
售后服务	5	2	10
贸易政策	6	1	6
价格吸引力	7	3	21
r 值			50%
买方			
组织规模	9	2	18
发展历史	7	2	14
购买经验	3	3	9
未来购买	8	3	24
q 值			65%

我们在第二章中已将顾客按照感知价格和感知价值分为四种类型:价格型购买者、关系型购买者、便利型购买者及价值型购买者。在与价格型购买者谈判时,如果没有机会接触可以影响采购的企业的高层管理人员使他们改变只注重价格的采购行为,那么就只能拼价格。一般来说,企业应该尽量放弃服务这类细分市场。

由于价值型购买者力争在所付的价钱内获得的价值最大化,他们追求的不是最出众的品质,就是最低廉的价格;他们既认知某些产品带来的附加效用,同时也会认真考虑为这些附加效用应支付的成本。因此,谈判时应抓住每一笔交易所显示的与竞争对手差异性的价值。如果试图引导他们重复购买的话,即使花费的教育成本抵消了差异价值的收益,让顾客意识到这种差异也是值得的。

由于关系型购买者注重产品声誉,在谈判时可以强调过去的良好表现来巩固现在的合作机会;也可以强调劣质产品给买方造成的负面影响。比如,早期 IBM 与对手竞争一家大型制造公司的会计业务。该公司将业务分成两半,分别交给 IBM 和那个公司干一年。年终时再对他们评估以确定最终让谁做。在试用期中途,一次动力高峰使两家的系统都崩溃了,需要 3 个星期来重新启动。IBM 的竞争对手组织了 40 名工程师和技师着手解决问题,重新启动系统。IBM 也同样派了技术人员重新启动系统。但 IBM 想到客户还是有困难,于是 IBM 组织了 300 名职员组成的团队,帮助客户处理工资发放,直到系统恢复。IBM 终于赢得全部业务①。

① Thomas Nagle,Reed Holden. 定价策略与技巧——赢利性决策指南．应斌等译．北京:清华大学出版社,2003,第 115~119 页．

专栏 4.3

可口可乐的新型贩卖机[1]

1999 年 10 月 28 日,《纽约时报》报道了可口可乐公司正在试验一种新型的自动贩卖机:它可以根据气温变化自动调整可乐的价格。据透露,在过去 5 年里,可口可乐及其瓶装厂已经投入超过 18 亿美元,用于贩卖机、冷藏陈列机、冷冻机及其他设备的研发上。该报道引发了广泛争论,在可口可乐公司发表声明后,《费城调查》等媒体给予冷嘲热讽。

可口可乐公司在 10 月 28 日的声明中指出:与某些错误的新闻报道相反,可口可乐公司并未对能在热天提高软饮料价格的贩卖机进行研发,也未有过推广计划。可口可乐正在开发创新性的技术和通讯系统以提高产品的实用性,让消费者在贩卖机上购买软饮料时有良好的互动体验。可口可乐公司强调,其正在开发新技术来提高其 113 年来从未改变的承诺的执行力——当你想要我们的产品时,它唾手可得。

但是,据《华尔街日报》后来报道,可口可乐公司的首席执行官伊维斯特在之后接受一家巴西新闻杂志采访时,对新型贩卖机给出了一个含糊的理论回答:"可口可乐是一个效用时刻变化的产品,……在一个夏季冠军决赛上,人们为了乐趣相聚在体育馆,这时一罐冰镇的可口可乐的效用是非常高的。所以,它这时更贵一些也是公平的。机器只是让这个过程自动化而已。"[2]

《饮料文摘》的相关资料显示,20 世纪 90 年代初,贩卖机已是软饮料的重要销售渠道,比如,1991 年全世界约 11.9%的软饮料销售来自贩卖机,而当年美国大约 12 亿箱软饮料是通过贩卖机销售的。日本的一些贩卖机已经开始使用智能通讯设备来根据外界温度调整饮料价格。

可口可乐的老对手——百事可乐的表态,更让可口可乐广受舆论谴责。百事可乐明确地表示:"我们还没有进行类似的创新试验……我们相信这种在热天提高价格的机器能够开发居住在温暖气候下的消费者。但是,百事关注的是能够让消费者如何更便捷地购买软饮料的技术创新。"

对于可口可乐新型贩卖机开发计划,各大媒体极尽讽刺挖苦之能事,一些代表性的评论题目为:"剥削干渴的忠实消费者的愤世嫉俗的策略""呆头呆脑的想法"(《火奴奴鲁星报》)、"软饮料的傻瓜"(《迈阿密时报》)、"最新的证据显示,世界将变得不可理喻"(《费城调查》)、"责备我吧"(《埃德蒙顿日报》)。

《费城调查》甚至通过模拟一个顾客和贩卖机的议价过程来讽刺这种机器,进而责问:可口可乐公司正在寻求让口渴的人多付钱的新方法,这样做道德吗?打个比方,如果一个人从沙漠缓慢地爬过来,就要因干渴而死,你会要求他为一杯水付 100 美元吗?当然不会。但是一瓶可乐就不一样了。那么,让市场支付它能承受的价格有什么错——天热时付多点,天冷时少付点?实际上,计算机芯片能让贩卖机迅速地根据引起瞬间供需波动的任何因素的变化而不断调整价格,而不仅仅是根据

---

① 本案例的背景资料来源:(1)1999 年 10 月 28 日可口可乐公司网站上的新闻稿;(2)《费城调查》1999 年 10 月 31 日刊登的文章;(3)About. com 网站 1999 年 11 月 3 日的一篇文章摘录。(3)Lii C. K., Narayandas D. Coca-Cola's New Vending Machine(A):Pricing to Capture Value, or Not? TN(J). 2001. https://www.hbs.edu/faculty/pages/item.aspx? num=28116#.

② 伊维斯特因处理一个又一个公共关系事件中的过失,逐渐失去了可口可乐公司董事会的信任,最终导致他在 2000 年 4 月突然宣布辞职。

天气变化。

这就引发了业界对价格歧视的讨论了。[①] 可口可乐的需求被按照外界温度细分（很热时和很冷时的需求），天气很热时可乐的价值更高，因此，消费者愿意支付更高的价格——这就是基于感知价值的价格歧视。学者们指出，互联网上随处可见复杂的价格歧视，智能贩卖机只是最不具威胁性的。网络平台（例如亚马逊网站）可能对你知道得很清楚——你过去的购买习惯、偏好、邮政编码等——他们可能想用你的信息来调整价格，实现所谓的“大数据杀熟”[②]。在可口可乐的案例中，那些在热天喝可乐的人因支付高价而情况变差，那些在冷天喝可乐的人因支付低价而情况变好，但可口可乐公司的情况会变好，因此，总体而言情况还是变好了。

第三节　基于质量等级的定价策略

厂商经常对产品线进行扩张，在产品空间占据高端、中端、低端的位置，冠名为高档市场、中档市场、经济型市场，如图 4.12 所示。3 个档次的市场很常见，如 Sears 和美国运通（American Express）的绿卡、黄金卡和白金卡营销战略就属于“好、更好、最好”战略。有些时候，厂商会故意将正常产品进行“改编”，比如故意掩盖一些功能，然后用远远低于正常产品的价格销售这些简易品。这种现象在家电、图书杂志、软件等行业中屡见不鲜。

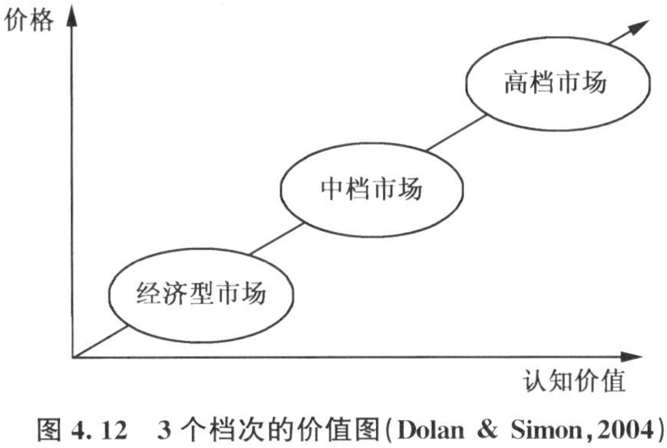

图 4.12　3 个档次的价值图（Dolan & Simon，2004）

专栏 4.4

Intel、IBM、Sony“损坏”他们的商品

销售低质量的、事实上“遭受损坏”的商品作为一种在愿意支付高价和愿意支付低价的消费者

① 关于价格歧视的详细讨论，参阅第六章。

② 关于大数据杀熟的更多讨论，参阅第六章的专栏。

之间进行差别化定价的方法在高科技公司中十分普遍。

Intel 的 486 微处理器有两种版本：486DX 与 486SX。尽管这两个版本在运行上有很大不同，但 486SX 版本除了其内部的数字协处理器不能工作以外，其他方面都是 486DX 的翻版……486SX 在 1991 年售价为 333 美元，而 486DX 的售价为 588 美元。

1990 年 5 月，IBM 宣布推出 E 激光打印机，该型号的激光打印机比 IBM 原来流行的激光打印机成本低。实际上，前者与后者的唯一不同在于 E 激光打印机每秒打印 5 页，而原来的打印机每秒打印 10 页。两种打印机使用同样的引擎与相同的零部件，仅有一点差别：即一种固件可以插入一种等待状态，降低打印速度。

Sony 前几年推出一种数码录像迷你磁碟，它替代原有的录音磁带，而且提供了更大的方便与持久性。迷你磁碟与计算机 3.5 寸盘在外表上相似，有两种形式：已录音和可录音的。可录音型又分两种：60 分钟与 74 分钟，售价分别是 13.99 美元与 16.99 美元。尽管价格和录音时间长度不同，这两种类型其实是相同的……磁碟内容表中的编码确定该磁碟为 60 分钟，这种编码阻止录音长度超过此时间，即使磁碟还有存储空间也是这样的。

资料来源：Luis M. B. Cabral. 胡汉辉等译. 产业组织导论. 北京：人民邮电出版社，2002，第 167 页.

在专栏 4.4 中，厂商推出两种等级的产品，一种是面向高价值(High-Value)客户的，另一种是面向低价值(Low-Value)客户的。当然，高价值型消费者需要为高等级产品支付相应的溢价(Premium)。实际中，厂商并不知道哪些顾客是高价值型(H-型)顾客，哪些是低价值型(L-型)顾客。那么，厂商需要做的就是为这两种等级的产品合理定价，以诱导 H-型顾客选择等级产品(如 486)，L-型顾客选择低等级产品(如 486SX)。

我们可以在价值图中画出两类消费者的无差异曲线，即价格—质量无差异曲线，如图 4.13 所示①。注意到，无差异曲线是向右上方倾斜的，因为随着价格的上升，消费者要求提高产品等级以补偿其高支出；另外，H-型消费者的无差异曲线的斜率大于 L-型消费者的无差异曲线的斜率，因为，相对于 L-型消费者，H-型消费者为产品质量等级的改进愿意支付更高的溢价。

在图 4.13 中，最终只为 H-型消费者提供高等级产品(486)，其垄断价格 600 美元。如果英特尔以价格 299 美元为 L-型提供“受损”的产品(如 486SX)，虽然表面上英特尔可以增加利润，但是，这种做法将产生新的风险——H-型消费者可能放弃购买 486，转而购买 486SX，以得到更大的效用。为防止 H-型消费者的套利行为，英特尔可以提高 486SX 的价格，比如定价 350 美元；也可以降低 486 的价格，比如定价 400 美元，以削弱 H-型消费者“套利”的动机。

① Jeffrey Church，Roger Ware. Industrial Organization：A Strategic Approach. 北京：清华大学出版社，2000，pp. 189～190.

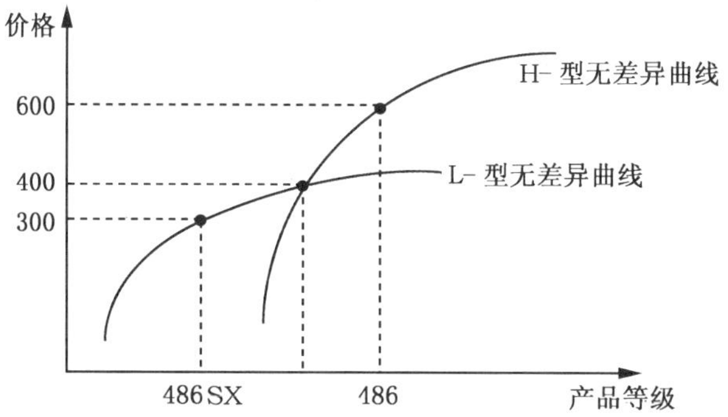

图 4.13 PC 芯片等级的无差异曲线

前面的分析主要回答给定产品等级水平如何为各个等级水平的产品定价。在图 4.12 中，厂商提供了 3 种质量等级的产品分别想吸引高端客户、中端客户和低端客户。这里有三个问题值得思考：其一，厂商应该确定几种不同等级的产品？其二，各个质量等级如何选择，即高端应高到什么程度，低端应低到什么程度？其三，如何为每个等级的产品制定相应的价格？

我们从后面两个问题入手，即厂商如何确定每个等级的水平并为其制定合理的价格。为此，分析厂商面对单一类型消费者时的最优质量决策①。在图 4.14 中，关于质量的成本曲线 $C(S)$ 具有以下特点：厂商提供正常质量时成本达到最小；若提高质量或故意降低质量（如控制某些功能的使用）均须增加成本，而且符合一般产品的边际成本递增规律。消费者的无差异曲线用支付意愿—质量组合表示，通常消费者的支付意愿是质量的增函数，形如 $P=K+WS$。那么，最优质量 S^* 应满足边际成本等于边际利益，即 $MC(S^*)=W$，与 S^* 对应的成本为 $P=K+C'(S^*)S^*$。

接下来分析厂商应该为 S^* 质量的产品制定的价格。在图 4.14 中，画出消费者无差异曲线簇中经过坐标原点的那一条无差异曲线。那么，很容易知道，为质量 S^* 的产品制定的价格应该界于$[P^S, P^B]$。事实上，如果价格超过 P^S，消费者宁愿放弃消费。

再分析厂商面临两类（两类以上可以据此推广）消费者时的质量—价格决策。在图 4.15 中，有两类消费者的无差异曲线，一类为 H 型，另一类为 L 型。其中 H 型消费者偏好高质量产品；L 型消费者则偏好经济型产品。图 4.13 中还画出 H 型消费者的另外两条无差异曲线，一条经过坐标原点，另一条经过 L 型的最优质量决策点。厂商拟分别为 H 型与 L 型的消费者提供质量分别为 S_H^* 与 S_L^* 的产品。但是，在为这两种质量产品定价时，厂商应该考虑两种约束：一是参与约束；二是激励相容约束。参与

① 以下简单模型选自：(1)骆品亮．数字化产品的经济特性及其组合定价策略．研究与发展管理．2005 年 10 月(会议论文专辑)．(2)Choi Soon-Yong, Dale O. Stahl, Andrew B. Whinston. The Economics of Electronic Commerce. Indianapolis: Macmillan Technical Publishing, 1997.

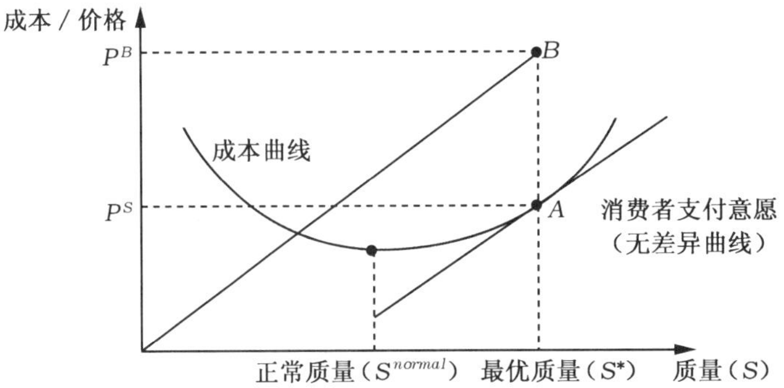

图 4.14　单一消费者下的最优质量/价格决策

约束要求 S_H^* 的价格不能超过 P^C，否则 H-型的消费者将放弃；而激励相容约束要求 S_H^* 的价格不能超过 P^B，否则 H-型消费者将选择质量为 S_L^* 的产品，产生混同均衡。对 S_L^* 的定价可以依此分析，不再赘述。

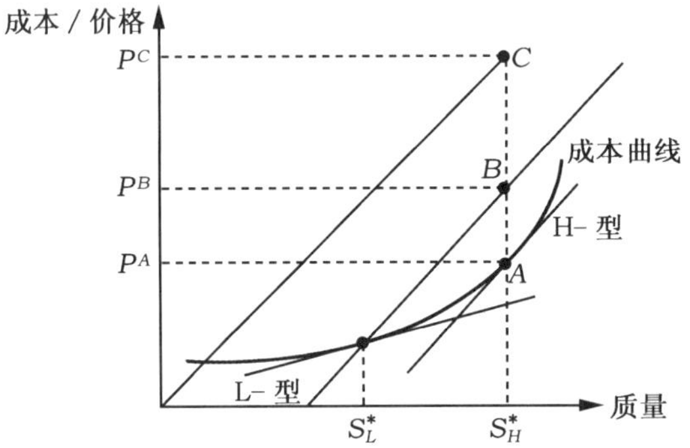

图 4.15　两类消费者下的质量—价格最优决策

我们再回来讨论第一个问题，即产品等级数的确定问题。许多实践已经表明，3 个而不是 2 个等级是最优的。比如，书籍的版本一般包括标准、增强和黄金版三种。回顾专栏 3.1，Simonson & Tversky(1992)描述了让两组消费者选择微波炉的营销实验①，如表 4.5 所示。

有一半实验者被要求在两款中挑选产品：爱默生和松下；另一半实验者被要求在三款中选择产品：爱默生、松下Ⅰ型和松下Ⅱ型。结果显示，在增加了 1 款高价位产品后，虽然有 13%的消费者被吸引到高价位产品，但受影响最大的是松下Ⅰ型的销售，这款产品成为中档价位的产品后，其销售增加了 17 个百分点。

① Itamar Simonson, Amos Tversky. Choice In Context: Tradeoff Contrast and Extremeness Aversion. *Journal of Marketing Research*, 1992, 8(29): pp. 281～295. 转引自：Nagle & Holden(2003)的《定价策略与技巧》第 197 页。

表 4.5　　参考价格对高价位产品的影响

微波炉型号	选择率(%)	
	第一组(60 人)	第二组(60 人)
松下Ⅱ型	—	13
松下Ⅰ型	43	60
爱默生	57	27

可见,在产品线中安排一个高价位的产品并不一定会导致高价位产品本身销售的猛增,但这样做确实能强化顾客对其他档次产品价格合理性的感知度。反过来,在产品系列中增加一个低价位的品牌,会促进原来的低价位产品(现在变成中价位)的销售。所以,一般连锁店会将自有品牌与知名品牌的产品摆放在一起销售,以形成强烈的参照系效应。

专栏 4.5

书籍等级定价

图书(纸面或电子版本)提供商生产不同版本以诱导消费者选择适合自己版本的产品已不奇怪。图书有精装本和平装本之分(特别是学术著作和畅销小说),平装本的装订成本固然比精装本便宜,但也不至于能支撑如此悬殊的价格差异。原因在于精装本一般是用于收藏或图书馆里用于借阅的,而平装本主要是学生或教师用书。

参考卡欣 & 凡里安(2003)的模型,我们首先分析当生产商决定提供不同等级的图书时,如何确定每个等级的水平。在图 4.16(a)中,存在两类消费者,记为 D_1 与 D_2,其中,对于每个等级(横轴表示产品等级或质量水平)的产品,Ⅱ型消费者的估价都大于Ⅰ型消费者。等级Ⅰ型的产品等级设定为 S_1^*,则可收取的价格为 $p_1=\int_0^{S_1^*} D_1(s)\mathrm{d}s=S_A$。等级Ⅱ型的产品等级设定为 S_2^*,则可定价 $p_2=\int_0^{S_2^*} D_2(S)\mathrm{d}s=S_{A+B+C}$。但是,在价格组合$(p_1,p_2)$下,Ⅱ型消费者可以消费Ⅰ型产品获得剩余 B。所以,对Ⅱ型产品的定价为 $p_2=S_{A+C}$。这样的价格组合(p_1,p_2)可以提高厂商利润。事实上,假设消费者的总量为 1,其中Ⅰ型消费者比例为 λ,Ⅱ型消费者比例为$(1-\lambda)$,那么总利润为:

$$\pi_1+\pi_2=\lambda S_A+(1-\lambda)S_{A+C}=S_A+(1-\lambda)S_C>S_A \tag{4.8}$$

其中,S_A 为Ⅰ型消费者和Ⅱ型消费者均选择Ⅰ型产品的利润。这里,我们简单假设厂商的边际成本 $c_2=c_1=0$。

那么,厂商是否还存在增加利润的可能?实际上,厂商可以放弃小客户,即专注于服务Ⅱ型消费者;还可以高于边际成本定价,即改变打包定价策略。我们这里给出另一种策略,即厂商是否可以通过降低Ⅰ型产品的等级水平或提高Ⅱ型产品的等级水平来提高利润。

如图 4.16(b)所示,降低Ⅰ型产品的等级,从Ⅰ型消费者身上赚取的利润降低了一个小三角形。但是,厂商可以提高Ⅱ型产品的定价。因为,只要让Ⅱ型消费者选择Ⅱ型产品的剩余大于选择Ⅰ型产品的剩余,而由于 S_1^* 向左移动,使得Ⅱ型消费者套利的激励降低了,因此可以提高Ⅱ型产品的定价，从Ⅱ型消费者得到的利润增加了一个梯形的面积。这种过程可以一直持续下去，直到从Ⅱ型消费者多赚取的利润等于从Ⅰ型消费者少赚的利润为止，总利润不再增加。如图 4.16(c)所示，梯形面积(增加的利润)等于三角形面积(减少的利润)。

总之，让低等级产品的品级更低，可以让高品级的产品赚取更多利润。如果低等级的产品很靠近高等级的产品，就会形成营销学所讲的“自我竞争”，损害总体利润。

我们再看看图书出版商一般为图书设定几个等级。一般的选择是两个版本，即标准版本和增强版本。然而，最近的市场营销实验表明，最佳版本数是 3 个而不是 2 个。所以，如果将这种心理应用于信息产品定价中，生产者如果提供标准的、专业的(增强的)和黄金版三个版本，那么，即使选择购买黄金版的消费者非常少，也会比只提供标准版本和专业版本两个版本时获取更多的利润。正如 Smith & Nagle(1995)所言：将优质产品放入产品系列并不一定会引起优质产品本身的畅销，但此方法确实可以增强购买者对产品系列中低价产品的认知，进而影响低端购买者购买价格较高的产品。

上述分析对于图书等信息产品提供商的意义在于：(1)确保你所设计的产品可以实现不同的版本。(2)产品设计的正确方法是先为高端市场设计出产品，然后降低产品等级，设计出不同的版本以满足市场上其他需求。(3)使用特定的硬件或软件对信息产品进行“浏览”。比如，假定有一种用于阅读在线报刊文章的浏览器，如果信息内容的所有者控制这一浏览器，他可以选择浏览器的特性来提高消费这一内容的品级。例如，如果消费者在阅读文章的第 6 页时，第 7 页很可能就是他要看的下一页，因此，这种浏览器可能会把第 7 页下载到背景中。控制浏览器可以使内容的销售商得以提高所售内容的等级。(4)黄金版定价告诉我们，在不存在任何附加信息的情况下，由于消费者存在厌恶极端的心理，生产者生产具有三种版本的信息产品比提供两种版本更具有吸引力。

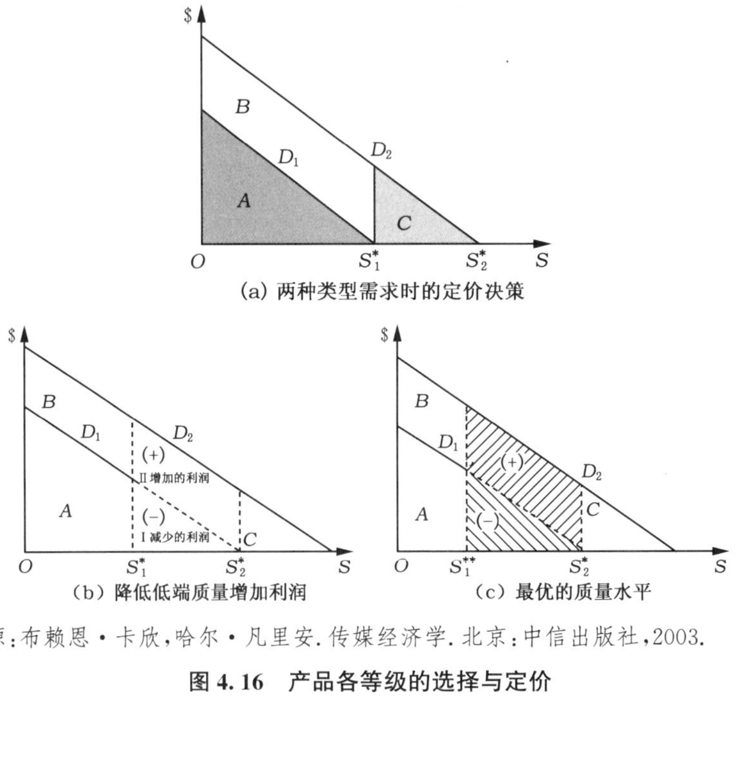

资料来源：布赖恩·卡欣，哈尔·凡里安. 传媒经济学. 北京：中信出版社，2003.

图 4.16　产品各等级的选择与定价

第四节　二部定价

一、二部定价原理

许多服务行业采用这样的定价方式：消费者需要支付一个固定的权利费用，如电话月租费、娱乐场所的入门费；然后再为每个单位产品支付一个价格。

如图 4.17 所示，如果垄断厂商制定单一的垄断价格 P^M，则利润为 π^M；如果垄断厂商偏离垄断性定价，假设定价 $P<P^M$，则需求增至 Q；而垄断厂商可以用“入门费”的形式收取对应于价格 P 的买方剩余，即入门费 $F=CS(P)=\int_0^Q P(q)\mathrm{d}q-PQ$ 或 $F=\int_P^{\infty}Q(p)\mathrm{d}p$。这样，消费者为 Q 个单位产品总支付的价格为 $TP(Q)=\int_0^Q P(q)\mathrm{d}q$，厂商赚取的毛利为 $\pi=\int_0^Q[P(q)-MC(q)]dq$，比垄断利润 π^M 还多。

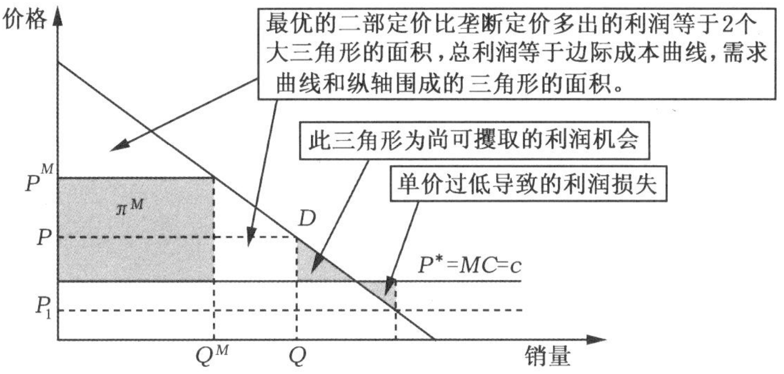

图 4.17　二部定价示意图

如果进一步降低收取的单价，直至价格 $P=MC$，那么厂商还可以进一步增加利润，直至将图 4.17 中的小三角形面积也转化为利润。那么，是否可以将价格制定得低于边际成本？答案是否定的。实际上，如果价格低于边际成本，将出现“过度”消费——厂商向那些价值评价低于边际成本的用户提供产品或服务是得不偿失的。所以，最优的二部定价法则为

$$\begin{cases}P^*=c\\F=\int_c^{\infty}Q(p)dp\end{cases}\tag{4.9}$$

特别地，当 $MC=0$，按照(4.9)式得到的最优二部定价为

$$\begin{cases} P^* = c = 0 \\ F = \int_0^{\infty} Q(p)dp = \int_0^{Q(0)} P(q)dq \end{cases} \tag{4.10}$$

此即打包定价(Package Pricing),又称批量定价。此种定价方式已常见于CDMA等移动通信服务中。另外,移动电话公司的短信及语音批发销售也是这种定价策略。

专栏 4.6

中国移动的语音批发定价

"打包"定价策略被广泛应用于通信服务业中。① 以中国移动通信集团公司(中移动)上海分公司的资费为例,其2014年推出的4G套餐中(国内通话仅针对国内主叫收费,如不作说明,以下关于"通话"或"打电话"等提法均指国内主叫),包括18元(80分钟)、28元(150分钟)、38元(220分钟)、68元(450分钟)、88元(700分钟)、138元(1 200分钟)、188元(2 000分钟)、288元(4 000分钟)等多个语音批发套餐,超过套餐范围的通话则按0.19元/分钟收费(在4G自选套餐中,必须选购其中一种语音批发套餐)。② 以通话的平均资费而言,除了18元套餐外,其余套餐的平均资费均低于套餐外收费(0.19元/分钟)。实际上,这正是中国移动语音批发定价的成功之处——通过批发优惠降低了用户对平均资费的感知痛苦,提高了用户的认知价值(Perceived Value)。对中移动上海分公司的4G自选套餐中的语音批发定价,说明如下。

首先,语音批发实际上是对打包定价策略的应用。从理论上讲,它是一种非线性(Non-linear)定价机制③。以28元套餐为例,我们可以这样理解:用户打第1分钟电话的价格是28元;打第2～150分钟电话的价格为零;从第151分钟开始,价格为0.19元/分钟。因此,28元套餐的边际定价模式如图4.18所示。

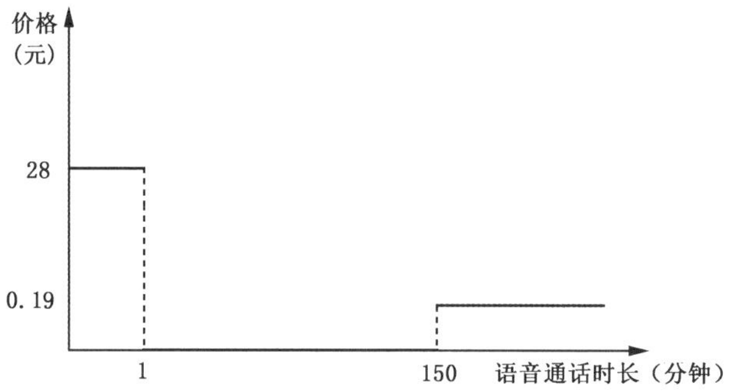

图4.18　28元语音套餐的边际定价模式

---

① 比如,中移动2003年推出的动感地带(M-ZONE)批发定价,其目标用户是每用户平均收入(ARPU, Average Revenue Per User)较低的年轻消费者。关于动感地带套餐定价策略的背景资料及详细分析可参阅本书第三版和 http://202.116.83.77//Hope/azhu/work/index_case.htm。

② 数据来源:上海移动网上营业厅官网"4G自选套餐详情介绍"(2018.08.01),http://www.sh.10086.cn/service/static/doBusiness/selfCarePackage.html。

③ 关于非线性定价机制的讨论,可参阅周惠中的《商战自有正道》(2006)。

其次，在语音套餐定价下，消费者的感知成本和实际成本是有差异的，而这种差异与消费者的实际使用量有关。以 28 元套餐为例，只有当消费者消费量超过 133 分钟（53×0.19=10.07，53+80=133）[①]，其实际资费才会比选择最低套餐（18 元）便宜。进一步，我们可以分析 28 元套餐的实际平均资费随着消费量的变化规律，它近似于 U 形曲线。一开始，平均资费随着消费量的增加而显著降低；当消费量达到 150 分钟时，平均资费最小（0.187 元/分钟）；随着消费量的进一步增加，平均资费上升，但是，它最终收敛于 0.19 元/分钟。实际上，当消费量超过 150 分钟后，平均资费为 $\frac{28+(q-150)\times 0.19}{q}=0.19-\frac{0.5}{q}\rightarrow 0.19(q\geqslant 150)$。此外，我们还可以比较 28 元套餐和 38 元套餐的实际资费，由 $28+(q-150)\times 0.19=38$，得到 $q=203$。也就是说，只有当用户消费量大于或等于 203 分钟，选择 38 元套餐才会比选择 28 元套餐更实惠。

最后，正是由于消费者一般不会详细计算“实际成本”，而是粗略地计算“可察觉”的单位成本——通过将套餐中的语音额度除以套餐价格进行对比来选择“合算”的套餐，才造就了语音批发定价的成功。如果消费者是充分理性的，他不仅比较平均资费，还要考虑消费者剩余，那么，语音批发定价就需要进一步斟酌了。详细分析方法参见本书第六章的套餐定价，这里给出简单的理论分析思路（精确计算需要实证数据支持）。如图 4.19 所示，考虑两类用户（150 分钟通话量的小用户和 220 分钟通话量的大用户）的需求，如果对 150 分钟语音批发定价 28 元（等于图 4.19 左下角三角形 ABC 的面积），则大用户既可以选择 220 分钟的语音也可以选择 150 分钟的语音套餐（注意：语音消费是具有弹性的，不是必需品），考虑到大用户选择 150 分钟套餐获得的消费者剩余约为 8.90 元，则 220 分钟套餐的定价应为 32 元左右。[②]

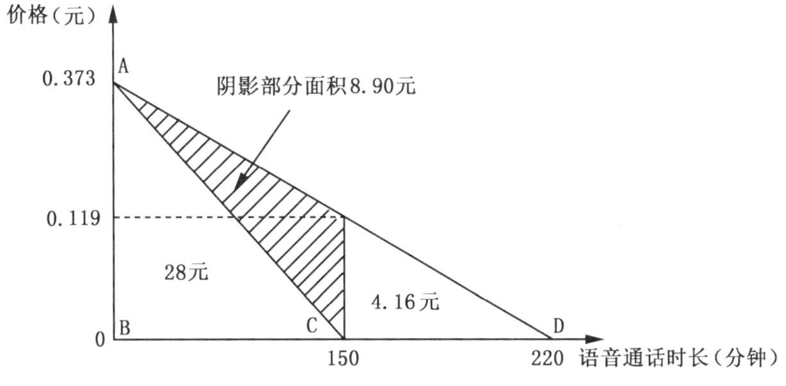

图 4.19　语音批发 150 分钟和 220 分钟两种套餐的定价

---

① 计算公式为：$18+(q-80)\times 0.19=28$，其中，q 为实际通话量。

② 这里，我们假设大用户和小用户对通话的最高估价是相同的，也就是说，两条线性需求曲线与纵轴交于同一点。我们还假设运营商通过价值定价完全剥夺了小用户的消费者剩余，即左下角小三角形 ABC 的面积为 28，因此，需求曲线与纵轴交点的高度为 0.373。需要指出的是，大用户消费 220 分钟的总价值为大三角形 ABD 的面积，约等于 41.06，而不是 38（注意，38 是运营商当前对大用户让利后的实际定价）。因此，大套餐的定价 p 应满足：$p\leqslant 28+4.16=32.16$。当然，也可以这样计算：$41.06-p\geqslant 8.90$。

当然，二部定价实施的前提条件是有效防止套利行为。比如，厂商制定(P,F)为$(1,100)$。如果 Lisa 和 Daniel 每人需要 50 单位产品，则他们每人需要支付$(100+50)=150$(元)，厂商总收入 300 元。但是，如果 Lisa 和 Daniel 进行联合购买(诸如建材超市的团购)，比如让 Lisa 购买 100 单位，则 Lisan 总支出为$(100+100)=200$(元)；然后，Lisa 再转售 50 个单位给 Daniel(100 元)，厂商的总收入只有 200 元。

二、VIP 卡的价值定价原理

优惠券在现代商业零售活动中扮演着重要的角色。根据 Carlton & Perloff (1994)对有关调查数据的分析显示：虽然优惠券的使用在上升，但兑付比例并不高，大约只有 2.42%。兑付率最高的优惠券是那些放在产品包里的优惠券(14%)；那些附在产品包外面的优惠券兑付率为 13%；直接邮寄给消费者的优惠券兑付率只有 5.8%；插页中所附的优惠券的兑现率只有 3.6%；报刊上的优惠券兑现率为 2%；但是，最常用的优惠券发送方式是独立的报纸插页(73%)。商家可以利用优惠券来实施差别化定价——商家本来想对时间机会成本低的顾客收取较低的价格，但苦于无法识别顾客的时间机会成本之高低，发放优惠券后，顾客的时间机会成本就显现出来了，有耐心收集优惠券的顾客大多是时间机会成本低的或者至少可以说是价格弹性较低的顾客，因此商家对其予以优惠。另外，商家还经常销售贵宾卡(VIP 卡)，诸如钻石卡、金卡、银卡等。持有 VIP 卡的消费者可以享受价格特别折扣。

那么，优惠券或者 VIP 卡对消费者价值几何？这是商家为 VIP 卡定价的依据。我们以下运用二部定价思想来确定 VIP 卡的价值。假设正常价格为 P^N，持有 VIP 卡后可以享受折扣，即折扣价格 $P^D=\kappa P^N$，则 VIP 卡的价值为

$$V_{VIP}=\int_{\kappa P^N}^{P^N} Q(P)\mathrm{d}P \tag{4.11}$$

其中，$Q(P)$为持卡人的需求函数。

在图 4.20 中，假设标准价格是 10 元，代表性消费者在此价格下购买 100 个单位产品。一个持有 VIP 卡的消费者只需要为单位产品支付 6 元，他将购买 150 个单位产品。那么，6 折的 VIP 卡对于该消费者的价值就是 500 元。该价值由两部分构成：其中 400 元是原来 100 个单位产品的价格节省(称为价格效应)；另外 100 元是在更低的价格上增加 50 个单位产品的消费所产生的买方剩余(称为数量效应)。

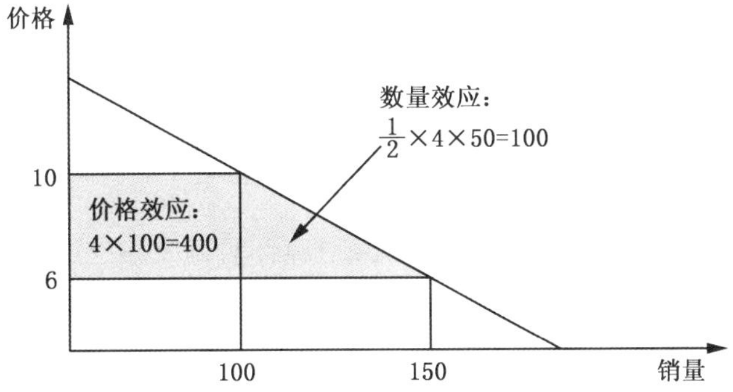

图 4.20　VIP 卡定价示意图

思考练习题

1. 简述 VIP 卡的定价原理。

2. 按结果付费是网络广告的流行定价模式。比如，在搜索引擎的“关键字广告”中，广告主为 PPC(Pay Per Click)竞价，即每被用户点击一次愿意支付多少费用给搜索平台，而搜索平台则按照广告主的竞价由高到低列出与关键字相关联的广告主信息——“竞价排序”。PPC 定价属于何种定价策略？试分析此种定价策略的利弊。

3. 参考《蓝海战略》的相关内容，阐述你对如何重构顾客价值曲线的理解？

4. 解释经济价值的含义，说明它与使用价值的区别；企业如何传递其产品的经济价值？阐述价值定价的核心思想及其适用条件。

5. 为什么奢侈品通常采用价值定价策略？

6. 如果旅客想要驾驶汽车通过英吉利海峡隧道，那么就需要搭乘穿梭于英吉利海峡隧道的摆渡列车，表 4.6 是英吉利海峡隧道摆渡列车的定价实例①(同一类型车票，收费不同是由于车辆差异而导致的，如车的体积、乘坐人数等)，剔除车辆差异因素，我们可以看到，在目的地停留时间越长，价格就越高。

表 4.6　英吉利海峡隧道的价值定价

类型	适合人群	单次收费	特殊要求
Day Trip & Overnight	1～2 天的短期出行	£30 起	必须购买 2 天内的回程票
Short Stay Saver	5 天以下的短期停留	£61 起	必须购买 5 天内的回程票
Single or Long Stay	单向出行或长期停留	£79 起	

问题：

(1)试应用价值定价原理解释，为什么来往车辆在目的地停留的时间越长，缴纳的过路费越贵。

① 资料来源：欧洲隧道官网，https://www.eurotunnel.com/uk/home。

(2)在航空业中，旅客在目的地停留的时间越长(预订回程的时间越提前)，机票价格越便宜。这是否与价值定价原理相违背?

7. 假设个人对打电话的需求是 $Q=60-P/2$，其中 Q 的单位是分钟/月，P 的单位是美分/分钟。假设电话呼叫的边际成本是 20 美分/分钟，电话运营商是垄断的。

问题：

(1)如果必须向用户收取一个统一的价格，则每分钟的电话费是多少?

(2)假设可以按每分钟单价收费，并收取一个固定月租费。如果设定单价为 70 美分/分钟，则可收取的月租费最高是多少? 运营商利润是多少?

(3)为运营商设计利润最大化的二部定价机制，并计算此机制下运营商的利润。

8. 价格线(http://www.Priceline.com)是电子商务的标志之一，它以 NYP(Name Your Own Price)著称——价格线公司允许消费者自己开价(主要是机票、酒店、汽车、杂货等)，但是不能限定品牌(Salvatore，2009)。比如，消费者进入价格线网站后输入飞行起点和终点、价格范围、日期等信息，如果其开出的价格被接受，价格线公司在几分钟后就会回复，然后消费者通过第三方支付平台付款，但必须接受成交的机票(不能选择特定的航空公司)。

问题：

(1)NYP 是一种价值定价策略还是成本定价策略?

(2)消费者通过价格线的投标定价系统购买商品面临什么风险?

(3)网络运行的基础是有足够多的用户。像价格线这样的公司，如何吸引足够多的用户?

9. PAYW 定价。据亚洲《华尔街日报》1998 年 12 月 14 日报道，在伦敦有一家与众不同的高档饭店“街角”(Just around the Corner)，其菜单上没有印刷价格表，而是让消费者自己决定该付多少钱，也就是“看着给吧”。老板麦克尔在伦敦同时拥有其他 4 家饭店，这 4 家店均采用传统的标价方式。每年年底，“街角”都比其他几家更赚钱，奥秘何在? 麦克尔说，“看着给吧”不让顾客将目光关注于价格，却能够带来比传统定价模式更大的上升空间。

另外，据《重庆晚报》2009 年 9 月 13 日报道，[①]重庆市九龙坡区一家火锅店装修后重新迎客，为答谢新老客户，决定在 9 月 9 日实行一天大酬宾：除酒水外，所有菜品“吃了随便给”。结果引起轰动：从 9 月 9 日上午 11 点开始，餐馆门口就排了 10 多米长的队，许多市民踊跃前来品尝，“连过道都是等待的客人”，30 多个服务员忙得团团转。有的顾客一上来就点了七八份鸭肠，有几桌食客居然趁乱跑单。结果这家火锅店“酬宾一天，亏损两万”。

这种让顾客自行定价的方式称为 PAYW(Pay As You Wish)定价。[②] 2007 年 10 月 9 日，摇滚乐队“电台司令”(Radiohead)决定不再对新推出的专辑《彩虹里》(In Rainbows)采用传统定价方法，而是让他们的粉丝以任意价格进行下载。到 2007 年 10 月 29 日项目结束的时候，超过 180 万人下载了该专辑，约有 40%付了钱。据 Comscore 的一项调查显示，电台司令乐队的顾客为每张专辑支

---

① 相关内容也可参见新浪新闻对《重庆晚报》的转载：周舸. 餐馆酬宾“吃了随便给”结果：浪费的多，吃跑堂的多. 新浪新闻，http://news.sina.com.cn/c/2009-09-13/015616286926s.shtml.

② Raju，Jagmohan，Z. John Zhang. 让顾客自己来定价. 刘媛媛译. 北京：中国人民大学出版社，2012.

付的平均价格是 2.26 美元。

问题：

(1)让顾客自行为菜肴(产品)定价的目的是什么?

(2)与传统标价相比，让顾客自行定价有何优缺点?

(3)试讨论此种定价策略在其他领域的可能应用。

10. 航空公司的价值定价。1978 年，美国政府解除了航空管制，航空业的各种竞争策略应运而生，计算机订座系统(CRS)、中枢辐射式网络 HSS(Hub-Spoke-System)和常客旅行计划(FFP)被广为应用。其中，CRS 储存了每天的航班信息、座位供应、票价及订座信息；HSS 通过建立航空枢纽来提高航空公司的飞行密度和上座率，FFP 则根据旅客的累计飞行里程数给予价格折扣或赠送机票。

取消航空管制后，普通舱有数十种不同的价格(每种折扣均有相应的附加条件，比如提前订票、退票罚金、行程限制等)，令旅客眼花缭乱。1992 年 4 月，美航决定简化其价格体系，发布了新的价格体系——价值定价(Value Pricing)，特别强调“简单、公平、价值”。[①] 美航价值定价体系的三个核心设计为：第一，任何一个航班都只有四种不同价格，即头等舱、常规经济舱、两种折扣经济舱(提前 7 天预订的折扣票和提前 21 天预订的折扣票)；第二，新的票价都与实际飞行距离挂钩；第三，同等舱位的新价格都比原来的低——头等舱降价 20%～50%，经济舱平均降价 38%。在美航看来，新的定价体系让消费者切实感受到飞行价值，特别是价格便宜了，因而称为“价值定价”。

美航承认，新的价格体系在短期内可能会稀释其收入。但从长期看，一方面，价值定价降低了美航在 CRS 的价格数量，估计每年将节省 2 500 万美元；另一方面，它还会为美航产生来自商务旅客的新业务。美航估计，采用价值定价后它在全美航空市场的份额将增加 1 个百分点左右。在美航宣布新的价格体系后，其他航空公司也给予了积极回应，西部航空、大陆航空、Delta 航空等纷纷效仿。

美航的价值定价中，其核心设计之一是将新票价与实际飞行距离挂钩。而现实中，不乏那些飞行距离更长而票价更低的例子。比如，2001 年《华尔街日报》曾报道过美国联合航空的一个定价趣闻：20 世纪末，亚洲金融危机泰铢贬值过半，使得联合航空公司从曼谷至旧金山航线压力很大，公司决定将来回程票价调低至 1 919 美元，但香港至旧金山的来回程仍为 4 339 美元。比如，一个香港的旅客准备在旧金山欢度圣诞，可以利用曼谷的廉价机票，购买从曼谷经香港至旧金山的往返经济舱机票(当然，他需要购买一张可能是其他航空公司的，从曼谷至香港的来回程附加机票)，当该旅客从旧金山返回曼谷时，却选择在香港下机。

在我国的部分航线里，经停航班，全程比半程的价格低的现象并不罕见。据 2004 年 12 月 2 日《南方周末》报道，山东航空公司由广州经临沂前往青岛的 SC4672 次航班的票价为：广州－青岛全程为 400 元左右，而广州－临沂的票价为 800 元左右。也就是说，广州到终点青岛的票价比到中途临沂的还要便宜三四百元。

问题：

---

① 资料来源：Michael, Steven C., Alvin J. Silk. American Airlines' Value Pricing. Harvard Business School, 1993.

(1)美航新的定价体系有何特点？美航称为“价值定价”，对此你如何理解？

(2)对于部分经停航班，全程票价比半程票价更低，是否与价值定价相违背？如何理解这一定价现象？

第五章 定价心理分析

以价值为基础的定价战略要求有效地管理消费者的感知价值，以影响其支付意愿和所获取的价值之间的差距。如果消费者完全理解自己的需求情况以及企业所提供的产品对其需求的满足程度，那么，经济价值可以很好地预测其消费行为。但是，现实中存在许多因素使得消费者的支付意愿与其所获得的价值之间存在明显的差距。不确定性、公平效应、虚荣心、各种预期都会削弱价值反映价格的程度①。

在决策理论先驱者 Herbert Simon 的推动下，经济学家发展了一套在不完全信息下进行决策的复杂学科——行为选择理论。今天，人们已经意识到，当信息收集成本非常高而且认知处理能力有限时，决策者根本无法作出像简单的理性选择模型所描述的那种完全信息决策。认知心理学家 Amos Tversky 和 Daniel Kahneman 的研究发现，对于非常简单的选择问题，人们还是经常违背理性选择最基本的原理，并由此提出具有颠覆性的前景理论（Prospect Theory）②。行为选择模型的价值在于将决策者的注意力引向容易犯错误的情形，以帮助其在决策时避免常见的陷阱。行为选择理论能够比较准确地预测消费者在不完全信息下的决策行为模式，帮助营销人员捕捉影响认知价值与支付意愿存在差距的主要原因，并进而采取战术来减少这种差距，使得价格与价值能够较好地实现匹配（Frank，2005）。

---

① J. E. Smith，T. T. Nagle. Frames of Reference and Buyers. *California Management Review*，1995，38(1)：pp. 98～116.

② Amos Tversky，Daniel Kahneman. The Framing of Decision and the Psychology of Choice. Science，1981，211：pp. 453～458.

第一节 前景理论

一、期望效用理论[①]

期望值理论(Expected Value Theory)认为,在不确定性下,人们将选择期望值最大的选项。假设决策者以 P_1 的概率得到 X_1,以 P_2 的概率得到 X_2……以 P_n 的概率得到 X_n,其中 $P_1+P_2+\cdots+P_n=1$,则期望值为[②]

$$E[X]=\sum\nolimits_{i=1}^{n}P_i\cdot X_i \tag{5.1}$$

根据期望值理论,决策者将选择期望值最大的方案。但是,期望值理论忽略了风险——它简单地认为决策者是风险中性的(Risk Neutral)。期望值理论受到"圣彼得堡悖论"的挑战:假设有这样一个游戏,连续扔一枚均匀的硬币,直到出现正面朝上为止。如果第 1 次就出现正面朝上,游戏结束,你得到 2 元;如果第 1 次出现反面朝上,你可以继续扔第 2 次,如果第 2 次正面朝上,游戏结束,你得到 4 元;如果第 2 次仍然是反面朝上,你可以继续扔第 3 次,如果第 3 次正面朝上,游戏结束,你得到 8 元;如果第 3 次仍然是反面朝上,你可以继续扔第 4 次……那么,你愿意花多少钱来参加这个游戏?显然,你参加圣彼得堡游戏的期望值为

$$E[X]=\sum\nolimits_{i=1}^{\infty}P_i\cdot X_i=\frac{1}{2}\times 2+\frac{1}{2}\left[\frac{1}{2}\times 4+\frac{1}{2}\left(\frac{1}{2}\times 8+\cdots\right)\right]=\infty \tag{5.2}$$

但是,你是否愿意支付任意多的钱来参加圣彼得堡游戏?显然没人愿意。

考虑以下问题 1,根据期望值理论,方案(1)与方案(2)是无差异的,期望值都是 1 000 元;但是,自 2000 年 9 月以来,笔者在复旦大学 MBA《定价策略》课堂中多次对学员进行测试,平均只有 15%的学员选择方案(2),有 85%的学员选择方案(1)。它说明,人们在决策时不仅仅考虑期望值,还考虑风险。更精确地讲,在期望值相同的方案中,人们倾向于选择风险最小的方案——在问题 1 中,方案(1)是无风险的。

● 问题 1:在两者之间选择:

(1)确定性地得到 1 000 元人民币。

(2)以 50%的可能性得到 2 000 元,50%的可能性什么都得不到。

---

① (1)奚恺元.别做正常的傻瓜.北京:机械工业出版社,2004,第 49~55 页.(2)周惠中.微观经济学.上海:上海人民出版社,2003,第 286~299 页.

② 一般地,以一个不确定性的合同($x_1,p_1;x_2,p_2;\cdots;x_n,p_n$)来表示以概率 $p_i\geqslant 0$ 获得 $x_i(i=1,2\cdots,n)$。特别地,以概率 p 获得 x、以概率 $1-p$ 获得 0 的方案记为($x,p;0,1-p$)或(x,p)。

在期望值理论的基础上，统计学家 Bernoulli 提出了期望效用理论（Expected Utility Theory），认为在不确定性下，人们倾向于选择期望效用最大的选项。Bernoulli 引入决策者的效用函数 $u(\cdot)$，满足 $u'(\cdot)>0$，$u''(\cdot)<0$，即效用递增，但边际效用递减。仍然假设决策者以 P_1 的概率得到 X_1，以 P_2 的概率得到 X_2……，以 P_n 的概率得到 X_n，其中 $P_1+P_2+\cdots+P_n=1$，则期望效用为

$$E[u(X)]=\sum_{i=1}^{n} P_i \cdot u(X_i) \tag{5.3}$$

边际效用递减意味着风险规避（Risk Averse），即

$$E[u(X)]\leqslant u[E(X)]\Leftrightarrow \sum_{i=1}^{n} P_i \cdot u(X_i) \leqslant u\left(\sum_{i=1}^{n} P_i \cdot X_i\right) \tag{5.4}$$

风险规避可以用于解释人们对问题 1 的选择结果：

$$\frac{1}{2}u(2\ 000)+\frac{1}{2}u(0)\leqslant u\left(\frac{1}{2}\times 2\ 000+\frac{1}{2}\times 0\right)=u(1\ 000) \tag{5.5}$$

让我们对问题 1 做进一步的思考：假设你的效用函数为 $u(X)=\sqrt{X}$，那么，当确定性得到多少时，你认为它与方案(2)是无差异的？假设该答案为 Y，则有

$$u(Y)=\frac{1}{2}u(2\ 000)+\frac{1}{2}u(0)\Rightarrow \sqrt{Y}=\frac{1}{2}\sqrt{2\ 000}+\frac{1}{2}\sqrt{0}\Rightarrow Y=500 \tag{5.6}$$

我们称 500 为方案(2)的确定性等价 CE（Certainty Equitant），如图 5.1 所示。

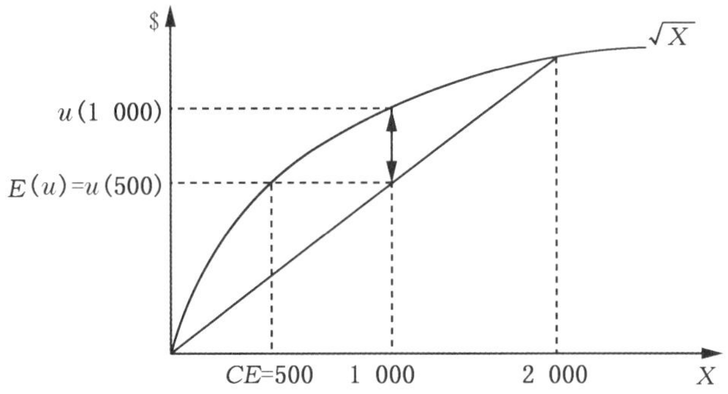

图 5.1　不确定性收益的确定性等价

在效用函数无法事前得到的情形下，我们还设计了期望值不相等的决策方案供调查者选择。考虑问题 2，方案(1)的期望收益为 1 000 元，方案(2)的期望收益为 950。在 141 个被调查者中，有 51 人选择方案(1)，另外 90 人选择方案(2)。显然，大多数消费者认为(1 000，0.95)优于(10 000，0.10)，即 $0.95 \cdot u(1\ 000)>0.10 \cdot u(10\ 000)$，或 $\frac{u(1\ 000)}{u(10\ 000)}>\frac{2}{19}$。

● 问题 2：在两者之间选择：

(1)以 10%的概率获得 10 000，以 90%的概率获得 0。

(2)以 95%的概率获得 1 000,以 5%的概率获得 0。

二、前景理论

期望效用理论虽然强调了风险意识,但仍存在严重缺陷—— 仍强调总财富而不是各个账户的财富对购买决策的影响、强调对利得(Gain)方案的选择而忽略对损失(Loss)方案的选择、忽略沉淀成本与机会成本对决策的影响。Kahneman & Tversky(1979)在研究发现人们对收益或利得的感受与对损失的感受完全不同后,指出:人们在选择时不是基于传统的效用函数,而是利用定义在财富变动上的价值函数(Value Function);并强调价值函数反映了决策的一般规律,它描述了人们的真实选择,但并不是说人们应该按照价值函数做出选择。因此,价值函数只是一种描述性工具,而不是规范性分析工具①。

(一)价值函数

Kahneman & Tversky(1979,1981)所提出的价值函数的一个基本特征是:有限理性的正常人对利得或收益持风险规避的态度,而对损失持风险偏好的态度,即

$$v[E(X)]>E[v(X)],E[v(-X)]>v[E(-X)],\text{其中 } X>0 \quad (5.7)$$

为说明人们对损失的感受,考虑问题 3,两个方案的期望损失都是 1 000 元,你将作出怎样的判断?在笔者的多次测验中,89%的被调查者选择(2),只有 11%的被调查者选择(1)。与问题 1 所不同的是,问题 3 反映的是损失,选择结果完全不同。

● 问题 3:在两者之间选择:

(1)确定性地损失 1 000 元人民币。

(2)以 50%的可能性损失 2 000 元,50%的可能性不必损失。

为进一步理解人们对利得和损失完全不同的风险态度,请读者自行对问题 4 和问题 5 作出选择。问题 4 和问题 5 的区别在于,问题 4 将决策结果表示为“利得”,而问题 5 将决策结果表示为“损失”。

● 问题 4:假设你是一个小镇的行政长官。有一种感染性病毒正入侵你所管辖的小镇,若不采取措施,600 人将丧生。卫生防疫部门需要对两种方案进行选择:

(1)方案 1 将挽救 200 人的生命。

(2)若选择方案 2,这 600 人的生命有 1/3 的概率将被全部挽救;2/3 的概率无人

---

① (1) Daniel Kahneman, Amos Tversky. Prospect Theory: An Analysis of Decision Under Risk. *Econometrica*,1979,47(2):pp. 263~291.(2)奚恺元.别做正常的傻瓜.北京:机械工业出版社,2006.(3) Frank, Robert H. Microeconomics and Behavior. 李绍荣译.北京:中国财政经济出版社,2005,第 228~245 页。(4)Thomas T. Nagle,Reed K. Holden. 定价策略与技巧——赢利性决策指南.应斌等译.北京:清华大学出版社,2003,第 78~81 页.

获救。

● 问题 5：卫生防疫部门需要对另外两种方案进行选择：

(1)方案 1 将有 400 人死亡。

(2)若选方案 2，则 2/3 的概率 600 人全部死亡，1/3 的概率没人死亡。

价值函数的另一个基本特征是得失不对称，即人们对收益和损失的感受是不对称的，在决策中往往赋予损失更大的权重——也就是说，决策者对损失的痛苦感远比相同数量的收益的幸福感要强烈，形式化表示为 $v(X)<|v(-X)|, X>0$。考虑问题 6，超过半数的受调查者不愿意参加游戏，他们对损失 500 元的痛苦感比获利 600 元的快乐感更加强烈。读者可以自行写出一个数字：正面朝上赢多少的数字，才能使你愿意参加游戏？ 800 元？ 1 000 元？ ……

● 问题 6：是否赌一把？

一天，你在街上闲逛，看见有人在街头设计这样一个赌博游戏：投一枚均匀的硬币，如果正面朝上，你就赢，可以获得 600 元；如果反面朝上，你就输，需要支付 500 元给游戏设计者。

值得指出的是，人们在评价方案时，往往单独评价各个事件的价值再将其加总，而在单独评价各个事件的价值时，又往往对损失赋予更大的权重。为说明这点，考虑以下问题 7，事件 A 使你的财富增加了 220 元，而事件 B 使你的财富损失 200 元，如果合并考虑，(A+B)使你的财富净增加 20 元，你应该感到幸福。但是，在笔者的多次实验中，许多学员对事件 A 和事件 B 的综合价值感到痛苦，即

$$|v(-200)|>v(220)\Rightarrow v(-200)+v(220)<0 \tag{5.8}$$

● 问题 7：以下两件事同时发生在你身上，你是感到痛苦还是幸福？

事件 A：你自己开车去餐馆就餐，意外地得到价值 220 元的礼品。

事件 B：但是，当你用完餐准备回家时，却发现因违规停车收到交通警察开具的一张 200 元的罚款单。

根据“对收益持风险规避、对损失持风险偏好”和“得失不对等、损失比收益感受更强烈”这两个基本特征，我们可以画出价值函数的形状，如图 5.2 所示：(1)价值函数具有边际价值递减性——在高位收益或损失的基础上，决策者对相同数量的额外收益或损失的感受降低。比如，$u(100)-u(0)>u(200)-u(100)$。(2)决策者对损失的痛苦感受比对利得的快乐感受更强烈，比如，$v(200)<|v(-200)|$。因此，价值函数在第 1 象限与第 3 象限是不对称的。(3)价值函数在第 1 象限是上凹的(Concave)，即 $v''(X)<0(X>0)$；在第 3 象限是下凸的(Convex)，即 $v''(X)>0(X<0)$。此特征反映了决策者对利得和损失的不同态度。

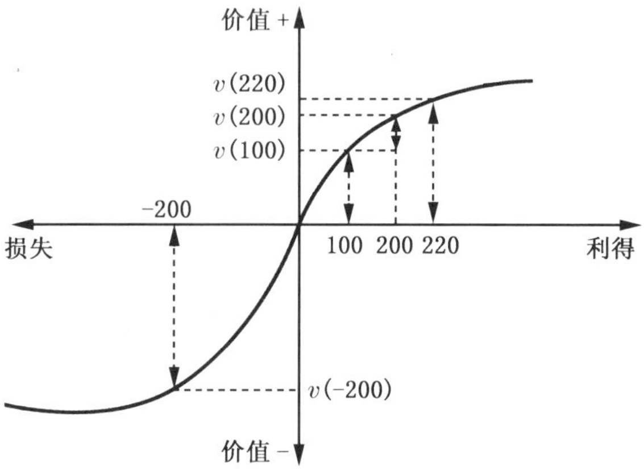

图 5.2　价值函数曲线

（二）感知成本效应

除了价值函数，前景理论的另一个重要概念是心理账户。Kahneman & Tversky（1981）设计了一系列有趣的问题来阐释心理账户对消费行为的影响，其中一个被广为引用的问题是：将被调查者分为两组，其中第 1 组人事前买了价值 50 元的电影票，到了电影院后发现丢失电影票；第 2 组人等到电影院门口再买票，但到了电影院门口发现在路上丢了 50 元。两组人都被问及是否会继续买票看电影。根据理性选择模型，丢了价值 50 元的电影票和丢了 50 元钱对是否继续看电影的影响是一样的——消费者的财富总账户都是减少了 50 元。但是，在反复实验中，Kahneman & Tversky 发现，丢了电影票的人多数不会再买票看电影了，而丢了现金的那组人中 88%都说还要看电影。Kahneman & Tversky 解释说，人们习惯于用“心理账户”来管理自己的支出。在本例中，消费者开设了两个心理账户——娱乐账户和一般支出账户，对第 1 组人来说，当他买完电影票后，便在娱乐账户中借记 50 元；而丢了现金的人便在自己的一般支出账户中借记 50 元。对于第 1 组人，继续买票看电影的显性成本为 100 元；对于第 2 组人，买票看电影的显性成本仍旧为 50 元，丢失的 50 元被记在另一个独立的心理账户中，对是否看电影无影响①。

前景理论还总结了沉淀成本对消费行为的影响。按照理性选择模型，决策中不应考虑业已发生的沉淀成本。但是，根据价值函数，由于沉淀成本是损失，消费者赋予损失比收益更大的权重，因此，在决策中无法忘却沉淀成本。比如，你决定星期六去打网球，但星期四的天气预报说星期六会下雨，你在星期五跑到室内网球场交了 100 元的订金预约了星球六的场地；但是，星期六却是风和日丽，非常适合于户外打球（而且是

---

① Robert H. Frank，Microeconomics and Behavior. 李绍荣译．北京：中国财政经济出版社，2005，第 229～230 页．

免费的)，那么，你是在室内球场打球还是选择在户外打球？许多被调查者选择在室内球场打球——不在户外打球被计算为放弃的收益，而交了 100 元的场地费却不使用被计算为损失，由于人们对损失的痛苦感比收益的快乐感更为强烈，由此造成了选择在室内打球的决策偏差。

沉淀成本对消费行为的影响模式与谁支付了成本、什么时候形成的沉淀成本等因素有关①。考虑以下问题 8A～8D，多数人对问题 8A 选择不去观看，而对问题 8B 选择观看；多数人对问题 8C 选择观看，而对问题 8D 选择不观看。

● 问题 8A：是否看演出？

为庆祝国庆佳节，单位赠送给每个员工 1 张价值 500 元的上海大剧院《说声Sorry》话剧票，你很喜欢话剧。但是，开演的当天骤然降温，且大雨滂沱，路面积水严重，几乎所有的交通工具都暂时停用。你打电话确认演出如期举行，但你只能选择步行约半小时的路程去剧院。那么，你是否还会去观看演出？

● 问题 8B：是否看演出？

国庆节放假 7 天。你在 9 月 30 日到上海大剧院排队 1 小时掏腰包 500 元买了一张 10 月 5 日的《说声 Sorry》话剧票。10 月 5 日早上起来后，天气骤然降温，且大雨滂沱，路面积水严重，几乎所有的交通工具都暂时停用。你打电话确认演出如期举行，但你只能选择步行约半小时的路程去剧院。那么，你是否还会去观看演出？

● 问题 8C：是否看演出？

6 个月前，你看到一则演出海报，并打电话预定了一张 50 元的票。昨天，你去售票处用现金付了款，并知道售出的门票一概不退。今天早晨，你醒来后发现自己得了流感。演出是今天晚上的。那么，你选择待在家里休息还是去看演出？

● 问题 8D：是否看演出？

6 个月前，你看到一则演出海报，并付了 50 元买了一张门票，并知道售出的门票一概不退。今天早晨，你醒来后发现自己得了流感。演出是今天晚上的。那么，你选择待在家里休息还是去看演出？

最后，前景理论还区分了实付成本（Out of Pocket Costs）与机会成本（Opportunity Costs）对消费行为的不同影响。人们对损失“刻骨铭心”，宁愿放弃较大数量的机会收入也不愿意承受较小的损失——也就是说，对于消费者，实付成本远远大于机会成本。所以，让消费者放弃一种财产给他们带来的痛苦比获得该财产给他们带来的快乐多得多。因此，消费者宁可维持现状也不愿意失去对某种财产的拥有权。考虑问题 9，大多数客户宁可每月少得到 7.25 美元（由于复利利率 5.8%，1 500 美元

---

① Gourville，John & Dilip Soman. 促进销售，更要促进消费. 哈佛商业评论，2002(11)：pp. 54～61.

的月利息为 7.25 美元)的利息,也不愿意每月为账户支付 5.00 美元。

● 问题 9:你到花旗银行申请了一个个人支票账号,银行提供两种方案供您选择,假设年利率(复利)为 5.8%,你选择哪种方案?

(1)你每月为该支票账号支付 5.00 元。

(2)你必须保证支票账号上每月的存款余额不少于 1 500 元。

三、前景理论在定价中的应用

(一)得失转化原理

利用语义效应将一件事情描绘成"得"或"失"可以有效改变人们的选择。比如,美国运通(American Express)的旅行支票推销强调未拥有旅行支票的损失;而耐用品、化妆品、药物等的推销则强调拥有这些物品的好处。考虑问题 10,推销员 A 将投保描绘成一种损失,而推销员 B 将投保描绘成一种利得——一种对未来的保护。在"损失"的情形下,当前的保费支出是一种确定性的损失,而未来可能的损失是不确定的,而一般人对损失具有风险偏好,在确定性损失与不确定性损失的期望值相等的条件下,人们倾向于选择不确定性损失的方案。因此,推销员 A 的推销策略不够高明——多数消费者不愿意投保。

● 问题 10:找谁投保?

你正在办公室闲坐,来了一位不速之客——健康保险推销员 A。而你最近有点烦,因为你偶尔感到身体有点不适。这位推销员动员你参加健康保险,她强调,缴纳保险费 10 000 元对你的资产账户是损失了一点;但是,如果你不投保,将来一旦身体出现问题将损失很大。她的话使你犹豫不决。

刚送走 A,又来了一位健康保险推销员 B,她也竭力动员你参加健康保险。她努力向你传递这样一种观念:你缴纳保险费 10 000 元是一种健康投资,即对将来的保护。她特别强调,只要参加健康保险,将来碰到健康问题时会有什么样的收获。

根据得失转化原理,高明定价者应该力图使消费者认为较低的价格是给予他们的一种折扣,产生利得感受;而不让他们认为较高的价格是一种加价,产生损失感受。因此,一般应将价格定得较高,而后予以折扣。从这个意义上讲,航空公司的机票定价比火车票的定价更能让消费者接受。机票打折令旅客有意外收获的感觉;而火车票在春运期间涨价令人有点"趁火打劫"的感觉。

考虑问题 11 和 12。如果你是一位经济学家,你就会非常理性地认为到哪个加油站加油都是一样的,因为每加仑汽油的现金价格都是 1.20 美元。但是,如果你并不按照经济学家的逻辑思考问题,是不是有点差别了?你如何评价加油站 B 的定价?难道你不认为用信用卡支付被加收的 0.10 美元很冤枉?因为加油站 A 的定价方式,所以你更喜欢在A加油。事实上,加油站A将通常的价格定得较高,使消费者形成一个高价位的参考点,然后再对使用现金的顾客予以优惠,使他们在心理上获得一个相对于参考点的利得。而加油站B的定价方式使消费者觉得“白白蒙受0.10元的损失”。

● 问题11:到哪个加油站加油?

加油站A:每加仑汽油售价为1.30美元;如用现金支付,每加仑便宜0.10美元。

加油站B:每加仑汽油售价为1.20美元;如用信用卡支付,每加仑加收0.10美元。

● 问题12:你更喜欢哪个打印机商店?

商店A:打印机价格2 000元,若送货上门,加收100元。

商店B:打印机价格2 100元,若不需要送货上门,减100元。

(二)得失组合原理

1. 分割收益原则

如图5.2所示,价值函数对收益是上凹的,即

$$v(x_1)+v(x_2)>v(x_1+x_2) \quad x_1,x_2>0 \tag{5.9}$$

比如,将价值1 000元的收益分割为550元和450元两个单独收益时,将产生更大的价值,即$v(550)+v(450)>v(1\,000)$。因此,当将一个大的收益分割为多个小的收益时,消费者的总价值会提升。这里的寓意是:不要将所有的圣诞礼物都包在一个盒子里,应将好处分割来送。比如,航空公司出售机票时附带赠送乘客一些纪念品;家电零售企业出售录像机时赠送碟片;一些商学院为EMBA提供行李包和出境考察;而书局为订阅体育杂志的用户赠送精彩比赛的录像带;等等。

2. 组合损失原则

如图5.2所示,价值函数对损失是下凸的,即

$$|v(x_1)+v(x_2)|>|v(x_1+x_2)| \quad x_1,x_2<0 \tag{5.10}$$

因此,如果将两个或多个单独的损失合并起来,对一般人带来的痛苦要小许多。比如,将一个40元和另一个60元的损失组合成为一个100元的损失后,痛苦感要小许多,即$|v(-100)|<|v(-40)+v(-60)|$。正如问题13所揭示的,高明定价者充分利用损失组合原理,在销售“基本配置”的同时实现了大量的附加产品收入。比如,汽车销售员推销汽车的同时劝说顾客购买音响;售楼小姐销售房屋的同时劝说业主购买车库。

● 问题13:你是否会购买坐垫装饰品?

(1)你刚刚预订了一辆价值20万元人民币的帕萨特1.8T轿车。在付款的时候,汽车推销员建议你为汽车坐垫安装漂亮的装饰品,大约需要花费2 000元。你是否会购买坐垫装饰品?

(2)你刚刚预订了一辆价值 20 万元人民币的帕萨特 1.8T 轿车，并已通过银行转账。在提车的时候，汽车推销员建议你为汽车坐垫安装漂亮的装饰品，大约需要花费 2 000 元。你是否会购买装饰品？

3. 大收益补偿小损失原则

高明定价者往往将小的损失与大的好处组合在一起，让消费者感受到各个单独事件的综合价值。比如，从工资中直接扣除保险费；在你年终发奖金的这一天上门推销物品。回忆问题 7，在分开计算两个事件的价值时，净价值是负的；如果将事件 A 和事件 B 合并考虑，则可能产生正的总价值，如图 5.3 所示。

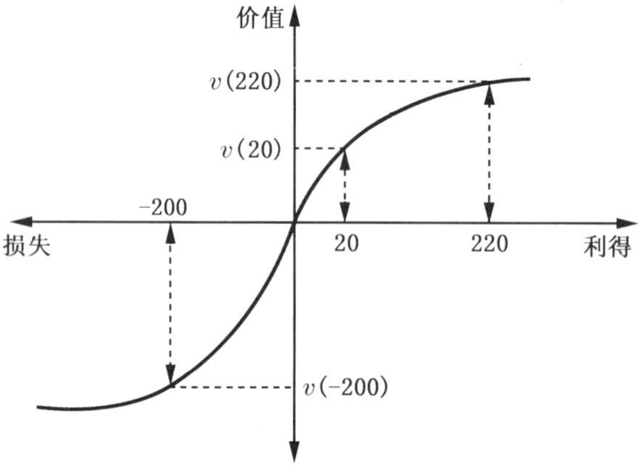

图 5.3 大收益补偿小损失原则

4. 小收益安慰大损失原则

高明定价者往往通过回扣(Money Back)或还利(Rebates)等方式将小收益和大损失分开，以降低消费者的痛苦感。R. Thaler 称之为镀银效应(Silver Lining Effect)[①]。镀银效应解释了为什么许多商家不直接降价，而是采用营销成本更高的现金折扣或还利政策。如图 5.4 所示，假设一件商品的正常标价是 2 000 元，到了淡季，商家决定进行价格促销，可以选择直接打 9 折促销，也可以选择还利 200 元的促销政策。两者对消费者的痛苦感知有何不同？由图 5.4 可见，$|v(-1\ 800)| > |v(-2\ 000)+v(200)|$，也就是说，与直接价格折扣相比，同等数量的还利对降低消费者的感知痛苦更加有效。

(三)移动参照点原理

所谓"得"与"失"是相对于参照点而言的，消费者对"得"或"失"的感知取决于实际所得与期望所得的差异，即$(X-R)$，其中 R 为参照点。当 $X>R$ 即为"得"；当 $X<R$

① R. Thaler. Mental Accounting and Consumer Choice. *Marketing Science*, 1985, 4(3): pp. 199～214.

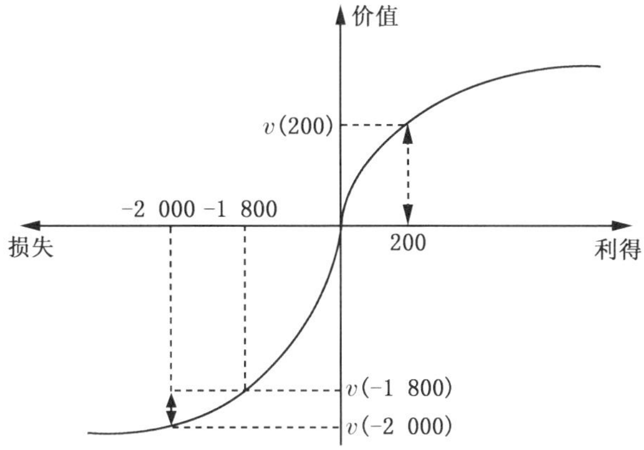

图 5.4 小收益安慰大损失的镀银效应

即为“失”。比如，当你预期一件物品的价格为 50 元，但实际价格只有 40 元，你就感到“得”；而当实际价格为 60 元，你就感到“失”。高明的定价者常常通过移动参照点来改变消费者的得失感受。回顾问题 11，加油站 A 将通常价格定得较高使消费者形成一个较高的价格参考点，然后再对使用现金的顾客予以优惠，使他们在心理上获得一个相对于参考点的利得；而加油站 B 的定价使得消费者形成一个较低的价格参考点，对采用信用卡支付的消费者造成损失感。定价实践中不乏策略性利用移动参考点的成功范例，比如杂货店在销售低价格但毛利率高的大众品牌时，通常将其放在顾客第一眼看不到的地方，它希望顾客首先看到的是更贵的品牌以提高顾客的参考基点，然后再去寻找那些大众品，形成“利得”。

（四）赋予效应

所谓赋予效应（Endowment Effect）①，是指人们在得到一种物件时并不觉得怎么值钱；一旦拥有后，让他放弃这种物件给他们带来的痛苦比获得该物件时给他带来的快乐多得多——拥有后再赎回的价格要高于购买时愿意支付的价格。

许多商家推出“无条件退货”促销策略就是利用了赋予效应。一些商家在展销新产品时，定价较高，但承诺 10 天内可无条件退货。你可能是冲着“无条件退货”承诺购

---

① 2017 年诺贝尔经济学奖获得者 Richard H. Thaler 在行为经济学的主要贡献在于：(1)根据“失比得感受更强烈”提出“赋予效应”；(2)引入“心理账户”（Mental Accounting）来分析“沉淀成本效应”。正如前面的感知成本效应所言，在传统经济学中，沉淀成本不影响理性决策。但是，在行为经济学中，由于人们倾向于将不同事件的成本记入不同的心理账户，因此，即使是沉淀成本也会影响其行为选择。比如，一个人去观看演出的路上丢失现金（尚未买票）和丢失门票（已购票）对是否继续花钱买票看演出的影响是不同的。当丢失现金时，损失被记入另一个与看演出无关的心理账户，许多人仍会花钱买票；而当丢失门票时，损失已被记入观看演出的心理账户，若继续买票，对成本的感知痛苦是双倍的，因此，除非观看演出的价值足够大，否则一般是不愿意继续掏钱买票的。更多的讨论参见：Thaler, R. Mental Accounting and Consumer Choice. *Marketing Science*, 1985, 3(4): pp. 199～214.

买了本不想购买的商品，心想可以白用10天。但是，10天后你是否会去退货？除非赎回的价格高出许多，否则，已购买物品的消费者多数不会选择退货，因为你已逐渐喜欢它了——有了它的时候也许并不觉得怎么样，缺少它的时候才知道它的价值。

（五）合算交易效应

所谓合算交易效应，是指正常人在交易时会受到参考价格（实际上是无关的，比如原价、物件在其他城市的价格等）的影响，考虑商品实际价格和参考价格的差异，以此来判断交易是否合算。

许多商户在定价时总是标上"原价×××，现价××"来强化消费者的合算交易效应，结果消费者往往购买差价最大的物件——尽管该物件可能不是效用最大的。人们来到一个陌生的地方（比如旅游区），看见熟悉的商品时，往往会联想到其所在城市的价格，并加以比较，决定是否购买。于是，一些商户在定价时会列出同类商品在其他商户或其他城市（甚至是遥不可及的地方）的价格，突出本店的价格优势，强化合算交易效应。

（六）价格差异效应

1. 强化对价格百分比差异的感受

比如，考虑问题14，虽然两种情形下的实际节省都是400元，但是，在（1）中的400元相对于价格是个不小的数字；而（2）中的400元相对于价格微不足道。市场营销学中的Weber-Fechner定律说明：消费者对价格的感受与基础价格的水平有关，消费者对价格的感受更多地取决于相对值，而非绝对值。

● 问题14：哪种情况下你会改到其他店去购买？

（1）你订购了一台新的PC机，价格5 000元。不久，你发现同样的PC机在网上一家值得信赖的卖主那里只卖4 600元。你是否会取消当前的订单转向网上卖主订购？

（2）你订购了一台数字电视机，价格20 000元。不久，你发现同样的数字电视机在网上一家值得信赖的卖主那里只卖19 600元。你是否会取消当前的订单转向网上卖主订购？

根据Weber-Fechner定律，消费者对价格变化的感受更多地取决于变化的百分比，而非变化的绝对值；并且，在产品价格的上和下各有一个界限，将价格调整到界限之外容易被消费者注意，而在界限之内调整却往往被消费者忽视。所以，当决定降价时，应一次性降低幅度至临界水平，以引起消费者的注意；但当决定涨价时，应逐次涨价，使消费者逐渐适应新的价格水平，降低其敏感度。

2. 强化消费者对奇数价格尾数的感受

考虑问题15，你的第一眼判断是否认为（1）的价差更大？除非消费者具有较强的算术能力，否则一般认为第(1)组的价格降低幅度更大，因为简单比较百位数，发现第(2)组从“2”降至“0”，而第(17)组从“2”降至“1”。

● 问题15：你对哪一组价格中较低的价格“感觉”更为优惠？

(1)原价1 259.89美元　　　　现价1 143.75美元

(2)原价1 211.93美元　　　　现价1 095.79美元

但是，实际上，两组降价幅度都是116.14元。所以，此种定价“小技”对于大件耐用品或者购买前需要精打细算的消费者效果不大，但对于迅速购买的消费品，或者对于具有购买冲动的产品还是很有效的。事实上，零售店的实验数据表明，如果商品的价格从整数价格下降到奇数价格，销售量会有一个明显的提高。所以，今天许多零售店使用奇数定价已不足为奇了。中国的零售店铺天盖地都是“98”或者“.98”；而美国的零售店则是“.99”充斥其间，如“9.99”“19.99”“29.99”等。

第二节　价格敏感性分析

一、价格弹性的影响因素

价格弹性是指消费者对价格的敏感程度，即需求量关于价格变动的反应程度。一般来说，价格弹性受顾客经济学、顾客对产品的搜索和使用以及产品竞争优势三个方面的影响，见图5.5[①]。

(一)参考价格效应

参考价格效应(Reference Price Effect)，是指产品的价格相对于消费者认知的替代品越高，消费者对价格越敏感。企业可以利用参考价格效应提高消费者的价格敏感性从而刺激需求。比如，当渗透进入市场时，以比在位者更低的价格进入市场就是利用参考价格效应吸引消费者。另外，某些无品牌产品上市时，一些商店将它们放在相应的知名品牌旁边，以便于比较，结果价格低廉的无品牌产品的销量很大，而价格昂贵的知名品牌的销量则相对小些。此种策略在杂货店中颇为普遍：如前所述，杂货店在销售低价格但毛利率高的大众品牌时，通常将其放在顾客第一眼看不到的地方，他希望顾客首先看到的是更贵的品牌从而提高顾客的参考基点，然后再去寻找那些大众品牌，形成利得效应，增加需求。

---

① 以下讨论主要参考：(1)Thomas Nagle，Reed Holden，定价策略与技巧——赢利性决策指南．应斌等译．北京：清华大学出版社，2003，第63～81页．(2)Robert Dolan．如何定价．哈佛商业评论，2005(2)：pp.44～56．(3)骆品亮．定价策略．复旦大学MBA讲义，2000～2005年．

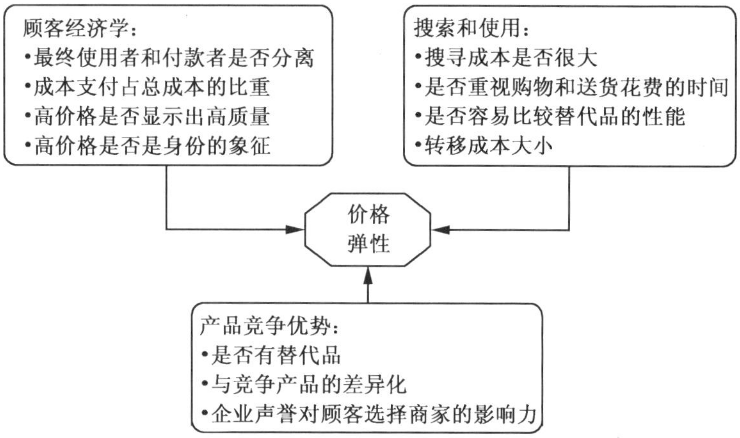

图 5.5　价格弹性的决定因素

（二）对比困难效应

对比困难效应（Difficult Comparison Effect），是指当消费者难以比较产品之间的性能和价格时，消费者就对价格缺乏弹性。比如，当从一个不太熟悉的供应商那里购买贵重产品时，对比困难效应会削减购买者支付的愿望。当企业无法克服消费者的对比困难效应时，出租通常是一个很好的解决办法。如果产品被证明诚如承诺的话，他可以续租或在租约期满时买下。此外，供应商可以采用一些战术控制对比困难效应。比如，大众品牌的非处方药和日用品会模仿知名品牌产品包装的形状、规格和颜色，并在包装上标上有效成分等与知名品牌相比较的信息。

（三）价格质量效应

当高价格在某种程度上代表高质量时，购买者的价格敏感度会较低。比如，人们购买劳力士手表并不是为了看时间，而是为了向他人炫耀自己能够买得起这些物品。所以，目标消费者对劳力士手表的价格弹性很小。意识到这一点，劳力士手表可以制定高价。一般地，将能反映人的自身价值的产品称为形象产品（Image Product）。对于形象产品，价格能够比那些声誉略差的产品要高。

另外，一些消费者愿意在较高的价位购买物品，以避免与他人共享同样的产品。消费者可以从这种排他性中得到附加价值。比如，一些公共休息区会在免费的座位旁边设置收费区。而购买航班头等舱、列车软卧的旅客可以获得更为安全、惬意的环境，所以他们愿意为头等舱、软卧支付更加昂贵的价格。

（四）最终利益效应

最终利益效应（End-Benefit Effect），是指当产品价格占最终利益的份额越大，消费者对价格越敏感；反之，对价格就越不敏感。因此，那些作为巨大花销的附属品的产品可以制定高价,如汽车配件。促销活动经常利用最终利益效应,将一件产品说成是更大的最终利益的一个小部分,使产品的价格显得不太重要。

另外,最终利益效应还是一种心理效应。考虑问题 16 和 17,在一家高级饭店庆祝结婚纪念日,看到丈夫用半价优惠券结账,妻子的心情如何呢?除非她是一个经济学家,否则她会认为太没情调了。显然,当最终利益对情感十分重要时,大多数人会认为费力去寻找最合算的交易是件非常俗气的事。

● 问题 16:是否用优惠券为 5 周年婚宴埋单?

假设你于 2013 年春节期间结婚,迄今已 5 年。你的爱人最近得到一笔可观的奖金,他(她)提议今年国庆期间好好庆祝一下结婚 5 周年,由他(她)埋单。你爱人有四季酒店的优惠券,因此选择四季酒店来宴请亲朋好友以纪念你们结婚 5 周年,总费用 10 000 元。埋单时,你爱人拿出 8 折的优惠券结账。亲朋好友虽然不作声,但你读懂了潜台词:结婚纪念还用优惠券?5 周年是不是也有水分?你不是一个经济学家,写出对你对你爱人用优惠券结账的感受(为爱人的精打细算而得意;感到爱人请客没有诚意;觉得没有面子;无所谓;感到爱人很俗气;或者其他)。

● 问题 17:如何应对时价?

你到海鲜馆请阔别已久的朋友吃饭,服务生递上菜单,你发现几乎所有的海鲜都标上"时价"。你心里嘀咕:时价到底是多少?这种没有明码标价的"浮动价格"可就由商家说了算了。那么,你是询问服务生时价到底是多少,还是不问价格直接点菜(小声询问;凡标时价的一概不点;不问价格直接点;事前了解行情)?

(五)分担成本效应

分担成本效应(Shared-Cost Effect),是指当消费者本人承担的成本比例越小,他对价格就越不敏感。极端地讲,在 OPM(Other People's Money)框架下,消费者和付款者完全分离,消费者对价格就非常不敏感。比如,航空公司和饭店给常客提供一些奖品,商业顾客对这些奖品的评价很高,认为比他们从哪里都能得到的减价要有价值。商学院为 EMBA 安排了更多的上课时间以及昂贵的教学设备和出国旅行,因为这些学员的顾主通常会承担该课程的费用。再比如,脑白金以"送礼只送脑白金"一句家喻户晓的口号红遍神州大地,就是充分利用消费者和付款者的分离制定高价。

(六)转移成本效应

转移成本效应(Switching Costs),是指消费者更换供应商需要承担的额外成本,比如搜寻成本、损失的折扣等。当消费者转移成本很高时,他对价格就缺乏敏感性,此即锁定(Lock in)。锁定通常是由专用性投资(如关系投资)引起的。

比如,20 世纪 80 年代中后期,贝尔大西洋公司投资 30 亿美元购买 AT&T 的 5ESS 数字转换器以运行其电话网络。5ESS 转换器采用了一种被 AT&T 控制的封闭式操作系统。因此,每当贝尔大西洋想增加一项新功能或将转换器与新设备连接时,就不得不依赖 AT&T 来提供必要的操作系统升级和开发所需的界面。比如,若贝尔想让他的系统具有自动辨认"888"开头的免费电话功能时,必须与 AT&T 协商,这使得 AT&T 处于支配地位。AT&T 为这种识别 888 号码软件向贝尔大西洋要价 800 万美元。再如,当贝尔想提供"声音拨号"服务,使顾客只需说出名字而不需拨电话号码时,不得不再次求助于 AT&T,AT&T 又敲了贝尔大西洋 1 000 万美元。因此,贝尔大西洋被锁定在 AT&T 转换器中了。[①]

再如,许多航空公司推出"常飞旅客"计划(Frequently Flying Program,FFP),旅客累积了一定的飞行旅程后可以获得赠送机票。进入 FFP 的旅客实际上已被航空公司锁定了,而且累积越多就套得越牢。事实上,航空公司推出 FFP 还有另一层含义,即利用 OPM 效应。当约定不完善时,旅客出公差累积了一定里程后赠送的飞行可以用于私人旅行。

专栏 5.1

锁定策略和避免锁定

购买者的策略清单:

(1)争取开始的优惠条件,如折扣或从以前系统转出的支持。

(2)不要太着急,向对方传达一种信号:你从现在系统的转移中获得的利益很少,而成本很高。

(3)一直将自己描绘为具有吸引力的顾客,让供应商觉得,你将来会购买许多或你有能力影响其他购买者。

(4)一直要保护自己不受垄断剥削。

(5)通过第二个来源保持你的选择权的开放。

销售者的策略清单:

(1)准备好通过促销或提供折扣,投资以建立安装基础 Install Base。

(2)培养有影响的转移成本高的购买者。

(3)对你的产品和定价进行设计,让顾客投资于你的技术,以此提高他们的转移成本。

(4)采用忠诚顾客计划,使你的产品在他们下一个品牌选择点具有吸引力。

(5)向你的顾客出售互补性产品。

资料来源:Shapiro,Carl & Hal Varian. 信息规划——网络经济的策略指南. 张帆译. 北京:中国人民大学出版社,2000.

---

① Shapiro,Carl & Hal Varian. 信息观测——网络经济的策略指南. 张帆译. 北京:中国人民大学出版社,2000,pp. 120~151.

(七)公平效应

消费者对公平效应(Fairness Effect)的感知有时非常主观。利润对公平的影响正被另一个因素极大削弱,即推断企业的动机。用一个"好"的动机来解释企业的行动比用一个"坏"的动机来解释企业的行动更容易使购买者接受其价格。另外,价格是否被认为是公平的与当时所处的情况有关。比如,考虑问题 18,夏天人们在海滩上,若被告知啤酒是从附近的一个高级旅游饭店买来的,与被告知是从附近杂货店买来的,人们可接受的价格就大不一样。最后,对公平的理解还与物品是否是必需品有关。为必需品制定一个高价往往被认为是不公平的,因为它降低了人们的生活质量。但是,人们不会反对汽车、珠宝、度假的高价。因为,高价使后者获得的利益减少;但必需品的高价使得人们降低生活质量。

● 问题 18:你愿意为一瓶百威冰镇啤酒支付多少?

一个夏日的下午,你在金山海滩上尽情享受太阳浴。你非常想喝一瓶百威冰镇啤酒。这时,一个啤酒推销员提着一篮百威啤酒来到海滩上兜售。

(1)啤酒推销员宣称,这些啤酒是从 5 公里外的一个高级旅游饭店买来的。那么,你愿意支付的价格是多少?

(2)如果啤酒推销员宣称这些啤酒是从 1 公里外的一个简陋的食杂店买来的,那么,你愿意支付的价格又是多少?

二、囚徒定价

2009 年夏天的某个星期一,某君到办公室后发现,办公楼的各楼层冒出数十个可乐冷藏柜,里面放满了 500 毫升瓶装可乐。那个夏天过得很清凉。两年后,大家对可乐不再感兴趣了,希望管理方将可乐换成矿泉水。但是,管理方的答复是:这些冷藏柜是可乐公司"免费"提供的,附加条款是:三年内每个工作日都必须采购一定数量的可乐。后来,职员只好自带牛奶、矿泉水放进冷藏柜了。

这就是囚徒定价(Prison Pricing)的一个实例。精明的商家在定价时会充分利用影响价格弹性的因素,让消费者"鬼使神差"地成为商家的"囚徒",然后通过各种后续产品(比如耗件更换、功能升级)或延伸服务(比如维护、修理)长期"攫取"消费者剩余[①]。比如,吉利剃须刀刀架很便宜(甚至免费),但刀片很贵。再比如,苹果公司的中国合作伙伴——中国联通"机卡绑定"的 iPhone 机相对于苹果专卖店要便宜许多,一旦消费者采取"机卡分离"即遭技术封杀,这样,消费者就被锁定在联通的 3G 业务

---

① 关于囚徒定价的更多实例、适用条件及风险的讨论参见:http://202.116.83.77//Hope/azhu/work/index_case.htm。

上了。

由上可见,囚徒定价的基本逻辑在于两个方面:(1)商家的产品线或增值服务丰富。比如,打印机需要不断添加墨粉或更换硒鼓,游戏机需要不断补充游戏,硬件系统需要不断维修,软件产品需要不断升级……在第三章的产品线定价中,我们介绍了商家通过选择"特廉产品"来刺激消费者对相关产品的需求,与这里所说的囚徒定价有异曲同工之妙。PC等硬件厂商在"服务化"转型中将囚徒定价应用得淋漓尽致。实际上,硬件厂商通过低价销售价格昂贵的硬件系统,再以高价格向用户提供配件或维修服务;或者深度挖掘顾客价值,不断向用户提供增值服务并收取昂贵的价格。(2)产品或服务具有黏性,利用顾客的转移成本(Switching Costs)达到锁定(Lock in)顾客的效果,进而长期盘剥消费者。消费者一旦以特别低的价格购置了硬件产品,一般是以原价来计算其成本,总是舍不得放弃,在沉淀成本效应的作用下被锁定为"囚徒"。我们在第十章有关网络信息产品定价策略中将进一步探讨,软件产品的使用惯性及网络平台的黏性如何锁定消费者。

当然,商家在应用囚徒定价时也会面临一定的挑战。特别是当商家以特别低廉的价格售出基础产品后,耗材或零部件的专业配套厂商或专业服务提供商抢走了后续生意。对此,产业组织理论给出一些解决方法。比如,商家在提供质量担保(Quality Guarantee)时有附加条件——更换供应商后质量担保与维护自动失效。

三、搜寻成本与价格差异

在商业领域经常观察到价格差异(Price Dispersion)现象,同样的商品在不同的商店价格相差悬殊。对价格差异的解释包括产品差异化和价格歧视,还可以从搜寻成本(Search Costs)的角度予以解释,因为消费者获得价格信息需要支付成本(比如购买报刊、消费者时间的机会成本等),而不同的人对搜寻成本的感知是不同的,搜寻成本较高的人选择随机购买,而搜寻成本较低的人通常"货比三家",努力寻找价格最低的供应商。

(一)定价策略

以下通过一个简化的模型对具有搜寻成本的定价策略予以阐释①。(1)假设消费者按搜寻成本的大小连续分布,记消费者类型为 $s\in[\underline{s},\bar{s}]$,其中 $\bar{s}>\underline{s}>0$。(2)假设两家商店销售同质产品,为简化起见,假设产品的边际成本为0,其中一个商店为折扣店(D),其价格为 p_D,另一家商店为正常商店(N),其价格为 p_N,其中 $p_N>p_D>0$。(3)消费者在搜寻前不知道哪家商店为折扣店哪家商店为正常店,给定差异价格

① Oz Shy. Industrial Organization: Theory and Application. Boston: The MIT Press, 1995.

$\{p_D, p_N\}$的概率分布，不进行搜寻的消费者为产品支付的期望价格为 $p^* = \frac{p_D + p_N}{2}$；进行搜寻的消费者必定能够找到折扣店，为产品支付的价格为 p_D，但由于花费了搜寻成本 s，因此，进行搜寻的消费者为产品支付的总成本包括产品价格和搜寻成本两部分，记为$(p_D + \kappa s)$，其中 $\kappa \geqslant 1$ 反映了搜寻成本在总成本支付中的比重。

为确定折扣店 D 和正常店 N 的均衡价格，需要求出 D 和 N 的市场需求。为此，先确定哪些消费者会进行搜寻，哪些消费者采取随机购买策略。给定$\{p_D, p_N\}$，搜寻与随机购买无差异的消费者类型由下式决定：

$$\frac{p_D + p_N}{2} = p^* = p_D + \kappa s \Rightarrow s^* = \frac{p_N - p_D}{2\kappa} \tag{5.11}$$

因此，位于$[\underline{s}, s^*]$的消费者一定是搜寻后再购买，而位于$[s^*, \bar{s}]$的消费者将随机购买——等概率地在 D 和 N 之间随机购买，如图 5.6 所示。

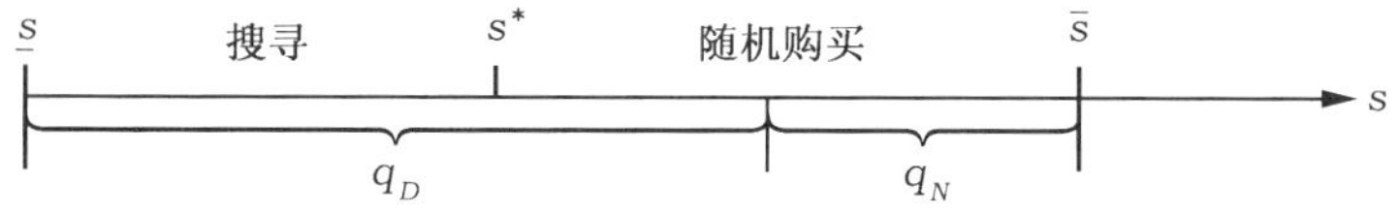

图 5.6 类型连续分布条件下消费者的搜寻决策

所以，D 和 N 的市场需求分别为

$$q_D = (s^* - \underline{s}) + \frac{(\bar{s} - s^*)}{2} = \frac{\bar{s} - 2\underline{s}}{2} + \frac{p_N - p_D}{4\kappa}$$

$$q_N = (\bar{s} - \underline{s}) - q_D = \frac{\bar{s}}{2} - \frac{p_N - p_D}{4\kappa} \tag{5.12}$$

进一步，D 和 N 的利润分别为 $\pi_D = p_D \cdot q_D$，$\pi_N = p_N \cdot q_N$，容易得到 Bertrand 均衡价格为

$$p_D^b = 2\kappa\bar{s} - \frac{8\kappa\underline{s}}{3}, \quad p_N^b = 2\kappa\bar{s} - \frac{4\kappa\underline{s}}{3} \tag{5.13}$$

因此，有

$$s^* = \frac{2\kappa\underline{s}}{3} \tag{5.14}$$

这里有两点需要特别指出：(1)为使得 $s^* > \underline{s}$，这里假设 $\kappa > \frac{3}{2}$，其含义为消费者对搜寻成本占消费总支出比重的感知痛苦足够明显，否则，消费者对价格不敏感，所有消费者将放弃搜寻。(2)随着比重系数 κ 的增加，搜寻的消费者将增加。这一点不同于我们的直观判断——消费者对搜寻成本越有感觉，搜寻活动应该越少。对此结论的

解释应考虑到正常店 N 的策略：注意，$\Delta p = p_N - p_D = \frac{8\kappa s}{3}$，也就是说，在意识到消费者对搜寻成本越有感觉后，正常店 N 将提高其与折扣店 D 的价差，导致更多的消费者进行搜寻活动。

（二）价格搜寻策略

假设价格均匀分布于$[0,\bar{P}]$之间，如图 5.7 所示。可接受价格（Acceptance Price）P^* 是指：如果你当前找到的产品价格是 P^*，你就不愿意继续搜寻——或者说，在 P^* 价格下，你继续搜寻的期望所得 EG（Expected Gain）正好抵消搜寻的成本。①

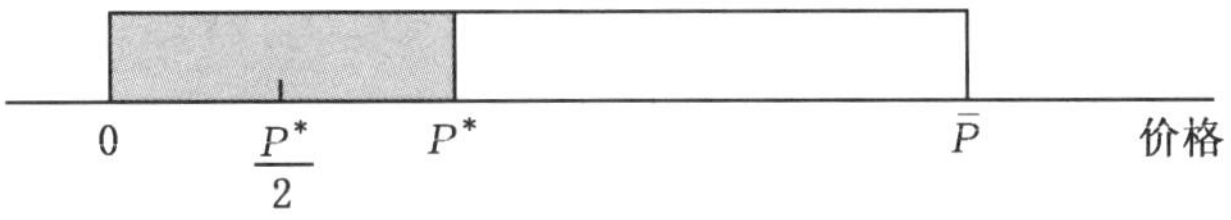

图 5.7 搜寻的期望价格

假设你刚刚找到的产品价格是 P^*，那么，继续搜寻一次能找到更低价格的概率是 $\Pr\{P \leqslant P^*\} = \frac{P^*}{\bar{P}}$。由于你继续搜寻找到的更低价格在$[0,P^*]$均匀分布，因此，这些“更低的价格”的期望值为$\frac{P^*}{2}$。因而，在 P^* 的价位上，继续搜寻的期望所得为

$$EG(P^*) = \left(P^* - \frac{P^*}{2}\right)\frac{P^*}{\bar{P}} = \frac{(P^*)^2}{2\bar{P}} \tag{5.15}$$

记搜寻的边际成本为 s，则接受价格 P^* 应满足

$$s = \frac{(P^*)^2}{2\bar{P}} \Rightarrow P^* = \sqrt{2\bar{P}s} \tag{5.16}$$

如图 5.8 所示。

考虑一个数值例子（Oz shy，1995），假设 n 个商店（$i=1,2,\cdots,n$），每个商店有 n 种可能的价格，记为 $p_i \in \{p_0+1, p_0+2, \cdots, p_0+n\}$，为简化起见，不妨假设 $p_0=0$，则 $p_i \in \{1,2,\cdots,n\}$。假设搜寻成本为 s 的消费者在某个商店发现其价格为 $p^* \in \{1,2,\cdots,n\}$，那么，该消费者是否应该继续搜寻？

如果该消费者继续搜寻到下一家商店，只有当该商店的价格 $p < p^*$ 时才能节省，也就是说，只有当 $p \in \{1,2,\cdots,p^*-2,p^*-1\}$时，搜寻能够以更低价格购买商品。因此，搜寻的期望收益为

① Robert H. Frank. Microeconomics and Behavior. 李绍荣译．北京：中国财政经济出版社，2005，第 195～198 页．

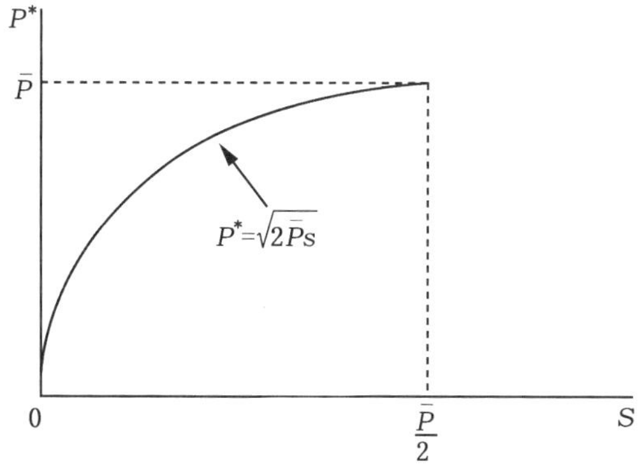

图 5.8　接受价格与搜寻成本的关系

$$EG(p^*)=\frac{1+2+\cdots+(p^*-1)}{n}=\frac{p^*(p^*-1)}{2n} \tag{5.17}$$

由 $EG(p^*)=s$ 解得 $p^*=\frac{1+\sqrt{1+8ns}}{2}$，此即为搜寻成本为 s 的消费者的可接受价格。显然，对于搜寻成本几乎为 0 的消费者，其可接受价格为 1（最低价格）。

那么，搜寻成本为 s 的消费者将搜寻几家商店？由于当该消费者光顾的商店的价格 $p>p^*$ 时他将继续搜寻，因此，他在第 1 家商店购买的概率为 $\tau=\frac{p^*}{n}=\frac{1+\sqrt{1+8ns}}{2n}$；他在第 2 家商店购买的概率为 $(1-\tau)\tau$；他在第 3 家商店购买的概率为 $(1-\tau)^2\tau$；……因而，他搜寻的商家数为

$$\begin{aligned}
&\tau\cdot 1+(1-\tau)\tau\cdot 2+(1-\tau)^2\tau\cdot 3+\cdots=\sum\nolimits_{t=1}(1-\tau)^{t-1}\tau\cdot t\\
&=\tau\cdot\left[\sum\nolimits_{t=1}(1-\tau)^t\right]\\
&=\frac{2n}{1+\sqrt{1+8ns}}
\end{aligned} \tag{5.18}$$

第三节　促进消费的定价策略

传统定价策略过于强调通过销售实现收益，而忽视消费行为模式对重复购买的影响。从某种意义上讲，传统定价模式在想方设法掩饰产品成本提高销售的同时，却阻碍了消费。可以说，传统定价模式过于关注短期利益而忽视了企业的长期盈利性。

由于消费者的高使用率会为企业带来高收益，因而关注已售出商品的消费情况具有重要的营销意义：它不仅有助于消费者充分感受商品的价值从而作出下期继续购买的决策（如继续参加健身俱乐部），还有助于促进其他相关商品的销售（比如鼓励已买套票的顾客更多地去看电影或球赛，可以拉动其他相关产品的销售）；同时，还可以提高转移成本达到锁定顾客的作用（如电脑软件相关产品），或者提高顾客的满意度实现传递产品口碑的功能（如酒类、书籍、掌上电脑等）。

行为经济学的研究发现，影响消费者对已购商品消费的两个基本心理因素是：(1)沉淀成本效应——花出去的钱不能打水漂。业已投资的“沉淀成本”会驱动消费者去使用已经买来的产品。回顾问题 8～问题 11，为演出支付的门票费是沉淀成本，但由于或是自己掏钱购买的或是刚刚支付的，对成本的痛苦感知比对待在家里休息的快乐感更强烈，在这种认知心理驱动下，许多人还是选择观看演出。事实上，在问题 10 中，大约有 60%的被调查者说他们会去看演出，而不愿意白白浪费刚花出去的 50 元；而在问题 11 中，只有 30%的被调查者说他们会去看演出，因为 50 元门票费作为沉淀成本的痛苦感已逐渐淡化。(2)眼不见、心不痛——消费者感觉到的产品成本比他们实际支付的成本更能驱动消费。因此，使用信用卡支付的顾客似乎花钱更大方。这也是许多商家乐于接受刷卡消费的主要原因之一。围绕这两个基本因素，以下从付费方式和计费方式两个角度讨论定价对消费行为模式的影响①。

一、付费方式对消费的影响

消费的付款方式纷繁复杂。从付款时点看，包括：消费前付款（比如教育、预存电话费交通运输、健身俱乐部、体育赛事等）、消费的同时付款（如餐饮业、电影等），以及先消费后付款（如宾馆住宿等）。从付款频率看，包括：一年一付、半年一付、季度一付、月度一付；从付款手段看，可以采用现金支付或者信用卡支付。

为说明付款频率对消费行为模式的影响，考虑问题 19，假设利息因素可以忽略不计，那么，你和你的同事谁去健身俱乐部的次数更多？谁更有可能续缴会员费，延长会员资格？

● 问题 19：是否继续参加健身俱乐部？

由于工作过于紧张，你和你的同事决定加入健身俱乐部锻炼身体。健身俱乐部于年初推出会员制消费模式，年费均为 600 元。你的同事一次性缴纳了会员费 600 元；而你选择逐月缴纳会员费，每月 50 元。猜测一年下来你去健身俱乐部的频率曲线和你同事的频率曲线有何差异？进一步判断，你和你同事谁明年会继续缴纳会员

---

① John Gourville，Dilip Soman. 促进销售，更要促进消费．哈佛商业评论，2002(11)，第 54～61 页。

费？

John Gourville & Dilip Soman(2002)的多次实验结果表明：一开始，你的同事会经常去，想将付出去的钱“捞”回来。但是，随着时间的推移，你的同事会逐渐淡忘交纳600美元会员费时的心痛之感觉，因而去健身俱乐部的动力也在逐渐衰退。反之，你每个月都要承受付会员费的心痛感觉，每个月的付费都勾起你的内心感受，时常提醒你自己：要去俱乐部健身把付出去的钱“捞”回来。图5.9显示了你和你的同事到健身俱乐部消费行为模式的差异，其中每月一付方式下的消费频率曲线非常平稳，而每年一付下的消费频率曲线逐渐衰减。

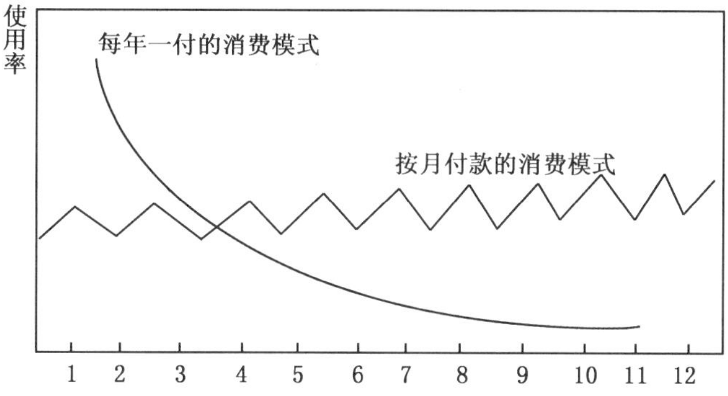

图5.9　每月一付和每年一付的消费模式比较

图5.10进一步给出每季度一付和每半年一付下的消费行为模式，与每半年一付方式相比，每季度一付方式下，消费者在每个季度末都面临消费低潮，但下季度初的交费又会强化其对成本痛苦的感知，驱动其消费的热情，因而其消费频率曲线比较平稳。

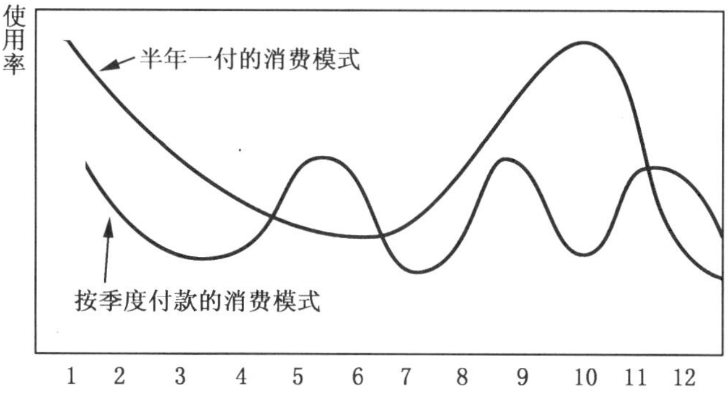

图5.10　每季度一付和每半年一付的消费模式比较

总之，付款方式对已购商品消费的影响表现为：要求顾客在消费时付款或者临近消费的某个时间付款，将提高顾客对于产品成本的关注，并增加他们使用产品的可能性；相反，在购买前或者购买后很长一段时间付款的方式将降低顾客对产品成本的注意力，减少他们实际使用的可能性。因此，一次性预付方式（比如足球套票、电话卡预存话费）固然可以提高企业的短期财务价值，却不利于促进消费行为；而分期付款方式虽然降低了企业的短期财务价值（甚至出现营销风险），但可以激励消费者的消费热情。

二、计费方式对消费的影响

单件计费方式和打包计费（或捆绑式定价）对消费行为的影响存在很大差异。考虑问题 20——美国科罗拉多一家滑雪胜地的一项实验：将 100 名滑雪爱好者分为 2 组，每组 50 人。给第 1 组的问题与第 2 组的问题的唯一区别在于：第 2 组的人购买的不是 4 张单日票，而是一张价值 160 元的套票。实验结果表明，第 1 组的平均分为 7.0；第二组平均分为 3.3（1 表示不去滑雪，10 表示肯定去）。

● 问题 20：是否继续滑雪？

（1）现在是科罗拉多的早春，你正在一家滑雪胜地享受 4 天的假期。到达的那一天，你买了 4 张单日滑雪票，票价每张 40 元。现在是第四天早上，前三天你玩得很开心，但是昨天夜里下了一场大雨，滑道受到严重影响。一位友人建议，倒不如放松心情，提早回家可以避免交通高峰期。那么，你选择继续滑雪还是回家？请根据个人感受写出分值。

（2）现在是科罗拉多的早春，你正在一家滑雪胜地享受 4 天的假期。到达的那一天，你买了 160 元的滑雪套票，共 4 张，每张票可滑雪一天。现在是第四天早上，前三天你玩得很开心，但是昨天夜里下了一场大雨，滑道受到严重影响。一位友人建议，倒不如放松心情，提早回家可以避免交通高峰期。那么，你选择继续滑雪还是回家？请根据个人感受写出分值（其中，1 表示肯定不去滑雪；2 表示很可能不去滑雪……8 表示有较强烈的愿望去；9 表示滑雪的愿望相当强烈；10 表示肯定去滑雪）。

可见，与捆绑式交易比较，非捆绑式交易更容易使消费者了解单件产品的成本，由此激发了消费者消费的激情。在非捆绑式交易中，价格与利益的 1 对 1 关系使产品成本一目了然，产生了非常明显的沉淀成本效应，在“花出去的钱不能打水漂”的心理作用下，购买者消费产品的积极性大大提高了。因此，如果企业想吸引消费者来消费，可以通过单件计费方式提醒消费者单件产品的成本；而如果企业想淡化单件产品的成本，可以采用“套票”的销售策略。套票销售可以获得大量的现金流，还可以在一定程度上套牢消费者，排斥竞争对手（Lock Out Compctitors）。

三、促进消费的定价策略

在定价时应注重把握定价心理，正确引导消费。（1）可以采用预售套票的销售策略,使消费者产生沉淀成本效应,刺激消费。但应适时提醒消费者来消费。在航空业中,预订机票的乘客应提前几天确认座位(Confirm 制度)。如果航空公司不确定乘客是否会来乘坐,结果将机票卖掉,就可能出现超卖现象;但是,如果为了向预订的乘客保证座位,结果不敢将座位卖掉,而实际上乘客并没来,就会产生机会成本。当然,航空公司除了采用收益管理(Yield Management)方式估计不确定的需求外,还可以采用一些方法处理超卖问题(见专栏 5.2)。(2)错开付款时间,以缓和稀缺性公共资源的消费高峰。(3)采用分期付款,不断刺激消费者的消费欲望,提高资源的使用率。(4)在销售套票(诸如足球套票),可以采用抽奖或明星表演等方式刺激已购球票的消费者到场观看比赛。

专栏 5.2

机票超卖的解决办法

预售机票量超过实际座位数(即超卖)是航空公司提高航班上座率的一种重要手段。但是,由于需求的不确定性,可能出现买了机票没有座位或多个乘客拿着同一个座位票来登机的局面。如何应对这种局面? 斯蒂格利茨(Joseph E. Stiglitz)在其名著《经济学》中归纳了三种常见的解决方法。一种办法是按照先来后到的原则,让后来的乘客转乘另外航班;第二种办法是政府管理部门严令禁止超额售票,但这可能导致上座率低以及真正急切需要乘机的人买不到票;第三种办法是在售票的同时交给顾客一个信封和一份投标书,让顾客填写可以接受的延期飞行的最低赔偿金额。一旦出现超载,航空公司可以选择报价最低者给予现金赔偿(或赔偿免费机票)并优先安排到下个航班。

第四节 参考价格

在促销季节,商家在其商品、POP 上标出的价格往往不止一个。在给出实际售价的同时,商家通常会在商品上标出另外一种价格——可能是该商品以前的价格,也可能是竞争对手的价格,比如:当前市价 2 300 元,本店特价 999 元;原价 3 200 元,本店特价 1 900 元……林林总总,这是商家在不遗余力地给你设定比较基准,强化参考价格(Reference Price)效应。购买一件标价 999 元的衣服或许只能从其高价中体验到一种高消费的满足感,但当商家将价格标为"原价 2 300 元,现价 999 元"时,同样是一件衣服,你是否更能体验出一种在一波价格促销中获得金钱节省的喜悦? 参考价格效应已成为商家竞争的一种利器。然而,此种定价策略是否适应于所有产品? 消费者是否真正拥有节省的满足感？参考价格是如何影响消费者的消费决策的[①]？

一、参考价格及其分类

Biswas & Blair(1991)认为，参考价格是指当消费者接触到产品信息时，所联想到的任何价格。进一步，参考价格包括外部参考价格 ERP(External Reference Price)和内部参考价格 IRP(Internal Reference Price)两类。

商家可以通过广告、目录传输等方式提供给消费者有关价格信息，以供消费者在消费决策时参考。此种广告价格就是一种参考外部参考价格，称为广告参考点 ARP(Advertised Reference Point)。此外，竞争对手价格、行业平均价格都是一些常见的 ERP。根据 Bitta(1981)及美国联邦贸易委员会(Federal Trade Commission)1986 年的归纳，商家一般将 ERP 以下列形式呈现给消费者：(1)零售商过去的售价，如"原价×××"；(2)制造商所建议的零售价，如"建议零售价×××"；(3)竞争者的售价，如"目前市价×××"。

而内部参考价格是指消费者心目中对产品价格的适应水准，又称为适应性水准价格(Adaptation Level Price)。当消费者接触到产品的价格信息时，会产生条件反射，将此价格信息与心目中的 IRP 做比较，以衡量其所察觉到的交易价值，进而评估产品所带来的整体价值。Lichtenstein & Bearden(1989)进一步提出更为广泛的"内部价格标准"的概念——消费者预期产品在市场上的售价，并将其划分为：正常价格知觉范围、价格接受范围、内部参考价格、最高价格知觉范围、最低价格知觉范围。他们认为，这些内部价格标准通常以一定范围或平均值存储于消费者心中。比如，正常价格知觉范围是指消费者合理预期某一产品在市场所有可能价格的组合，超过此价格范围将被认为是"高且不合理"的价格(即夸大的参考价格)；在此范围内的上限附近将被认为是"高而合理"的价格(即合理的高参考价格)；在此范围内将被认为是"低而合理"的价格(即合理的低参考价格)。有关研究显示，夸大的参考价格对消费者的 IRP 具有正向影响——增加交易价值，强化购买意愿。因此，许多企业在定价时特别重视夸大参考价格所带来的效应。但是，如果这种夸大超过某一个水平，就会产生负面影响，导致消费者对该产品产生不信任感。因此，外部参考价格和内部参考价格呈现倒 U 形的关系。

一般认为，内部参考价格和特定的购买环境有关，它取决于消费者过去的购买经

---

① 以下讨论主要参考：(1)Eric A. Greenleaf. The Impact of Reference Price Effect on the Profitability of Price Promotions. *Marketing Science*, 1995, 14(4): pp. 82～104. (2) Gadi Fibich, Arieh Gavious , Oded Lowengart. The Dynamics of Price Elasticity of Demand in the Presence of Reference Price Effects. *Journal of the Academy of Marketing Science*, 2005, 33(1): pp. 66～78. 感谢陈连权对本节文献整理的帮助。

验和当前所处的购买环境。事实上，Helson(1964)提出的外界刺激适用性理论(ALT)认为，人们对外界刺激大小的判断取决于他们对外界刺激已经适应的程度。因此，在定价实践中，人们预期的合理价格——即内心形成的内部参考价格，应该是他在受过去的购买经历及当前的购买环境中的各种信息的刺激后在其内心已经适应了的价格水平。显然，当信息发生变化后，消费者的适应水平也将发生变化，其参考价格也会随之发生变化。

二、参考价格弹性

参考价格使消费者有一种内心体验：当实际价格低于 IRP 时，消费者会感到从中“获利”，从而增强对该产品的购买愿望；而当实际价格高于 IRP 时，消费者会感到蒙受“损失”，对该产品的销售就具有负面影响。因此，产品的实际售价和消费者的 IRP 之间的差价通过影响消费者的内心体验影响着产品的需求量。我们知道，价格是影响需求量的最重要因素，经济学家应用价格弹性来反映需求关于价格变化的敏感性。对应地，我们可以应用参考价格弹性来衡量参考价格对需求的影响。

我们知道，消费者在过去的购买经验和现在所处的购买环境中所接触到的各种信息(如过去的价格、现在的价格、竞争者的价格、商品质量等)的基础上，形成内心的价格判断，即内部参考价格；而当外部信息发生变化时，消费者也随之调整其内部参考价格——越是最近的信息对内部参考价格的影响越显著，或者说，以前的信息在消费者内部参考价格的形成过程中有一个衰减的过程。因此，可以将参考价格模型简单表示为

$$R_n=\eta R_{n-1}+(1-\eta)P_{n-1} \tag{5.19}$$

其中，R 表示内部参考价格，P 代表实际价格，下标 n 表示第 n 次购买，$\eta\in[0,1]$为记忆参数，其取值与产品特征有关。在无参考价格效应下，记产品的需求为 $Q_{nr}(P)$，那么在具有参考价格效应下，产品的需求可表示为

$$Q=Q_{nr}(P)-\gamma(P-R) \tag{5.20}$$

其中，$\gamma>0$ 反映了内部参考价格和实际价格的差异对需求的影响。由于消费者对“利得”和“损失”感受的强烈度不同，实际价格超过内部参考价格与实际价格低于内部参考价格两种情形对需求的影响是不对称的，记为

$$\gamma=\begin{cases}\gamma_g(P\leqslant R)\\ \gamma_l(P>R)\end{cases}$$

其中，下标 g 表示利得(Gain)，下标 l 表示损失(Loss)。

由(5.19)式和(5.20)式，有

$$Q_n=Q_{nr}(P_n)-\gamma P_n+\gamma(1-\eta)[P_{n-1}+\eta P_{n-2}+\eta^2 P_{n-3}+\cdots] \tag{5.21}$$

特别地，在无参考价格效应下，$\gamma=0$，对应的价格弹性为

$$\varepsilon_{nr}(P)=\frac{Q'_{nr}(P)P}{Q_{nr}(P)} \tag{5.22}$$

其中，$Q'_{nr}(P)=\dfrac{dQ_{nr}(P)}{dP}$

在具有参考价格效应下，当价格在短期内发生变化时(比如促销所致)，相应的弹性反映了由于价格变化引起的需求变化，需求的即期变化为

$$\frac{\partial Q_n}{\partial P_n}=Q'_{nr}(P_n)-\gamma \tag{5.23}$$

进一步，可以得到具有参考价格效应的即期弹性

$$\varepsilon_{it}(P)=[Q'_{nr}(P)-\gamma]\frac{P}{Q_{nr}(P)-\gamma(P-R)} \tag{5.24}$$

其中，it 表示即期(Immediate Term)。为度量参考价格对需求影响的大小，定义

$$RCIE=\frac{\varepsilon_{it}-\varepsilon_{nr}}{\varepsilon_{nr}} \tag{5.25}$$

那么，由(5.22)式和(5.24)式，有

$$RCIE=\frac{\gamma}{-Q'_{nr}(P)} \tag{5.26}$$

这样，我们得到以下结论：(1)如果需求随着价格的上升而单调递减，那么 $RCIE$ 总是大于零，即参考价格弹性总是大于一般的价格弹性。它说明，内部参考价格的变化将引起需求的剧烈变化。(2)参考价格对价格弹性的影响可以表示为下面两者的比值——(a)参考价格和实际价格之间的差距所引起的需求变化；(b)不存在参考价格的情况下价格变化所引起的需求变化。形式化表示为：

$$RCIE=\frac{(P-R)\text{变化对需求的影响}}{P\ \text{变化对需求的影响}} \tag{5.27}$$

(3)由于参考价格对需求影响的非对称性，相应的参考价格弹性也是非对称的——在消费者感觉“利得”和“损失”的情形下，参考价格对需求的影响程度不同。这与有关实证研究中所表明的价格弹性在价格上升和价格下降两种情形下并不相同的结论是相一致的，即

$$RCIE=\begin{cases}\dfrac{\gamma_l}{-Q'_{nr}(P)}, & \Delta P>0\\[2ex] \dfrac{\gamma_g}{-Q'_{nr}(P)}, & \Delta P<0\end{cases} \tag{5.28}$$

三、一个数值例子

从上面的模型推导中可以看到参考价格对需求的影响，这种影响通过存在参考价

格情况下价格弹性的差异表现出来。下面通过一个简单的数值例子来说明这种影响。考虑需求函数为线性的情形，即

$$Q_{nr}(P)=a-\delta P \quad a,\delta>0 \tag{5.29}$$

由(5.24)式得到参考价格弹性为

$$\varepsilon_{it}=\frac{-\delta-\gamma}{a-\delta P}P \tag{5.30}$$

进一步，由(5.26)式得到 $RCIE=\frac{\gamma}{\delta}$。可见，在线性需求函数的情况下，$RCIE$ 与价格 P 无关。

下面以美国花生酱市场为例，分析参考价格对需求的影响。根据 Greenleaf (1995)的有关研究，美国花生酱市场的需求为

$$Q_{nr}=308.3-1\ 878.9P;\gamma_l=2\ 088.4,\gamma_g=11\ 330 \tag{5.31}$$

因此，一般价格弹性为 $\varepsilon_{nr}(P)=\frac{1\ 878.9P}{308.3-1\ 878.9P}$。进一步，得到参考价格弹性为

$$\varepsilon_{it}(P)=\begin{cases}\varepsilon_{it}^{l}(P)=\frac{1\ 878.9+2\ 088.4}{308.3-1\ 878.9P}P & \Delta P>0\\ \varepsilon_{it}^{g}(P)=\frac{1\ 878.9+11\ 330}{308.3-1\ 878.9P}P & \Delta P<0\end{cases} \tag{5.32}$$

因此，当市场平均价格 $P=2.57$ 时，有

$$\begin{cases}\varepsilon_{nr}(P=2.57)=1.27\\ \varepsilon_{it}^{l}(P=2.57)=2.68\\ \varepsilon_{it}^{g}(P=2.57)=8.93\end{cases} \tag{5.33}$$

所以，有

$$RCIE=\begin{cases}\frac{2\ 088.4}{1\ 878.9}\times 100\%=111\% & \Delta P>0\\ \frac{11\ 330}{1\ 878.9}\times 100\%=603\% & \Delta P<0\end{cases} \tag{5.34}$$

从上面的分析结果中可以看到，由于内部参考价格弹性比一般价格弹性大，因而当价格发生变化时(比如促销)，需求将产生比一般情况下更大的变化。在本例中，获利情况下的 $RCIE$ 比损失情况下的 $RCIE$ 要大许多。

思考练习题

1. 简述前景理论(Prospect Theory)的主要观点。

2. 航空公司和宾馆一般以高峰期的全价标识，但实际价格要低许多；而火车票、汽车票一般以正常价格标识，节假日、春运等时期的票价一般会有 10%～30%的上浮。请运用前景理论的相关观点对此种定价现象造成的差异予以说明。

3. 哪些因素使得需求的价格弹性更缺乏？

4. 假设学校电影院的票价提高了 2%，结果电影院的上座率减少了 10%。一个初学者据此计算出学校电影需求的价格弹性为−5。请你给出其计算依据，并解释其算法是否科学。

5. 2018 年 3 月，在 BrandZ 评出的"最具价值中国品牌 100 强"中，贵州茅台以 231.75 亿美元的品牌价值排名第七。同时，在 2018 年 1 月胡润研究院发布的《2018 至尚优品——中国千万富豪品牌倾向报告》中，茅台在"最青睐的男士送礼品牌"中排名第五，是唯一跻身前十名的中国品牌。2018 年初，茅台集团官方线上平台将 53 度 500ml 飞天茅台官方零售价格正式上调为 1 499 元/瓶，而生产的可变成本仅数十元。

问题：

(1)分析高端白酒价格飙升的原因。

(2)为什么飞天茅台的市场需求缺乏价格弹性？

(3)市场中的假茅台酒屡禁不止，试分析假茅台酒的出现对茅台价格的长期影响。

6. 试到京东、天猫等电商平台上查询同样商品的价格，判断互联网条件下价格离散(Price Dispersion)程度是变大还是变小了？并给出合理的解释。

7. 工商管理硕士(MBA)项目一般是两年半的时间，请问：在一次性支付全部学费和一年一付(共支付三次)两种方式下，学员到校学习频率将出现什么差异？

8. 具有参考价格效应的需求函数一般可表示为

$$Q=a-bP+g(RP-P)=a-(b+g)P+g\cdot RP$$

其中，RP 表示参考价格。假设 $a=100$，$b=g=1$，则需求函数为 $Q=100-2P+RP$，再假设厂商的边际成本为 10。请给出厂商的利润最大化价格与参考价格 RP 的关系。

9. (Kopalle，1999)假设需求函数为：

$$S_t=a-bP_t+g(R_t-P_t)=\begin{cases}1-0.2P_t+0.25(R_t-P_t), & R_t\geqslant P_t\\1-0.2P_t+0.1(R_t-P_t), & R_t<P_t\end{cases}$$

其中，R_t 为第 t 期的参考价格，满足 $R_t=\alpha R_{t-1}+(1-\alpha)P_{t-1}=0.2R_{t-1}+0.8P_{t-1}$，这里 $\alpha=0.2$ 为记忆参数。假设企业的边际成本为 0.5，P_t 与 R_t 的取值范围为 2.25～3.50(以 0.05 为一个间隔)，假设 $R_0=2.25$。如果不考虑贴现因素，请确定两期价格($t=1$，2)以最大化企业的两期总利润。

10. 预付卡定价策略

预付卡是一种先付款后消费(Pay Now Buy Later)的支付模式，即消费者先预付款项，再在规定的时间内进行消费。电话卡、交通卡、购物卡或购物券(2011 年，有关部门限制了购物卡的发行)都是预付费的消费方式。

预付卡实际上是"第三方支付"的一种运营方式：消费者在购买预付卡时，将款项支付给发卡机构，产生消费后再由发卡机构转账给商家。第三方支付的运行体系包括独立发卡机构、收单机构、支付平台(比如中国银联)、商家和消费者。严格来讲，通信领域中的预存话费并不是第三方支付，因为消费者事前就将款项预付给商家了。第三方支付带来了大量沉淀资金(备付金)的使用风险，也滋生了洗钱、套现、欺诈等违法行为。为规范第三方支付的运行，2010 年 9 月 1 日起，中国人民银行开始实施《非金融机构支付服务管理办法》，明确了非金融机构支付业务范围为网络支付、预付卡的发行与受理、银行卡收单等支付服务；要求非金融机构提供支付服务必须取得《支付业务许可证》，即第三方支付牌照。[①] 据《单用途商业预付卡行业报告(2015)》，2014 年零售业预付卡销售规模为 7 790.10 亿元，环比下降 14.1%；预付卡消费规模约为 8 008.75 亿元，比 2013 年同期下降 3.9%。[②]

预付卡定价需要解决的关键问题有三个：第一，折扣率；第二，如何确定有效使用期限；第三，如何提高持卡人的消费频率。以通信行业中的预存话费为例，上述三个问题可引申为：第一，预存金额可以最终抵扣多少话费；第二，预存金额分多少期返还；第三，如何通过预存话费提高手机用户对于通信商的忠诚度。具体来看，应考虑消费者预付款对运营商的财务价值——与先消费后付款的入网用户相比，预付款相当于为运营商提供了一笔"免息"贷款。这样，很容易计算预存 100 元电话费在规定的使用时间内对运营商的财务价值，而这就是确定折扣率的依据。[③]

关于有效使用期的确定，需要平衡预存话费对运营商的价值和成本。除了财务价值，预付费对运营商还具有营销价值，因为它一方面提高了用户的转移成本(Switching Costs)，对竞争对手具有封锁作用(Foreclose)，另一方面它屏蔽了用户的透支消费行为。如果以 P 表示价值，以 T 表示预存时间，那么，读者可以在 $P-T$ 平面上自行画出一条给定面值的电话卡对运营商的价值曲线 $V_o(T)$。它具有收益(Revenue)曲线的一般特点。但是，预存话费对运营商也是有成本的，因为"预存话费"给消费者带来了风险——包括因被套牢而产生的机会损失，以及面临运营商不履行服务承诺的潜在风险。因此，预存话费的用户要求运营商给予一定的风险补偿——比如，预存话费送通话时间，或者直接给予折扣。同样，可以在 $P-T$ 平面上画出消费者对预存话费所要求的风险补偿曲线 $V_u(T)$，也就是预存话费对运营商的成本曲线。从理论上看，最优的有效使用期 T^* 应使得 $V_o(T)$ 和 $V_u(T)$ 曲线之间的距离最大，形式化表示为 $T^* \in \arg \cdot \text{Max}\{V_o(T)-V_u(T)\}$。

运营商往往忽视如何促进预付费用户的消费。短视的运营商也许认为，如果预付费用户未在规定的时间内消费掉预存的话费，对运营商而言就是一笔意外之财。实际上，由于通信服务的边际成本很低，即使用户消费掉这些预存话费，对运营商来讲增量成本也不大，因而对利润的影响并不大。但是，如果用户放弃消费，用户的黏性就不足，复购率就会降低。因此，只有鼓励用户消费预存话费，形成高频消费惯性，才能提高用户的活跃度，并将用户发展成为终身客户。

问题：

(1)说明预存话费销售计划对运营商的价值曲线和对用户的风险补偿曲线的基本特征。

(2)图示阐释如何确定预付卡的"有效使用期"。

(3)讨论预期新优惠套餐的推出对预存话费分期的影响。

(4)就如何促进预存话费用户的消费频次给出建议。

---

① 在 2011 年 12 月 31 日央行发放的第三批第三方支付牌照中，百联集团安付宝、农工商的便利通电子商务有限公司、杉德支付网络服务发展有限公司、上海申通等都榜上有名。详细报道参见乐琰 2012 年 1 月 4 日《第一财经日报》的报道。

② 张涛．销售大幅下滑，预付卡消费进入转型期．中国商报，2015.7.17。

③ 关于预存话费财务价值的计算参见 http://202.116.83.77//Hope/azhu/work/index_case.htm。本题有关确定有效使用期的基本思想受其启发。

第六章　细分定价策略

垄断厂商的成本加成定价法则告诉我们：利润最大化的价格＝边际成本×价格弹性/(1＋价格弹性)。因此，垄断价格与边际成本正相关，与需求的价格弹性负相关。该定价法则确实可以解释一些有趣的定价现象。比如，为什么同样的商品在便利店和大型超市的价格具有明显差异？基于边际成本差异的解释恐怕难以令人信服，因为便利店一般是连锁经营的，集中采购使得边际成本与大型超市相差不大。那么，两者的价格弹性是否具有明显差异？据研究，美国零售业态中超市的价格弹性一般为－10，因而 $P=1.11c$；而便利店的价格弹性一般只有－5(价格弹性较低的原因在于：顾客可能深夜来买面包、方便面，或懒得开车去超市购物)，因而 $P=1.25c$[①]。

但是，现实中有多种原因导致企业的定价偏离成本加成定价法则所要求的价格，比如：(1)在多期销售中，如果后期的需求很大程度上取决于前期的销售量，那么，企业很可能在前期以较低的价格销售以提高前期的销量，形成口碑效应以刺激后期的需求。(2)在学习经济比较显著的产业中，企业也可能以降低的价格销售产品以扩大销量，从而降低以后的成本。(3)耐用品的销售期结束后即进入服务期，许多企业以较低的价格销售产品以形成巨大的销量，到了服务期再提高维修费用来补偿销售期的"损失"。(4)特别是，在多级价格体系中，企业可以对一些顾客收取较高的价格，而对另一些顾客收取略低的价格。

第四种情形实际上是基于市场细分的差别化定价策略。本章将讨论差别化定价中的三个主要问题：第一，市场细分的准则，特别是如何建立市场屏障以实现差别化定价；第二，差别化定价的主要类型；第三，差别化定价的福利效应及相应的政策干预。

---

① 常数 c 表示边际成本。弹性数据来源：Pindyck R.，Daniel L. R. Microeconomics. Prentice Hall. 2001，the 5th edition.

第一节 细分定价原理

一、统一定价批判

基于成本加成定价法则的统一定价（Uniform Pricing）只考虑供应商的成本与消费者的价格敏感性，忽视了认知价值与潜在竞争对定价的影响。如图 6.1 所示，统一定价存在两个缺点：(1)由于不同消费者对同一产品的价值评价不同，统一定价使得价值估价较高的消费者获得“过多”的买方剩余；(2)统一定价将那些价值估价较低的消费者挤出市场，对供应商而言是潜在的利润损失。

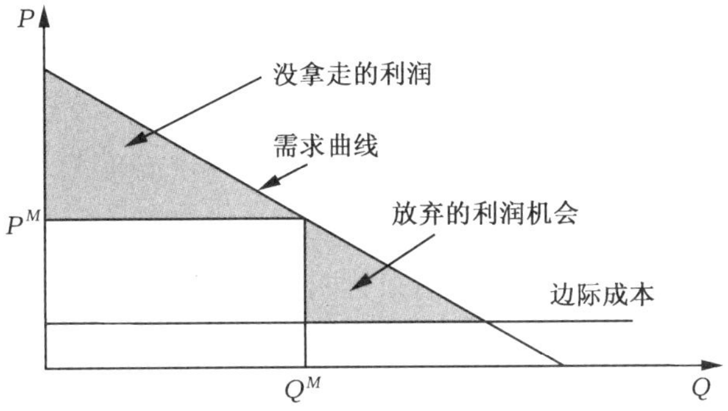

图 6.1 统一定价的缺陷

垄断厂商未服务的微利市场为潜在竞争者采取渗透定价进入该市场提供了机会。在表 6.1 中，我们比较三种定价机制下的利润：(1)单一定价；(2)2 种价格组合；(3)5 种价格组合[①]。可见，制定单一价格 $P=10$ 元，不但使得子市场 A 与子市场 B 的消费者得到太多的剩余，更危险的是将丢掉部分市场，即子市场 D 与子市场 E，给竞争对手留下低端市场空间，可能出现“养虎为患”的局面。这种例子已不新鲜，比如施乐一度垄断了整个影印机市场，但不屑于开拓那些微利市场。结果，日本的公司进入低端影印机市场，对施乐公司形成了极大的威胁。

---

① 转引自：Thomas T. Nagle，Reed K. Holden. 定价策略与技巧——赢利性决策指南．应斌等译．北京：清华大学出版社，2003，第 171 页。译本中两种价格组合(15，8)误为(10，8)，这里已做修正。

表 6.1　**差别化定价的优点**

	子市场 A	子市场 B	子市场 C	子市场 D	子市场 E	总计
价值估价	20	15	10	8	6	
子市场容量	50	150	350	250	200	1 000
市场份额	5%	15%	35%	25%	20%	
价格 P	利润(单位变动成本 5)					
10	250	750	1 750	0	0	2 750
价格组合(15,8)	500	1 500	1 050	750	0	3 800
价格组合(20,15,10,8,6)	750	1 500	1 750	750	200	4 950

事实上,随着市场的日益细分和消费者的不断成熟,统一定价的弊端日益显现。许多成功的企业逐渐放弃单一定价法则,代之以差别化定价(Price Discrimination)[①]。比如,亚马逊在 2000 年 9 月中旬开始了著名的差别定价实验。它选择了 68 种 DVD 碟片进行动态定价试验,试验当中,亚马逊根据潜在客户的人口统计资料、在亚马逊的购物历史、上网行为以及上网使用的软件系统确定对这 68 种碟片的报价水平。例如,名为《泰特斯》(Titus)的碟片对新顾客的报价为 22.74 美元,而对那些对该碟片表现出兴趣的老顾客的报价则为 26.24 美元。通过这一定价策略,部分顾客付出了比其他顾客更高的价格,亚马逊因此提高了销售的毛利率。再如,Beyond.com 于 1994 年开始在网上销售软件。它将一种引领潮流的财务软件 Quicken Deluxe,对 Macintosh 用户定价 54.97 美元,对 Windows 用户定价 59.95 美元。但是,后者可以从制造商那里拿到 30 美元的还利,实际价格只有 29.95 美元。[②]

其实,无论从生产者还是从需求方的角度来看,价格歧视都是合理的。从生产者角度看,用户规模越大,平均成本越小,从而单位价格可以越低,因此给予批量折扣是合理的;而从需求角度看,不同用户群体对同样产品的价值评价存在很大差别。

价格歧视的含义是:同一个厂商以相同(或相近)的边际成本生产相同(或相近)的产品销售给不同的市场时(直接表现为消费者的价值估价或价格敏感性不同,背后的原因可能是用途、收入、身份、性别、消费时点等的差异),制定不同价格。按照厂商细分市场的不同手段,价格歧视表现为不同的类型。(1)如果厂商能够用某种准则(比如

① 差别化定价又称价格歧视,尽管从语义上讲,价格歧视有点贬义,但两者的本质含义是相同的。以下我们对这两个名词不加区别地混用。

② Carl shapiro, Hal Varian. 信息规则——网络经济的策略指导. 张帆译. 北京:中国人民大学出版社, 2000.

消费者所在地、性别、用途、年龄等)识别不同的消费者,并对消费者收取相应的价格,则称为直接价格歧视。(2)如果由于信息不对称,厂商不能识别某个消费者具体属于哪个细分市场,只是知道潜在消费者的类型分布,但厂商仍然可以采取套餐定价(Menu Pricing)诱导消费者的自行选择,这种定价方式称为间接价格歧视。此种定价在实践中以数量—价格组合或质量—价格组合的套餐定价最为常见。

二、细分定价原理

(一)栅栏模型

在细分定价实践中,供应商通常会设立某种标准(即栅栏),对符合该标准的顾客予以价格折扣,经济学家称之为价格歧视栅栏模型(Hurdle Model of Price Discrimination)①。栅栏是实现间接细分定价的一种技术手段。

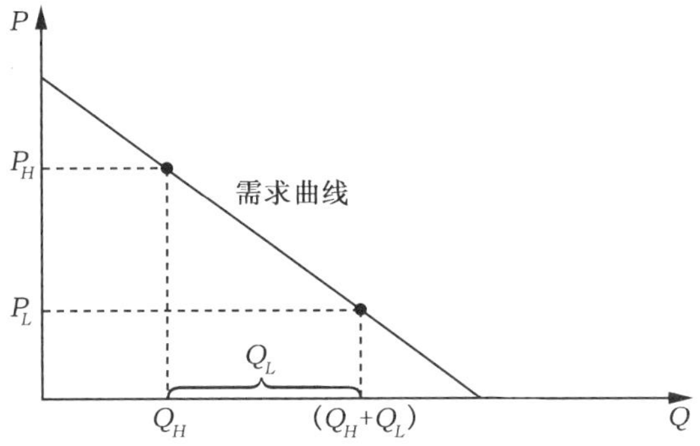

图 6.2 栅栏模型示意图

图 6.2 给出双价格下的栅栏模型示意图,其中 P_H 为正常价格,P_L 为折扣价格。显然,如果按正常价格 P_H 销售,那些享受价格折扣的顾客(数量 Q_L)将被排挤在市场外。栅栏定价间接地实现了动态定价效果,即以正常价格 P_H 销售 Q_H 数量,再以折扣价格 P_L 销售 Q_L 数量。栅栏定价的例子包括:

(1)耐心等待优惠。比如,书籍定价中,出版商首先推出精装本,过一段时间再推出平装本,想以低价格购买的顾客需要耐心等待平装本面市;电影的首映式价格很贵,之后降价公映。

(2)限制性折扣。比如,航空公司对特定时间段(通常是周末航班)的航班予以较诱人的价格优惠。

(3)提前订购优惠。比如,航空公司、剧院、体育赛事对提前订票者予以价格折扣。

(4)质量缺陷折价。比如,供应商通常对有质量缺陷(微小的擦痕或碰撞痕迹)的

① Robert H. Frank. 微观经济学. 李绍荣等译. 北京:中国财政经济出版社,2005,第 369 页.

家电以半价销售。

(5)以旧换新折价。比如,许多珠宝店宣称,消费者以旧手表交换可以折扣价购买新手表,但珠宝店旋即丢弃旧手表。其逻辑在于:拥有旧手表的人对新手表更具价格弹性。

(6)免费送货。免费送货等价于获得价格折扣,但并不是每个顾客都获得——尽管每个顾客都可以选择获得。事实上,免费送货并不是对大多数人是免费的,因为你需要在家里等待,而且不知道确切的到达时间。如果错过送货时间,你需要再次联系。一般来说,周末在家里等待送货的机会成本很低的人会选择"免费送货"服务,从而获得价格优惠。

(二)市场细分的准则

市场细分的基本方法包括:(1)产品线分类。确定一个产品线,让顾客根据自己的偏好在不同的产品组合中作出选择。(2)控制产品供应。有选择地将各种产品及其价格提供给预订顾客群。(3)根据顾客特征分类。(4)根据交易特征分类[①]。

根据顾客特征分类的技巧包括:(1)身份。根据消费者的身份特征实施差别化定价在服务业里经常使用。比如,航空公司对教师和学生予以折扣,而对商务旅行者较少给予折扣。因为商务旅行者一般是单位支付旅费,而由于 OPM(Other People's Money)效应其价格敏感性较低。另外,在制定学费(如 MBA 学费)时,助学金(Scholarship)也体现了学校根据学生家庭经济情况予以差别化收费的意图。在具体操作时,先将价格定得较高,再根据顾客的抱怨予以优惠。比如,酒店房价,先订一个高价,如果顾客有抱怨,再告诉他使用贵宾卡可以优惠或者还有便宜点但条件较差的房间。另外,优惠券或还利也可以帮助供应商实现市场细分。(2)性别。许多娱乐场所根据顾客的性别实施差别化定价,如舞厅对女性价格优惠甚至免费。另外,新加坡 NTUC 和中国香港盈科保险公司也都对女性的人寿保费予以优惠。(3)年龄。由于学生或老年人时间机会成本较低,因而其价格敏感性较高。因此,许多交通工具(如公交车、列车、飞机等)对学生或老年人实行优惠价格。

根据交易特征分类的技巧包括:(1)地点。可以根据顾客的地理区域细分市场制定不同价格。国际市场上非常流行根据购买地点不同制定不同价格的方法。比如,UPS 会对发往边远地区或者难以到达的地区的货物收取"边远发货费"(Remote Delivery Charges)及"延伸区域费"(Extended Area Charges)。(2)时间。根据消费时间细分市场在服务业里已被广泛应用。如电力,宾馆的高峰—低谷定价(Peak-Load Pricing)。中国台湾地区著名的 KTV 连锁店钱柜根据消费时间定价就是一个著名的

---

① Robert J. Dolan, Hermann Simon. 定价圣经. 董俊英译. 北京:中信出版社,2004,第 121 页.

例子。钱柜将一周分成4段,周一至周四、周五、周六、周日;再将一天分成几个时间段。(3)用途。根据用途切割市场在电讯、电力、学术期刊定价中经常使用。如电讯将用户分成办公电话和家庭电话;电力将用户分成工业、商业用电;学术期刊将用户分成图书馆等学术单位、个人用户。(4)购买量。根据消费量细分市场,分成大户和散户。在工业品消费中,一种常用的促销手段是消费积点,上家根据下家的积点予以还利。目前,许多电信公司对大客户予以优惠。

(三)市场屏障

细分定价的前提是能够设计有效的市场屏障来防止部分顾客在细分市场之间的套利行为。如图6.3所示,假设供应商的边际成本为0(比如提供数字化产品);两个细分市场的需求分别为 D_1 和 D_2,市场2的顾客对每个边际产品的价值估价比市场1的顾客高。那么,如果为市场1提供 Q_1^* 数量的产品,可打包定价 A;为市场2提供 Q_2^* 数量的产品,理论上可打包定价$(A+B+C)$。但是,市场2的顾客存在套利的动机:如果他们选择提供给市场1的打包产品,可获得买方剩余 B[①]。

一般地,常用的防止套利方法包括[②]:

(1)持卡消费:如教师持教师证,学生持学生证方可享受机票优惠;常飞旅客持里程累积卡或VIP卡可享受票价减免。

(2)担保(Guarantee):一旦产品被转卖,厂商对该产品的担保合同(如质量担保)将由于所有权转移而失效。

(3)掺杂:比如酒精包括药用(擦洗酒精)和饮用(酒类饮料)。若对药用酒精订低价,为防止转售给酒类饮料厂商,可在药用酒精中掺入物质,令其不适于饮用,但不影响药用功效。

(4)交易费用:转售的交易成本较高(如搜索费、储藏费用较高)时转售的可能性较低;另外出售一次性消费(特别是服务)及不易转手的物品较容易防止套利。

(5)合约补救:比如通过法律约束禁止转售,比如许多药品一旦销往某个国家就不允许转销到其他国家。

(6)垂直一体化:厂商通过纵向合并价格敏感性高的顾客形成内部转移价格,以防止其套利行为。

---

① 如果对 Q_1^* 打包定价 A,则对 Q_2^* 打包定价$(A+C)$。

② 整理补充自:Jeffrey Church,Roger Ware. Industrial Organization: A Strategic Approach. 北京:清华大学出版社,2000.

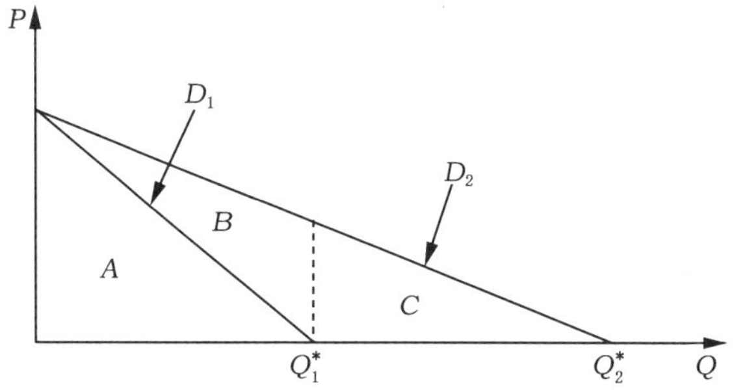

图 6.3 防止套利的重要性

专栏 6.1

国际价格走廊

国际价格是指产品在各国市场上的价格。随着国际化和标准化进程的加快，国际间贸易壁垒逐渐消失、产品运输成本不断下降，灰色进口异常活跃，对国际市场间的协调定价提出更高的要求。跨国公司解决国际价格协调的常用方法包括：(1)简单地对所有价格按最小公分母进行调整。(2)将价格调到最高水平，取消国际间价格差异。(3)价格走廊方法——确定一个价格走廊，所有国家市场的价格都落入该价格走廊的范围。特别地，当某个小国市场的低价格对较大国市场的高价格产生威胁时，可以提高小国市场的价格(牺牲小国市场的份额，甚至完全退出小国市场)。

Dolan & Simon(2004)通过对 SYNOP 药品的案例分析阐述了价格走廊在国际价格协调中的应用①。SYNOP 在英国定价 2.68 美元，在意大利定价 1.72 美元，在法国定价 1.49 美元，在美国定价 1.40 美元，在德国定价 3.26 美元，德国和美国市场的价格差异为 57%，导致德国市场 32%的销量来自美国市场的灰色进口。在采用国际价格系统(Interprice)对价格走廊进行优化分析后，Dolan & Simon(2004)得到：最优的国际价格走廊在 1.90 美元和 2.50 美元之间。这样，德国市场和英国市场的价格应降到 2.50 美元；而意大利、法国和美国市场的价格应提高到 1.90 美元。当价格差异为 24%时，德国市场和英国市场可能仍有一些来自法国市场和美国市场的灰色进口。但是，根据估计的灰色进口曲线(反映了灰色进口量与两国之间价格差的关系)，预计灰色进口只占德国和英国市场销量的 5%，而这一水平是公司完全可以接受的。

作为比较，Dolan & Simon(2004)分析了对 SYNOP 在所有市场采用统一定价的情形(灰色市场不复存在)，发现：将各国的价格控制在价格走廊范围内，允许一些灰色市场的存在，其利润比实行统一定价要多。

---

① Robert J. Dolan，Hermann Simon. 董俊英译．定价圣经．北京：中信出版社，2004，第 148～151 页．

第二节　细分定价的类型

从实施效果看,价格歧视可划分为完全价格歧视和不完全价格歧视。从实施手段上看,不完全价格歧视又可分为三级价格歧视和二级价格歧视。

一、完全价格歧视

上海的地摊市场上小商品琳琅满目,摊主一般采取与每个顾客议价的方式销售商品。每个顾客为相同的商品支付的价格不尽相同,甚至出现"一人一价"的极端现象。地摊议价、网上拍卖、顾客自我定价等都是完全价格歧视(Complete Price Discrimination)①的实例,其含义为:(1)对于同一个消费者,对其购买的每个边际单位产品按照其边际价值估价收费;(2)对于相同的产品,对每个边际消费者按照其价值估价收费。

举例来说,在图 6.4 中,需求曲线有两种理解:对应于每个价格的需求量;对应于每个边际单位产品顾客的价值估价。因此,需求曲线就是消费者的边际利益或边际价值 MB(Marginal Benefit)曲线。按照完全价格歧视的逻辑,就是要对第 1 个单位的产品(或第 1 个消费者)定价 10 元,对第 2 个单位产品(或第 2 个消费者)定价 9 元,对第 3 个单位的产品(或第 3 个消费者)定价 8 元……

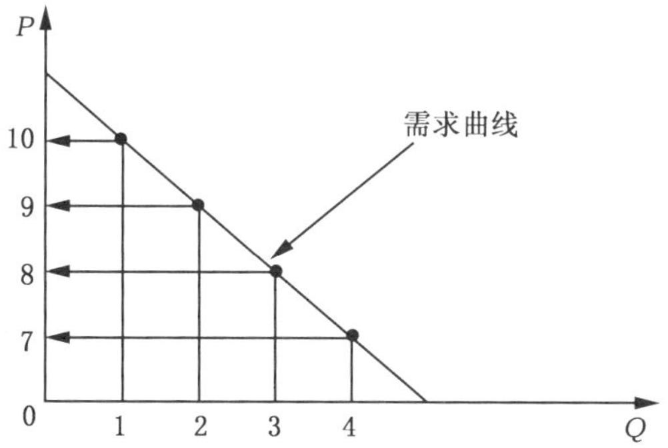

图 6.4　完全价格歧视

在完全信息条件下,我们可以对第 1 个人收费 10 元,第 2 个人收费 9 元……依此类推,最多消费者会抱怨他们没有得到公平的待遇。但是,在不完全信息下,或者说供应商不知道谁的价值估价是 10 元,谁的价值估价是 9 元……那么,供应商如何实现完

① 又称为一级价格歧视。

全价格歧视?

(一)综合使用优惠券

实现完全价格歧视的一种方法是使用优惠券。在上述例子中,供应商标明统一价格 $P=10$ 元,对购买 1 个单位产品的顾客赠送 1 张记名的 9 折优惠券(或予以积点),该顾客若购买第 2 个单位产品将获得 1 张记名的 8 折优惠券……注意,这里的优惠券不能转让,否则购买第 1 个单位产品的顾客会以某个价格(比如 0.5 元)转卖给其他潜在顾客,买到优惠券的顾客只要花 9 元就可购买第 1 个单位产品,节省了 1 元,扣除 0.5 元的优惠券购买成本,净节省 0.5 元;而卖掉优惠券的顾客净获利 0.5 元。

此种做法实际上是数量折扣中的阶梯定价法(Block Pricing),即买得越多越便宜,对应的消费者边际支出如图 6.5 所示。

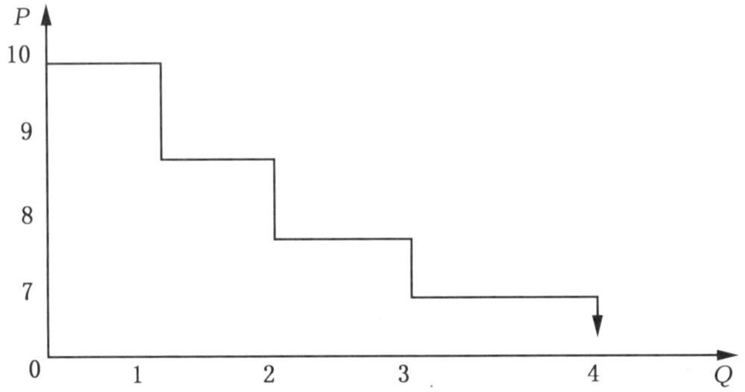

图 6.5 阶梯定价

(二)拍卖或投标

如果你挑着一箱矿泉水到黄山光明顶上,你可以采用拍卖的方式来实现完全价格歧视。当然,拍卖应采用自上往下的荷兰式拍卖方式或让消费者同时报价的静态拍卖方式。如果采用传统的英式拍卖方式,即价格由下往上的拍卖方式,对于第 1 瓶矿泉水,当价格上升到了 9 元,可能没人竞争,最后成交价就是 9 元,而无法用 10 元卖掉。因为自下往上的拍卖使得消费者的价值估价信息逐渐暴露出来,虽然供应商看到了此信息,但第 1 瓶矿泉水的目标顾客也看到了。但是,如果采用价格由上往下的荷兰式拍卖方式(荷兰每年拍卖郁金香采用的方式,因此得名),当价格由 11 元降至 10 元的时候,价值估价为 10 元的那个顾客就坐不住了,如果还不买进,让价格下降至 9 元,可能就因为有人竞争而得不到了,因为他不知道其他潜在顾客的价值估价。可见,采用荷兰式拍卖方式可以通过制造迷雾,让顾客在第一时间要进他看中的产品。

另外,采用同时报价的方式——即让所有顾客独立将愿意为每瓶矿泉水支付的价格写好装进信封里(他们相互看不见),也可以诱导消费者按照真实的价值估价购买产品。此即二级密封拍卖(Second Price Sealed Auction):所有投标者将愿意为标的物支付的价格写好装进预先发放的信封里,只有拍卖人可以看见,投标者在报价时不能看其他人的出价;报价最高者得到标的物,以第二高价成交。

我们来分析为什么这种报价方式可以诱导投标者按照真实的价值估价报价?参照 Tirole(1988),假定 n 个投标者的支付意愿按降序排列为:$v_1 \geqslant v_2 \geqslant \cdots \geqslant v_n$;其报价分别为 $b_1, b_2, \cdots, b_n$。需要论证,最优报价策略(即纳什均衡的报价组合)为 $b_i = v_i (i = 1, 2, \cdots, n)$。为此,记 $\bar{b}_i = \max_{j \neq i}(b_j), i = 1, 2, \cdots, n$,则有:(1)若 $v_i < \bar{b}_i$,则投标者 i 不应得到物品(否则受损),报价应小于 $\bar{b}$,因此 $b_i = v_i < \bar{b}_i$ 是最优的。(2)若 $v_i = \bar{b}_i$,则投标者 i 得到与不得到物品无差异,因此,随便报价都是最优的,特别地,$b_i = v_i = \bar{b}_i$ 是最优的。(3)若 $v_i > \bar{b}_i$,则投标者 i 得到物品有剩余价值,应报价最高得到物品。因此,报价 $b_i = v_i > \bar{b}_i$ 是最优的。综上所述,每个投标者按照其真实评价报价是最优的,因而构成纳什均衡。

实际上,目前 Ebay 网站上的物品拍卖,Google 上的广告位拍卖均采用此种二级密封拍卖机制。而上海等城市采用网上投标报价的方式拍卖私车拍照表面上也是上述二级密封拍卖原理的应用,但实际上是将有限的牌照分配给需求者的一种分配方法而已。我们觉得,像国有资产退出的拍卖,公交线路等基础资源的拍卖也可采用此种拍卖方式,以防 MBO 中自买自卖导致的国有资产流失。

专栏 6.2

上海市私车额度拍卖

2013 年 8 月,上海调整了私车额度拍卖方式——主要是调整了投标时间并增设了"警示价"机制①。

投标时间从原来的 1.5 小时压缩至 1 小时(10:30—11:30):(1)前半小时(10:30—11:00)为首次报价阶段(若不出价则视为自动放弃),系统即时公布当时有效投标人数、当时最低可中标价及其截止时间、系统当前时间。(2)后半小时(11:00—11:30)为修改报价阶段,报价必须在当前最低中标价的上下 300 元范围之内。中标规则为价格优先;在价格相同的情况下,则按时间优先。

同时,上海还对私车额度拍卖启动了"警示价"机制。"警示价"为首次报价阶段的价格上限——系统不接受任何高于该价格的出价。原则上,若成交均价的单月增幅达到 3%(含)以上,则次月将启动"警示价"机制;若单月增幅达到 6%(含)以上,则从次月起连续两个月实施"警示价"机制(两次"警示价"价格相同)。"警示价"价格的设定标准为:剔除价格波动异常(涨幅超 3%)的月份

① 资料来源:"解读上海机动车额度管理新规的三大变化",东方网(http://sh.eastday.com),2013.8.7。

后，取最近 3 个月拍卖成交均价的加权平均值作为当月的警示价。[①]

表 6.2 显示了新拍卖方式下，2017 年 1 月～2018 年 6 月上海私车额度拍卖的基本情况[②]。

表 6.2 上海市私车额度拍卖情况一览表(2017.1～2018.6)

时间	投放额度(个)	最低中标价(元)	平均中标价(元)	投标人数
2017.1	12 215	87 600	87 685	232 101
2017.2	10 157	88 200	88 240	261 717
2017.3	10 356	87 800	87 916	262 010
2017.4	12 196	89 800	89 850	252 273
2017.5	10 316	90 100	90 209	270 197
2017.6	10 312	89 400	89 532	244 349
2017.7	10 325	92 200	92 250	269 189
2017.8	10 558	91 600	91 629	256 083
2017.9	12 413	91 300	91 415	250 566
2017.10	11 388	93 500	93 540	244 868
2017.11	11 002	93 100	93 130	226 911
2017.12	12 147	92 800	92 848	228 148
2018.1	12 183	87 900	87 936	226 316
2018.2	11 098	87 600	87 660	220 831
2018.3	9 855	88 100	88 176	217 056
2018.4	11 916	86 900	87 089	204 980
2018.5	10 216	89 000	89 018	198 627
2018.6	10 775	87 800	87 900	209 672

(三)二部定价

完全价格歧视有时是这样一种情形：消费者对垄断厂商提供的产品具有完全相同的需求，如第四章的第四节所示，厂商通过二部定价机制(Two Part Tariff)完全剥夺消费者的买方剩余。为说明这点，假设 $n(n \geqslant 2)$ 个顾客具有完全相同的需求，记为 $q = \frac{D(P)}{n}$，即总需求为 $Q = D(P)$。在图 6.6 中，竞争性价格为 P^c；对应的消费者边际

① 自 2018 年起，个人客车额度拍卖实施年度警示价制度。警示价为前三年(2015～2017 年)拍卖成交均价(总成交价款与总成交人数之比)。比如，2018 年全年警示价为 86 300 元。

② 数据来源：上海国际商品拍卖有限公司官网，https://www.alltobid.com/contents/16/71.html.

总剩余$S^c=\int_0^{Q^c}[P(Q)-P^c]dQ$，即每个顾客获得的剩余为$\frac{S^c}{n}=\frac{\int_0^{Q^c}[P(Q)-P^c]dQ}{n}$。因此，垄断厂商可以对每个顾客收费

$$T(q)=\begin{cases}P^c\cdot q+\frac{S^c}{n} & q>0\\ 0 & q=0\end{cases} \tag{6.1}$$

此时，厂商利润为$\pi=n\left(P^c\cdot q^c+\frac{S^c}{n}\right)-C(nq^c)=S^c+P^cQ^c-C(Q^c)$，此即竞争性均衡下的社会福利。

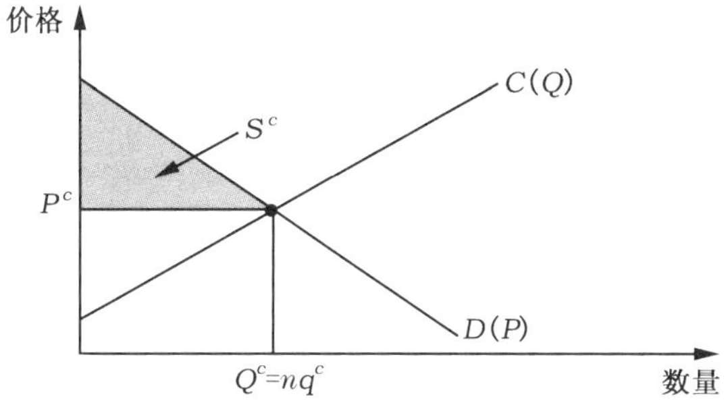

图 6.6　作为完全价格歧视的二部定价机制

二、三级价格歧视

三级价格歧视是将市场按一定准则切割成若干子市场，并对不同子市场收取相应的最优价格。由此可见，三级价格歧视的前提条件是：(1)市场是可以按某种方式分割的。也就是说，厂商能识别不同消费者(通常用以切割市场的标准包括身份、职业、性别、年龄、地理区域、用途、消费时间、批量、质量等)；(2)不同子市场价格弹性不一样；(3)但是厂商提供的是几乎同质的产品或服务，所以生产成本一样；(4)要保证价格歧视能实施的一个重要条件是不同子市场之间不能交易，即不存在套利行为。

假定厂商将市场细分为 A 与 B 子市场，其总利润为

$$\pi=P_A\cdot q_A+P_B\cdot q_B-C(Q) \tag{6.2}$$

其中，$Q=q_A+q_B$，则一阶条件 *FOC*(*First Order Condition*)为

$$\begin{cases}\frac{\partial\pi}{\partial q_A}=P_A+\frac{\partial P_A}{\partial q_A}q_A-\frac{\partial C}{\partial Q}\frac{\partial Q}{\partial q_A}=0\\ \frac{\partial\pi}{\partial q_B}=P_B+\frac{\partial P_B}{\partial q_B}q_B-\frac{\partial C}{\partial Q}\frac{\partial Q}{\partial q_B}=0\end{cases} \tag{6.3}$$

因此，三级价格歧视的均衡条件为

$$P_A\left(1+\frac{1}{\varepsilon_A}\right)=p_B\left(1+\frac{1}{\varepsilon_B}\right)=MC(q_A+q_B) \tag{6.4}$$

或者

$$\frac{P_A}{P_B}=\frac{\varepsilon_A}{\varepsilon_B}\times\frac{1+\varepsilon_B}{1+\varepsilon_A} \tag{6.5}$$

其中，弹性定义为 $\varepsilon_k=\frac{\partial q_k}{\partial P_k}\times\frac{P_k}{q_k}(k=A,B)$。(6.5)式即为厂商在多个市场实行三级价格歧视的均衡条件，它说明：要实现总体利润最大化，应该保证每个子市场实现利润最大化；而每个子市场实现利润最大化的必要条件是边际成本等于边际收益，因此，总体利润最大化的必要条件是每个子市场的边际收益相等并且等于总体边际成本，如图6.7所示。

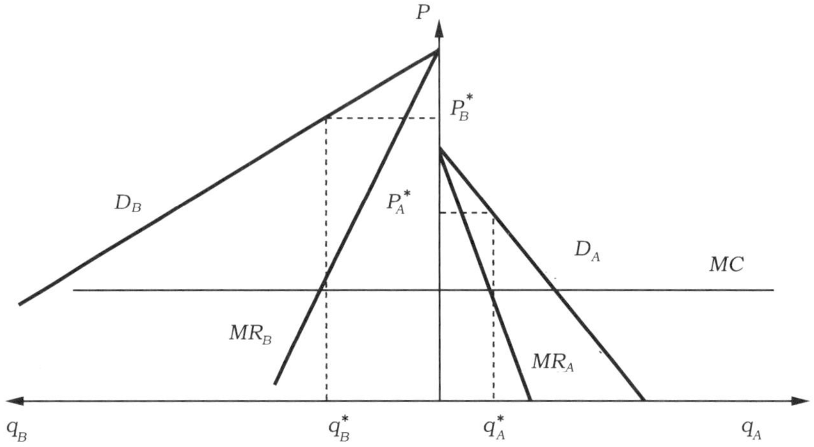

图 6.7 两个市场的三级价格歧视示意图

显然，价格弹性较大的市场定价较低；反之，价格弹性较低的市场定价较高，如表6.3所给出的微软产品在新加坡市场的三级价格歧视[①]。

表 6.3 微软 Office2000 在新加坡的定价(方博亮，林祖嘉，2003)

	常规价格	学术机构价格
Excel	579 新币	199 新币
Power Point	579 新币	199 新币
Word	579 新币	199 新币
三件产品组合	759 新币	219 新币

① 方博亮、林祖嘉.管理经济学.中国台北：智胜文化事业有限公司，2003，第 449 页.

一般地，如果厂商在多个市场上销售产品并实行三级价格歧视，则在均衡状态下，有

$$\frac{P_i}{P_j}=\frac{\varepsilon_i}{\varepsilon_j}\times\frac{1+\varepsilon_j}{1+\varepsilon_i}\qquad i,j=1,2,\cdots,n;i\neq j \tag{6.6}$$

专栏 6.3

欧洲汽车市场的三级价格歧视

据消费者协会欧洲办公署的一项研究表明，同一型号的汽车的税前价格在各国之间的变化率超过 60%。表 6.4 给出几种车型在几个不同国家的价格与边际成本差额的估计值，即毛利率。

表 6.4　　几种车型在欧洲市场的毛利率比较　　单位：%

车　型	比利时	法国	德国	意大利	英国
Fiat Uno	7.6	8.7	9.8	21.7	8.7
Nissan Micra	8.1	23.1	8.9	6.1	12.5
Ford Escort	8.5	9.5	8.9	8.9	11.5
Peugeot 405	9.9	13.4	10.2	9.9	11.6
Mercedes 190	14.3	14.4	17.2	15.6	12.3

这些价格差别可以用不同方法予以解释。例如，可能是由于合谋水平在某些国家比另一些国家高；或者某些国家的高价格是因为进口配额；空间价格歧视也是一种原因。由上可见，成本加成水平在每种汽车的生产国较高（例如，Fiat 在意大利），这可能与低需求弹性的国家偏好有关。而日本生产的汽车成本加成的差异，可以由意大利和法国的严格进口配额限制来解释①。

三、二级价格歧视

相对于统一定价，三级价格歧视虽然可以增加较多利润，但所需的信息成本较大。当顾客确实存在不同类型但厂商缺乏顾客类型的基本信息时，厂商可以设计价格菜单让顾客自行选择，即实施二级价格歧视。厂商可以通过顾客的选择来判断其类型。当然，价格菜单必须合理设计以引导不同类型的顾客“对号入座”，产生分离均衡(Separated Equilibrium)。如果价格菜单设计不合理，导致不同类型的顾客选择一致的混同均衡(Pooled Equilibrium)，那么，价格菜单便退化成统一价格机制，不能达到价格歧视的预期效果。

（一）基于时间的二级价格歧视

很多时候，识别顾客的真实身份是件非常困难的事情。比如，航空公司如何判断

① Cabral，Luis M. B. 产业组织导论．胡汉辉、赵震翔译．北京：人民邮电出版社，2002，第 161～162 页。

一个顾客是出公差还是探亲度假？如果根据衣着判断，读者自然要问：难道穿得体面的旅客就是要出差？为解决这类问题，航空公司一般采用提前订票时间来间接区别顾客。试想，如果一个人想休假，他可以很早就计划好，因此他可以提前 2 周以上订好机票；而一个出公差的旅客，经常是突发接到通知的，他很难提前计划好。因此，航空公司可以对提前一段时间(比如 2 周)订票的旅客予以优惠，而对提前 2～3 天订票的旅客以全价，如图 6.8 所示。当然，航空公司还应该给提前 2 小时订票的旅客以相当的优惠——因为，如果上座率低，一个座位的机会成本几乎为 0，一张机票的边际成本也就几乎为 0。

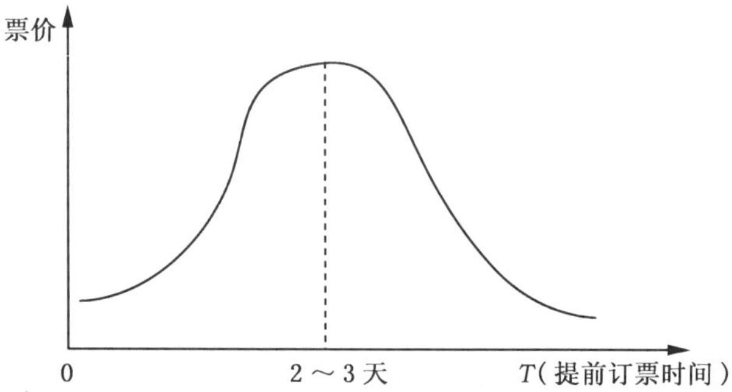

图 6.8　航空公司基于预定时间的定价模式

另外，电力、电信、娱乐服务场所的基于时间段的价格歧视(如夜间折扣、淡季折扣)本质上也是基于时间的间接价格歧视。事实上，当产品或服务的边际成本随着消费时间的变化而呈现显著差异时，基于消费时段实施差别化定价是合理的。在消费的高峰期制定高价，而在消费的低谷期制定低价，可以达到削峰填谷、合理分配稀缺性“瓶颈”资源的效果。比如，航空公司对周末晚上的航班打折，而对周一至周五的机票制定全价。而宾馆在旅游淡季打折、饭店在午间打折、电力公司在夜间打折都是高峰负荷定价的实例。

(二)基于数量的间接价格歧视

根据购买量制定不同价格是另一种常见的间接价格歧视。如图 6.9 所示，大多数商品的价格随着购买量的增加而降低(规模经济性)；但像上海出租车的单价随着行驶数量的增加而增加：至 2005 年 9 月 30 日为止，起步费为 10 元(含 3 公里免费)；起步费用完后，10 公里以内单价 2 元；10 公里后单价 3 元；另外，候车时间每 3 分钟以 1 公里的单价计算。因此，行车路程 s 公里、候车时间 t 分钟需要支付的总价格为

$$TC(s,t)=\begin{cases}10 & (s\leqslant 3)\\ 10+(s-3)\times 2+\left[\dfrac{t}{3}\right]\times 2 & (10\geqslant s>3)\\ 24+(s-10)\times 3+\left[\dfrac{t}{3}\right]\times 3 & (s>10)\end{cases} \tag{6.7}$$

其中,[·]表示取整。当然,如果路程较远,乘客可以要求重新打表。比如 $s=14$ 公里,不考虑等待时间,一路打表的总成本为 $10+7\times2+4\times3=36$(元);如果满 10 公里重新打表,则总成本为 $TC(14)=TC(10)+TC(4)=(10+7\times2)+(10+1\times2)=36$(元)。所以,当路程超过 14 公里时,乘客要求重新打表更合算[①]。

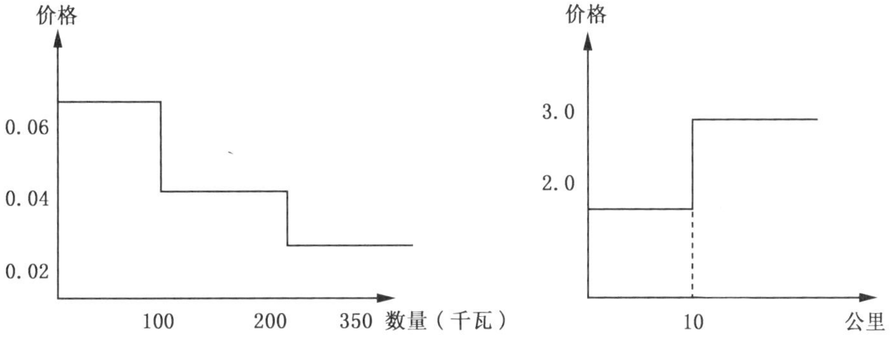

图 6.9 基于购买量的阶梯定价法

以电力消费为例,阶梯定价的优点在于:一般用户的照明与家用电器都会使用电力公司的电,但是,如果电力价格过高,用户倾向于使用其他燃料来取暖。因此,电力公司有动机对取暖用电予以优惠,但又不想对照明与家电用电予以优惠。

(三)套餐定价

在第四章的价值定价中,我们介绍了二部定价机制。在存在异质需求的情形下,如果厂商能区别顾客群,可以实施关于二部定价的三级价格歧视——对不同顾客群收取不同的固定费(F)和使用费(P)。但是,通常情况下厂商并不能严格区别不同类型的顾客。此时,厂商可以设计二部定价套餐(Price Menu)让顾客自我选择。比如,英国有四家移动电话公司 Vodaphone、Cellnet、Orange、One2One。1996 年,One2One 宣布一系列的服务组合,并于同年 10 月 1 日起生效。一种服务组合包括一系列不同的选择与价格,共 15 种不同的项目。表 6.5 显示了 One2One 提供的两种服务组合的一些价格(一共四种服务组合,除此以外,还包括 One2One 钻石服务组合、One2One 银服务组合)。这些数字说明了按照不同的固定费用与变动费用组合对消费者进行分

---

① 自 2006 年下半年开始,上海出租车价格调整为:起步费为 11 元(3 公里);10 公里以内单价 2.1 元;超过 10 公里后单价 3.2 元。

类的价格歧视的主要思想[①]。

表 6.5　　英国移动通信公司的二部定价套餐

(P,F)组合类型	One2One 铜服务组合	One2One 金服务组合
月租费(F)	17.50 英镑	36.00 英镑
工作日白天通话费(P)	29 便士	18 便士

更一般地,我们考虑图 6.10 所示的两类顾客,其中Ⅰ型顾客对每个边际单位产品的价值估价比Ⅱ型顾客都小。在完全市场屏障下,可以制定单价 $P=c$,并分别对Ⅰ型顾客和Ⅱ型顾客收取入门费 AFG 和 AEG,厂商毛利为($AFG+AEG=2AFG+AEF$)。但是,在无法进行市场隔离的情形下,Ⅱ型顾客"冒充"为Ⅰ型顾客将获得买方剩余 ABF,此时的厂商毛利只有 $2AFG$。在多种类型顾客并存且无法完全进行市场隔离的情形下,厂商可以采取以下三种常用的应对策略:

(1)放弃小客户策略。此种策略要求厂商放弃服务Ⅰ型顾客,专注于服务Ⅱ型顾客。实际上,如果 $AEG>2AFG \Leftrightarrow AEF>AFG$,那么,放弃Ⅰ型客户更加有利。

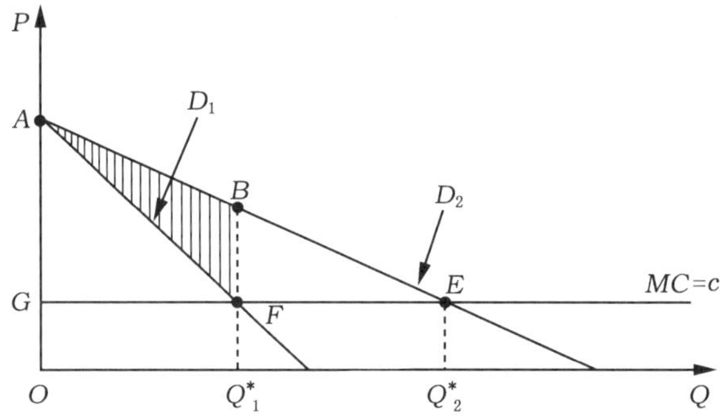

图 6.10　放弃小客户策略

(2)偏离最优的二部定价法则。如图 6.11 所示,在无法识别Ⅰ型顾客和Ⅱ型顾客的情形下,如果单价 $P=c$,则入门费为 AFG,厂商服务两类顾客的毛利为 $2AFG$。如果制定单价 $P^*>c$(相应的产量减少)并将入门费确定为 AKP^*,那么,厂商毛利为 $2\cdot AKP^*+P^*KMG+P^*HNG$。因此,偏离最优二部定价的毛利增量为

$$(2\cdot AKP^*+P^*KMG+P^*HNG)-2\cdot AFG=KHNF-KFM \quad (6.8)$$

所以,将单价 P 由 $P=c$ 往上移动,只要出现 $KHNF$ 大于 KFM,就存在利润增加的空间。

(3)二部定价组合机制。比如,许多餐馆既向顾客提供自助餐,又向顾客提供菜单

① Cabral,Luis M. B. 产业组织导论. 胡汉辉、赵震翔译. 北京:人民邮电出版社,2002,第 165 页.

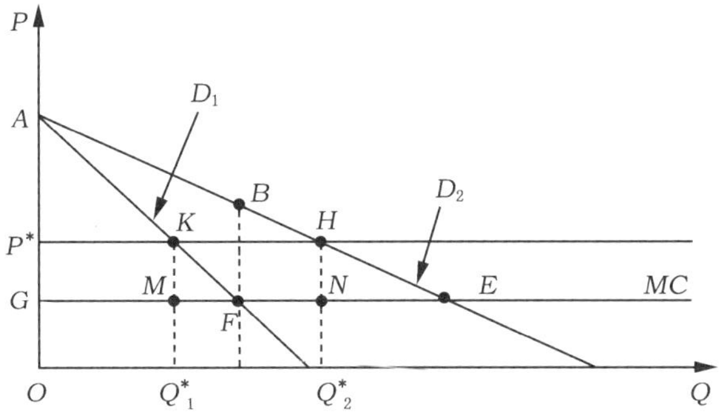

图 6.11 偏离最优的二部定价法则

以备点菜。自助餐的固定费用 F 很高而价格 P 为 0;而点菜的固定费用 F 为 0 而价格 P 很高。那么,食量大的顾客会选择自助餐。更一般地,如果厂商知道两类顾客的需求曲线及在消费者总体中的分布,但不知道某一个顾客具体属于哪一类型,可以提供两种不同的二部收费机制:一种固定费用低但单价高;另一种相反。那么,顾客将选择包络线——消费量小的顾客将选择第 1 种机制,而消费量大的顾客将选择第 2 种机制,如图 6.12 所示。

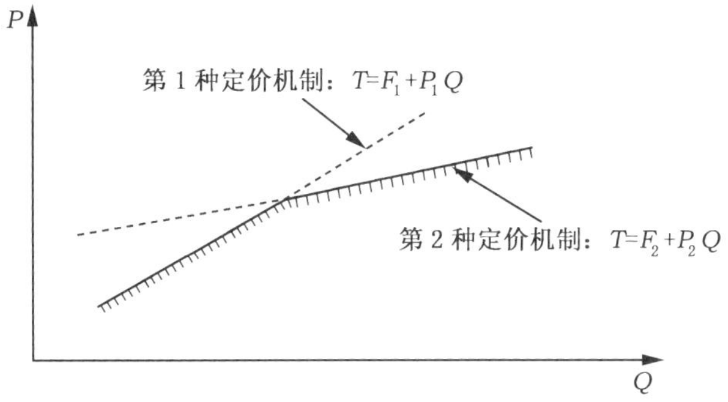

图 6.12 二部定价套餐

作为应用,我们来分析一个洗洁精厂商如何为其不同包装的清洁剂定价的数值例子[①]。假设一个洁剂厂商的市场细分包括 100 000 个人与 100 000 个家庭,图 6.13 刻画了他们各自的需求曲线。

(1)情形 1:假设三级价格歧视是可行的。

个人市场:最优产量使得边际收益(MB)等于厂商的边际成本(MC),即每瓶清洁剂的包装为 5 盎司。那么,每瓶清洁剂的定价应为多少?

如图 6.13 所示,由于个人消费者的总收益为 $aodb$ 的面积$=(10+90)\times5\div2=$

---

① 方博亮、林祖嘉. 管理经济学. 中国台北:智胜文化事业有限公司,2003,第 469～472 页.

250(美分)＝2.5 美元，所以每瓶清洁剂定价为 2.5 美元。注意，每瓶的成本＝5×10＝0.5(美元)，利润＝(2.5－0.5)×100 000＝200 000(美元)。

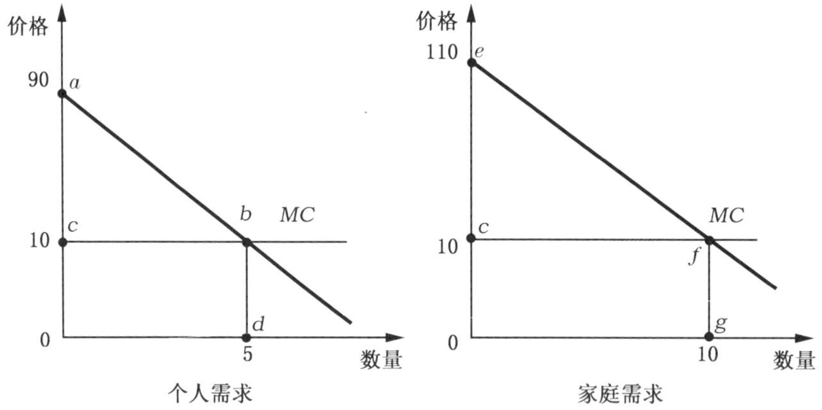

图 6.13　洗洁精的市场需求

家庭市场：每瓶包装 10 盎司，定价(110＋10)×10÷2 ＝600(美分)＝6.00(美元)，总利润＝(6.00－1.00)×100 000 ＝500 000(美元)。

因此，两个市场的总利润＝200 000＋500 000＝700 000(美元)。

(2)情形 2：只能实施间接的二级价格歧视。如果厂商不能识别个人与家庭市场，如何设计不同的包装让消费者自行选择？是否可以提供两种不同的数量—价格组合：(5 盎司，2.50 美元)和(10 盎司，6.00 美元)？问题是，在以上两种包装下，家庭消费者是否会选择(10 盎司，6.00 美元)？

也许读者的第一反应是：如果一个顾客需要 10 盎司，他何必花费 6 美元，他完全可以购买 2 个小包装(5 盎司)的清洁剂，只要花费 5 美元。因此，两种类型的顾客都会选择(5 盎司，2.50 美元) 的包装，出现混同均衡。

问题是，为 10 盎司的清洁剂定价 4.99 美元是否可行——只要单价小于 5 盎司包装的？事实上，为对 10 盎司的包装制定合理的价格，需要分析家庭消费者如果选择(5 盎司，2.50 美元)小包装将获得多少买方剩余。由图 6.14，买方剩余＝$eodh$－$aodb$＝$eabh$＝(110＋60)×5÷2－2.50＝425－250 ＝175(美分)＝1.75(美元)。由于家庭消费者从购买(5 盎司，2.50 美元)的包装中获得剩余 1.75 美元，因此，如果要激励家庭消费者购买 10 盎司的大包装，应该让他至少获得 1.75 美元的剩余。假设对 10 盎司包装的定价为 p，则要求(6.00－p)≥1.75 ，则 p＝4.25 美元。剩下的只要验证个人消费者宁愿购买(5 盎司，2.50 美元)的小包装也不会选择(10 盎司，4.25 美元)的大包装就可以了(读者可自行验证)。因此，总利润＝(4.25－1.00)×100 000＋(2.50－0.50)×100 000＝525 000(美元)。

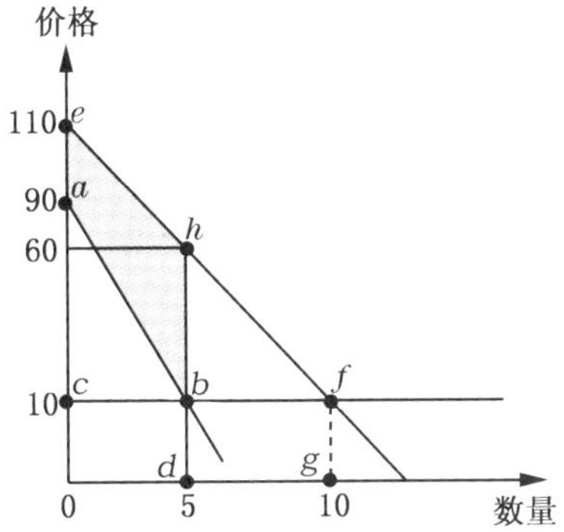

图 6.14　混同均衡

最后，总结一下前面关于直接价格歧视与间接价格歧视的讨论。正如表 6.6 所示，单一定价所要求的信息最少，但获利最少；完全价格歧视所要求的信息最多，获利也最多。

表 6.6　　价格歧视比较（方博亮，林祖嘉，2003）

价格歧视类型	获利性	所要求信息
完全价格歧视	最高	最高：每个消费者为边际单位成本的实际支付意愿
三级价格歧视	高	高：每个消费者属于哪个细分市场
间接（二级）价格歧视	中	中：消费者的类型及其概率分布
比较基准：单一定价	低	低：市场需求的价格弹性

第三节　价格歧视的福利效应

我们来分析一下三级价格歧视对社会福利的影响[①]。

一方面，在三级价格歧视下，价值估价较低的细分市场能以较低价格消费产品，使得这些顾客获得剩余。因此，从这个意义上讲，三级价格歧视能在一定程度上提升社会福利。但是，另一方面，三级价格歧视使得价值估价高的顾客遭受损失。记厂商单一定价机制下的垄断产量为 q^m，显然，如果在三级价格歧视下各市场的销售总量 $q_a^* + q_b^* \leqslant q^m$，则社会福利将损失。即使在 $q_a^* + q_b^* = q^m$ 下，尽管单一定价的产量与价格歧视下的产量一致，但在市场 A（价格弹性较大的市场），消费者对最后一个单位产品

① 以下讨论主要参考：Cabral，Luis M. B. 产业组织导论. 胡汉辉、赵震翻译. 北京：人民邮电出版社，2002，第 157～158 页，第 170～173 页。

的价值估价远远低于市场 B(价格弹性较小),因此,厂商须要增加产量销往市场 B。看来三级价格歧视对福利的影响是模棱两可的。三级价格歧视遭到的最猛热的攻击主要在于它使得顾客受到不公平的待遇。凭什么有些市场的顾客要支付较高的价格?所以,三级价格歧视为了让价值估价低的顾客能消费产品却让价值估价高的顾客为此支付了更高的价格。

专栏 6.4

大数据杀熟

2018 年以来,"大数据杀熟"热议不断,新闻纷至沓来。2018 年 3 月,《人民日报》的一篇报道中曾提及一个典型的"大数据杀熟"例子[①]:A 君经常通过 B 旅行服务网站预订 C 酒店的客房,价格一般在 380～400 元。但是,改用朋友的账号查询后系统显示只需 300 元。互联网平台通过挖掘用户的消费或者浏览记录,对老用户实行了"歧视性定价"。除了酒店,《中国青年报》也报道了网约车平台服务的"杀熟"现象。[②]

实际上,"大数据杀熟" 只是"差别化定价"的一种形式,并不是什么新鲜的定价策略。一个广为流传的案例是,早在 2000 年亚马逊就有过对新老顾客进行区别定价的"杀熟"行为:在某次推出 DVD 新碟时,亚马逊首先将潜在买家划分为新顾客和老顾客两大类,然后根据其积累的数据(比如顾客的人口学特征、购买历史、网络浏览记录等)分析老顾客的行为偏好,在此基础上选择了 68 种 DVD 碟片进行"杀熟"——同一张 DVD 对新顾客报价 22.74 美元,对老顾客则报出了 26.24 美元的高价。此举经传播后引起老顾客的强烈不满,亚马逊陷入被动局面。最终亚马逊以"正在进行价格测试"为由匆匆叫停"杀熟"活动。[③]

那么,为什么是"宰熟"而不是"杀生"? 笔者在复旦大学 MBA 公开课"大数据杀熟背后的定价思维"中给出三条解释:首先,熟客往往"自以为是",觉得跟商家熟就会得到更好的服务和更优惠的价格,孰料熟客往往要为"自以为是"付出代价;其次,熟客的行为轨迹相对固化,比较厌烦"货比三家",所以他要为"消费惯性"或"用户黏性"支付更高的价格;最后,熟客往往具有较高的转移成本,因此,他要为"锁定效应"埋单。总之,相对于生客,熟客对价格并没有那么敏感,宰熟本质上就是一种价格歧视策略。[④]

价格歧视因为会损害消费者权益,通常为各国所明令禁止。1914 年美国颁布的《克莱顿法》是

---

① 何鼎鼎. 数据权力如何尊重用户权利(评论员观察). 人民日报,2018.03.23。

② 详细报道见:大数据杀熟? 揭秘争议背后的真问题. 中国青年报, 2018.03.27。但是,需要指出的是,对不同手机用户收取不同的打车价格,或者同样的商品在不同的平台上价格不同,并不是严格意义上的大数据杀熟。所谓大数据杀熟,是指平台或平台上的商户,根据特征或行为数据识别不同用户,进而对不同用户制定不同的价格,特别是对老用户(熟客)制定较高的价格。

③ 关于 DVD 等数字化产品的定价策略讨论参见:Carl Shapiro & Hal Varian. 信息规则:网络经济的策略指导. 张帆译. 北京:中国人民大学出版社.

④ 详细报道见:骆品亮. 大数据杀熟背后的定价思维。复旦 MBA 公开课报道(复旦学院官微),2018.4.24。此外,关于大数据杀熟行为的产业组织经济学分析,还可参考:曲创. 大数据杀熟:看紧钱包,人懒就要多花钱. http://baijiahao.baidu.com/s? id=1596519444415195365.

全世界范围内最先明令禁止价格歧视行为的法律[①]。1956 年出台的《罗马条约》禁止企业发生滥用市场支配地位的行为——而“给同等交易适用不同的条件”就被明确划归为此类行为[②]。我国于 2019 年 1 月 1 日正式实施的《电子商务法》中明确规定：“电子商务经营者根据消费者的兴趣爱好、消费习惯等特征向其提供商品或者服务的搜索结果的，应当同时向该消费者提供不针对其个人特征的选项，尊重和平等保护消费者合法权益。”[③]

如此严格的监管，是否意味着“大数据分析”在定价中已经意义不大？实际上，大数据分析不应被如此“低级”地应用于歧视性定价中，而是应该基于大数据分析实现 C2B(Customer to Business)定制，进而实现个性化定价。平台或商户通过提供具有针对性的产品——价格组合菜单，让用户自我选择，实现分离均衡(Separated Equilibrium)，达到双赢。

价格歧视要求产品或服务不能转售(Resale)。即价格歧视是对同样的产品制定不同的价格。如何理解“同样的产品”？在美国的宝马汽车与德国的宝马汽车是同样的产品吗？从消费者角度讲是同样的，但从厂商角度讲就是不一样的，因为需要运输成本。所以，宝马汽车在美国售价高于在德国的售价并不能构成价格歧视的足够证据。

一种检验价格歧视的方法是考察不同市场间的价格之比是否与市场间的边际成本比相同。若$\frac{p_1}{MC_1} \neq \frac{p_2}{MC_2}$，则可以认定厂商在两个市场实施价格歧视，因为成本差异并不能完全解释价格差异。比如精装本与平装本之间价格比远远高于其边际成本比，因此，图书按包装区别定价是价格歧视。

关于价格歧视是否合法比较复杂。有种观点认为，从效率角度出发应该支持价格歧视，但从公平角度出发应该反对价格歧视。事实上，这个问题的关键是看价格歧视是增加还是减少总产量，是提高还是降低产品的品级。如果价格歧视使得市场上的总产量降低，福利必然减少。如果总产量增加，福利就会增加。另外，如果价格歧视使得新服务或新市场出现，而这种市场在不允许价格歧视下是不可能被服务的，那么，价格歧视也是增加社会总福利的。另外，如果价格歧视是作为市场进入遏制或其他反进入的策略，是应该受到规制的。

从国际实践经验来看，各国对价格歧视的态度也不尽相同。美国与欧洲，针对价

① 详见《克莱顿法》第 2 条。

② 详见《罗马条约》第 86 条。

③ 摘自《中华人民共和国电子商务法》第十八条，详见 http://www.npc.gov.cn/npc/xinwen/2018－08/31/ content_2060172.htm。根据该条款，电商平台在向用户推荐产品或服务时，除了提供与用户特征匹配的产品或服务信息外，还应提供不针对其个体特征的基础类(或公共类)的产品或服务信息，保证用户的知情权和选择权。因此，利用信息不对称实施的“大数据杀熟”行为是被禁止的。详细报道见：张旭. 明确了！以后电商“大数据杀熟”违法，中国新闻网，2018.9.13。

格歧视的公共政策已经考虑到了该政策应该不同于早期的经济效率原则。在美国，罗宾逊—帕特曼法(Robinson-Patman Act)规定：以下行为对任何从事商业活动的人而言是非法的……在购买相似等级与质量商品的不同购买者之间进行价格歧视……这种歧视的实际后果有可能在有些商业领域损害竞争或造成垄断。让我们一起欣赏19世纪法国工程师、经济学家Dupit对铁路客运三级价格系统的精彩评价[1]：

> 某个公司之所以要有敞篷的木凳车厢，并不是因为给三等车厢装上顶棚或者给三等车厢的木凳子装上垫子要花去几千法郎……它这样做的目的只是为了能够阻止愿意支付二等车费的人去坐三等车厢；它打击了穷人，但并不是想要伤害穷人，而是为了吓走富人……出于同样的理由，那些被证明对待三等乘客近乎残酷、对待二等乘客近乎吝啬的公司，在对待一等乘客时却变得慷慨起来。他们拒绝给穷人所必需的东西，但却给了富人许多多余的东西。

思考练习题

1. 简述栅栏定价模型的基本思想。

2. 垄断企业提供产品的边际成本为100元，代表性消费者的需求函数为$P=200-10Q$。

(1)如果垄断厂商只能对每单位商品制定一个统一的价格，请问利润最大化的价格为多少？垄断厂商从每个消费者那里获得多少利润？

(2)在法律允许的条件下，该垄断企业正在考虑将统一定价机制改变为打包定价，即把几个单位相同的产品包装在一起进行销售。请问每个包装应该放入多少数量的产品？每个包装的价格应该为多少？垄断厂商从每个消费者那里获得多少利润？

3. 公开拍卖有两种形式，一种为自下而上报价的英式拍卖，另一种为自上而下报价的荷式拍卖。请说明通过拍卖来对物品定价的适用条件，并比较这两种报价方式下最终成交价格的差异。

4. 共同价值(Common Value Auction)拍卖是指物品的真实价值对所有投标人而言是相同的拍卖，比如矿山、油田、土地的拍卖。在共同拍卖中，出价最高者获得物品，但物品的真实价值近似等于所有投标人出价的平均值。请解释共同拍卖中"赢家诅咒"现象，并说明投标人如何规避赢家诅咒，拍卖者又该如何应对。

5. (Cabral,2002)某软件公司开发了一种声控文字处理器软件Spoken Word，市场经理正在考虑如何为该软件定价。市场需求研究发现，该软件存在两个规模相等的需求市场：专业人员和学生(每类市场100万人)。假定专业人员和学生分别愿意支付$800(a-0.5)$和$100a$购买给定版本的软件，其中a表示软件的功能等级，$a=1$表示完全功能版，$a<1$表示软件功能仅能发挥$a\cdot 100\%$。对软件公司而言，除开发成本外，生产任何版本软件的成本几乎为零。因此，假设出售任何版本软件的成本是相同的。那么，软件公司应出售几种软件版本？哪几种版本？每种版本的价格是多少？

6. (Cabral,2002)可口可乐公司宣布它推出一种"聪明"的自动售货机——能根据外界温度变化

[1] Cabral, Luis M. B. 产业组织导论．胡汉辉、赵震翔译．北京：人民邮电出版社，2002，第166页．

改变价格。假定温度分为"高"和"低"两类。在高温天气，需求函数为 $Q=280-2p$，其中 Q 指当天可乐销售罐数，p 指每罐可乐的价格（以美分为单位）；在低温天气，需求函数为 $Q=160-2p$。假设每罐可乐的边际成本为 20 美分。

（1）假定可口可乐真的安装了这种"聪明"的自动售货机，而且在高温和低温天气以不同价格销售可乐是合法的，那么，高温天气的可乐价格和低温天气的可乐价格分别为多少？

（2）假设可口可乐公司继续使用其普通售货机——以固定价格出售可乐，与天气无关。如果可口可乐公司是风险中性的，那么，普通售货机上销售的每罐可乐的价格为多少？

（3）可口可乐公司最多愿意支付多少成本来安装这种"聪明"的售货机？

7.（Cabral，2002）假设一家 PC 机制造商正在考虑为三类用户提供不同运行速度的电脑：高级用户、商业用户和一般用户，其中一般用户占潜在市场的 20%，高级用户占 30%，其余为商业用户。一般用户认为每 1MHz 价值 100 元，商业用户认为每 1MHz 价值 200 元，高级用户认为每 1MHz 价值 300 元。假设 PC 制造商的生产成本是运行速度的平方，即 $C(s)=s^2$，其中 s 为运行速度（以 1MHz 为单位）。

（1）在完全市场屏障下，试为电脑公司确定其应为每类用户提供的电脑的运行速度及相应的价格。

（2）在无法建立市场屏障的情况下，高级用户是否会选择为商业用户设计的电脑？在这种情形下，试为电脑公司提出你所建议的定价战略。

8. 在国际航班中经常出现往返机票（两张）比单程机票便宜（一张）的现象。例如，2018 年 8 月 1 日美国航空 AA182 从上海飞往洛杉矶的单程机票为 7 015 元（含税），同一时间的往返机票（去程同为 8 月 1 日 AA182，返程为 8 月 3 日 AA183）只要 6 155 元（含税），如表 6.7 所示。当然，这种往返票价格低于单程票的情况大多限于往返选择同一家航空公司的情况。那么，你认为此种定价是否合理？为什么？

表 6.7　　上海—洛杉矶单程和往返票价对比

出发城市	到达城市	航班号	起飞时间	性质	总票价
上海	洛杉矶	AA182	2018.8.1 18:25	单程	7 015 元
上海	洛杉矶	AA182 AA183	2018.8.1 18:25 2018.8.3 11:45	往返	6 155 元

9. 中国宽带反垄断案

2011 年 11 月 9 日，国内媒体爆料：中国电信和中国联通因其在宽带接入市场中的垄断地位正接受国家发改委调查。我国《反垄断法》出台 3 年后首次调查央企，此案马上引起各方围观。① 一个不争的事实是，中国电信和中国联通在互联网接入市场的份额超过 2/3，符合"支配型企业"的界定。另一个基本事实是，中国电信和中国联通对中型接入商（包括移动、铁通、广电系统）和小型接入商（长城宽带等）制定了差异化的结算价格（即接入价格），后者接入价格要优惠许多。此种"价格歧视"被有关专家解读为：骨干带的两大运营商通过价格歧视提高直接竞争对手（铁通、广电系统等）

① 马晓芳、郭丽琴．电信联通意外遭调查．第一财经日报，2011.11.10。

的成本，而真正引发案件的导火线是2010年两大运营商清理“穿透流量”导致广东地区中国铁通大规模断网事件。所谓穿透流量，是指因两大运营商制定了差别价格，导致中型接入商转向小型接入商购买流量来节约成本。据透露，采用穿透流量可以使中型接入商的单个用户成本下降25元/月。[①] 此案旋即引发舆论战，央视财经频道接连进行专题报道，而工信部下属的《人民邮电报》和《通信产业包》则予以严厉回击，给出许多专业的解释。业内人士指出，这实际上是三网融合背景下各运营商对宽带接入市场的觊觎。2011年12月2日，中国电信和中国联通在官网上同时发表声明，已向国家发改委提交中止反垄断调查的申请，承认企业在互联互通及定价上存在不合理之处，并作出提速并降价的承诺。[②] 2012年3月13日在国家工商总局消费者权益保护局等主办的座谈会上，国家发改委反垄断局的领导披露，中国电信与中国联通已完成了100G的互联带宽扩容，且承诺进一步降低消费者的上网资费。[③]

问题：

(1)两大运营商对中型和小型接入商制定悬殊的网间结算价格是否合理？是否具有反竞争效果和损害社会福利？

(2)如何看待中型接入商的“穿透流量”行为。

(3)宽带接入市场是否应该引入更多的竞争对手？

10. 解构奢侈品定价之谜

奢侈品中外价差悬殊一直是公开的秘密。2015年，CLSA里昂证券曾对主要市场国家LV最经典畅销款手袋Louis Vuitton Speedy 30的价格调查显示，同一款Louis Vuitton Speedy 30不连肩带手提袋中国内地市场售价全球最贵，高达本土市场法国售价的1.6倍；中国香港售价位居第四，是法国本土市场售价的1.43倍。[④]

近年来，这一现象逐渐有所好转。据英国《金融时报》报道，2016年奢侈品在中国市场与欧洲市场的价差最高缩小了20%。根据咨询机构德勤对近2 000种奢侈品价格的调查显示，2017年奢侈品在中国的售价平均比法国同款商品高32%，而2016年这一数字为41%。服装和鞋靴商品方面的价格变化最为显著，2016年这两类产品在中国的溢价为近50%，但2017年的溢价水平仅为30%，溢价缩水约20%。[⑤]

业内关于奢侈品中外价差的解释集中在物流成本与关税上。[⑥] 奢侈品专家指出，虽然许多奢侈品是在中国制造的，但是代工厂并没有定价权，国际市场价格是由品牌商或代理商决定的。以Coach为例，产品配件从美国进口，在国内组织生产，然后运到美国检验，再以内销方式回到中国，除了物流成本增加外，各个环节都要获利，产品价格自然水涨船高。而海关人士指出，奢侈品在进口的时候，会发生关税、消费税、增值税，合计约70%～100%。但也有业内人士反对关税助推价格一

---

① 马晓芳．反垄断背后：宽带接入利益链．第一财经日报，2011.11.14。

② 郭宇靖，涂铭、张舵．以“提速降费”为幌，掩盖继续垄断之实．新民晚报，2011.12.6。

③ 钟晶晶．反垄断调查获进展，电信联通承诺再降低上网资费．新京报，2012.3.15。

④ 王晓然，王明杨。LV中国定价策略不合群：在华卖价全球最贵为法国1.6倍．北京商报，2015.9.30。

⑤ 吴文治，徐天悦．奢侈品中欧价差缩小20%带动国内市场回暖．北京商报，2017.9.5。

⑥ 刘琼．关税导致奢侈品价格内外价差近一倍．第一财经日报，2010.7.19。

说——以耐克为例，有些代工厂位于保税区，产品先出口再进口在保税区内就能完成，实际上不需要走出国门。耐克在国内的一家代工厂承认，在中国内地销售的耐克、阿迪达斯等国际品牌鞋的途径分三种：一种是在中国生产后直接在国内销售；一种是从中国出口到海外后再转内销；还有一种是在其他国家或地区生产再进入中国。但是，不管以哪种方式在中国销售，都免不了较高的税费。①

法国马赛商学院的 Michel Gutsats 认为，奢侈品的价格是基于价值定价——奢侈品的价值即在于它们的排他性。Gutsats 指出："许多国家进口的奢侈品都需要支付消费税，这部分税有时会达到出口价格的 100%。在有些情况下，还需要增加增值税和地方税。这些在一定程度上都会反映到最终零售价中。"Gutsats 举例说明了奢侈品的定价密码：假设某奢侈品牌的原产地为欧洲，则欧洲的价格指数被设定为 100；而纽约的价格指数会稍高于原产地，比如 105 或者 110——纽约价格成为美洲区域的参照价，在美国统一实行纽约的价格。但在该区域的阿根廷，比如有 30% 的消费税，那么阿根廷的理论价格为 105×1.3=136.5，或者 110×1.3=145，最后可能会定在 130。在东京的价格指数可能达到 145，因为日本的消费税和运营成本较高。按照 Gutsats 的说法，随着汇率的变动，奢侈品价格指数调整是一种常态。另外，全球各地奢侈品消费心理对奢侈品定价也具有重要影响。一般奢侈品定价时会综合考虑各个国家消费人群的社会文化、消费习惯、行为特点等因素。比如，欧洲设计师的消费心理、美国的自我型消费心理、日本的必需品消费心理、中国的炫耀性消费心理。②

问题：

(1)据 LVMH 首席财务官 Jean-Jacques Guiony 透露，2018 年初，LV 上调了旗下核心品牌 LV 的皮具价格，这是 LV 四年来首次涨价，上涨幅度为 1.7%～1.8%。③ 根据以上材料并结合这一事件说明奢侈品定价时应考虑哪些因素？

(2)面对价格歧视的指责，Coach 等外资品牌辩称，是因为进口关税以及物流成本居高不下，所以中国人消费"Made in China"奢侈品反而要付出更高的价格，你是否赞同？

(3)结合案例材料解释价格歧视的概念，给出价格歧视的一个判别标准，并说明事实价格歧视的前提条件。

(4)有观点认为："中国制造"以低廉的成本和利润托起了全球"质优价廉"的消费，却又在本土终端消费市场为这些外资品牌贡献了高额利润，相当于为这些外资品牌打了"两份工"。本土企业、消费者、政府对此现象应做些什么思考？

---

① 胡军华，李溯婉．耐克——一双科比五代篮球鞋内外价差 400 余元．第一财经日报，2010.7.19。

② 郑爽．频繁涨价刺激购买——解构奢侈品定价密码．第一财经日报，2011.7.19。

③ 李昉、董菁．时隔四年 LV 皮具再次涨价，香港零售业强劲复苏．人民网，2018.4.12。

第七章　竞争导向定价

我们在第四章着重分析了如何判断顾客对价格的反应，而价格反应系统还包括顾客对竞争对手价格的反应。我们知道，顾客认知价值是定价的上限，变动成本是定价的底线；而第五章关于定价心理的分析表明，竞争对手的价格是影响消费者外部参考价格 ERP 的主要因素。随着各国间贸易壁垒的明显减少，全球化竞争市场日益形成，核心产品差异化不断缩小，产能过剩成为不争的事实，顾客也日趋成熟。在此背景下，顾客认知价值和变动成本之间的利润正由于竞争者价格的快速"下旋"而不断被挤压——Renaissance 化妆品公司的首席执行官 Thomas Bonoma 将其比喻为"定价中的 Veg-O-Matic 问题"[①]。通用电气公司的杰克·韦尔奇指出：随着全球价值时代的到来，如果你不能以世界上最低的价格出售质量最好的产品，你将被淘汰出局。因此，定价时还应考虑到竞争因素，将定价战略有机融入企业的总体竞争战略中。特别是应预估竞争对手对本企业价格调整的可能反应，应准确地评价定价战略的长短期效果。

竞争导向定价乃指企业的定价主要以竞争性产品的价格而不是以成本或需求为基准。在近乎同质的产品竞争市场中，比如石油市场，典型的竞争导向定价模式是模仿定价（Imitative Pricing），即基于行业平均回报率（Going Rate）的定价策略。在具有产品差异化的市场中，比如航空公司，不管是产品式样、质量、功能上的差异，还是服务、定位上的差异，都赋予企业制定差异价格的能力，企业应对竞争产品价格变动的定价策略比较丰富，除了应以降价外，还可以应以广告宣传、改善分销渠道、改善企业和顾客的关系、传递产品差异化价值等策略。相比之下，降价是以较低的边际收益为代价巩固短期内的市场份额，未必能为企业带来持续的盈利能力。

---

① Veg-O-Matic 是一种将蔬菜切割成蔬菜片或蔬菜条的机器，通过深夜电视节目取得巨大销量，但由于竞争者价格挑战，其利润不断被蚕食。参阅：Robert J. Dolan，Hermann Simon. 定价圣经．董俊英译．北京：中信出版社，2004，第 77、91～92 页．

第一节 定价博弈

博弈论是西方经济学在过去60年的发展中一道亮丽的风景线。Von Neumann & Morgenstern(1944)合作出版的《博弈论和经济行为》一书奠定了现代博弈论的理论基础。1994年诺贝尔经济学奖被授予对现代博弈论具有重要贡献的三位经济学家John Harsanyi,John Nash及Reinhard Selten,以表彰他们在非合作博弈领域的杰出贡献。

2005年,博弈论专家再获诺贝尔经济学奖垂青,罗伯特·奥曼和托马斯·谢林由于在合作博弈论方面的杰出成就分享此殊荣。其中,罗伯特·奥曼发展了不完全信息重复博弈,对于解决组织冲突有重要指导意义;而托马斯·谢林在《冲突的战略》中提出"可置信威胁"及"限制己方行为"的承诺性行动(Commitment),对于促成组织成员的合作具有重要的指导作用。

一、定价游戏规则

博弈论者将定价定义为一种博弈游戏,即定价的成功不仅在于公司的定价策略,还与其客户及竞争对手的反应息息相关。这种定价游戏旨在最大限度地获取利益,它要求定价经理具备高超的定价游戏技能。

Brandenburger & Nalebuff(1995)将博弈要素归纳为PARTS,即参与者(Player)、附加值(Added Value)、规则(Rules)、技巧(Tactics)以及行动空间范围(Scope)[①]。

参与者又称玩家,它既可以是同行业的竞争对手,也可以是价值链上任意一个环节的利益主体,包括供应商、互补品厂商、替代品厂商、竞争对手、潜在进入者以及顾客六方面利益相关者之间的各种可能组合。

附加值是指各参与者的附加价值,即其对整个博弈的作用。通常情况下,一个参与者增加自身附加价值的同时会降低其他参与者的附加值,此即"零和"甚至是"负和"博弈。比如,传统的利益谈判机制是切割一个固定规模的蛋糕,属于零和博弈;而价格战使得市场规模萎缩,属于负和博弈。随着和谐时代的到来,竞争与合作共存的新型竞争理念逐步形成,参与者可以通过合作共同做大蛋糕,提升所有参与者的附加值,此

---

① Adam M. Brandenburger, Barry J. Nalebuff. The Right Game: Use Game Theory to Shape Strategy. *Harvard Business Review*, 1995(4).

即正和博弈。

规则是指对参与者的策略或行动进行约束的一系列规定，对违背规则者进行警告或惩罚，所谓“没有规矩，不成方圆”。比如，我国的《反不正当竞争法》明确禁止价格欺诈。2002 年 9 月 15 日起实施的《药品管理法实施条例》明确规定，国家对以下两种药品实行政府定价或政府指导价：(1)列入国家基本医疗保险药品目录的药品；(2)国家基本医疗保险药品目录以外具有垄断性生产、经营的药品。而欧洲的《罗马条约》及美国的《谢尔曼法》对价格竞争有明确的下限约束，即对低于边际成本的定价行为定性为掠夺性定价(Predatory Pricing)。

技巧又称战术，即参与者通过技巧提升自身的竞争优势，增加自身的附加值。比如，优质产品厂商可以通过延长保质期让顾客将其与其他厂商区别开来；在位者企业可以通过战略性投资、隐藏信息、制造迷雾等策略性行为来改变潜在进入者的信念(Belief)，达到进入遏制(Deterrence)的目的；企业可以通过“先进行大量广告砸出品牌、再制定高价传递产品质量、最后延长保修期让顾客放心”等一系列组合拳铸造成功之路——脑白金乃其中之典范。

范围乃指参与者行动的时空边界。比如，在新产品让利促销中，可以采取试用、免费培训、折扣、返利(Rebate)、发放优惠券(Coupon)等营销策略；而在价格联盟中，当某些成员采取背叛行为后，己方可以采取以牙还牙(Tit-and-Tat)的报复行为，也可以采取以诚相待的拯救行动。俗话所讲的“惹不起躲得起”或者“冤家路窄”都说明了参与者改变博弈范围以提升自身利益，这是一种选择迂回战术避免正面冲突的策略性行为。

高明的游戏者通常会改变游戏规则中的某一个要素或多个要素，促使博弈的均衡结果朝着有利于自身的方向发展。

(1)选择有利的参与者。我们知道，在经典的囚徒困境(Prisoner's Dilemma)中，每个囚犯的个体理性导致双方均选择背叛，导致集体非理性。破解囚徒困境的一个办法是引入强制性的外部协调机制，即让第三方来执行对背叛者的惩罚措施。其启示是，当边缘性企业违反价格协议，或者新进入者试图通过渗透定价来吸引价格敏感的消费者时，在位者可以借助行业协会或者政府价格管理部门予以抵制。而制造商可以引进供应商以保持选择权的开放性，避免被供应商套牢。比如，1985 年孟山都公司获得了阿斯巴甜的专利，它是用于减肥饮料与其他软饮料的人造甜味添加剂，并以 Nutrasweet 的商标销售它。鉴于该专利的有效期到 1992 年为止，为削减孟山都的垄断供应力，可口可乐及百事可乐鼓励荷兰糖果公司(HSC)生产 Nutrasweet。在预见到荷兰糖果公司将进入市场后，孟山都便与可口可乐及百事可乐签订了长期的优惠价格供应合约。可口可乐及百事可乐从潜在的供应链竞争中获益颇多。

(2)制造迷雾。很多情况下，参与者可以利用其私有信息(Private Information)获得竞争优势。比如,可口可乐公司利用其配方的商业机密获取巨额利润;而微软通过控制源代码排斥竞争对手。今天,中国股市存在严重的信息不对称,许多股民由于缺乏知情权而陷入难以自拔的困境。另外,假冒伪劣产品之所以盛行也与信息不对称有关。

我们通过一个简单的模拟实验来进一步阐释参与者如何通过隐藏信息甚至制造迷雾使博弈朝着预期的方向转变。假定笔者手里有 80 张特制的红牌;80 个读者每人手里有 1 张特制的黑牌;1 张特制的红牌和 1 张特制的黑牌配对可以向复旦大学管理学院 MBA 办公室领取 500 元奖金。那么,在笔者和每位读者磋商如何分配 500 元奖金时,我并没有讨价还价的优势,因为如果错过了一位读者,笔者手里的一张红牌就作废了。所以,这个博弈等价于笔者与一个拥有 80 张特制黑牌的读者进行 80 次谈判,其均衡结果是(50%∶50%),即笔者和每位读者将平分 500 元奖金。但是,如果笔者先撕掉 1 张红牌(并告诉 80 位读者本人手里只有 79 张红牌),那么,在与这 80 位读者进行配对谈判时,均衡结果将发生戏剧性变化。因为少掉了 1 张红牌就意味着将有 1 位读者失去配对机会,笔者可以利用这种稀缺所产生的竞争压力迫使每位读者接受不平等的奖金分配方案;而且,这种不确定性保留越久,对笔者就越有利。

(3)借力用力,借刀杀人。当面对强敌时,可以联合弱小者予以反击;也可以离间强敌,利用其内部矛盾瓦解强敌;还可以利用"打抱不平者"打击强敌。比如,当竞争对手不顾众人反对坚决降价时,可以告知其老客户,为其未受到"公平待遇"或"感情伤害"而惋惜,让这些老客户去反对竞争对手的降价行为。

专栏 7.1

博弈的两个故事

1. 水有多深

一只羊趴在池塘里的水上吃草。一头狮子盯了半天,始终不敢扑上去吃掉它。因为,狮子不知道水有多深。

后来,羊吃饱了,站起来,伸了个懒腰。狮子发现,原来水只没及羊的小腿。狮子二话不说,扑上去将羊放倒,美美地吃着羊肉。

后来,池塘边围来了一群狮子,它们看见这头大狮子趴在水里吃羊肉,但就是不敢上去抢,因为它们不知道水有多深,只好耐心观察。后来,那头吃羊的狮子得意地摆摆尾巴,站了起来,伸伸懒腰。狮子们惊讶于水只没及那头吃羊的狮子的脚后跟,所有狮子都扑上去,将肉食抢光了。

2. 科学家教你玩"石头、剪刀、布"

据 2007 年 12 月份出版的英国《新科学家》杂志报道,科学家已经找到玩游戏"石头、剪刀、布"的秘诀:先出剪刀。"石头、剪刀、布"的游戏规则是:石头磕剪刀,剪刀裁布,布包石头。科学家研究发现,玩游戏时人们最常出的第一招是"石头",因此,精明的游戏者通常出"布";而这时候你出"剪刀"就可出奇制胜。《新科学家》文章还说,还有一些窍门能保证玩家立于不败之地,比如直接告诉对手你准备出什么招，然后实施。其心理学依据是：没有人会相信你真会这么做，因而他们反而不会出能击败你的招数。实际上，如果你告诉对方你将出石头，则对方认为你会出剪刀或布，对方的最优选择是出剪刀以保证不败，而你恰恰可以出石头来取胜。

二、价格竞争博弈

纳什均衡NE(Nash Equilibrium)是博弈论最基本的概念。在一个有 n 个参与人的博弈中，记每个参与人的战略为 $s_i \in S_i (i=1,2,\cdots,n)$，Nash(1950)将战略组合 $s^* =(s_1^*, s_2^*, \cdots, s_n^*)$ 称为纳什均衡战略，是指：给定其他参与人均选择均衡战略组合中的战略 $s_{-i}^*=(s_1^*,\cdots,s_{i-1}^*,s_{i+1}^*,\cdots,s_n^*)$，其中 $-i$ 是指除了参与人 i 以外的其他所有参与人，那么对参与人 i 来说，选择均衡战略组合中的战略是最优的，即

$$s_i^* \in \arg \cdot \mathrm{Max}_{s_i \in S_i} \{\pi_i(s_i, s_{-i}^*)\} \qquad \forall i \in \{1,2,\cdots,n\} \tag{7.1}$$

换句话说，在纳什均衡战略下，如果其他人不改变战略，则任何一个参与人都不会单方面改变战略。关于纳什均衡战略的存在性，Nash(1950)证明了：每个有限的博弈至少存在一个纳什均衡(纯战略的或混合战略的纳什均衡)①。

一般地，Bertrand(1883)关于两个企业的价格竞争博弈模型假设：(1)消费者向价格最低的厂商购买产品。(2)如果两个企业的价格相等，其市场份额为50%：50%，即各有一半的消费者向企业1和企业2购买产品。图7.1显示了Bertrand竞争模式下企业的利润与其价格的关系。实际上，给定 p_2，企业1的利润为 $\pi_1(p_1)$

$$=\begin{cases} (p_1-c_1), & \text{当 } p_1<p_2 \\ \frac{1}{2}(p_2-c_1), & \text{当 } p_1=p_2 \\ 0 & \text{当 } p_1>p_2 \end{cases}$$

显然，每个企业的最优报价策略是尽量接近对方的出价，但始终比对方的价格略低。竞争的均衡结果是将价格逼向边际成本，如专栏7.2所示。

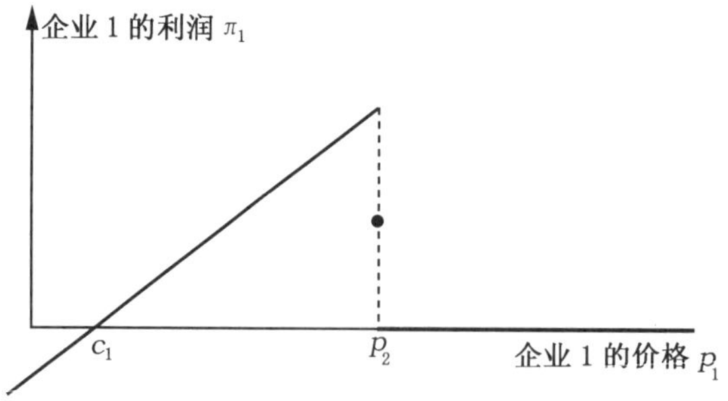

图7.1　企业1的利润函数

① Nash, J. Equilibrium Points in n-Person Games. *Proceedings of the National Academy of Sciences*. 1950, 36: pp. 48～49.

专栏7.2

价格竞争模拟[①]

假设新科和步步高均生产销售DVD,边际成本都是800元/台;市场上有200个潜在消费者,每个消费者的支付意愿都是1 500元;如果新科和步步高的价格相同,则各有100个消费者购买新科和步步高的DVD。在初始状态下,假设双方均定价$P=1\,500$元,那么,每个企业的利润为(1 500－800)×100=70 000(元)。但是,如果新科将价格降低1元,则200个消费者都购买新科的DVD,新科的利润变为(1 499－800)×200=139 800>70 000(元)。面对新科的降价,步步高的反应是将降价至1 498元,其利润变为139 600元;而新科将进一步降价至1 497元……经过一系列价格调整,均衡价格为800元,这与Bertrand竞争的均衡结果是一致的。

步步高和新科陷入价格战漩涡的主要原因在于:(1)产能过剩而增量成本很低。当一方的价格低于另一方的价格时,低价者的生产能力足以满足全部市场需求。事实上,在固定成本很高而增量成本很低的产业,当产能过剩时,价格战总是难以避免的,比如航空、电信等产业。(2)产品雷同,同质性严重,各个企业只能拼价格。(3)一次性的交易关系。维持高价者不能留待将来对削价者予以惩罚,只能通过即时降价反击以维持市场份额。

产能限制(Capacity Limited)可以帮助企业走出Bertrand悖论。假设新科和步步高的生产能力都只有90台,成本仍然是800元/台;潜在消费者仍为200人。那么,均衡价格为1 500元——谁都没有降价的动机。事实上,如果新科降价至1 499元,至多销售90台,利润为(1 499－800)×90=62 910<63 000(元);而步步高维持高价1 500元,仍可以销售90台DVD,实现利润63 000元。因此,步步高不会降价。

假设每个企业的生产能力都为110台(每个企业均不能单独供应整个市场,但总供给超过总需求)。那么,1 500元是否成为均衡价格?如果步步高定价1 500元,而新科降价至1 499元,则新科的利润为(1 499－800)×110=76 890>70 000(元)。而如果步步高维持1 500元,则利润为(1 500－800)×90=63 000(元);但是,步步高降价至1 498元,其利润为(1 498－800)×110=76 780(元)。因此,当新科降价至1 499元后,步步高将降价至1 498元。那么,价格是否会跌到800元?由于要价高的企业的市场份额不是零,所以,当价格跌到一定程度后,企业反而会提价,引发整个市场价格全盘上升,这一轮价格战结束。假设当价格下降至$P=x$时企业反而会提价(提价至1 500元),则有$(x-800)\times110=(1\,500-800)\times90=63\,000$(元)。因此,当价格跌破至$x=1\,372.72$元时,价格会反弹,如图7.2所示。

以下以亚马逊和巴诺两家网上书店的价格竞争为例来阐释纳什均衡的概念[②]。亚马逊和巴诺书店均拥有自己的忠诚顾客群,两家公司都已确定针对竞争对手价格调整的应对策略。以亚马逊为例,其应对策略为:如果巴诺提供0.50元的折扣,我方将提供0.40元的价格优惠,从忠诚顾客中获得收益;而如果巴诺公司提高价格,我方也将提高价格,但幅度小于对方——比如巴诺提价0.1元,我方只提高0.05元。图7.3

---

① 改编自:周惠中.商战自有正道.上海人民出版社,2006,第44～74页.

② 参见:Boyes,William,刘伟等译.新管理经济学.北京:中国市场出版社,2006,第306～307页.

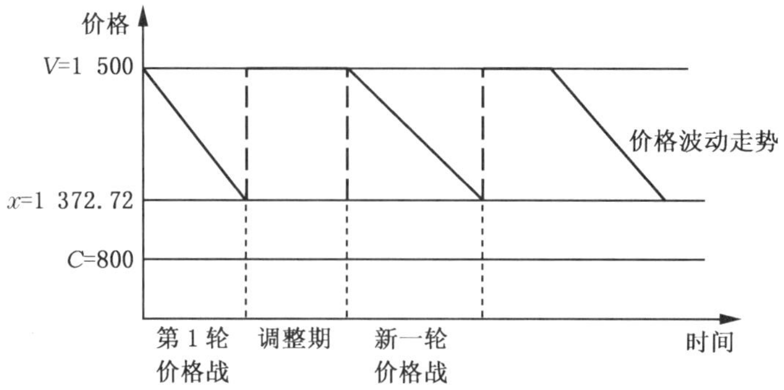

图 7.2　具有产能约束的价格竞争均衡

给出亚马逊公司关于巴诺公司的价格反应曲线 PRC(Price Reaction Curve),其中 A 表示亚马逊,B 表示巴诺。如果亚马逊和巴诺的成本结构、忠诚顾客人数及其价格弹性是对称的,那么可以画出类似的巴诺公司关于亚马逊公司价格变动的反应曲线。显然,亚马逊确定价格时的基本逻辑是:"如果巴诺给予 0.50 元的折扣,我方就给予 0.40 元的折扣;但是,巴诺知道我们关于其价格折扣的反应,所以其折扣不会是 0.50 元,而是针对我们的 0.40 元的折扣,其折扣将是 0.35 元;因此,我们的价格折扣将调整为 0.30 元;但是,巴诺将进一步调整其价格折扣……"直至两条价格反应曲线的交点,谁都不愿意单方面调整价格折扣。

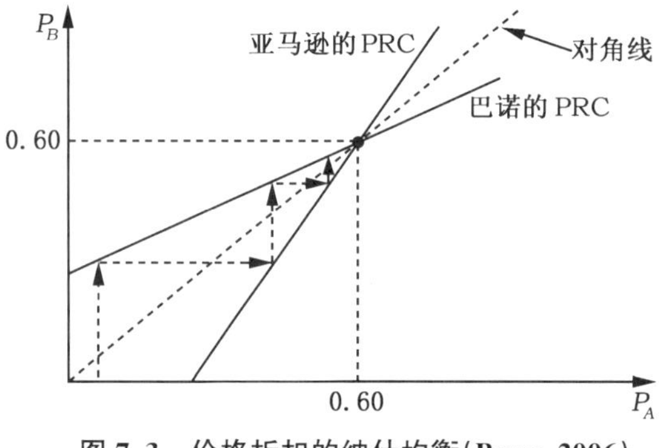

图 7.3　价格折扣的纳什均衡(Boyes,2006)

专栏 7.3

Kleenex 与 Scotties 之争[①]

Kimberly Clark(金佰利)和 Scott Tissues(舒洁)是美国面纸市场的主导厂商。Kimberly 生产 Kleenex 品牌,Scott 生产 Scotties 品牌。尽管在广告战中两家企业都互不让步,但竞争重心正逐渐转向价格竞争。

---

① 改编自:Martin Cripps. Managerial Economics. Washington University in St. Louis,2007.

基于多年经验，两家公司都意识到它们的市场份额是由一种标准盒装面纸(130 抽)的相对价格决定的。例如，在东南部的面纸市场上(由于气候寒冷，此地为面纸最大的区域市场)，每年总的销售量相对不变，而且总销售量只受天气和疾病影响，与价格关系不大。为便于分析，我们假设市场总销售量恒为每年 5 000 万盒。在这个市场上，每个企业的市场份额与其相对价格直接相关。比如，如果两家公司制定同一价格，KC 的 Kleenex 品牌(由于品牌忠诚度较高)可以获得 70%的市场份额；SC 的 Scotties 品牌获得 30%。大致而言，价格上 5 美分的区别会导致相对市场份额 10 个百分点的变化。比如，如果 SC 比 KC 价格低 10 美分，SC 的市场份额为 0.3+0.2=0.5，即 50%。

一般地，KC 的市场份额为 $0.7+0.02(P_S-P_K)$；SC 的市场份额为 $0.3+0.02(P_K-P_S)$，其中价格以美分为单位，两公司的市场份额相加恒等于 1(这里我们不考虑本地其他品牌的潜在竞争)。

每个企业在制定价格策略时都力争最大化自身利润，并考虑到对方的价格策略。KC 的优势在于品牌忠诚度较高，SC 的优势在于成本较低(KC 了解此点，但它声称 SC 的纸巾不如自己的柔软)。KC 生产并销售一盒面纸的边际成本为 63 美分，SC 的边际成本为 56 美分。表 7.1 显示了两家企业处于不同价格组合时的利润，其中，每个方格里上面一行是 KC 的利润，下面一行是 SC 的利润。每家公司的利润计算公式为：$(P-MC)\times Q$，其中 Q 表示销售量，等于企业的市场份额乘以总量 5 000 万。例如，如果 KC 的价格是 109(美分)，SC 的价格是 99(美分)，那么前者的利润为$(109-63)\times 25=11.5$(百万美元)，而后者的利润为$(99-56)\times 25=10.75$(百万美元)。

简单分析表明：如果 KC 与 SC 同时定价，则均衡结果是 KC 定价 89 美分、SC 定价 79 美分；而如果 KC 先动并承诺将实行其制定的价格，那么均衡结果 KC 定价 104 美分，SC 定价 89 美分。

表 7.1　　KC 与 SC 在各种价格组合下的利润　　单位：美分

SC 的价格

		64	69	74	79	84	89	94	99	104	109
	64	0.35 1.2	0.4 1.3	0.45 0.9	0.5 0	0.5 0	0.5 0	0.5 0	0.5 0	0.5 0	0.5 0
	69	1.8 1.6	2.1 1.95	2.4 1.8	2.7 1.15	3.0 0	3.0 0	3.0 0	3.0 0	4.0 0	4.0 0
	74	2.75 2	3.3 2.6	3.85 2.7	4.4 2.3	4.95 1.4	5.5 0	5.5 0	5.5 0	5.5 0	5.5 0
	79	3.2 2.4	4.0 3.25	4.8 3.6	5.6 3.45	6.4 2.8	7.2 1.65	8.0 0	8.0 0	8.0 0	8.0 0
KC 的价格	84	3.15 2.8	4.2 3.9	5.25 4.5	6.3 4.6	7.35 4.2	8.4 3.3	9.45 1.9	10.5 0	10.5 0	10.5 0
	89	2.6 3.2	3.9 4.55	5.2 5.4	6.5 5.75	7.8 5.6	9.1 4.95	10.4 3.8	11.7 2.15	13.0 0	13.0 0
	94	1.55 3.6	3.1 5.2	4.65 6.3	6.2 6.9	7.75 7	9.3 6.6	10.85 5.7	12.4 4.3	13.95 2.4	15.5 0
	99	0 4	1.8 5.85	3.6 7.2	5.4 8.05	7.2 8.4	9 8.25	10.8 7.6	12.6 6.45	14.4 4.8	16.2 2.65
	104	0 4.4	0 6.5	2.05 8.1	4.1 9.2	6.15 9.8	8.2 9.9	10.25 9.5	12.3 8.6	14.35 7.2	16.4 5.3
	109	0 4.8	0 7.15	0 9	2.3 10.35	4.6 11.2	6.9 11.55	9.2 11.4	11.5 10.75	13.8 9.6	16.1 7.95

三、定价博弈是负和博弈

由上述定价博弈的Bertrand模型分析得到，缺乏产品差异化的价格竞争结果使得企业的毛利接近于零，边际成本定价成为纳什均衡。这在一定程度上解释了价格战的根源。

事实上，价格战已是司空见惯的事情。比如，美国在20世纪70年代爆发了规模浩大的咖啡之战。当时，密西西比以东地区最畅销的咖啡品牌麦斯威尔的提供商通用食品(GF)的市场遭到西部品牌福格提供商宝洁(P&G)的挑战。宝洁采用电视广告、零售商促销、优惠券、附送礼品及邮寄免费样品等策略依次进入克里夫兰、费城、锡拉丘兹等东部地区城市。通用食品最初采用邮寄并附送优惠券方法及销售商激励等非价格手段应对；后来逐渐采用大降价的"即时防御"战略，将价格降到低于进入者的成本。通用食品的以牙还牙策略演绎了一场颇为壮观的咖啡价格战。①

在国内，长虹一直是彩电价格战的始作俑者。1996年3月，长虹突然宣布降价，国内其他彩电企业如康佳、TCL、熊猫竞相仿效，掀起了国内彩电市场的第一轮全面价格战。1999年4月，在沉默了3年后，长虹又一次全面降低彩电价格；2001年2月，长虹CEO倪润峰再度执掌长虹后又故技重演，引发TCL和厦华等彩电企业的跟进行为，将整个彩电行业推向微利的边缘；2003年4月，倪润峰掀起背投普及计划，大幅度降价。而国内竞争对手在经历了一轮又一轮的价格战后已长了记性，不再盲目跟进，而是采用差异化竞争策略，相继推出等离子彩电。长虹的这次降价，不但将消费者、经销商、供应商拖入价格战的泥潭中，将自己逼向四面楚歌的尴尬之中，还得罪了美国司法部，被指控为倾销行为。

价格战的成因可以用图7.4所示的囚徒困境博弈模型予以进一步解释。如果两个企业均制定高价，则利润均为3个单位；如果均降低价格，则两败俱伤，利润都是1个单位；如果一个企业制定高价，而另一个企业降价，则降价者抢夺整个市场，利润为5个单位，而定高价者利润为0。显然，纳什均衡为(降价，降价)。即使双方事前形成价格联盟，但价格联盟是脆弱的，每个企业都存在背叛(即降价)的诱因。

		企业A	
		高价	降价
企业B	高价	3, 3	0, 5
	降价	5, 0	1, 1

图7.4　价格竞争的两难

① 丹尼斯.卡尔顿，查弗里·佩罗夫.现代产业组织.黄亚军等译.上海：上海人民出版社，1998.

可见，价格竞争越激烈，给市场造成的损害越大。这是定价博弈与其他博弈的根本区别。一般的博弈，比如竞赛是正和博弈，其每一个过程都在创造价值，失败者也能从中获益。而定价博弈是负和博弈，会导致两败俱伤的结局。因此，赢得一场战役并非最后的胜利；价格战争并非是解决问题的唯一方法。从这个意义上讲，价格战争仅是一种短期的策略；战争应该是最后的选择；而开发新产品、寻求新的服务提供路径、同客户更有效的利益沟通、降低运行成本等才是积极的竞争措施。

因此，企业应重塑心智模式，改变传统竞争理念，完成由负和竞争理念向竞争与合作共存的正和竞争理念的转变。战略学者认为，合作创造价值，而竞争切割价值。麦肯锡公司的咨询专家 Bleeke 与 Erns 在其《协作型竞争》一书中指出："完全损人利己的竞争时代已经结束，企业应该进行合作，通过战略联盟来取得竞争优势。"Nalebuff 和 Brandenburger 在《合作竞争》(Coopetition)中写道："你并不需要熄灭别人的灯光以使自己明亮……你不得不在竞争的同时与人合作。"竞合的重要表现形式是合谋(Collusion)，即竞争对手之间的合作行动，如联合确定产量、协议价格、合作确定产品质量及联合广告等。而卡特尔(Cartel)是一种典型的合谋形式。石油输出国组织 OPEC(Organization of Petroleum Exporting Countries)是一个典型的卡特尔组织，OPEC 的石油产量占世界的 33%以上。OPEC 曾在 1973 年宣布提高原油价格，行使卡特尔行为。但是，由于公开合谋通常是非法的，因此，企业之间的合谋行为变得越来越隐蔽，包括秘密协议(Secret Agreement)、默契协议(Tacit Agreements)、价格联盟(Price Alliance)等多种形式，我们在第九章将对此展开深入分析。

专栏 7.4

价格战模拟——纸牌配色游戏

为分析重复博弈对短期行为的制约，博弈论专家根据囚徒困境设计了一个纸牌配对游戏，游戏规则为①：

(1)10 个同学分成两组，每组 5 个同学，分别称为 A 组和 B 组；A 组的 5 个同学之间做游戏，B 组的 5 个同学之间做游戏，但 A 组和 B 组的同学之间不做游戏。

(2)每个同学手上有两张扑克牌，1 张为红牌，另 1 张为黑牌。每个同学与同一组里的其他 4 位同学分别进行 30 次对局。每一位同学在每次对局中的战略(即行动)是从他手中的两张牌中选择 1 张牌，每出 1 次牌称为 1 个对局。因此，每个同学的战略空间是{红牌；黑牌}。红牌表示合作(即图 7.4 中的维持高价行为)；黑牌表示背叛(即图 7.4 中的降价行为)。

(3)出牌时，每个同学与对手同时亮牌。由于纸牌数量有限，每个同学亮出牌后收回纸牌，使得

① 设计该游戏最初受项保华教授的启发，参见：项保华．战略管理：艺术与实务．北京：华夏出版社，2003，第 229～230 页。作者对游戏及欲达到的目的做了部分修改，得到一些新的结论。

手里始终保持有两张纸牌。但是，A 组的第 1 位同学在与其他对手对局时，每次都先亮牌；并且他宣称采用触发策略——若与他对局的同学在某次对局中采取背叛行为（即出黑牌），他就在余下的对局中一直出黑牌。　（4）每个对局的支付结果为：双方均选择红牌，各得 3 分；双方均选择黑牌，各得 1 分；一方选择黑牌而另一方选择红牌，则出红牌者得到 0，出黑牌者得到 5。

（5）在开始游戏时，每个同学都上交 100 元给游戏组织者。每个同学均进行 120 次对局。在每次对局中将得分记录下来，最后加总 120 次对局的总分。最后，10 位同学根据其对局的总分重新分配这 1 000 元。

近 5 年来，笔者在复旦大学管理学院 MBA、本科生，内蒙古大学经济管理学院 MBA，云南大学旅游与管理学院 MBA，复旦大学（深圳）MBA 以及上海一些著名企业的 Mini MBA 等群体进行上百次的模拟，得到以下一些有趣的结论：

第一，强硬的价值。A 组的第 1 位同学在与每位同学对局时，对方总在第 30 次对局中出黑牌，因此，A 组的第 1 位同学在最后一次对局中损失 3 个单位。但是，A 组的第 1 位同学的总得分总比其他同学的得分高。因为，A 组的第 1 位同学采用触发战略，通过“我自岿然不动（Here I Stand）”的强硬形象迫使对手在前面的 29 次对局中采取合作行动。

第二，知己知彼，百战不殆。当同组内的同学进行对局时，其他同学会来旁观，其目的是了解未来竞争对手是否具有良好的合作声誉，为将来的可能合作提供信息支持。出过黑牌的同学在以后的对局中与对家建立合作关系时将碰到困难。

第三，正确理解“赢”的重要性。许多同学对“赢”的理解错误，以为只要比对家多 5 分就是赢。所以，在与对手谈判好合作后，突然间在第 1 次对局中就出黑牌，使得双方从一开始就陷入价格战的漩涡，最后双方分数都很低。尽管出黑牌的同学多了 5 分，但总分还是比其他善于合作的同学低。这就类似于乒乓球或足球小组赛，最后是通过算小分来决定出线资格的。

第四，破镜难圆。在对局中，当一方出了黑牌破坏了合作关系后，对方马上采取报复行动。当双方意识到得分很低时，就可能通过重新磋商（Renegotiation）再次合作；但是，由于双方在合作过程中有过裂纹，不得不时刻防范对方的机会主义行为，导致“冷战”不断。

第五，“老实不吃亏”。具有良好合作声誉的同学在 120 个对局中的总分比“善于”搞机会主义行为的“小聪明者”的得分更高。

四、竞争优势

（一）竞争优势的来源

粗略地讲，当一个企业的业绩超过行业平均水平，就可以说该企业获得了竞争优势。比如，航空业中的西南航空、银行业中的第一班克公司、运动鞋行业中的耐克公司、制药业中的默克公司……都是具有竞争优势的著名企业。准确地讲，竞争优势指的是企业所处的这样一种状态，即以自身的资源或组织能力（活动）为基础，能够提供被顾客认为是物有所值的产品或服务，比竞争对手更好地创造顾客所需的价值。

从竞争优势赖以建立的基础来看，从 20 世纪早期的土地等资源，到中期的工厂、设备、资本，再到当今的信息、脑力与理念，越来越趋向于知识化的创造力。而从顾客所关注的价值重点来看，20 世纪 50～90 年代先后经历了从生产、成本、营销、质量，再到时间的变化，并在 21 世纪初渐渐出现聚焦于服务及网络资源的倾向。

注意到，消费者剩余＝可察觉收益(B)－支付成本(或产品价格 P)＝(可察觉毛收益－使用成本－交易及购买成本)－支付成本(P)＝$B-P$。其中，使用成本包括产品安装、学习使用、操作、保养成本；而交易或购买成本包括搜寻成本、运输、签订合同成本。因此，市场占有率并不能保证企业具有竞争力。事实上，如果所有竞争者均采取低价进军市场，那么，市场占有率将化为灰烬。价格竞争是通过牺牲利润来吸引顾客，不足以形成竞争优势。获得竞争优势的正确方法是通过提高业务的运营效率来创造更多的附加值——或者在不显著增加成本的前提下增加商品或服务的附加值，或者在保持商品或服务的价值水平的前提下显著地降低成本。

企业应努力通过价格以外的手段创造竞争优势，为顾客提供更多的附加价值。比如，对价值链的有效管理可造就竞争优势：或者专注于行业的一个部分，实现专业化规模经济性；或者拓宽或缩小市场的地理空间区域以降低成本；或者与相关行业中处于价值链上同一环节的企业竞争或与上下游价值链的企业合作。比如，AT&T 公司根据其电话卡持有者的数据库来甄别信用特别好的用户，然后主动让这些用户使用环球卡(Universal Card)，一种集电话卡与信用卡功能于一体的卡，使用户获得增值服务[①]。而美国在线(AOL)捷足先登，抢先登记用户，向那些要换到另一家网络公司的用户收取转换费，在套牢用户的同时与用户实现共赢(Nagle & Holden，2003)。

(二)创造持续竞争优势

尽管有潜在进入者尽力模仿它或减少它的优势，而该厂商的优势(获利能力)依然存在，则称这种竞争优势为持续竞争优势。

持续竞争优势是一个动态的观点，按照基于资源基础的企业理论 RBE(Resource Based Enterprises)的基本观点，持续竞争优势的基础是资源异质性。如果该市场中所有的厂商的资源和能力都无差异的话，那么市场中所有厂商都没有能够独自创造价值的战略。任何能够创造优势的战略都可以立即被其他厂商模仿。因此，要持续获利，厂商的竞争优势必须以稀有或难以流动的资源和能力为基础。

从成本效率的角度看，可以通过规模经济性(Economies of Scale)、范围经济性(Economies of Scope)、经验经济性(Economies of Experience)降低成本，获得成本优势。规模经济性的成因是由于运营成本结构具有高固定成本、低增量成本的特征，因此企业可以通过大规模生产方式来降低单位生产成本并形成良性循环。规模经济性

---

① 类似的，电信公司与航空公司联合发行 VIP 卡。

的总体特征是平均成本随着产量的增加而不断下降。规模经济性在钢铁、造船、汽车制造、印刷、软件开发等产业广泛存在。规模经济性要求企业进行大批量生产。比如，在汽车制造业中，按照国际经验，最低有效生产规模 MES(Minimum Efficient Scale)是年产量 25 万～30 万辆。

而范围经济性的成因在于不同业务之间具有共同成本(Joint Cost)或者可以共享技术基础，因而将不同业务整合在一起运行的成本低于分别运行的总成本，即多元化比专业化更节约成本。比如，冰箱与空调机的共同技术基础是压缩机生产技术，因此冰箱厂可以同时生产空调机。范围经济性的数学特征可以用(7.2)式来刻画。

$$C(x,y)\leqslant C(x,0)+C(0,y) \tag{7.2}$$

其直观含义为：具有共同成本的两种产品合在一起生产的成本小于由两个专业化厂商分开生产的总成本。比如，一个航空公司同时经营来回程航线比两个航空公司分别经营单程航线即专业化更经济。此种成本分担策略最早由 7-11(Seven-Eleven)便利店于 20 世纪 70 年代中期所倡导。进一步，假定 $C(0,0)=0$，即什么都不生产的成本为零，那么(7.2)式可以转化为

$$C(x,y)-C(x,0)\leqslant C(0,y)-C(0,0) \tag{7.3}$$

它意味着，已经有了第一种业务(基础业务)再提供第二种业务(增值业务)所追加的成本，小于直接提供第二种业务要求追加的成本。比如，在电话机上面附加传真的功能要比电话与传真分开更经济。网络融合(Network Convergence)特别是有线电视、电信及计算机网络的融合(称为三网融合)以及电信运营商之间和电子银行网络之间的互联互通，从经济学意义上讲，都体现了范围经济的特性。总之，现代企业要在保证规模经济的基础上，适度相关多元化，取得范围经济效益。

可以说，规模经济是靠当前的大规模生产降低成本，范围经济是靠当前的多品种生产分享成本。与它们不同，经验经济是靠产量的不断积累降低成本，具有动态性和持续性的特征。对于一个老企业和一个新企业来说，也许在特定的年份里要获得规模经济所需的产量大致相同，但是，老企业由于生产时间较长、累积产量较高，可以借助经验经济获得成本优势。经验经济来源于干中学(Learn By Doing)：一个企业生产得越多，其累积的提高生产效率的经验就越多，知识存量也就越多。规模经济和经验经济的区别可以用图 7.5 来表示。其中，$A\rightarrow B$ 获得的成本降低是依赖规模经济性；而 $A\rightarrow C$ 获得的成本降低是依赖经验经济。

市场领先者可以利用学习效应来增强自己的市场主导地位：产品销售越多，领先者的生产成本降低得越快，使其越具有市场竞争力；进而又促使其比竞争对手卖得更多，等等。比如，波音在宽体客机市场(利用 B747)上的主导地位很大程度上归功于其能比竞争对手(麦道 DC10 与洛克希德 1011)更快地降低学习曲线，以及发动学习曲线

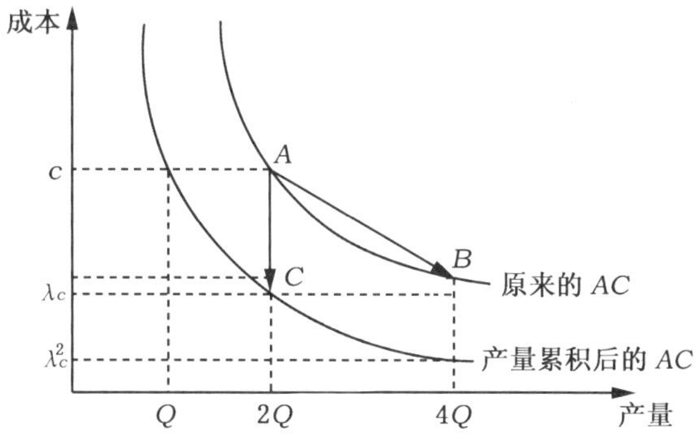

图 7.5　规模经济和经验经济

"滚雪球"效应的优势。

但是，经验经济获得的成本优势比规模经济要稳定许多。比如，计算机内存行业的学习曲线非常显著。EPROM 内存与 DRAM 内存是两种不同类型的计算机内存，其重要区别在于 DRAM 内存生产的规模经济效应非常重要，而 EPROM 内存的学习曲线更重要。因此，EPROM 市场领先者的地位比 DRAM 市场领先者的地位稳定得多之原因就在于前者依靠学习效应，见表 7.2[①]。

表 7.2　EPROM 和 DRAM 不同时期的领先者(Cabral,2002)

EPROM		
8K	32K	512K
Intel 22	Intel 18	Intel 42
Texas Inst. 17	Texas Inst. 17	AMD26
National 16	AMD11	AMD26
AMD13	NEC10	Texas Inst. 16
DRAM		
4K	1M	4M
Intel 46	Toshiba22	Samsung 13
Texas Inst. 25	Samsung 14	NEC 12
Mostek 14	NEC 10	Hitachi 11

(三)基于战略钟的竞争优势培育

企业可以根据战略钟基本理论寻求符合企业实际情况的价格与价格匹配方式。

在图 7.6 中，路径 1 和 2 是基于价格的基本战略，即便宜但不好的产品，主要是吸

① Cabral，Luis M. B. 胡汉辉等译. 产业组织导论. 北京：人民邮电出版社，2002，第 288 页.

引对价格敏感的市场。路径 2 是寻找竞争优势时常用的典型路径,在价格降低的同时努力保持产品或服务的质量不变,但它可能引发价格战。而路径 4 是附加值或差异化战略,即以相同或略高于竞争者的价格向顾客提供可感知的额外附加值;但应通过一定的营销方式传递信号,而且公司应清楚顾客是谁,其需求是什么,他们认为有价值的是什么?并应保持差异化战略不断变化。而路径 3 是混合路径,即在为顾客提供可感知的附加值的同时保持低价,在两种情形下可以采用此路径,一是高销量可以产生薄利多销的效果,二是渗透进入已有在位者的市场。路径 5 是集中差异化战略,即以特别高的价格为用户提供更高的使用价值,但必须明确为哪些细分市场的用户解决需求的痛点。另外集中战略可能与利益相关者的期望矛盾。路径 6、7、8 是失败的战略:路径 6 保持价值不变但提升价格,在价格敏感性较高的市场将导致需求大量减少;路径 7 是 6 的危险延伸,它不但降低价值还提高价格;路径 8 保持价格的同时降低价值①。

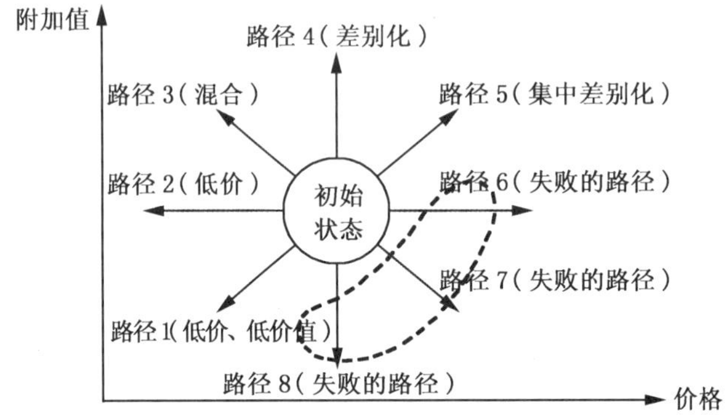

图 7.6 战略钟模型(Johnson&Schole,1998)

第二节 如何应对价格战

通过大幅度降低价格以吸引价格弹性较高的消费者已经成为大多数企业面对疲

① 关于战略钟理论的详细讨论参见:Gerry Johnson,Kevan-Scholes,公司战略教程。金占明,贾秀梅译. 北京:华夏出版社,1998,第 135～139 页。这里所阐述的基于战略钟的竞争优势培育与 Kim & Mauborgne(2005)所提出的蓝海战略(Blue Ocean Strategy)都强调了价值创新的重要性。红海代表现有的市场空间;而蓝海则代表未知的市场空间。红海战略专注于如何打败竞争对手,而蓝海战略告诫企业将注意力转向新客户的需求,开创全新的市场空间。价值创新是蓝海战略的灵魂。Kim & Mauborgne(2005)提出了"剔除—减少—增加—创造"的价值创新分析过程,帮助企业剔除那些被认为是理所当然的元素、减少冗余的元素、增加必要的元素、创造全新的要素;并归纳了制定蓝海战略的四个基本原则:重建市场边界、注重全局、超越现有需求、遵循合理的战略顺序(即顾客价值—价格—成本—实施,这与 VBP 定价战略是一致的)。关于蓝海战略的详细讨论参见:W. Chan Kim,Renee Mauborgne. 蓝海战略:超越产业竞争、开创全新市场 . 吉宓译 . 北京:商务印刷馆,2005.

软市场需求以及渗透进入市场时的价格策略。今天，我们观察到价格战广泛存在于航空、电讯、汽车、软饮料、家电等产业。1992年美国民航业的价格战至今让人记忆犹新。1992年夏天，西北航空公司发动了民航业的一场价格战并立即被竞争对手跟进和升级，进一步加深了民航业在始于1990年波斯湾危机的萧条与复苏过程中已经遭受的创纪录的损失。西北航空公司的降价是否非理性？难道它的削价行为可以隐瞒竞争对手？由于航空公司可以通过航空票价发布公司(ATP)经营的技术情报交换计算机系统迅速获得竞争对手的价格信息，秘密降价几乎是不可能的。那么，西北航空公司为何还悍然挑起价格战？此中原因在于企业的非对称性及其对市场价格的不同预期。事实上，西北航空公司不但航线系统较差、飞行班次不够频繁，而且还背负服务不好的坏名声，因此，高价对西北航空是不利的，而低价更有吸引力。即使竞争对手跟随降价，对西北航空等低端航空公司也是有利的，因为降价行动选择在民航业的旺季(即夏季)，降价所增加的市场份额在各航空公司之间的分配不均匀[①]。

当进入者渗透进入市场或者竞争对手单方面降低价格时，在位者应如何应对？表面上，在位者完全可以利用其成本优势及财务支持来封杀低价进入者。但是，在这场价格战的漩涡中，受伤害最大的终归还是实力雄厚的在位者。因为进入者还没有实际销售，不存在可视化的销售损失，因而根本不用担心"地板价"的短期负面影响，而在位者将损失大量的销售收益。更为严重的是，在忍受大量损失后，最后喊停价格战的几乎都是在位者。但是，当价格战打到一个很低的价位后，在位者已经无法将价格拉回到原来的价位上了。因此，对在位者来说，与其让最终的均衡价格停在一个较低的水平上，不如一开始就不要跟进而让价格锁定在一个较高的水平上。更为糟糕的是，即使在位者成功地将进入者驱逐出去，被打垮的进入者的资产往往会被其他潜在进入者低价收购后再次进入市场，使得在位者不得不再次应对新的价格战……

因此，公司高管应明确，应对价格竞争的目的不是赢得价格战，而是避免不必要的价格战。所以，在评估经理们的时候，不要光看他们赢得销售和市场份额的能力，还要看他们实现长期盈利的能力。

一、战略思维

如图7.7所示，应对价格战应三思而后行，应对以下问题进行深思熟虑[②]：

(1)积极主动的价格策略是否比听任销售丢失更合算。如果竞争对手威胁的只是你的小部分市场，那么，封杀对手的成本很可能高于销售损失。这时，可以采取以下策

① David Besanko etc. Economics of Strategy. Canada: John Wiley & Sons, Inc. , 1996.

② Thomas Nagle, Reed Holden. 应斌等译. 定价策略与技巧—赢利性决策指南. 北京：清华大学出版社，2003，第95～99页.

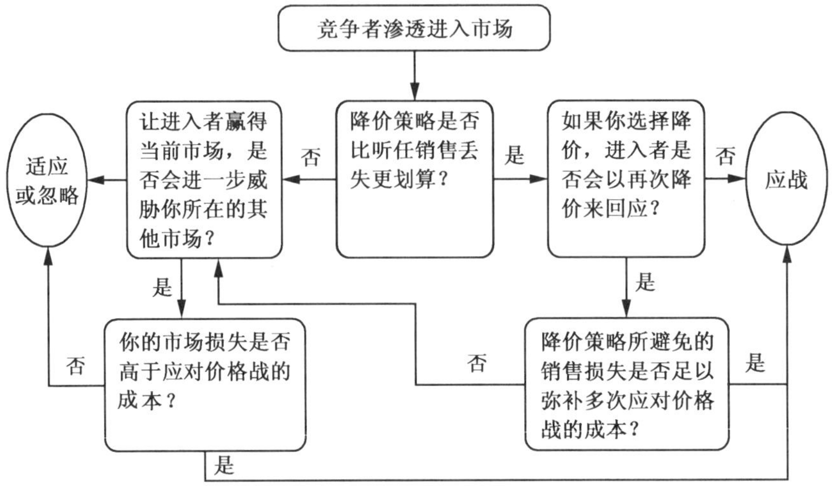

图 7.7　三思而后行的分析框架(Nagle & Holden,2002)

略:重点降低那些你的客户对价格敏感的商品的价格,或者对特定区域或产品种类进行降价。比如,富士在美国实施零售促销价,柯达的对策是在日本采取零售促销价。由于富士在日本拥有更高的市场占有率和利润,因而柯达在日本市场发动价格战则富士的损失会更大。再如,当美国西部航空公司为了抢西北航空公司繁忙的明尼阿波利斯至洛杉矶这条航线的生意而将其票价降低 50 美元时,西北航空公司并没有直接应对,而是采用迂回战术,以类似幅度降低其在西部航空公司最赚钱的航线——菲尼克斯至纽约的航班价格,最终双方握手言和。①

(2)如果你降价,对手是否会再次降价?比如,Nagle & Holden(2003)所提到的某著名医药公司面对新进入者的低价行为感到不知所措。如果该著名医药公司以降价来应对进入是不明智的。因为,新进入者无任何临床优势,只好通过价格优惠来吸引消费者。由于降价对新进入者而言并没有实际损失,因此,如果著名公司降低价格,新进入者肯定会再次降低价格。

(3)对价格战的多重应战成本是否比忽视进入所导致的销售损失更少?上述例子中,如果著名医药公司跟着降低价格,那么新进入者会进一步降低价格,这个触发程序会一直持续到其中一方叫停为止——而且多半是著名医药公司叫停。如果著名医药公司最终还是让新进入者拥有价格优势,那么,与其让它在低价位上拥有优势,不如让它在高价位上占优。

(4)如果你的竞争对手赢得某个市场后,你在其他市场的领导地位是否会受到连

---

① Thomas Nagle,Reed Holden. 定价策略与技巧——赢利性决策指南. 应斌等译. 北京:清华大学出版社,2003,第 106 页。

锁性的挑战？也就是说，是否会出现“城门失火，殃及池鱼”的风险？例如，面对电讯市场竞争的加剧，在位运营商不断调低消费服务的资费。其关键是留住语音业务的生意，即使语音业务是无利可图的。再比如，美团低价进入打车市场后，滴滴不但以补贴回应，还反进入外卖市场。因此，对基础业务的争夺是势在必行的，因为它是增值业务的源泉。

正如 Nagle & Holden(2003)所总结的，在启动降价报复策略时，应利用数据对降价的长短期效应做定量分析。比如，赢得基础业务是否有相应的增值业务？赢得硬件市场是否有周边产品甚至生态链产品的销售？

二、应对策略

Nagle&Holden(2003)归纳了从应对成本和竞争对手的强弱两个维度确定应对价格战的四种基本策略，即忽视、适用、进攻和防御，如图 7.8 所示[①]。

		竞争对手的实力	
		弱	强
应对价格战的成本	高	忽视 (Ignore)	适应 (Accommodate)
	低	进攻 (Attack)	防御 (Defend)

图 7.8 应对价格战的基本策略(Nagle & Holden, 2003)

(1)如果实施报复的成本很高，即使竞争对手很弱，也应该选择“忽视”策略。有些咨询专家认为应该“进攻”——此即基于财富深度理论(Deep Pocket)的掠夺定价(Predatory Pricing)行为，因为最后的胜利属于强者[②]。问题是，经营者应该如何理解赢？我们强调公司必须盈利而不仅仅是赢得市场份额。另外，进入者被封杀破产后，其资产往往被更强大的竞争对手获取，并顺势进入市场。即便其资产未被重新利用，在位者在封杀时也给其他竞争对手创造了发展机会。

(2)当一个强大的对手主动发起价格战，而且企业试图应战的收益低于成本时，在位企业就应该调整战略以适应威胁。比如，当 Wal-Mart 的连锁店向 Sears 所控制的郊区市场不断渗透时，由于 Wal-Mart 高效的物流系统及 Sears 的高店面成本，Sears 在价格上难以与 Wal-Mart 抗衡，Sears 适时调整了战略——放弃低利润的产品线，将自己定位为“时尚的零售店”，让 Wal-Mart 定位为传统的百货店。

---

① Thomas Nagle, Reed Holden. 应斌等译. 定价策略与技巧——赢利性决策指南，北京：清华大学出版社，2003，第 99～109 页。

② 具体论述参见本章第三节的“掠夺”内容。

(3)当反击成本比较合理,但价格挑战者实力雄厚,通常采用防御策略。防御的目的并不是要将竞争对手赶尽杀绝,而是要明确表达自己的对抗决心,让竞争者主动放弃挑衅行动。

在显示防御的愿望与能力时,应采取可置信(Credible)的承诺,而不是采取恐吓或威胁。比如,尽管许多竞争对手均具有低成本结构,但美国航空公司始终注意控制价格应对策略的时间跨度和强度,以传达一种信号:一旦对手放弃低价,它将迅速回到原来水平。当对手看到美国航空公司能够制定成本合理的防御计划时,战争往往只持续几天,甚至几个小时。克莱斯勒(Chrysler)也曾成功显示了防御的愿望,使竞争对手知难而退(Nagle & Holden,2003)。20世纪90年代初期,微型汽车(Minivan)在美国颇受欢迎,许多汽车厂商计划跃跃欲试,可以进攻微型汽车市场。克莱斯勒是微型汽车市场的领导者,非常关注竞争对手的定价行为。在一次演讲中,克莱斯勒的董事长宣布:"公司计划生产一种价格低廉的微型汽车;计划书已经放在抽屉中,必要时将拿出来。"他特别警告对手们:"如果微型汽车市场发生价格战,胜利将属于克莱斯勒。"

克莱斯勒的例子说明,可以对信息进行管理以影响竞争者的预期,并明确表达自己的愿望。信息管理包括:一是收集和评价竞争对手的信息。二是向竞争对手传递有关信息,引导他们采取本企业所希望的行动。三是收集和评价信息。竞争对手反应滞后将使降价者的降价行为由于"时间差"而有利可图——如果竞争对手的回应时间由四天缩短至一天,那么,降价者获得的额外收益将锐减四分之三;如果竞争对手对价格调整回应的时间若是零,那么,任何试图通过率先降价来增加收益的幻想都将破灭。

一般地,可以从以下渠道获取竞争对手的信息:管理人员每天到竞争对手的商店"购物",关注他们关于价格调整的广告;在酒店、航空、餐饮等服务业,可以通过未确认的预订来了解对手的定价让销售人员定期报告竞争对手的定价;通过忠诚客户了解对手的价格信息。

(4)进攻。进攻的前提条件为:竞争对手危及本公司的核心业务;或者竞争对手对某一个市场的侵袭会对在位者在其他市场的利润形成连锁性的冲击;或者本公司明确界定出一个规模大且成长迅速的对价格敏感的细分市场;或者本公司具有明显的成本优势,且有比对手更多的资源可以支持一场价格战;或者通过价格战可以拓展市场,获得规模经济,或者能够压制甚至消除竞争对手。

产业竞争战略学者强调,为捍卫规模经济而采取进攻性定价是非常必要的。换句话说,基于规模经济的竞争优势应该得到保护[①]。我们知道,规模经济形成竞争需要依靠一定的顾客忠诚度;而产生规模经济的是相对市场份额,而不是绝对市场份额。

---

① 参阅:Bruce Greewald,Judd Kahn. 企业战略博弈. 程炼译. 北京:机械工业出版社,2007,第26~31页.

任何市场份额的损失都会降低在位企业在平均成本上的优势。实际上，随着市场的增长，固定成本仍然保持不变，但可变成本至少增加的和市场规模一样快，导致固定成本在总成本中所占比重下降，这就降低了在位企业更大规模所带来的优势，见表 7.3 所示的数值例子。因此，当规模经济非常重要时，在位企业必须时刻保持警惕，对进入者的渗透定价采取以牙还牙的应对战略。

表 7.3　　在位企业与进入者的优劣比较　　单位：万元

	进入者	在位企业	差异
初始市场规模			
销售额	50	250	200
固定成本	10	10	—
固定成本占销售额的比重	20%	4%	16%
两倍市场规模			
销售额	100	500	400
固定成本	10	10	—
固定成本占销售额的比重	10%	2%	8%
十倍市场规模			
销售额	500	2 500	2 000
固定成本	10	10	—
固定成本占销售额的比重	2%	0.4%	1.6%

资料来源：Greenwald & Kahn(2007)，《企业战略博弈》，第 31 页。

三、应对价格战的技巧①

（1）"不战而屈人之兵。"通过传递正确的信号使得价格战胎死腹中（Stop the War Before It Starts）。比如，可以通过披露你的策略意图，诸如价格跟进战略或天天低价计划，公开表明本公司将利用所有可获得的资源应对价格战。还可以通过披露你的成本优势来威慑对手，让其知难而退。比如，标准石油公司的创始人洛克菲勒，面对竞争对手的贸然进入及不自量力的低价格，他采用的威胁策略是：经常在周末邀请竞争对手到家里喝午茶，事前将一些公司账簿不经意地放在茶几边缘、沙发角落等地方，让竞争对手瞟到账簿的会计信息后大吃一惊：原来标准石油公司的成本如此低。兵书云：

① Rao，A. R.，Mark E. Bergen，Scott Davis. How to Fight a Price War. *Harvard Business Review*，2000(3).

"兵不厌诈"。我们不排除洛克菲勒散布假信息的可能，但是这确实是一种传递信息的途径。比起洛克菲勒公开叫嚷"标准石油公司的成本比你们谁都低，你们竟敢来挑衅"要有效多了。

(2)"避实击虚"，即应以非价格竞争手段(Responding with Non-price Actions)。比如，采用产品差异化策略，或者专注于产品质量(Focus on Quality)，还可以提醒顾客劣质的风险(Alert Austomers to Risk of Poor Quality)，等等。比如，亚洲金融危机后，东南亚的许多宾馆纷纷采用削价促销手段来吸引旅客，但是马来西亚的一家宾馆 Ritz-Carlton，并不盲目跟随削价，而是专注于改进服务质量。Ritz-Carlton 除了派出营销人员到机场展示样板房，敲锣打鼓欢迎旅游团外，还在宾客退房后送给每人两个当地手工艺品绣花枕头以作留念。因此，即使在亚洲金融危机后东南亚经济疲软，Ritz-Carlton 还是一枝独秀。而对于像医疗器械、制药等与老百姓健康攸关的产业，提醒顾客劣质的风险往往能有意外收获。这就是前几年炒得沸沸扬扬的"一元钱药店"为什么遭冷遇的原因。另外，联邦捷运提供了一个利用某些客户对于时间的敏感性来降低其对于价格的敏感性的成功案例。此外，也可以积极寻求产业利益相关者(如供应商、分销商等)或者对于行业利益能够产生潜在影响的组织(如政府、工会等)的帮助来共同抵制价格战。这种帮助可以是直接限制价格，也可以是提供资源帮助企业提高应对价格战的能力，从而阻碍竞争对手挑起价格战的意愿。通过产业价值链重构，以产业链利益共同体来对抗单个企业的入侵，不失为高明的策略。跨产业链整合形成跨界效应正成为新潮流。比如本章第一节所提到的 AT&T 环球卡的例子。另外，还可以利用竞争对手的忠诚顾客来提高竞争对手降价的成本。如果竞争对手的降价行为仅仅是针对增量客户，而他们已经拥有存量客户，那么，Rao 等人(2000)给受到竞争对手降价威胁的企业的忠告是，不一定要通过削价来实施报复行为，可以告诉竞争对手的老客户们他们没有享受到公平的待遇，使其出现"后院起火"。

(3)应以有选择的局部价格战(Using Selective Pricing Actions)。具体形式包括只调低特定产品的价格或对特定区域的顾客予以价格折扣(Modify Only Certain Prices)，也可以是引进战斗性品牌(Fight Brands)。比如，3M 公司在磁盘市场引入战斗性品牌，应对 Kao 公司的价格竞争。另外，当存在过剩的生产能力时，企业可以选择在特定的销售渠道上降价以刺激需求，充分利用生产能力。比如，在包装行业通过对使用未注册商标和私人商标产品的降价刺激销售，同时又避免了对注册商标品牌权益的影响。又如，Delta 航空公司选择通过独立的销售渠道(Priceline. com)向价格敏感的顾客销售剩余机票。值得注意的是，这种通过"秘密市场"实现闲置生产能力的做法在曝光后，仍有引致价格战的危险。因此，在一定程度上保留一定的闲置生产能力也不失为是一种可行的选择，至少可以作为一种可信的威胁阻碍潜在竞争对手试图侵入本公司领地。此外，在采取价格折扣时应有一些相应的配套措施，如取消客户认为没有价值的服务和功能（参考蓝海战略中的价值曲线重构策略），或者让客户承诺以谈判好的价格签订长期购买协议。

专栏7.5

休布雷公司的战斗性品牌

休布雷公司是美国生产和经营伏特加酒的专业公司，其生产的史密诺夫酒在伏特加酒市场中享有较高的声誉，20世纪60年代之前市场占有率一直在23%左右。后来，另一家公司推出一种新型的伏特加酒，其质量不比休布雷公司的史密诺夫酒逊色，但每瓶的价格却比它低1美元。面对价格竞争，按照惯例，休布雷公司有三种对策可以选择：

(1)降价1美元，以保住市场占有率；

(2)维持原价，通过增加广告费用和推销支出与竞争对手相对抗；

(3)维持原价，听任其市场占有率的降低。

休布雷公司发现，不管采取以上三种方案中的哪种策略，似乎都难以挽回危局。但是，该公司的市场营销人员经过深思熟虑之后，却策划了对方意想不到的第四种策略：将史密诺夫酒的价格再提高1美元；同时推出一种与竞争对手新伏特加酒相近的瑞色加酒和另一种价格略低一些的波波酒。其实这三种酒的品质和成本几乎相同。但实施这一策略却使该公司扭转了不利局面：一方面提高了史密诺夫酒的地位，使竞争对手的新产品沦为一种普通的品牌；另一方面是不影响该公司的销售收入，而且由于销量大增，使得利润大增。

资料来源：Edwin Mansfield(1999). 管理经济学. 北京：经济科学出版社.

(4)全面价格战。唯一采取适合进攻策略的条件是：竞争对手实力较弱，进攻成本合适。在确定要投入一场价格战之前应充分考虑一下可能的负面影响：过多的削价竞争可能会让顾客产生价格还会进一步下降的预期，从而推迟当期的购买；削价竞争可能会形成低价产品的品牌形象；削价竞争不可避免地会危及产业中的其他参与者的利益，从而有可能四面树敌。当权衡过上述不利影响仍然决定开展价格战时，则应当迅速而毫不犹豫地投入战斗，由此告诫竞争对手他们企图通过削价来获得市场份额只是南柯一梦。

总之，按照Nagle & Holden(2003)的总结，在负和的价格博弈中生存的关键策略是：第一，不要面对所有的价格冲突，化干戈为玉帛更体现了高明的博弈智慧。第二，不要贸然发起主动的价格战。在试探了竞争对手的可能反应并对其长期效果进行充分评估后仍有利可图的价格战方可发动。第三，不要轻易回击对手的降价所为，除非可行的非价格手段已相形见绌。[①]

第三节 定价与竞争战略

一、遏制性定价

进入遏制(Deterrence)是指产业内原有企业为保持在位利益而设置的一系列战略性进入壁垒。Gruca & Sudharshan(1995)归纳了三个层面的进入遏制策略:(1)职能层面的遏制策略,比如渗透定价、经验曲线定价、限制性定价、抢占性广告投资(Preemptive Advertising Spending)、品牌扩散(Brand Proliferation)、新产品发布、整合产品差异化、设置转移成本(Building Switching Costs);(2)业务单元层面的遏制策略,比如渠道分销策略、产能信号等;(3)企业层面的遏制战略,比如多市场抢占(Multi-market Preemption)、寻求利益相关者的支持(Stakeholder Relationships)等[②]。

随着规制的放松(Deregulation)与改革,进入的政策壁垒逐渐被打破,而全球网络经济的崛起也正在摧毁传统的结构性进入壁垒,现代企业越来越多地依靠策略性行为来遏制进入。但是,策略性遏制进入的有效性在很大程度上依赖于沉淀成本(Sunk Costs)。潜在进入者预见到进入后由于业已发生的沉淀成本而被套牢(Lock in),可能会放弃进入。但是,在一些无须进行沉淀性投资即可进入的行业(比如网上零售、移动摊贩),进入者可以采用"打一枪换一炮"(Hit-and-Run)的策略进入;在位者无法遏制进入,也无法对进入者实施掠夺(Predatory)。此即可竞争性市场(Contestable Markets):如果在位者不具有成本优势,那么,即使只有一个在位者,由于潜在进入的威胁,在位者只能获得正常利润,无法获得垄断利润。

进入遏制策略与进入成本的关系可用图 7.9 予以直观解释(Cabral,2002)[③],其中曲线 π_1^M 表示企业 1 在垄断条件下(即企业 2 未进入)的利润曲线;π_1^S 表示企业 1 在企业 2 进入后的利润曲线;π_2 表示企业 2 进入后的利润曲线[④]。如果企业 1 确认自己是垄断者,其产量为 q_1^M,垄断利润为 $\pi_1^M(q_1^M)$,如图中的 A 点;如果企业 1 确信企业 2 会

---

① Thomas Nagle,Reed Holden. 定价策略与技巧——赢利性决策指南. 应斌等译. 北京:清华大学出版社,2003,第 102,108～109 页。

② Thomas S. Gruca, D. Sudharshan. A Framework for Entry Deterrence Strategy: The Competitive Environment,Choices,and Consequences. *Journal of Marketing*,1995,59(3):pp. 44—55.

③ Luis M. B. Cabral. 产业组织导论. 胡汉辉、赵震翔译. 北京:人民邮电出版社,2002,p245～254.

④ 给定企业 1 的产量,企业 2 将根据反应函数来确定产量,因此,企业 1 的利润函数 π_1^S 实际上是企业 1 产量的函数。

进入，其产量变为 q_1^S，对应的利润为 $\pi_1^S(q_1^S)<\pi_1^M(q_1^M)$，如图中的 B 点。如果企业 1 想遏制企业 2 的进入，其产量必须满足 $q_1 \geqslant q_1^D$，其中，右上标 D 表示遏制。显然，如果 $\pi_1^M(q_1^D) \geqslant \pi_1^M(q_1^S)$，那么，企业 1 将选择遏制策略。图 7.9 同时给出进入遏制产量水平的上限，如果进入遏制产量必须达到 $q_1^D \geqslant q_1^*$，企业 1 将容纳进入，如图中的 C 点。

进入成本将决定进入者利润曲线的相对位置。如果进入成本很低，π_2 曲线向右上方移动，进入遏制的产量水平必须足够大，使得进入遏制的利润小于进入容纳的利润，企业 1 应放弃进入遏制的努力。反之，如果进入成本足够高，π_2 曲线向左下方移动，遏制进入的产量水平很低，因此，在位者不必理会进入的威胁，只管制定垄断情形下的最优产能水平即可。此种产业系进入壁垒很高的产业，在位者不必启动战略性进入遏制行为。

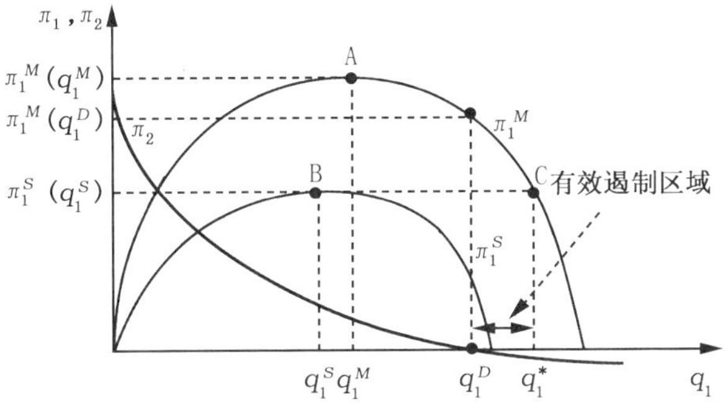

图 7.9　进入遏制与进入成本(Cabral,2002)

二、竞争性品牌策略

在市场进入遏制实践中，引入竞争性品牌(Competitive Brands)的做法已受到关注，它是品牌延伸(Brand Extensions)的一种特殊形式。品牌延伸是指企业利用已建立的品牌推出新的产品或服务，而新的产品或服务可以完全利用原来的品牌(比如海尔集团推出的手机沿用其洗衣机和空调机的品牌)；也可以只与原来的品牌具有一定的关联性(比如生产农夫山泉的养生堂公司推出农夫果园果汁饮料)。从消费行为学的角度看，品牌延伸的功能取决于三个基本因素，即消费者对原有品牌的忠诚度、新品牌与原有品牌的关联性以及品牌联想。比如，以动物饲料起家的希望集团在推出火腿肠时，直接使用用于动物饲料的希望品牌，使得人们直接联想到猪饲料，一度很不顺利；后来，希望集团将火腿肠品牌改为美好品牌，并取得非凡的业绩。如果说品牌延伸是为了将企业未充分利用的能力向尚未触及的领域拓展，那么，竞争性品牌主要是为了对抗进入者的入侵。因此,竞争性品牌又被冠名为战斗性品牌(Fighting Brands)。一般地,在位企业已有品牌同新进入者的新品牌之间存在一定的差异化,这种差异可能来自两种品牌不同的市场定位或核心技术差异,并表现为产品品质、品牌文化或者客户忠诚度等方面的差异。在此情况下,在位企业如果直接使用老品牌的产品与进入者的新品牌展开斗争,将损害老品牌的形象与定位并对老客户造成一定的伤害。而如果在位企业创建一个能够与新进入品牌直接展开斗争的竞争性品牌,不但可以夺回失去的市场份额,还可以尽量减少其对老品牌形象的负面作用。比如,青岛啤酒面对崂山啤酒以低价格进入山东市场,不是直接采用价格竞争手段,而是创建了一个新的低价位的品牌与之竞争,最终将崂山啤酒驱逐出市场。

从产业组织学的角度看,战斗性品牌除了受制于消费者的认知外,还与企业内部条件、价格敏感度以及竞争对手的反应等息息相关。如果说营销战略学侧重于分析如何对战斗性品牌进行合理定位以避免侵袭原有品牌的形象,那么,产业组织学更关心战斗性品牌是否能有效传递信息以遏制进入、如何为战斗性品牌定价、战斗性品牌对消费者购买决策的影响,以及战斗性品牌的福利效应①。图 7.9 显示,在位者是否启动进入遏制战略与进入成本的大小有关。比如,在网上零售市场(如网上书店)中,由于潜在进入者的进入成本相对较低,因此在位者极少启动竞争性品牌策略。但是,最近易贝网站(eBay)却一反常态,为遏制谷歌(Google)突进细分广告市场而启动竞争性品牌策略,引起较大争议。此前,eBay 一直是拍卖网站的领头羊,然而,当 2005 年 Google 向细分广告市场突进的时候,与 eBay 发生了正面碰撞。这样一来,eBay 的网络拍卖业务就直接面临 Google Base 的强劲挑战。面对这样的竞争压力,eBay 开通新网站 eBay Express,经营网络零售,直接对抗 Google Base。新成立的 eBay Express 出售新货,并且价格固定,这与 eBay 传统的拍卖方式差距甚大。这样,作为全球最大的拍卖网站,eBay 不得不考虑原有的品牌核心价值如何扩展到新的网络零售领域中。同时,eBay 必须在保持原有品牌形象的基础上,做出突破,拓展原来只是涵盖拍卖模式的品牌内涵。eBay 轻率地启动竞争性品牌策略引起众多观察家的批判。

另外,在民航、汽车、钢铁等进入成本较高的行业,竞争性品牌策略也较少使用。这些行业中品牌延伸的主要目的是进行多元化经营,共享核心技术或渠道资源。但在饮料、服装、化妆品、传动零售业、计算机软件等进入成本适中的行业,在位者较多使用竞争性品牌策略来遏制潜在进入者的威胁。比如,在白酒行业中,本来定位于中高端市场的老牌在位企业五粮液集团,面对大量中低端品牌的涌入,启动了竞争性品牌策略,创建同样定位于中低端市场的新品牌(包括金六福、五粮醇),以应对日趋白热化的

① 骆品亮,陆毅. 竞争性品牌策略:进入遏制角度的分析. 管理科学学报,2007,10(4).

白酒市场竞争态势。事实上,对于白酒企业来讲,进入的成本或创建一个新品牌的成本主要包括研发成本、广告宣传及市场推广费用等,比较适中。因此,五粮液集团决定推出金六福作为竞争性品牌,以遏制中低端品牌的市场进入,而且对五粮液已有的高端品牌不形成直接的自我竞争关系。再比如,在剃须刀市场中,定位于高端市场的吉列一度受到新进入者推出的抛弃式刀的竞争。由于启动新品牌成本较为适中,吉列启动竞争性品牌策略,推出吉列佳信抛弃式刀片与进入品牌直接竞争,既抢夺了低端市场又巩固了原来的高端市场,可谓一箭双雕。但是,最近宝洁品牌延伸的失败教训则敲响了警钟,那就是如何对竞争性品牌策略的潜在风险进行预警、识别和控制。一如几年前的润妍,一直定位于高端市场的宝洁公司花费三年时间耗资 10 亿元力推的沐浴产品激爽(Zest),以停产退市告别中国市场。激爽的失败,其中一个原因在于其广告诉求的超前性。类似"新奇和刺激的体验"的沐浴概念并不被普通消费者所接受,因为目前中国大多数消费者对沐浴的概念还停留在清洁除菌的层面。激爽品牌在沐浴市场没有成功,只能说这个激爽品牌的市场定位有问题,所以消费者不买账。因此在进行品牌延伸时,还必须考虑产品的因素,不仅保持原有品牌和延伸品牌的联系,还需要有好的迎合消费者需求的产品,否则,品牌延伸也会失败。

在竞争性品牌战略中,对竞争性品牌与母品牌之间自我竞争的协调问题广受关注。Blattberg & Wisniewski 、Sivakumar & Raj 关于消费品的实证研究均表明:(1)同一价格档次内的竞争比各档次间的竞争更激烈;(2)各档次间的竞争呈现非对称性——高档次产品降价对低档次产品目标客户的吸引力大于低档次产品降价对高档次产品目标客户的吸引力。换句话说,价格较高、质量较高的品牌产品将蚕食同一质量档次中的其他品牌产品的份额,以及更低档次品牌的份额;但其对更高档次中各品牌产品份额的蚕食不明显。在图 7.10 中,高端品牌(P_1、P_2)降价会吸引低端品牌(E_1、E_2)的顾客,即"上行者"较多;而低端品牌(E_1、E_2)降价不会明显吸引高端品牌(P_1、P_2)的顾客,即"下行者"较少[①]。

三、掠夺[②]

易孜捷(EasyJet)公司是 20 世纪 90 年代欧洲崛起的低成本航空公司,其中心航线是伦敦至柳囤(Lutton)。当易孜捷航空进入伦敦至阿姆斯特丹航线后,遭到拥有 50%市场份额的老牌航空公司 KLM 的低价反击。由于低价格是易孜捷的卖点,

① 更多的讨论参见:Robert J. Dolan, Hermann Simon. 定价圣经. 董俊英译. 北京:中信出版社,2004,第 82~85 页.

② 本部分关于掠夺的解释主要参考:Luis M. B. Cabral. 产业组织导论. 胡汉辉、赵震翔译. 北京:人民邮电出版社,2002,第 254~263 页。

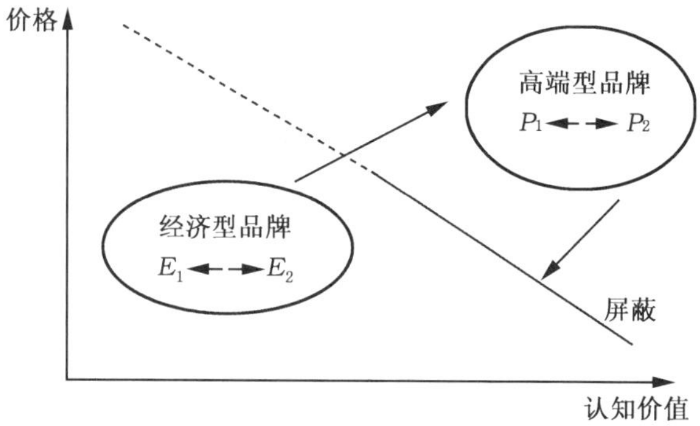

图 7.10 不同档次产品竞争的非对称性(Dolan & Simon,2004)

KLM 制定与易孜捷相当的价格是对易孜捷渗透战略的巨大打击。虽然 KLM 的低价打击战略因官司缠身及易孜捷 CEO 的宣传战役而终止,但是,该航线的低价格在相当长的一段时间内基本保持不变,易孜捷公司最终还是决定退出伦敦至阿姆斯特丹航线以避免更大的损失。

易孜捷和 KLM 的较量表明,即使垄断在位者不能遏制进入行为,仍可以迫使进入者退出市场(Exit)来保持垄断势力。产业组织学将以迫使对手退出为主要目标的竞争行为称为掠夺(Predation)。掠夺的形式多种多样,有的甚至很隐蔽。比如,在位者启动冗余生产能力抛售产品,或者肆意降低价格直至进入者无法维持正常利润,或者寻求政府规制部门的帮助勒令进入者退出,或者实行纵向封锁的手段排斥与进入者共享基础设施[①],有的甚至采用恐吓的手段迫使对手退出[②]。其中,以低于成本的价格伤害竞争对手,迫使其退出市场的行为称为掠夺性定价,这是一种特别重要的掠夺方式。

1. 掠夺的理论解释

对掠夺定价的一种解释是鼓钱袋(Deep Pocket)理论:当进入发生后,在位者期望通过降低价格至进入者的边际成本以下,迫使进入者退出市场;掠夺导致在位者蒙受暂时的损失,但是当掠夺迫使进入者退出市场后,在位者可以继续制定垄断价格获得垄断利润以补偿前期掠夺的损失。对于掠夺的上述逻辑解释,McGee(1958,1980)、Bork(1978)和 Easterbrook(1981)等芝加哥学派代表人物采用非博弈论的模型方法进行猛烈的抨击。他们认为,理性的进入者被掠夺时,是不会退出市场的,因此,理性的

① 比如,一体化厂商控制了稀缺的投入要素(能源、网络设施等),但拒绝向进入者提供投入要素或租赁基础设施。在网络型产业中,一体化的在位者拒绝向进入者提供接入服务或提供互联已成为制约我国网络型产业运行绩效的"瓶颈"因素。

② 比如,1993 年,英国航空公司在法庭上承认运用肮脏手段来对付小竞争对手维京大西洋航空公司。英航职员在维航的计算机中窃取维航乘客名单和电话号码,然后打电话约见维航乘客,诈称航班延误或超额预订,并引诱其搭乘英航的航班。

在位者是不会采取掠夺行动的。其逻辑是：在一个“掠夺—退出”的两阶段动态博弈中，在第 2 阶段，如果进入者决定留在市场，那么，在位者的最优选择是容纳，而不是低于（进入者的）成本定价蒙受损失。在第 1 阶段，当进入者进入市场后，在位者是否应该掠夺？既然第 1 阶段博弈的结果不会改变第 2 阶段双方的策略，那么，从谋求利润最大化的角度出发，在位者在第 1 阶段应该选择容纳而不是掠夺。也就是说，在位者在进入者进入前的掠夺威胁是不可置信的①。因此，芝加哥学派认为，在现实中不会观察到掠夺行为。现实中见到的在位者在新企业进入后降低价格的现象，只是竞争效应使得价格由一个均衡转向另一个均衡的结果，而不是在位者掠夺的结果。

但是，许多产业组织学者从鼓钱袋的角度对上述观点提出反驳：进入者往往存在财务约束，而在位者具有雄厚的资本积累，更能承受掠夺的损失。如果在位者在第 1 阶段的掠夺行动是如此惨烈，那么，进入者就会因破产而退出（即被打垮了）。对此，芝加哥学派从金融市场的角度予以解释。如果进入者没有足够的资金来支持第 1 阶段的价格战，它完全可以向金融机构贷款。那么，金融机构是否愿意放款给进入者来打消耗战？芝加哥学派认为，金融机构也是理性的，它会看穿在位者的掠夺动机，发现进入者只要能够熬过第 1 阶段的掠夺而继续留在市场，在位者只能选择容纳；进入者第 1 阶段的损失只是短暂的，只要贴现率足够大，进入者继续留在市场是最优的。也就是说，金融机构已经清晰地预见到第 2 阶段的均衡了，因此，它总是愿意贷款给进入者去打一场消耗战。然而，芝加哥学派对金融贷款的解释过于依赖金融机构的理性假设和充分信息条件。银行贷款是有风险的，因此银行可能会拒绝贷款给进入者。

对掠夺定价的另一个解释是声誉模型：通过富有攻击性的定价行为，在位者可以形成“强硬”的形象，使得进入者不敢进入在位者的其他市场。这种解释是与多市场互动联系在一起的。假设在位者在 N 个市场依次面临潜在进入的威胁，如果在位者在第 1 个市场选择容纳，可能会让其他潜在进入者认为在位者是软弱的（或高成本的），导致潜在进入者纷纷进入其他市场。比如，当荷兰糖果公司（HSC）进入孟山都在欧洲的阿斯巴甜（其商标为 Nutrasweet）市场时，孟山都降低价格来报复其进入。一种可能的解释是孟山都要确保其他竞争对手不会进入其阿斯巴甜销量最大的美国市场。在前面的两阶段博弈中，可以将第 1 阶段博弈理解为市场 1，第 2 阶段博弈理解为市场 2。在位者在第 1 阶段（市场 1）选择掠夺性行动，目的是为了让进入者在第 2 阶段退出（即不敢进入市场 2）。

Kreps & Wilson（1982）将不完美信息（Imperfect Information）引入传统的连锁

---

① 此种分析框架可以推广至多阶段的进入与掠夺决策，这就是连锁店悖论（the Chain Store Paradox）。参见：Martin，Stephen. Advanced Industrial Economics. Blackwell Publishers Inc. ，2002.

店博弈中，建立声誉博弈(Reputation Game)模型[①]，证明了在以下两个条件下在位者选择掠夺性行动是合理的：(1)在位者选择掠夺的利润大于选择容纳的利润；(2)进入者不了解在位者在各种战略下的利润。具体地讲，假设进入者不进入的所得为零；进入后遭到掠夺的所得为负($b-1<0$)；进入后受到容纳的所得为正($b>0$)。如果进入者不进入，在位者的垄断利润 $a>1$。但是，进入者不清楚其进入后在位者选择掠夺或容纳战略下的所得，只知道在位者有两种可能的类型，一种是弱势的，另一种是强势的。弱势在位者选择容纳战略的所得大于选择掠夺的所得；而强势在位者选择掠夺战略的所得大于容纳的所得，如图 7.11 所示。

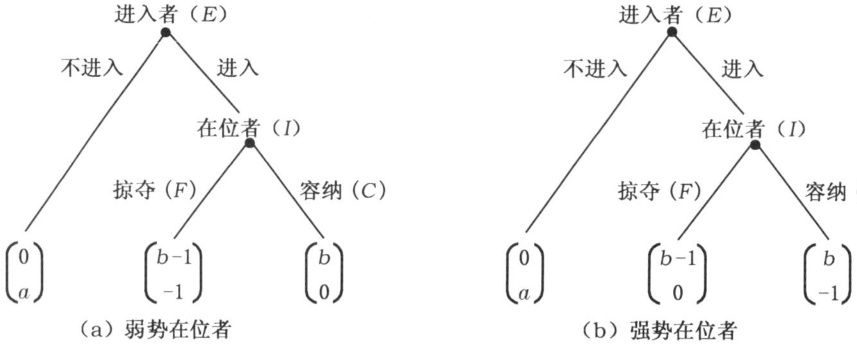

图 7.11　具有不完美信息的连锁店博弈(Church & Ware, 2000)

Kreps & Wilson(1982)分析一个在位者依次和 N 个潜在进入者($n=N, N-1, \cdots, 2, 1$)的博弈。每个潜在进入者谋求其所在博弈阶段的利润最大化；而在位者谋求 N 个博弈的总利润最大化。第 n 个进入者对其面对的在位者是否强势有一个基本的判断(先验概率)；随着博弈的进行，后进入者可以根据在位者前期的行为依 Bayes 法则修正该先验概率。这是一个不完美信息的动态博弈，其纳什均衡[②]是一个不动点，即给定进入者关于在位者类型的信念及在位者的战略，进入者的均衡战略应最大化其所在博弈阶段的利润；反之，给定进入者的信念及均衡战略，在位者的均衡战略应最大化其各阶段的总利润。KW 模型(1982)构建了一个序惯均衡：前面几个进入者(比如 $n=N, N-1, N-2, N-M$)面对弱势在位者时(它们并不确切知道在位者是弱势的)选择不进入；而弱势在位者以一个正的概率选择掠夺行动。在该序惯均衡下，弱势在位者故意在一开始选择掠夺，使得进入者误认为其为强势在位者而放弃进入；弱势在位者的掠夺使得其他进入者误认为其为强势的；而为了使潜在进入者进一步确信其为

---

① 转引自 Church Jeffrey, Roger Ware. Industrial organization: A Strategic Approach. 北京：清华大学出版社，2000.

② 准确地讲，子博弈精练贝叶斯纳什均衡(SPNE)或序惯均衡(Sequential Equilibrium)。

强势的，弱势在位者将进一步掠夺后续的进入者，达到“假戏真做”的效果。

2. 规制政策

专栏 7.6

掠夺的实证研究

在有线电视和市内公交运输领域都曾发生过掠夺现象。在 20 世纪 80 年代以前，HSO(Highland Scottish Omnibuses)是英国市内交通的垄断运营商，拥有公交网络与公交线路。1988 年，英国政府放松对市内公交领域的规制(deregulation)，ILT(Inverness Traction Ltd.)进入该领域，一开始只经营 8 条微型公交线路，但迅速扩张至 15 条线路。面对 ILT 的进入，HSO 迅速降低公交价格直至与 ILT 持平，导致双方均蒙受损失。1989 年 3 月，ILT 宣布破产，其资产最终被 Magicbus 收购；到了 1991 年 9 月，HSO 也从公交领域退出①。在这个例子中，HSO 虽然掠夺了 ILT，但自身创伤累累，出现“杀敌一千，自伤八百”的惨烈局面，最终也将自己“掠夺”了。

针对掠夺的公共政策是反托拉斯和竞争政策中的难点。在位企业反击进入所采用的降价战略可能被解释为对新的市场竞争格局的竞争性反应，而不是想将进入者赶出市场。因此，如何鉴别掠夺行为是一件棘手的事情。

一方面，判断是否存在掠夺行为是一次复杂的技术工作。以英国加油站为例，规制者难以判断降价是因为竞争导致价格由进入前的均衡转向进入后的均衡，还是因为在位者掠夺的结果。1990～1998 年，英国有 5 000 家路边加油站倒闭。英国公平贸易部(OFT)公布了他们的分析报告，认为没有必要干涉价格战以保护价格竞争中的失败者。该报告称：“不包含税收，无铅汽油的价格从 1990 年 2 月的每升 15.3 英镑降低至 1998 年 2 月的每升 10 英镑。降价的动力来自大型石油企业间的竞争，如壳牌(Shell)和埃索(Esso)，以及大型连锁超市……其市场份额从 1990 年的 5% 上升至 1998 年的 23%。超市由于数量多、成本低，所以价格非常便宜……石油公司不得不降价来回应超市的低价……可以想象并不是所有的小型独立的零售商都能够在这种竞争中存活下来。结果是大约 5 000 家加油站倒闭。”“这种局面是市场领导者掠夺行为的必然结果吗？市场证据并不足……如果是掠夺性定价，那么我们现在应该看到更高的利润出现。但实际上，从 1991 年 1 月～1998 年 2 月，无铅汽油和有铅汽油的毛利由每升 6 英镑降至 4 英镑。”②

在美国，区别掠夺和正常竞争的关键准则是 Areeda-Tuner 检验：(1)价格低于进

---

① Jeffrey Church & Roger Ware(2000)，Industrial Organization：A Strategic Approach. 北京：清华大学出版社。

② 转引自：Cabral，Luis M. B. 产业组织导论．胡汉辉，赵震翔译．北京：人民邮电出版社，2002，第 260～261 页．

入者的边际成本；(2)当进入者被迫退出市场后，掠夺性迅速回调价格，继续实施市场力量，以补偿掠夺的损失。

另一方面，即使我们能够鉴别掠夺行为，人们仍然要问：为什么掠夺是非法的？在位者的掠夺使得消费者能够享受前所未有的低价，这是消费者的福音，为什么政府要反对？这显然是一个短期利益和长期损失的权衡问题。在掠夺阶段，消费者能从低价中获得利益；但是，一旦进入者被迫退出市场，成功实施掠夺的在位者将回到以前，甚至制定更高的价格。为了避免未来可能的高价，政府不得不对当前暂时的低价以较低的评价。

美国最高法院对非法掠夺的界定包括两个必要条件：(1)价格低于成本；(2)价格低于成本的企业会弥补它们的短期损失，或者说，掠夺是在位者的理性战略。欧洲关于掠夺的法规比北美少，通常认为掠夺行为违反了《罗马条约》第86条有关禁止滥用市场支配地位(或主导地位)的规定。欧洲反掠夺的一个重要案例是荷兰的一家化学公司AKZO Chemie BV，因为对另一家英国小公司ECS(Engineering and Chemical Supplies)的掠夺行为，最终被欧洲委员会处以1 000万欧元的罚款。

四、UPE均衡

本章第一节关于同质产品Bertrand竞争模型分析表明，均衡价格等于边际成本。那么，在具有差异化产品的价格竞争中，企业制定什么样的价格水平将使对方缺乏削价(Undercuts)的动力？以下分析削价均衡UPE(Undercuts Price Equilibrium)。[①]

假设A和B两个商店销售具有差异化的产品，边际成本均为0；假设存在两类潜在消费者，记为A型消费者和B型消费者，其比例分别为$\lambda_A, \lambda_B > 0$。假设类型$i(i=A,B)$的消费者购买商店$j(j=A,B;i\neq j)$的产品的预期损失(即遗憾值，又称为赶路成本)为$\delta \geq 0$，那么，消费者的效用函数为

$$U_A(j)=\begin{cases}-p_A & (j=A)\\ -p_B-\delta & (j=B)\end{cases};U_B(j)=\begin{cases}-p_A-\delta & (j=A)\\ -p_B & (j=B)\end{cases} \tag{7.4}$$

其中，p_A, p_B分别为商店A和B的价格，对应的需求曲线如图7.12所示。

我们称商店$i(i=A,B)$削减商店$j(j\neq i)$的价格(Undercuts)。如果$p_i \leq p_j - \delta$，显然，削价意味着商店补偿消费者的赶路成本。假设(p_A^U, p_B^U)为双方均不会削价的均衡价格(UPE)，那么，必然有：

(1)给定p_B^U、q_B^U，p_A^U是不会引起B削价的A所能制定的最高价格，或者说，p_A^U是

① Oz Shy, *The Economics of Network Industries*. Cambridge, UK: Cambridge University Press, 2001, pp. 307～312.

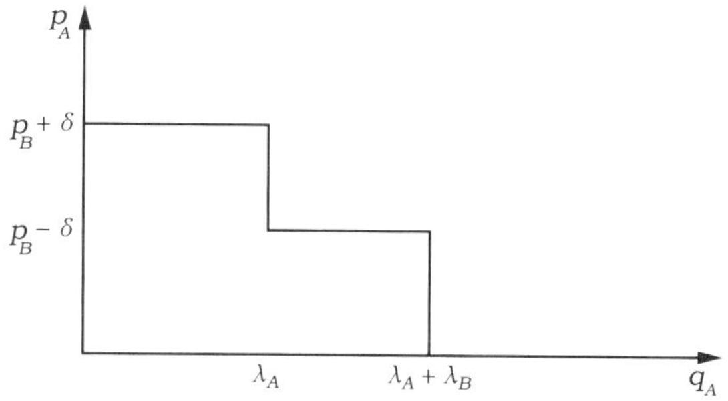

图 7.12　需求曲线

满足以下不等式(B 不削价比削价好)的最高价格：

$$\pi_B^U = p_B^U \cdot q_B^U \geqslant (p_A - \delta)(\lambda_A + \lambda_B) \tag{7.5}$$

(2)给定 p_A^U、q_A^U，p_B^U 是不会引起 A 削价的 B 所能制定的最高价格，或者说，p_B^U 是满足以下不等式(A 不削价比削价好)的最高价格：

$$\pi_A^U = p_A^U \cdot q_A^U \geqslant (p_B - \delta)(\lambda_A + \lambda_B) \tag{7.6}$$

我们以一个简化的数值例子来说明 UPE 均衡的求解。假设 A 和 B 两个商店销售具有差异化的产品，边际成本均为 0；假设存在两类潜在消费者，记为 A 型消费者和 B 型消费者，其比例分别为 $\lambda_A=5$，$\lambda_B=10$；假设类型 A(或 B)的消费者购买商店 B(或 A)的产品的预期损失为 $\delta=7$。那么，由(7.5)式和(7.6)式，互不削价均衡条件为

$$\begin{cases} p_B \cdot 10 = (p_A - 7) \cdot (10+5) \\ p_A \cdot 5 = (p_B - 7) \cdot (10+5) \end{cases} \tag{7.7}$$

解得，$p_A^U=15$，$p_B^U=12$。

专栏 7.7

产能约束对非对称性企业价格竞争的影响

20 世纪 50 年代，通用电气(GE)和西屋电气(WE)是汽轮发电机(Turbine Generator)行业中的两大主导企业，它们的主要客户是电力事业部门。源于成本优势，通用的市场规模更大，其市场份额为 61%，而西屋的市场份额为 32%(Cabral，2002)。通用和西屋都是根据订单组织生产的，一台大型汽轮发电机的生产周期约为 2 年，由于生产能力约束(产能利用率一般只有 85%)，交货期一般会延长 1～3 年(Ghemawat，2002)。50 年代初期，通用和西屋的价格卡特尔被瓦解，大型汽轮发电机产业进入了价格竞争时代。

那么，产能约束是如何影响价格竞争的？Ghemawat & McGahan(1996)研究发现：1951～1963 年通用电气与西屋电气的相对价格($P_{GE/WE}$)与产业中未交货定单量(Q_0)具有负相关关系，其回归式为：

$$P_{GE/WE} = 1.5437 - 0.7114 \cdot Q_0$$

也就是说，当产业的未交货订单量较大时，通用电气的相对价格较低；反之，当未交货订单量较小时，通用电气的相对价格较高。对此种反直观的定价行为的合理解释为：当产业的未交货订单量较小时，产能较低的一方（西屋电气）具有充裕产能，产能较大的一方（通用）将通过某种策略行为来"消耗"对方的生产能力。这时，通用电气选择制定较高的相对价格，当西屋电气利用价格优势拿到订单后，其有限的生产能力便被"冻结"了，然后，通用电气就可以对"剩余需求"实施垄断定价（美国90%的大型汽轮发电机的需求来自公用事业单位，具有刚性需求特征）。此种策略行为被Ghemawat & McGahan（1996）称为"缓冲机制"——在供大于求的情形下，大企业制定相对高价来"消耗掉"小企业的生产能力，以避免双方为抢夺有限需求而展开激烈的价格战。

Ghemawat（1986、1997、2002），Ghemawat & McGahan（1996）分别给出博弈模型来说明为什么在供大于求的情形下大企业倾向于制定高价。以下对其模型思想进行简单介绍：假设双寡头的产能分别为 k_1，k_2（$k_1 \geqslant k_2$），假设边际成本均为零（$c_1=c_2=c=0$），记市场需求量为 Q，假设每个消费者对产品的估价为 b。为分析大企业和小企业的价格博弈，分三种情形讨论。

情形 1：如果需求量很小——每个企业均可独立满足全部需求（即 $Q \leqslant k_2 \leqslant k_1$），那么，大企业和小企业都会削价，它将产生标准的 Bertrand 均衡结果，即 $p_1=p_2=c=0$。

情形 2：如果需求量很大——两个企业的总供给仍然不能满足全部需求（即 $Q \geqslant k_1+k_2$），那么，大企业和小企业都不会削价，均衡价格为 $p_1=p_2=b$。

情形 3：如果需求量适中（$k_2<Q<k_1+k_2$），那么，小企业更具有削价的积极性。为说明这点，再分两种情形来讨论。

情形（i）是需求量大于小企业的产能但小于大企业的产能（即 $k_2<Q<k_1$），那么，大企业不削价（定价 b）的保留销量为（$Q-k_2$），削价后（即定价略低于 p）的销量为 Q，削价获得的销量增量为 k_2；而小企业不削价的保留销量为 0，削价后的销量为 k_2，削价获得的销量增量同样为 k_2。因此，小企业更具有削价的积极性。小企业将削价直到大企业削价和不削价无差异为止，即 $b(Q-k_2)=(p-\varepsilon)\cdot Q \approx p \cdot Q \Rightarrow p=\dfrac{b(Q-k_2)}{Q}$。

情形（ii）是需求量大于或等于大企业的产能但小于两个企业的总产能（$k_1 \leqslant Q<k_1+k_2$），那么，大企业不削价的保留销量为（$Q-k_2$），削价后的销量为 k_1，削价获得的销量增量为（k_1+k_2-Q）；而小企业不削价的保留销量为（$Q-k_1$），削价后的销量为 k_2，削价获得的销量增量同样为（k_1+k_2-Q）。因此，小企业仍更具有削价的积极性。同样，小企业将削价直到大企业削价和不削价无差异为止，即 $b(Q-k_2)=p \cdot k_1 \Rightarrow p=\dfrac{b(Q-k_2)}{k_1}$。

表 7.4 汇总了这两种情形下大企业和小企业削价的销量变化、各自的定价及相应的利润。

表 7.4 需求适中时大企业与小企业削价和不削价的结果对比

情形(i)：$k_2<Q<k_1$					
	不削价的保留销量	削价后的销量	削价的销量增量	价格	利润
大企业	$(Q-k_2)$	Q	k_2	$p_1=b$	$\pi_1=b(Q-k_2)$
小企业	0	k_2	k_2	$p_2=\frac{b(Q-k_2)}{Q}$	$\pi_2=b\frac{Q-k_2}{Q}k_2$
情形(ii)：$k_1\leqslant Q<k_1+k_2$					
	不削价的保留销量	削价后的销量	削价的销量增量	价格	利润
大企业	$(Q-k_2)$	k_1	(k_1+k_2-Q)	$p_1=b$	$\pi_1=b(Q-k_2)$
小企业	$(Q-k_1)$	k_2	(k_1+k_2-Q)	$p_2=\frac{b(Q-k_2)}{k_1}$	$\pi_2=b\frac{Q-k_2}{k_1}k_2$

资料来源：表 7.4 改编自 Ghemawat(2002)第 31 页的表 2.1，引用时补充了削价后的销量、价格与利润等三列。

参考资料：(1)Ghemawat，Pankaj. *Games Business Play：Cases and Models*. Boston：The MIT Press，1997.

(2)Ghemawat，Pankaj. 胡汉辉、周治翰译. 产业竞争博弈. 北京：人民邮电出版社，2002，pp. 23～42.

(3)Ghemawat，Pankaj. Sustainable Advantage. *Harvard Business Review*，1986(5)：pp. 53～58.

(4)Ghemawat，Pankaj & Anita M. McGahan. Order Backlogs and Strategic Pricing：The Case of the U. S. Large Turbine Generator Industry. Working Paper，*Harvard Business School*，1996.

(5)Kreps，David M. & Jose A. Scheinkman. Quantity Precommitment and Bertrand Competition Yield Cournot Outcomes. *The Bell Journal of Economics*，1983，14(2)：pp. 326～337.

(6)Cabral，Luis M. B. 产业组织导论. 胡汉辉、赵震翔译. 北京：人民邮电出版社，2002，第 134 页.

第四节 价格联盟

前面主要探讨企业之间进行短期的定价博弈。实际上，一个企业和竞争对手可能需要进行多次甚至无穷次的重复定价博弈。此种情形下，企业的短期定价行为对自身和竞争对手的长期利益均产生重要影响。比如，一个企业为了增加市场份额而实施降价行为，其他企业有足够的时间实施报复行为，将出现两败俱伤的局面。本节分析动态价格竞争策略，讨论在非合作定价下企业能否形成动态价格联盟的重要问题①。

一、一个简化的数值例子

假设在产品生命周期的成熟阶段，两个同质产品企业（记为企业 1 和企业 2）具有相同的边际生产成本 $c=20$（元），每年的市场需求函数为 $p=100-Q=100-q_1-q_2$，其中价格以元为单位，需求以万为单位。显然，如果两个企业进行合作定价(Cooperative Pricing)，即垄断价格为 60（元）；两个企业平均分配垄断利润，每年各得 800（万元）；如果两个企业进行 Bertrand 竞争，则均衡价格为 20（元），利润均为 0，如图 7.13 所示。

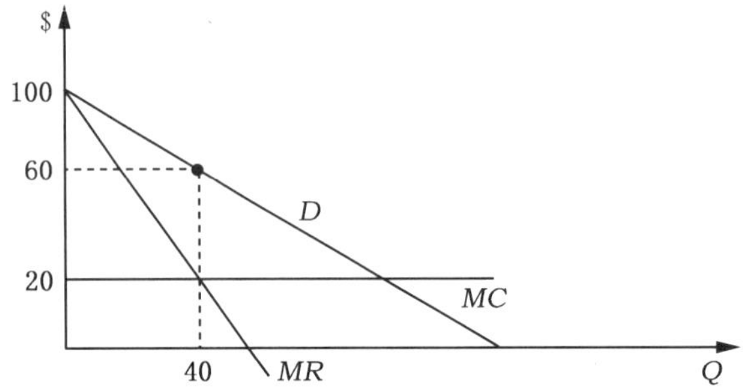

图 7.13 合谋定价

问题是，当两个企业进行非合谋定价时，能否形成合作定价的结果？比如，现在两个企业的定价为 40（元），由于某种外部原因使得边际成本上升或者替代品价格上涨，企业 1 正在考虑将价格上调至原来的垄断水平，即 60 元；但是，企业 1 担心如果企业 2 不跟随涨价，则企业 1 的市场份额将丧失殆尽，而企业 2 的利润将翻一番，每年由 600（万元）提高至每年 1 200（万元）。你是否认为企业 1 在调价前应与企业 2 进行价格协议，共同行动？或者说，企业 1 在行动前先公布提价计划，如果竞争对手没有跟进的意愿，企业 1 马上放弃提价计划——所谓“跳水前先试水深浅”？

事实上，如果定价博弈的周期足够短，比如价格每周一定，那么，企业 1 完全可以单方面提价；如果企业 2 不跟进，则企业 1 在接下来一周马上将价格调下来。那么，企业 1 的损失不会太多（以一年为 52 周计算，一周损失大致 11.5 万元）。更进一步，只要贴现率足够大，企业 2 在预见到如果己方不跟进的话企业 1 将在下周调回价格，企业 2 将跟进。比如，贴现率为 $\delta=\dfrac{1}{1+0.2\%}$，则有：

① (1)David Besanko, et al. *Economics of Strategy*. New York: John Wiley & Sons, Inc. 1996. pp. 354～392. (2)Jeffrey Church, Roger Ware. *Industrial Organization: A Strategic Approach*. 北京：清华大学出版社，2000.

(1)企业 2 跟随调价至 60 元,企业 2 的利润现值为

$$NPV_I = 15.38 + \frac{15.38}{(1+0.002)} + \frac{15.38}{(1+0.002)^2)} + \cdots = 7.705$$

(2)如果企业 2 不跟进,保持定价 40 元,则在企业 1 提价的当周企业 2 获得利润 23.08(万元);但是,从下一周开始,企业 1 调回价格,企业 2 每周利润为 11.54(万元)。因此,其利润现值为

$$NPV_{NI} = 23.08 + \frac{11.54}{(1+0.002)} + \frac{11.54}{(1+0.002)^2} + \cdots = 5.793$$

显然,企业 2 跟进提价的利润现值大于不跟进提价的利润现值,因此,企业 1 完全有理由推断提价是符合企业 2 的长期利益的。值得指出:(1)贴现率越大,企业 2 跟进提价的利润贴现值越大;(2)企业 1 发现企业 2 不跟进后,调回价格的速度越快(比如半周),则企业 2 不跟进的短期收益越小;(3)企业 1 采取的策略是以牙还牙策略(Tit For Tat Strategy)或称为一报还一报策略(Trigger Strategy)。

二、价格联盟的影响因素①

假设 2 个企业展开标准的 Bertrand 竞争,如果企业进行合谋定价,它们将制定垄断性价格 p^M,每个企业每期分享的利润为 $\pi_1 = \pi_2 = \frac{\pi^M}{2}$;如果某个企业暗中降价(即定价 $p = p^M - \varepsilon$),它将在背叛期获得近乎垄断的利润 π^M,但此后每期的利润为 0(由于另一个企业启动触发战略,均衡结果为边际成本定价)。因此,履行价格联盟的长期利润为

$$\frac{\pi^M}{2} + \delta\frac{\pi^M}{2} + \delta^2\frac{\pi^M}{2} + \cdots = \frac{\pi^M}{2} \cdot \frac{1}{1-\delta} \tag{7.8}$$

其中,$\delta = \frac{1}{1+\rho}$为贴现率。偏离价格联盟者的长期利润为

$$\pi^M + \delta \cdot 0 + \delta^2 \cdot 0 + \cdots = \pi^M \tag{7.9}$$

因此,只要 $\delta > \frac{1}{2}$,每个企业都会遵守价格协议。也就是说,价格联盟成为均衡所要求的最低贴现率为 50%。

价格调整频率对价格联盟具有重要影响。假设年利率为 r,企业改变价格的频率为 f,则 $\rho = \frac{r}{f}$。显然,价格调整越频繁意味着 f 越大,因而 δ 越大。现实中,两个以

① (1)Cabral,Luis M. B. 产业组织导论. 胡汉辉等译. 北京:人民邮电出版社,2002,第 120～137 页. (2)Jeffrey Church & Roger Ware. Industrial Organization:A Strategic Approach. 北京:清华大学出版社,2000,pp. 305～358.

周为价格调整周期的加油站，要比两个以年为价格调整周期的夏季度假村更容易订立合谋价格。另外，假设行业在下一期继续存在的概率为 h，则 $\delta=\frac{1}{1+r/f}\cdot h$。因此，如果企业对行业的未来越有信心，则触发战略越有可能成为纳什均衡(SPNE)。现实中，不同企业对行业成长的预测不同，或者企业的财务状况不同，导致其对未来的重视程度不同，体现为不同企业具有不同的贴现率——强势企业的贴现率较大，而弱势企业的贴现率较小，因此，强势企业越有可能合作，而弱势企业往往主动挑起价格战(偏离合谋均衡)。

另外，成员数将影响价格联盟。如果企业数为 n，则在价格联盟下每个企业每期分享的利润为 $\pi_i=\frac{\pi^M}{n}(i=1,2,\cdots,n)$。因此，价格联盟合谋成为纳什均衡的必要条件为

$$\pi^M \leqslant \sum_{t=1}^{\infty}\delta^{t-1}\left(\frac{\pi^M}{n}\right)=\frac{\pi^M}{n(1-\delta)} \tag{7.10}$$

即 $\delta\geqslant 1-\frac{1}{n}$。显然，随着 n 的增加，保证合谋成为纳什均衡的贴现值相应地变大，这意味着所有企业应更具耐心(即越看重未来支付)。因此，企业越多，合谋越难；反之，如果企业越少，市场集中度越高，那么，合谋越容易实现。

此外，信息滞后对价格联盟也具有重要影响。在双头垄断的 Bertrand 模型中，假设企业的定价行为需要等待两期后才能被竞争对手观察到，也就是说，一个企业如果选择背叛，那么它可以连续背叛两期，其背叛行为才会曝光。那么，合谋成为纳什均衡的必要条件是

$$\frac{\pi^M}{2}(1+\delta+\delta^2+\cdots)\geqslant\pi^M+\delta\pi^M \tag{7.11}$$

其中，左边是合谋下企业的贴现总利润；右边是连续背叛两期的贴现总利润，该条件可简化为 $\frac{1}{2(1-\delta)}\geqslant 1+\delta$ 或者 $\delta\geqslant\frac{\sqrt{2}}{2}$。所以，与即时信息相比，信息滞后下保证合谋成为纳什均衡所要求的贴现值更大，合谋更难。

最后，如果厂商将在多个市场上碰到，则价格合谋越稳定，因为厂商可以通过在其他市场的惩罚行为来制约背叛合谋协议。比如，两个企业在两个市场展开竞争，企业 1 在市场 1 具有成本优势，而企业 2 在市场 2 具有成本优势，如果这两个企业合谋定价，则可制定价格协议：企业 1 在市场 1 制定垄断价格，企业 2 在市场 1 的价格略高于垄断价格；而市场 2 则相反。如果企业 2 在市场 1 降价，企业 1 可以采取在市场 2 降价予以报复；而如果企业 1 在市场 2 降价，企业 2 可以选择在市场 1 降价予以报复。

如此两个市场犬牙交错，互相制约，促进合谋稳定性。

那么，为什么现实中的价格联盟并不常见？可能的解释是：首先，反托拉斯政策规定合谋是非法的。比如，欧洲的《罗马条约》第85条禁止以下价格行为：(1)直接或间接固定购买或销售价格；(2)限制或控制生产；(3)分享市场或供应渠道。而美国1890制定的《谢尔曼法》规定固定价格为非法，其中第1节规定任何以托拉斯或其他形式进行联合、限制交易和商业贸易的合约都是不合法的；第2节规定，任何进行垄断，或企图垄断，或同其他个人或多个人联合或密谋控制交易或商业贸易的个人，都将被认为是有罪的。其次，用来决定均衡的贴现因子不仅包括时间价值，还包括行业存在的概率。在一个流动性很强的行业中，企业退出市场的概率很大，相应的贴现因子就很小，合谋成为均衡的可能性降低。另外，实际中没有达到均衡状态，可能是因为惩罚背叛的威胁不是可置信(Credible)的承诺(Commitments)。背叛者可能与惩罚者进行再协议，再次订立价格联盟。还有，由于价格不易被准确观察到，存在秘密削价的可能性。

三、价格承诺

在连锁零售业中，价格承诺(Price Guarantee)是经常使用的定价策略。在家电、消费性电子产品、建材超市等领域，商家经常制定“比价销售”或“比价退差”的规矩，有的是明文规定的，有的是不成文约定的。在比价销售条款下，如果消费者能够举证竞争对手的价格比本企业低，则本企业将以竞争对手的价格销售产品给举证者；在比价退差条款下，一旦发现竞争对手以更低的价格销售同样产品，商家将自动将差价返还给消费者(有的甚至返还给消费者数倍的差价)[①]。学界将这些条款统称为“最好价格条款”或“最优惠顾客条款”(Most Favored Customer Clause)。不同于传统的促销价格策略(Promotional Pricing Strategy，简称PROMO或Hi-Lo)，EDLP并不是通过强调某种特定产品的优惠价格来吸引顾客的眼球，而是向消费者传递一揽子产品组合的认知价值。价格保护政策提高了未来降价的成本，承诺了未来的高价，是一种典型的“幼狗战略”(Puppy Dog Strategy)。即使竞争对手未做出同样的价格保护政策，一个企业单方面提供价格保护政策也是有利可图的。虽然Hoch、Dreze和Purk(1994)发现，对实行EDLP的产品类型降价10%只引起销量增加3%，销量增加不足以补偿损

---

① 一般将比价退差条款划分为天天平价EDLP(Every Day Low Price)与自动价格保护APP(Automatic Price Protection Planning)。EDLP乃承诺本企业的售价在本地区是最低的，否则，将退还差价；APP系承诺本企业不降价，否则，将退还差价给已经购买的消费者。

失的毛利[①]。但是，其他研究发现，实行 EDLP 的零售企业的净利润还是高于实行 PROMO 的零售企业，比如，在实行 EDLP 的零售企业中，Albertson's 的净利润率为 2.7%，Food Line 为 2.5%，Hannaford 为 2.4%；而实行 PROMO 的零售企业中，Giant Foods 的净利润率为 2.0%，Vons 为 1.3%，American Stores 为 1.2%[②]。

以下举一个简单的数值例子来说明天天平价(EDLP)对削弱价格竞争的作用。假设企业 1 和企业 2 都实行 EDLP 计划，其边际成本都是 30；市场上共有 1 000 个潜在消费者，每个消费者的支付意愿为 50 元；消费者只向价格最低的企业购买产品(如果两个企业的价格相同，消费者将随机购买)。如果消费者完全了解与企业销售同类产品的竞争对手的价格，那么，企业 1 降低价格将丢掉所有销售使得利润为 0——因为消费者将向企业 2 购买产品，并告诉企业 2 说企业 1 以更低的价格销售同样的产品以获得差价的两倍赔偿。另一方面，如果企业 1 制定高于企业 2 的价格，赔偿差价后其实际价格将低于企业 2 的价格。图 7.14 显示了 EDLP 下企业 1 的利润。显然，均衡结果为 $P_1^* = P_2^* = 50$ 元，谁都不愿意单方面降价。

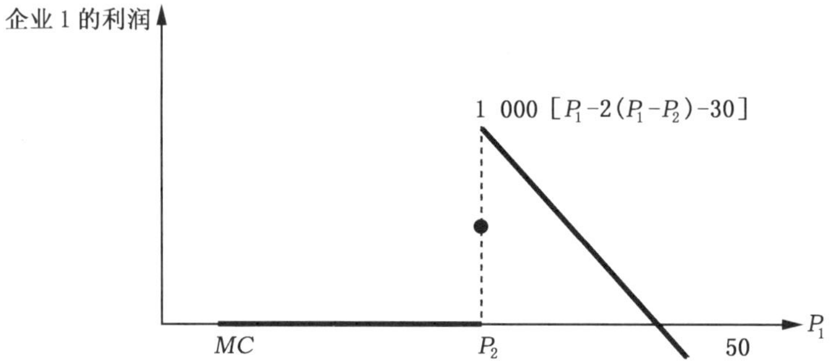

图 7.14 完全信息下具有价格承诺的利润

四、进场费

在零售领域，进场费或货物上架费是超市和卖场的主要收入来源。据有关调查数据显示，2005 年上海地区大卖场收取的各项费用总共占供应商总销售额的 8%～25%。在中国，超市、大卖场以各种形式对供应商收取"进场费"已司空见惯，而商务部也未明确禁止此种做法。零售商之所以对供应商盛气凌人，其主要原因有：(1)经济过热后导致中国制造业产能普遍过剩；(2)零售商处于价值链下游，接近最终消费者，因

① Hoch, Stephen, Xavier Dreze, and Mary Purk. 1994. EDLP, Hi-Lo and Margin Arithmetic. *Journal of Marketing*, 58: pp. 16～29.

② 转引自：Lal, Rajiv, Ram Rao. Supermarket Competition: the Case of Every Day Low Pricing. *Marketing Science*, 1997, 16(1): pp. 60～80.

而具有强势地位。问题是，为什么零售商不直接压低进货价格，而是采用费劲的进场费(Slotting Allowances)？

实际上，进场费是零售商的固定利润，不管零售端竞争如何激烈都不会侵袭进场费形成的固定利润。如果直接降低进货价格，零售端的价格竞争将导致价格接近于边际成本，即进货价格，因此，供应商让利的进货优惠价格被零售竞争挤压掉了。举一个简单的例子来说明：假设沃尔玛拟向达利食品厂购进 1 000 盒压缩饼干。在缴纳进场费模式下，进场费 1 000 元，进货价每盒 12 元。在降低进货价格模式下，没有进场费用，但每盒饼干的进货价格降为 11 元。两种模式下达利食品厂的收益都是 11 000 元。但是，两种模式下沃尔玛的利润却大不一样：假设卖场之间的竞争使得沃尔玛对这些饼干制定的零售价格只能比进货价格高出 1 元，在进场费模式下，利润为 1 000＋1×1 000＝2 000(元)；在降低进货价格模式下，利润为 1×1 000＝1 000(元)。实际上，进场费起到抑制价格竞争的作用。进场费抬高了进货价格，导致零售价格较高。收取进场费的卖场实际上向其竞争对手传递了一种信号：本企业进货成本较高，零售价格也必然较高，因而不会采取进入遏制战略[①]。

思考练习题

1. 耶鲁大学马丁·舒比克教授设计了一个以 1 美元报价的投标游戏。他让学生们为面值为 1 美元的钞票竞价，每次加价 5 美分，最高报价不得超过 2.50 美元，出价最高者得到这 1 美元钞票，但出价最高者和次高者均需向舒比克教授支付其所出的价钱(当然，出价次高者什么也得不到)。此种拍卖称为共同支付拍卖。如果你获得第一个出价的机会，你将如何出价？

2. 互联网正在削弱零售业的地理位置优势，电商将消费者的注意力吸引到低价格和高便捷等方面。请你就实体店如何应对电商的“降维攻击”给出建议。

3. 假设一个行业由 A、B 两个企业组成，它们展开价格竞争。假设 A、B 生产同质的产品，边际成本均为￥5，固定成本均为 0。假设存在 300 个潜在消费者，如果价格不超过￥20，每个消费者都愿意购买 1 个单位的产品。假设每个消费者将向价格最低的企业购买产品，如果 A、B 价格相等，它们将平分市场份额(假定价格取值可以连续变动)。

(1)给定以上信息，A 和 B 制定的价格和销量分别为多少？

(2)如果 A 当前制定的价格为￥10，且 A 向消费者承诺：如果竞争对手以更低的价格销售产品，A 将退还双倍的差价给消费者，那么，B 的最优定价为多少？

(3)假设企业 C 正在考虑是否进入该行业。C 的进入成本为￥400，但 C 将以更优越的技术生产产品，C 的边际成本为￥4。请向 C 提出是否进入的咨询建议？

4. 在双头垄断市场中，市场需求为 $P=130-Q=130-(q_1+q_2)$，两个厂商的边际成本均

---

① 周惠中. 商战自有正道. 上海：上海人民出版社，2006，第 338～340 页。

为 10。

(1)分别求解纳什均衡价格和合谋价格。

(2)如果博弈只进行 2 次,合谋是否可以形成?

(3)假设博弈进行无穷多次,每个厂商均采用冷酷战略(Grim Strategy),那么,贴现率为多大时,合谋是稳定的?

5. 零售商的利润一般包括后端利润和前端利润两部分。后端利润是指供应商缴纳的进场费,前端利润是指零售商赚取的差价以及来自供应商的销售还利。相对于家乐福,沃尔玛向供应商收取的进场费要低一些,因而沃尔玛的利润更多地来自前端的贡献。请分析沃尔玛的此种盈利模式对其天天平价策略的影响。

6. 截至 2016 年,中国制造业实际增加值达到 2000 年的 7 倍,占全球制造业总产出的比重从 8.5%提高到了 30.9%。市场份额的"中国权重"意味着中国制造业的任何变化都会对全球产业体系产生重大影响。相比之下,美国、日本和德国在全球制造业的比重分别由 2000 年的 28.5%、17.0%和 10.1%,下降到 2016 年的 19.3%、11.6%和 7.0%。① 然而,奢侈品的内外价差及"达芬奇事件"(即产品到保税区"一日游"的假进口)均反映了中国制造业的尴尬地位。实际上,从全球价值链(GVC)的角度看,中国制造大多数处于低附加值环节,产业链控制力弱,产业利润率偏低。请对中国制造如何在全球产业体系变革中夺取定价权阐明你的观点。

7. (Pindyck & Rubinfeld,2001)当 Porter & Gamble(P&G)计划将 Gypsy Moth Tape(GMT)打入日本市场时,它虽然清楚自己的生产成本及市场需求状况,但仍然觉得定价非常困难,因为其他两个竞争对手——Kao Soap(K)与 Unilever Ltd.(U),也正在考虑进入日本市场。这三个厂商将几乎同时为其产品定价,因此,P&G 在定价时不能忽略竞争对手。

由于三个厂商的生产技术相同,成本也就相差不多。据测算,每月的固定成本为 480 000 美元,边际成本 1 美元。经过市场调查,P&G 估计其需求函数为 $Q=3\ 375P^{-3.5}P_U^{0.25}P_K^{0.25}$,其中 Q 为每月的需求量,P、P_K、P_U 分别为 P&G、K 公司、U 公司的价格。K 公司和 U 公司对自己的需求也做了相同的估计,参见表 7.5。

表 7.5　　各种价格组合下 P&G 的利润表　　单位:千美元/月

$\Pi_{P\&G}$ \ $P_{P\&G}$	竞争对手 K 与 U 的价格($P_K=P_U$)							
	1.10	1.20	1.30	1.40	1.50	1.60	1.70	1.80
1.10	−226	−215	−204	−194	−183	−174	−165	−155
1.20	−106	−89	−73	−58	−43	−28	−15	−2
1.30	−56	−37	−19	2	15	31	47	62
1.40	−44	−25	−6	12	29	46	62	78
1.50	−52	−32	−15	3	20	36	52	68
1.60	−70	−51	−34	−18	−1	14	30	44
1.70	−93	−76	−59	−44	−28	−13	1	15
1.80	−118	−102	−87	−72	−57	−44	−30	−17

① 后歆桐."中国权重"在全球制造业版图中举足轻重.第一财经研究院,2018.4.9。

那么，P&G应以什么价格进入日本市场？预期利润多少？为回答此问题，P&G在分析对手各种价格的基础上，计算其利润与其价格的关系，如表7.5所示。比如，若 $P_K=P_U=1.50$ 美元，而P&G定价1.30美元，则P&G的利润等于15 000美元/月。当然，如果 $P_K=P_U=1.50$ 美元，则P&G的最优定价是1.40美元，获得利润29 000美元/月。如果 $P_K=P_U=1.30$ 美元，则无论P&G如何定价都将亏损。但是，P&G定价1.40美元使得亏损最小（−6 000美元/月）。

问题：

(1)在P&G、K、L同时定价条件下，P&G进入日本市场的最优价格是多少？每月利润多少？

(2)如果P&G、K、L之间形成价格联盟，则P&G的最优价格是多少？每月利润多少？

(3)你认为，上述价格联盟是否能达成？该联盟的稳定性受哪些因素影响？

8. 价格联盟游戏。海岛上有三家捕虾公司，每家公司每天最多捕虾75磅，每磅虾的捕捞成本为5美元。已知岛上每天鲜虾每磅的价格 $P=45-0.2Q$，其中 Q 表示当天本岛上虾的总供给量。每个公司需要确定每天本公司的捕虾量（三家公司之间可以协商也可以独立决策，但每个公司应独立且秘密上报其最终捕虾量给老师），每个公司的目标是最大化其累计利润。

游戏时，将全班分为9个小组，每3个小组在一个岛上游戏。第一个岛上的3个小组上报当天产量后，老师随即公布各自的产量；第二个岛上的3个小组上报产量后，老师只公布岛上的总产量，不公布每个小组的产量；第三个岛上三个小组上报两天的产量后，老师再公布各个小组的产量。游戏的总天数事前不确定，由老师根据实际情况确定（建议4～5天）。

9. 假设市场上有 n 个对称企业，证明这 n 个企业形成稳定的价格联盟的条件为：$\delta\geqslant\frac{n-1}{n}$，其中 δ 为贴现率。并进一步说明，联盟中的企业数量越多，联盟越不稳定。

10. 国内成品油价格见涨不见跌，谁之过？

1998年我国石油产业改革后，中石油和中石化均全面涉足开采、炼制和销售环节。在销售占有优势的中石油快速渗透进入中石化的地盘，大量建设、收购加油站。中石化也不甘落后，同样加快建设加油站的步伐。但是，两者的区域分布存在较大差异，表现为中石油在北方市场份额较大，中石化在南方市场份额较大。另外，两者的产业链结构也存在差异，中石油的原油以自给为主，而中石化的原油倚重进口。

1998年6月，原国家计委推出了参照新加坡市场油价相应确定国内油价的改革方案。2001年10月，国家发改委对接轨办法做出完善，参照新加坡、鹿特丹、纽约三地市场价格调整国内成品油价格。其具体做法为：当国际油价上下波动幅度在5%～8%内时，保持油价不变；超过这一范围时，由国家发改委调整零售基准价。2008年底，结合公路收费改革和燃油税改革，再度启动成品油价改方案，规定成品油定价以迪拜、布伦特、辛塔三地的原油价格为基础，成品油价格由下限管制转向上限管制。在此背景下，2008年底中石油率先在南方若干城市下调成品油价格，引起中石化的积极应对，但2009年春节后，双方偃旗息鼓。① 不过，此番降价风波还是引起国内成品油零售市场格局的变化，一些民营加油站因此陷入困境。2009年5月8日实施的《石油价格管理办法》提出了“22天+

---

① 李蕾，徐赞．中石化不与中石油打价格战．解放日报，2009年7月13日。

4%”的调价公式，即当国际市场原油连续22个工作日移动平均价格变化超过4%时，可相应调整国内成品油价格；当国际市场原油价格低于每桶80美元，按正常加工利润率计算成品油价格；当国际市场原油价格高于每桶80美元时，开始扣减加工利润率，直至按零加工利润计算成品油价格。到了2011年4月，随着国际油价不断高企，国内再次出现了民营加油站缺油的消息。有媒体报道称，这主要是中石油、中石化减少甚至中断（也有指出采用了批零价倒挂的极端方法）了对部分民营加油站的批发。

2013年3月26日，《关于进一步完善成品油价格形成机制的通知（发改价格〔2013〕624号）》发布：将成品油计价和调价周期由现行22个工作日缩短至10个工作日，并取消上下4%的幅度限制。2016年1月，国家发展改革委发布了新的成品油定价机制，设置调控上下限，调控上限为每桶130美元，下限为每桶40美元。

问题：

（1）查阅有关数据，说明国内成品油的定价基础转向迪拜、布伦特、辛塔三地原油价格前后，国内成品油价格变动与国际原油价格变动的关系。

（2）新华社曾就油价涨多跌少对“石化双雄”提出质疑，批发双雄对涨价“只争朝夕”而对降价“反应迟钝”。请你对油价“涨多跌少”给出理论解释。

（3）自2014年下半年以来，世界石油市场格局发生了深刻变化，国际市场油价从每桶110美元快速下跌至40美元以下，过低的油价对我国石油产业和能源发展将有怎样的影响？为什么我国需要设置价格下限进行约束？

第八章　动态定价原理

第三章的损益平衡分析给出对价格进行动态调整的财务分析方法。现实中，企业对价格进行调整的原因是多方面的，比如：为了应对要素价格变动引发的成本波动；或者为了将顾客从市场领导者那里抢夺过来；或者暂时降价以吸引那些没有按“正常价格”购买产品的顾客；或者由于汇率变动迫使企业调整价格；或者是产品进入生命周期的新阶段导致的市场需求或竞争格局的变化；或者是企业根据销售计划完成状况进行适时调价；或者通过试探性定价发现顾客的价值估价后再进行调价……

本章拟深入讨论动态定价策略：第一节归纳分析了动态定价的类型，包括需求不确定下的 IM 双价格政策（Initial-Markdown Pricing ）、应对需求波动的高峰—低谷定价策略、基于扩大潜能的动态定价策略；第二节在归纳产品生命周期各阶段特征的基础上阐述生命周期定价策略（PLC 定价），特别是分析了新产品的定价策略。

第一节　动态定价的类型

一、需求不确定性下的定价策略

（一）消费者顺序购买的动态定价

在不能确定到底有多少潜在顾客愿意购买其产品的情形下，许多企业采取“高开低走”的定价策略：一开始将价格定得很高，随着时间的推移逐渐降低价格。比如，波士顿的著名服装店 Filene's Basement 采取的自动降价政策为：一件西服在销售厅销售 7 天后尚未售出则降价 25%；销售 14 天后降价 50%；销售 21 后降价 75%；28 天后还未售出则捐给慈善机构[①]。此种定价策略至少有两个好处：既有助于发现基本需求状况，又避免将产品按过低的价格卖给估价较高的顾客。

① Robert J. Dolan，Hermann Simon. 定价圣经．董俊英译．北京：中信出版社，2004，第 254 页．

顾客认知价值的不确定性会降低企业的利润。这可以通过图 8.1 所显示的顾客对产品的三种可能估计情形下的最优定价来说明，其中图 8.1(a)表示企业能确定顾客的价值估价为 50 元，则最优定价为 50 元；图 8.1(b)表示企业知道顾客对产品的价值估价在 40～60 元，那么最优定价为 40 元；图 8.1(c)表示企业知道顾客对产品的价值估价在 0～100 元，此时的最优定价为 50 元，交易达成的概率为 50%，预期收入为 25 元。在三种情形下，尽管顾客对价值估价的平均值都是 50 元，但不确定性(表现为估价的方差)越高，企业的利润就越低[①]。

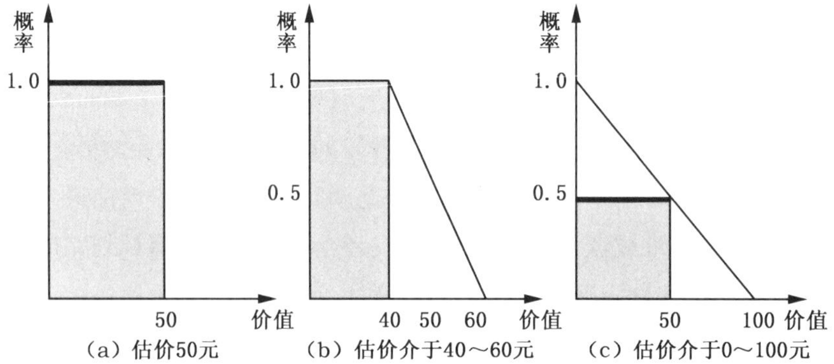

图 8.1 顾客对产品的价值估价不确定下的定价

如果企业可以多次报价，就能在一定程度上消除顾客价值估价不确定性对其利润的负面影响。我们以一个简单例子来说明[②]。假设一家服装店进了 10 种颜色的夏季时装，但在夏季来临之前，服装店并不知道今年流行哪种颜色，假设每种颜色的时装成为最流行的时装的先验概率均为 10%。根据历史销售经验，最流行颜色的时装的最高售价为 300 元；次流行颜色的时装的最高售价为 300 元……最不流行颜色的时装的最高售价为 60 元，如图 8.2 所示。

显然，时装的需求函数为 $P=360-30C$，即 $C=\dfrac{360-P}{30}$，其中 C 为市场对时装颜色的需求量，P 为时装的价格。记在价格 P 下任意一种颜色的时装未售出的概率(即价格的累积分布)为 $F(P)$，则有

$$F(P)=\frac{10-C}{10}=\frac{10-\left(\dfrac{360-P}{30}\right)}{10}=\frac{P-60}{300} \tag{8.1}$$

(1)如果服装店制定一个单一的价格 P，则期望收益为

① Robert J. Dolan，Hermann Simon. 定价圣经．董俊英译．北京：中信出版社，2004，第 254～256 页．

② B. Peter Pashigian. *Price Theory and Application*. McGraw-Hill Companies，Inc. 1998，pp. 562～572.

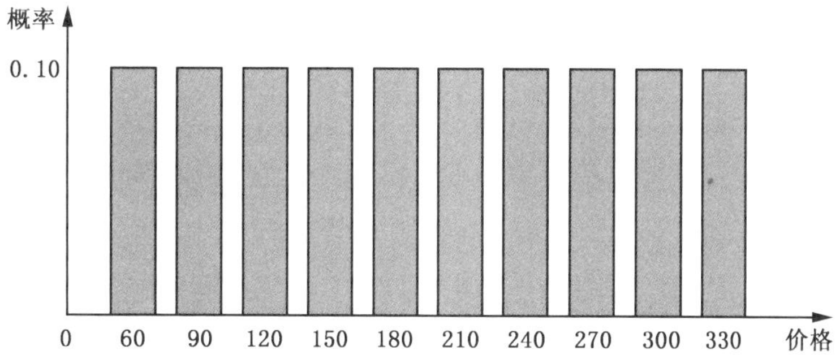

图 8.2 各种颜色时装的最高价格之概率分布

$$E[R]=P\cdot 10\cdot[1-F(P)]=10\cdot P\cdot\frac{360-P}{300}=\frac{360P-P^2}{30} \tag{8.2}$$

因此,最优价格为 $P^*=180$(元);任意一种颜色的时装的平均销售收益为 $180\times 0.6=108$(元);所有 10 种颜色时装的总收益为 1 080 元,如图 8.3 所示。

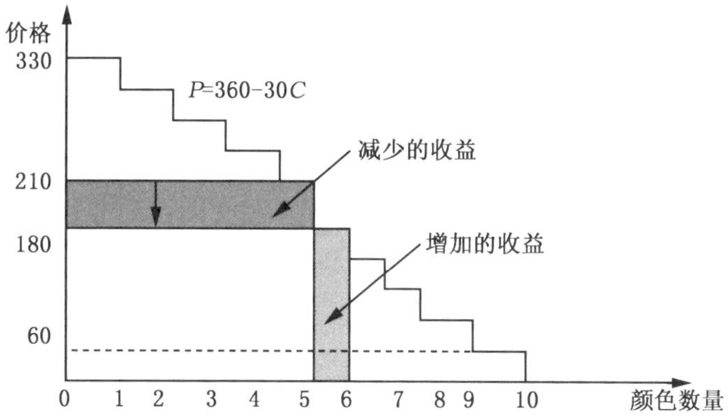

图 8.3 最优的单一价格

(2)如果服装店制定双价格政策(Two Price Policy),记为(P_I,P_M),其中,P_I 为初始价格(Initial Price),P_M 为削价(Markdown Price)。任意一种颜色的时装有三种可能:可能是最流行的颜色,在初始价格下就可售出,其概率为 $1-F(P_I)$;可能是次流行的颜色,在初始价格下未售出但在其后的削价中售出,其概率为 $[1-F(P_M)]-[1-F(P_I)]=F(P_I)-F(P_M)$;可能是最不流行的颜色,在初始价格和削价阶段均未售出,其概率为 $F(P_M)$。

显然,在 I—M 价格体系下,服装店的期望收益为

$$\begin{aligned}E[R]&=10\cdot\{P_I[1-F(P_I)]+P_M[F(P_I)-F(P_M)]\}\\&=10\left[P_I\frac{360-P_I}{300}+P_M\frac{P_I-P_M}{300}\right]\end{aligned}$$

$$=\frac{1}{30}[360P_I-P_I^2+P_IP_M-P_M^2] \tag{8.3}$$

给定初始价格 P_I,(8.3)式关于 P_M 的一阶条件为

$$P_I-2P_M=0\Rightarrow P_M=\frac{P_I}{2} \tag{8.4}$$

代入(8.3)式,得到

$$E[R]=\frac{1}{30}\left[360P_I-\frac{3}{4}P_I^2\right]\Rightarrow P_I^*=240\Rightarrow P_M^*=120$$

因此,任何一种颜色的时装的销售收益为 240×0.40+120×0.40=144(元),服装店的总收益为 1 440 元,比单一价格政策下的收益 1 080 元增加了 33%,如图 8.4 所示。[①]

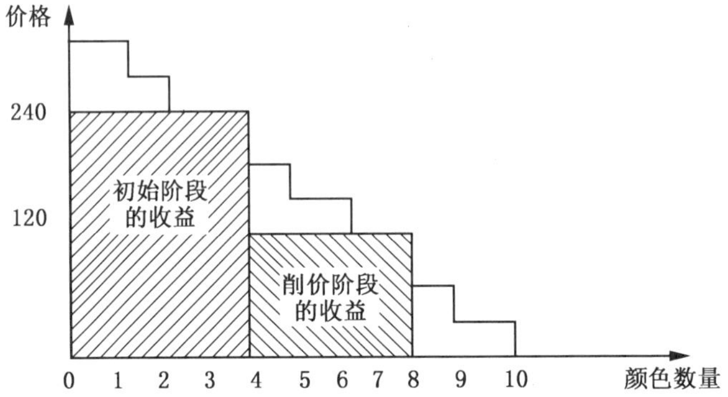

图 8.4　双价格政策下的最优定价

专栏 8.1

航空公司折扣票的动态控制

在需求不确定下,航空公司如何合理分配折扣舱位乃其收益管理(Yield Management)体系的重要组成部分[②]。假设一个航班的舱位 138 个,划分为 7 种等级(或存在 7 个细分市场),根据统计预测模型,各级舱位的收益如表 8.1 所示(超卖机票 37 张),实际总收益为 17 429 美元。

表 8.1　航空公司各级舱位的收益表

舱位等级	登机旅客	外流旅客	预售总数	平均收益(美元)	总收益(美元)
Y0	12	0	12	313	3 756

① 另一种简单的解法为:根据平面几何学原理,最优的双价格体系(P_I,P_M)应满足:$P_M=\frac{1}{2}P_I$;$360-P_I=\frac{1}{2}(360-P_M)$。联立求解,得到 $P_I^*=240$,$P_M^*=120$。

② B. Peter Pashigian. *Price Theory and Application*. McGraw-Hill Companies, Inc. 1998.

续表

舱位等级	登机旅客	外流旅客	预售总数	平均收益(美元)	总收益(美元)
Y1	6	0	6	258	1 548
Y2	10	0	10	224	2 240
Y3	3	0	3	183	549
Y4	30	29	59	164	4 920
Y5	16	5	21	140	2 240
Y6	32	32	64	68	2 176
总数	109	66	175		17 429

如果航空公司对折扣票预售未加控制，那么，度假旅行者(低收益旅客)将提前订票获得折扣票，把愿意全价购票(高收益旅客)的商务旅行者“挤出”市场。各级舱位的收益如表 8.2 所示，最低总收益为 15 984 美元。

表 8.2　　　　未控制折扣票下航空公司各级舱位的收益表

舱位等级	总需求	实际登机数	平均收益(美元)	总收益(美元)
Y0	12	0	313	0
Y1	6	0	258	0
Y2	10	0	224	0
Y3	3	0	183	0
Y4	59	53	164	8 692
Y5	21	21	140	2 940
Y6	64	64	68	4 352
总和	175	138		15 984

如果航空公司完全控制折扣票预售，那么，外流的旅客将全部来自 Y6 舱位。最高总收益为 22 545 美元，如表 8.3 所示。

表 8.3　　　　完全控制折扣票下航空公司各级舱位的收益表

舱位等级	总需求	实际登机数	平均收益(美元)	总收益(美元)
Y0	12	12	313	3 756
Y1	6	6	258	1 548
Y2	10	10	224	2 240
Y3	3	3	183	549
Y4	59	59	164	9 676

续表

舱位等级	总需求	实际登机数	平均收益(美元)	总收益(美元)
Y5	21	21	140	2 940
Y6	64	27	68	1 836
总和	175	138		22 545

航空公司一般会根据每天的售票情况对折扣票实行动态控制，如图 8.5 所示：假设某一个航班提前 30 天预售机票，航空公司将根据历史销售经验配置每天的折扣票数量；然后，航空公司将每天的实际销售情况与历史数据进行对比来调整折扣票的投放，如果实际售出的机票多于历史数据，航空公司将减少当天的折扣票；反之，则增加当天的折扣票。这就是为什么乘客在某一天订购不到折扣票而隔天后又被告知有折扣票的原因。

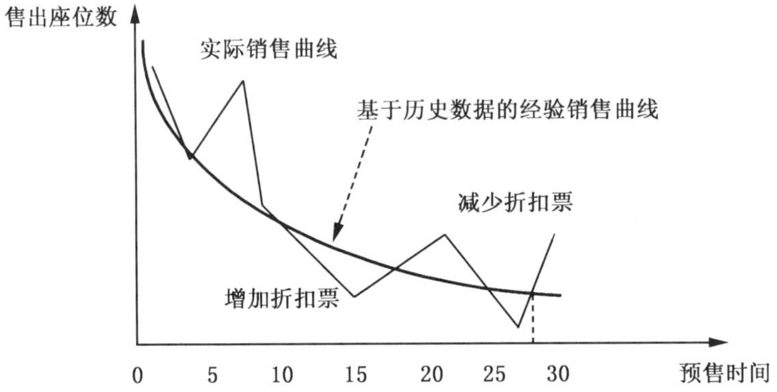

图 8.5 航空公司折扣票控制策略示意图

(二)重复购买情形下的动态定价①

假设宝洁公司将推出一种新概念香波，对此种快速消费品的定价应着眼于重复购买，因而应制订动态价格计划。假设此种香波延续两期，第 1 期为试验阶段(Trials)，第 2 期为重复购买阶段(Repeated Purchases)；潜在消费者为 1 000 000 人，但是，每个消费者在每个时期最多购买 1 个单位的香波；假设此种香波的边际生产成本是 1 美元。

宝洁公司正在考虑两种定价计划：定价 3 美元或定价 5 美元。定价经理确信：如果为这种香波定价 3 美元，试验期的销售有两种可能——低试验率(5%的潜在消费者将试用)的概率为 30%，高试验率(10%的潜在消费者将试用)的概率为 70%。如果试

① (1)Gary L. Lilien, Arvind Rangaswamy. Marketing Engineering. Addison-Wesley Education Publishers, Inc. 1998. (2)Sharan Japal. Marketing Strategy and Uncertainty. Oxford: Oxford University Press, 1999. 这里已对数据进行了调整。

用率低，则这些试用者在重复购买阶段的购买率将高达 90%；如果试用率高，则这些试用者在重复购买阶段的购买率将为 60%，如图 8.6 所示。

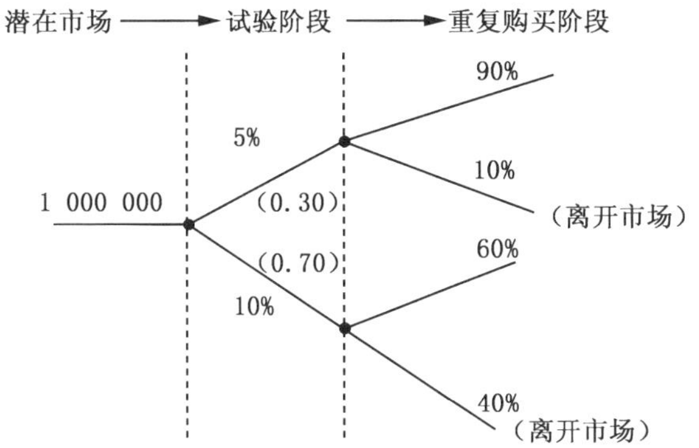

图 8.6　两阶段的动态定价模型

若定价 3 美元，则试验阶段的期望销量为 1 000 000×(0.05×0.30+0.10×0.70)=85 000；重复购买阶段的期望销量为 15 000×0.90+70 000×0.60=55 500。所以，定价 3 美元的情形下各阶段的期望毛利分别为(3−1)×85 000=170 000(美元)和(3−1)×55 500=111 000(美元)。

根据这个分析思路，宝洁公司的定价经理可以计算定价 5 美元时每个阶段的利润及总利润。假设贴现率为 10%，则定价 3 美元和 5 美元下的总利润如表 8.4 所示。因此，宝洁将为其新概念香波定价 5 美元。

表 8.4　　**动态定价利润比较表**　　单位：美元

价格	试用阶段利润	重复购买阶段利润	两阶段的总利润
3	170 000	111 000	270 909
5	140 000	150 000	276 364

进一步讲，如果宝洁的新概念香波的边际成本是不确定的，比如在 0.80 美元至 1.20 美元之间波动。如果宝洁知道边际成本的期望值(比如等于 1 美元)，那么，上述分析方法仍然适用，宝洁应为其新概念香波定价 5 美元。但是，如果宝洁不知道边际成本的平均值，则可以采用前面的敏感性分析进行定价决策：记边际成本为 $c\in[0.8, 1.2]$，则定价 5 美元和 3 美元的单位毛利分别为$(5-c)$和$(3-c)$；容易求解使得定价 5 美元和定价 3 美元无差异的边际成本，实际上，由

$$\frac{3-c}{85\,000+\dfrac{55\,000}{1+10\%}}=\frac{5-c}{35\,000+\dfrac{37\,500}{1+10\%}} \tag{8.5}$$

解得 $c=0.92$ 美元。因此，当边际成本 $c<0.92$ 美元时，宝洁将为其新概念香波

定价 3 美元；而当边际成本 $c>0.92$ 美元时，宝洁将为其新概念香波定价 5 美元。

值得指出的是，上述分析中对不同的定价赋予相同的贴现率。但是，实际上企业的不同价格规划将产生战略差异。更具体地讲，定价 3 美元和定价 5 美元实际上是针对不同价格敏感性的市场的，因此，企业针对不同的价格规划应赋予不同的贴现率。鉴于高价格将产生较大的系统方差，假设定价 3 美元的贴现率为 15%，而定价 5 美元的贴现率为 20%，表 8.5 给出定价 3 美元和 5 美元的贴现利润。显然，如果宝洁是风险厌恶的，将为其新概念香波定价 3 美元。

表 8.5　　风险厌恶下的利润表

价格(美元)	利润贴现值(美元)
3	266 522(贴现率 15%)
5	265 000(贴现率 20%)

二、高峰低谷定价策略

顾客对电力、旅游、冰镇啤酒、时装等产品或服务(季节性产品)的价值估价随着时间的变化而变化。正如我们在第六章所指出的，许多企业采取基于时间的价格歧视，其中以高峰—低谷定价(Peak Load Pricing)最为典型。以下用一个电力的实例来说明高峰负荷定价问题①。假设电力公司的边际成本是 $MC=0.02+0.0001Q$，其中 Q 是电力消费量。假设晚上的电力需求和白天 10:00 以后的电力需求函数分别为

$$\begin{cases} P_L=0.2-0.001Q_L(\text{晚上}) \\ P_P=0.8-0.0005Q_P(\text{白天}) \end{cases} \tag{8.6}$$

显然，电力公司夜间和白天的边际收益分别为

$$\begin{cases} MR_L=0.2-0.002Q_L \\ MR_P=0.8-0.001Q_P \end{cases} \tag{8.7}$$

根据夜间电力市场和白天电力市场利润最大化原则，有

$$\begin{cases} 0.2-0.002Q_L=0.02+0.0001Q_L \\ 0.8-0.001Q_P=0.02+0.0001Q_P \end{cases} \tag{8.8}$$

解得

$$Q_L^*=\frac{0.18}{0.0021},P_L^*=0.16;Q_P^*=\frac{0.78}{0.0011},P_P^*=0.55 \tag{8.9}$$

也就是说，电力公司对高峰期电力定价 0.55 元，而低谷期电力定价 0.16 元，如图 8.7 所示。

---

① Boyes(2006). 新管理经济学. 北京：中国市场出版社，第 209～210 页.

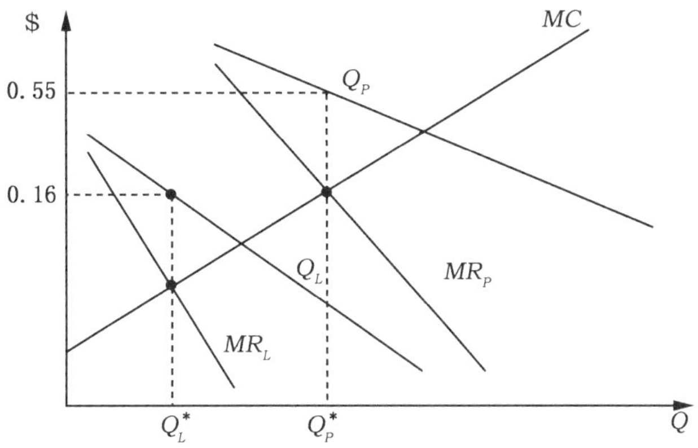

图 8.7　电力高峰—低谷定价

三、扩大潜能的动态定价

许多销售耐用品的商家(如家电零售店)在以“正常价格”持续销售产品一段时间后,会以一个略低的“促销价格”销售一段时间,然后再恢复到“正常价格”,接着又进行价格促销……如此循环反复,其价格走势呈现周期性波动,如图 8.8 所示。

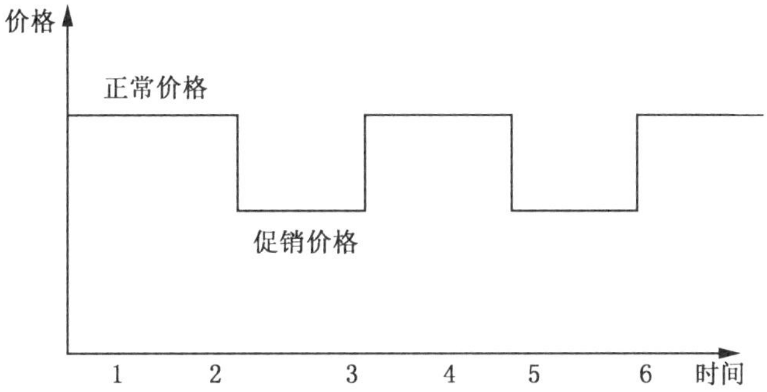

图 8.8　家电零售商阶段性销售的价格周期

Dolan & Simon(2004)基于“扩大潜能”的视角对这种价格波动现象予以解释[①]。假设某电器商店销售某品牌微波炉多期;该品牌微波炉有两类潜在顾客,其中Ⅰ型顾客对微波炉的价值估价为 600 元,Ⅱ型顾客的估价为 400 元;在每个销售期,每种类型的顾客中都有 100 人因微波炉已用旧而成为潜在顾客——如果当期价格低于其价值估价,该顾客就购买新的微波炉,否则继续使用旧的微波炉。假设微波炉的单位成本为 320 元。Dolan & Simon(2004)详细模拟了商店对微波炉的定价决策:

(1)在第 1 期,如果商店对微波炉定价 600 元,只有 100 个Ⅰ型顾客购买,毛利为

① Robert J. Dolan,Hermann Simon. 定价圣经. 董俊英译. 北京:中信出版社,2004,第 246~248 页.

(600－320)×100＝28 000(元)；如果定价 400 元，所有顾客都会购买，毛利为(400－320)×200＝16 000(元)。因此，第 1 期的最优定价为 600 元。

(2)第 2 期的顾客有 300 人，其中 100 人为Ⅰ型顾客，200 人为Ⅱ型顾客(其中 100 人是第 1 期没有购买新的微波炉的Ⅱ型顾客)。显然，第 2 期的最优定价仍然是 600 元。

(3)第 3 期的顾客有 400 人，其中 100 人为Ⅰ型顾客，300 人为Ⅱ型顾客。如果商店对微波炉定价 600 元，只有 100 个Ⅰ型顾客购买，毛利为(600－320)×100＝28 000(元)；如果定价 400 元，所有顾客都会购买，毛利为(400－320)×400＝32 000(元)。因此，第 3 期的最优定价为 400 元。

(4)显然，第 4 期的最优定价是 600 元；第 5 期的最优定价是 600 元；第 6 期的最优定价是 400 元……

因此，商店的动态定价模式为：以 600 元的正常价格连续销售 2 期，然后以 400 元的促销价格销售 1 期，接着又以正常价格销售 2 期，之后又以促销价格销售 1 期，循环反复。

第二节　PLC 定价策略

产品生命周期 PLC(Product Life Cycle)是企业动态商业计划的一个经典模型。正如生物进化论所讲的，生命要经历出生、成长、成熟、死亡四个阶段，产品也要经历导入期(Introduction)、成长期(Growth)、成熟期(Mature)再到衰退期(Decline)四个阶段。Nagle & Holden(2003)刻画了计算机内存条的 PLC，如图 8.9 所示。

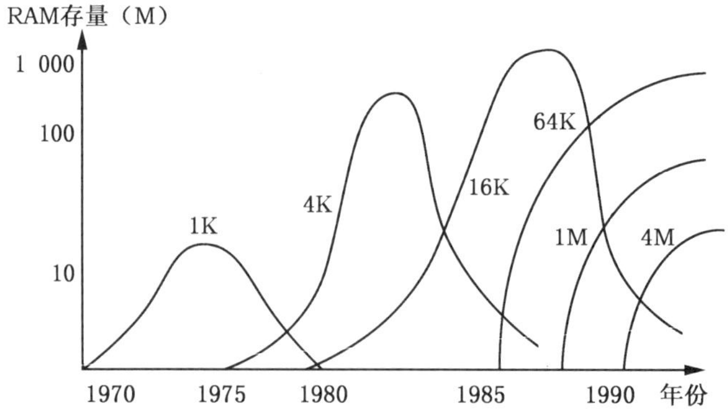

图 8.9　计算机内存条的生命周期

产品生命周期理论的重要性并不是说明了世间万物均存在生命周期，而在于根据产品生命周期可以分析各阶段的需求特征及竞争态势，可以预测销售，并制定相应的营销战略，特别是定价策略。如图 8.10 所示[①]在产品导入期，由于消费者大多对新产品不了解，营销策略的重点在于通过广告增加消费者对新产品的感知；而在成熟期，企业需要确立差异化的定位策略，突出特色，将自己与竞争者区别开。

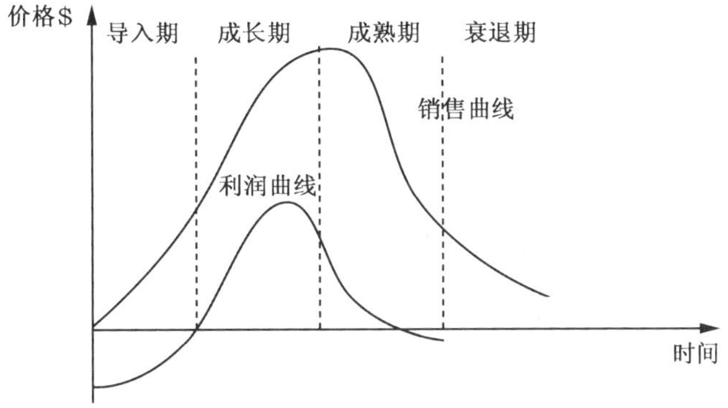

图 8.10　PLC 曲线(Nagle & Holden,2003)

一、导入期的定价策略

在产品导入期，一方面，由于创新产品能为顾客带来全新的体验，顾客缺乏确定产品价值与公平价格的参照物，因此，大多数潜在购买者既不会被低于产品价值的价格所吸引，也不在乎新产品的高价。或者说，消费者刚接触到新产品的价格敏感性与其长期的价格敏感性无关。另一方面，消费者对产品缺乏了解，具有从众心理，其购买决策很大程度上取决于信息的传播，特别是已购消费者的口碑传递。罗杰斯和休敏克(1962)的创新传播相关研究表明，当创新产品实现 2%～5%的市场份额后，销售将急剧上升[②]。创新产品的定价与促销应有机匹配，如表 8.6 所示：当市场存在潜在竞争威胁而创新性企业又了解急于购买者时，可采用高价格与高促销组合的快速攫取定价策略(或撇脂定价法)；当市场存在竞争威胁但消费者对价格比较敏感时，应采用低价格与高促销组合的快速渗透定价策略；当竞争威胁较小而消费者对价格不敏感时，应采用高价格与低促销组合的缓慢攫取定价策略；当竞争威胁较小而消费者对价格较敏感时，应采用低价格与低促销组合的缓慢渗透定价策略。

---

① Thomas T. Nagle，Reed K. Holden. 定价策略与技巧——赢利性决策指南. 应斌等译. 北京：清华大学出版社，2003，p. 133.

② 埃弗雷特·M. 罗杰斯. 创新的扩散. 辛欣译. 北京：中央编译出版社，2002.

表 8.6　　创新产品定价与促销组合

促销水平 / 价格水平	高促销	低促销
高价	快速攫取定价	缓慢攫取定价
低价	快速渗透定价	缓慢渗透定价

（一）撇脂定价

创新产品经常采用撇脂定价（Skimming Price）以回收巨大的研发成本和促销成本。但是，为创新产品制定高价格会吸引市场进入。在信息不对称的情况下，潜在进入者可以通过观察在位者的价格来判断在位者的成本信息及行业吸引力。高价格可能会发送“错误”的盈利信号给潜在进入者，竞争对手进入后将破坏创新产品的（阶段性）撇脂能力。

比如，一个企业开发一种发放工资的财务软件，假设三个潜在顾客 A、B、C 为这种财务软件的支付意愿分别为 10 000 元、8 000 元、6 000 元，每个顾客最多购买 1 个单位的财务软件；软件的边际生产成本为 3 000 元。如果采用单一定价（Uniform Pricing），那么，财务软件的最优定价为 8 000 元，实现 2 个单位的销售，对应的利润为 10 000 元。但是，如果采用阶段性撇脂定价，企业可以在导入期（第 0 阶段）定价 10 000 元以吸引顾客 A 购买；然后在第 1 阶段定价 8 000 元以吸引顾客 B 购买；到了第 2 阶段，可以将价格降至 6 000 元以吸引顾客 C 购买。不考虑贴现因素，3 个阶段的总利润为（10 000－3 000）＋（8 000＋3 000）＋（6 000－3 000）＝15 000（元），如表 8.7 所示。

表 8.7　　单一定价和阶段性撇脂定价的利润比较　　单位：元

利　润	$t=0$	$t=1$	$t=2$
单一定价	10 000	3 000	0
撇脂定价	7 000	5 000	3 000
撇脂定价增加的利润	－3 000	2 000	3 000

上述分析的基本前提是创新产品的厂商在每个阶段都是垄断者。在存在进入威胁的情况下，进入者将损害创新产品的撇脂定价能力。更具体地讲，当创新产品厂商在导入期制定价格 10 000 元获得利润 7 000 元后，潜在进入者观察到在位者的高价格后推断该财务软件市场的高盈利性，于是在第 1 阶段进入市场，双方展开价格竞争，均衡价格为 6 000 元，此时顾客 B 和顾客 C 都会购买该软件；假设在位者和进入者的财务软件是同质的，那么，顾客 B 和 C 将随机地向在位者或进入者购买软件。因此，创新产品厂商在

第1阶段获得期望利润3 000元；两阶段的贴现利润小于在导入期制定单一价格8 000元的利润。其直观含义是，当潜在进入者很容易复制创新产品进入市场时，创新产品厂商应制定较低的价格，一方面快速“网进”消费者，遏制进入者；另一方面，较低的价格可能让进入者产生“错觉”，以为在位者成本足够低，或者市场吸引力较弱[①]。

（二）渗透定价

许多创新产品在导入期成功实施渗透定价（Penetration Pricing），比如美国在线网络（AOL）、电脑服务（Compuserve）等为了培养潜在使用者，允许初次入网者享受一定时期的免费服务。渗透定价是采用略低于创新产品价值的定价策略，其目的是培养顾客，让顾客获得超值感受，并借助率先尝试使用创新产品的“革新者”传播创新产品的口碑。但是，这一点往往被创新产品的经理人员所忽视，他们淡化促销在新产品导入期的重要性，认为创新产品是靠技术优势推动的，所谓“酒香不怕巷子深”。在实践中，创新产品的渗透定价策略包括[②]：

（1）鼓励“试用”的定价策略。比如，让利试销、发放优惠券、制造商与经销商双重返利，甚至免费试用。当然，对于大多数耐用品及信息性产品是不宜采用试用形式促销的，而像个人电脑这类产品，除了试用，知识营销仍很重要。

（2）直销策略。对于购买成本较大的创新产品，通过销售人员来直接培养顾客通常是行之有效的。比如，20世纪中叶兴起的航空运输业，一开始市场反应并不积极，因为大多数人对快捷的运输服务需求并不强烈。美国的航空公司通过为客户提供免费的物流咨询服务来直接带动航空运输市场的发展。再如，20世纪50年代，大多数用户对商用计算机的硬件质量和服务功能仍存在较大的顾虑，因而对购置商业计算机犹豫不决。为提高商业计算机的采纳率，IBM将硬件和软件、系统分析、运维培训等形成组合产品，实现整体销售。

（3）通过分销渠道促销新产品。通常给分销商较低的批发价从而给予其较大的利润空间，以此来激励分销商积极开拓市场。一方面，分销商可集中为顾客提供咨询与售后服务，实现规模经济性。另一方面，经销商与终端市场接触频繁，真正理解用户的诉求，可通过针对性的场景设计来激发用户的购买欲望，提升用户的体验。

值得指出的是，对创新产品实行渗透定价并不意味着一味依靠低价格吸引顾客的眼球，价格优惠虽然可以降低消费者的转移成本，但也可能反而出现“低价格是低质量”的信号效应损害产品之声誉。合理的价格是卖方认为满足了顾客需求，又可以刺激其重复购买的价格。

---

① 此即垄断厂商的限定性定价策略（Limit Pricing）。

② Thomas T. Nagle，Reed K. Holden. 定价策略与技巧——赢利性决策指南．应斌等译．北京：清华大学出版社，2003，第135～136页．

专栏 8.2

吉列公司的新产品定价①

20 世纪 80 年代中后期,可替换剃须刀席卷欧美市场。可替换剃须刀采取“1×刀架+n×刀片”的盈利模式,作为基础品的刀架一般采取低价模式,而作为耗材的刀片是主要利润来源。面对价格战剧烈的一次性剃须刀红海市场,吉列(Gillette)公司专注于高品质永久性剃须刀架和一次性刀片的开发和生产,相继推出感应牌(Sensor)剃须刀系列产品、锋速牌三(Mach3)刀片剃须刀以及面向女性市场的 Venus 剃毛刀,并为其新产品制定了合适的价格策略。

1989 年,吉列公司有史以来耗资费最多(总费用高达 3 亿美元)的新产品——感应牌剃须刀 Sensor 终于问世,宣告了吉列告别了过去 13 年无新产品的“屈辱历史”。吉列对 Sensor 剃须刀采取了渗透定价策略:吉列公司当时每具老式的一次性剃须刀的平均利润约为 8 美分到 10 美分(其中,旋转头剃须刀 Atra 和双刃剃须刀 TracⅡ的刀片盒的毛利约为 25 美分到 30 美分),吉列决定以 3.75 美元的价格推出 Sensor 的基本型剃刀——该价格比 Atra 和 TracⅡ低了 35%左右。随着市场接受度的提高,吉列调整了 Sensor 5 片剃须刀的定价,比老款产品高出 25%。伴随着“吉列——男人的最佳选择”的广告策略,高价不但没有“吓跑”顾客,反而刺激了强劲需求,吉列剃须刀的销售额从 1989 年的 12 亿美元猛增到 1991 年的 20 亿美元,增加了 2/3。

1998 年,吉列推出了历时 6 年、耗资 10 亿美元而开发的 Mach3(锋速 3)男用三层刀片剃须刀。吉列为 Mach3 制定了撇脂定价策略:Mach3 剃须刀的定价比 Sensor 高出 50%——每盒 Mach3 刀片的定价为 1.5 美元(而 Sensor 只有 1 美元)。为弱化消费者对 Sensor 和 Mach3 刀片之间价格差异的感知,Mach3 的刀片盒分为 4 片和 8 片两种,而 Sensor 分为 5 片和 10 片两种。针对批评家关于 Mach3 定价过高的质疑,吉列 Mach3 部门回应称 50%的溢价是经过压力测试的——由于新的刀片锋刃强度是以前的 3 倍,刀片的购买频率降低了 10%。2000 年,Mach3 实现 10 亿美元的销售额,比 Sensor 高出 60%。

2001 年,吉列进一步推出专门为女性设计的三层刀片剃毛刀 Venus。吉列同样为 Venus 制定撇脂定价策略:每具 Venus 剃毛刀定价 8 美元,外加两个刀片和一个包装盒(另一型号配 4 个刀片,同样定价 8 美元)。而市场上其他同类的女用剃毛刀的价格则要便宜许多。

吉列的新产品定价屡屡遭受分析师们的抨击。比如,有批评意见指出,吉列新产品的定价与其收益贡献并不契合——低价的 Sensor 在上市 1 年后对部门的贡献度要高于高价的 Mach3。实际上,更为细致的分析还是可以看出吉列新产品定价的高明之处。确实,在引入 Sensor 时,吉列公司似乎并未预料到产品会如此受追捧,以至于无法满足强劲的市场需求,甚至由于供不应求而出现“断货”——这一表象容易造成“价格被低估”的错觉。但是,如果考虑到吉列推出 Sensor 的一个主要目的是阻挡竞争对手的一次性剃须刀对其主导产品(Atra 和 TracⅡ)的侵蚀,吉列的低价策略也

---

① 资料来源:(1) Laurence D. Ackeman. No Guts, No Glory: Product Strategy for Europe. *Management Review* 1991, September 1991: pp. 29～32. (2) Keith H. Hammonds. How a $4 Razor Ends Up Costing $300 Million. *Business Week*, 1990, January 29: pp. 62～63. (3) David Shook. Gillette Needs Venus to woo Investors. *Business Week Online*, 2001, January 26. (4) William C. Symonds. Would You Spend $1.50 for a Razor Blade? *Business Week*, 1998, April 27.

就显得顺理成章。由于 Sensor 在平滑性和贴近性等方面比 Atra 和 TracⅡ更具优势，而 Sensor 的价格反而比后两者低，这就更加凸显了 Sensor 的高性价比。但是，在导入 Mach3 型剃须刀时，由于其所拥有的革命性三层刀片结构（刀片强度是普通刀片的 3 倍），而且吉列一直对外宣称 Mach3 比 Sensor 更好，因此，为保持其价值形象，吉列不得不为其制定高于 Sensor 的价格。同样的道理，为体现其所宣扬的为女性提供超级的剃毛体验的定位，Venus 的发布价格自然要高一些。

（三）新产品的 BE 定价策略

新产品定价面临着高度的不确定性，一方面，对新产品的市场需求具有不确定性；另一方面，需求的不确定性将导致生产成本的不确定性，特别是在学习效应比较明显的条件下，单位生产成本随着累积产量的增加而不断降低。那么，在不确定性下企业如何合理制定价格策略？以下阐述盈亏平衡定价策略与期望值定价方法，并将其拓展至动态情形。

假设一个企业计划推出一种新型的咖啡机，但是该企业并不知道在每种可能的价格下咖啡机的销量。假定企业知道生产咖啡机的成本为 $C(q)=50\ 000+10q$，即生产咖啡机的固定成本为 50 000 元；边际生产成本为 10 元。此时，可以采用基于盈亏平衡销量的定价策略（Break Even Pricing），简称 BE 定价策略①。

企业首先应该确定对应于每种价格的盈亏平衡销量。本例中，咖啡机的边际贡献为 $CM=p-MC=p-10$，比如，价格为 15 元时，对应的边际贡献为 5 元；当价格为 20 元时，对应的边际贡献为 10 元。因此，对应于价格 p 的盈亏平衡销量为 $q_{BE}=\frac{50\ 000}{p-10}$。比如，对应于价格 15 元的盈亏平衡销量为 10 000 台咖啡机。表 8.8 给出对应于价格 12 元、15 元、20 元的盈亏平衡销量。在计算了每种价格下企业保本的最低销量后，企业应估算每种价格下盈利的概率，然后确定价格以最大化盈利的概率（或最小化亏损的概率）。在本例中，如果企业认为在价格 20 元下咖啡机亏损的概率最小（假设等于 10%），那么最优的价格是 20 元。最后，企业可以根据其能否接受 10%的亏损概率来决定是否推出这种新型的咖啡机。

表 8.8　　盈亏平衡销量汇总表

价格（元）	对应的盈亏平衡销量（台）
12	25 000
15	10 000
20	5 000

① Jagpal, Sharan. Marketing Strategy and Uncertainty. Oxford: Oxford University Press, 1999.

可见，基于盈亏平衡的新产品定价策略虽然不要求企业获得销量的准确信息，但要求企业判断在每种价格下实现盈亏平衡销量的可能性。另外，从表8.8可以看出，盈亏平衡销量的下降速度比价格的上升速度更快。比如，当价格由12元增加至15元时(增幅25%)，盈亏平衡销量由25 000台降低至10 000台(降幅60%)。因此，按照BE定价方法，企业一般倾向于制定较高的价格。更一般地，由于盈亏平衡销量为 $q_{BE}=\frac{F}{p-c}$，其中 F 为固定成本，则有 $\frac{\partial q_{BE}}{\partial p}=\frac{F}{(p-c)^2}$，因此，有

$$\varepsilon=\frac{\partial q_{BE}}{\partial p}\cdot\frac{p}{q_{BE}}=-\frac{p}{p-c}<-1 \tag{8.10}$$

也就是说，需求曲线在盈亏平衡销量上是富有弹性的。

上面的分析中假设新型咖啡机的边际成本恒为10元，如果咖啡机的生产成本是不确定的，那么，企业应怎样为咖啡机定价？假设企业知道咖啡机的边际生产成本有三种可能，比如 $c\in\{9,10,11\}$，但并不确切知道 c 到底是多少。此种情形下，对应于每种可能的价格同样可以计算在各种成本下的盈亏平衡销量，如表8.9所示。可见，当价格较高(比如20元)时，随着边际成本的变化，盈亏平衡销量的变化不显著；但是，当价格较低(比如12元)时，随着边际成本的变化，盈亏平衡销量的变化很激烈——比如，对应于边际成本为9元的盈亏平衡销量为16 667，而对应于边际成本为11元的盈亏平衡销量为50 000台。因此，在成本不确定下，基于安全价格策略，企业倾向于选择高价格以规避成本波动的风险。

表8.9　　成本不确定下的盈亏平衡销量

	边际成本(元)		
价格(元)	9	10	11
12	16 667	25 000	50 000
15	8 333	10 000	12 500
20	4 545	5 000	5 556

(四)基于期望值的新产品定价策略①

在需求不确定下，企业仍然可以通过市场调查、市场实验或者根据相关产品的销售经验获得需求的分布信息。假定咖啡机的边际成本为10元，在价格等于15元的情形下，估计需求为：

$$q=\begin{cases}15\ 000(0.2)\\20\ 000(0.6)\\25\ 000(0.2)\end{cases}$$

① Jagpal, Sharan. Marketing Strategy and Uncertainty. Oxford: Oxford University Press, 1999.

其中，括号里的数据为对应销量的概率。所以，在价格等于 15 元的情形下，咖啡机的期望需求为

$E[q]=15\ 000\times 0.2+20\ 000\times 0.6+25\ 000\times 0.2=20\ 000$

因此，在价格为 15 元下，咖啡机的期望利润为 $E[\pi(15)]=20\ 000\times(15-10)=100\ 000$(元)。同样，可以分别计算价格等于 12 元和 20 元下的期望利润，假定分别为 $E[\pi(12)]=120\ 000$(元)和 $E[\pi(20)]=80\ 000$(元)。因此，最优的定价为 12 元。

期望值方法实际上假定企业的风险为中性(Risk Neutral)。如果企业是风险厌恶的(Risk Averse)①，那么，企业是否应该制定较高的价格以规避风险，或者应制定较低的"安全价格"以保证销量？答案取决于需求函数的形态。

(1)假设咖啡机的需求函数为 $q=q(p)+\mu$，其中随机变量 μ 满足 $E(\mu)=0$；假设咖啡机具有固定不变的边际成本 c，则其利润函数为 $\pi(p)=(p-c)[q(p)+\mu]$；另外，假设咖啡机企业的效用函数 $U(\pi)$ 满足 $U'(\cdot)>0$ 而 $U''(\cdot)<0$。记 p_π 为期望利润最大化的价格，即 p_π 最大化 $W=E[\pi]=(p-c)q(p)$；记 p_u 为期望效用最大化的价格，即 p_u 最大化 $Z=E[U(\pi)]$，那么，有

$$\frac{\partial Z}{\partial p}=[q(p)+(p-c)q'(p)]E(U')+E(U'\mu) \tag{8.11}$$

注意，$W'|p_\pi=q(p_\pi)+(p_\pi-c)q'(p_\pi)=0$，因此，有

$$\left.\frac{\partial Z}{\partial p}\right|p_\pi=E(U'\mu)=\mathrm{Cov}(U',\mu)<0 \tag{8.12}$$

其中，$\mathrm{Cov}(\cdot,\cdot)$ 为随机变量的协方差算子(Covariance Operator)。由 Z 的凹性(Concave)，有 $p_u<p_\pi$，也就是说，风险厌恶的企业制定的价格低于风险中性的企业制定的价格。

(2)如果 $q=q(p)\mu$，则有 $\frac{\partial Z}{\partial p}=\frac{\partial W}{\partial p}$，显然 $p_u=p_\pi$。因此，风险中性者和风险厌恶者制定相同的价格。

(3)如果 $q=f(p)+g(p)\mu$，则有 $\left.\frac{\partial Z}{\partial p}\right|p_\pi=[g+g'(p)(p-c)]\cdot\mathrm{Cov}(U',\mu)$。假设 $g+g'(p)(p-c)<0$，即利润的方差(即变动性)随着价格的增加而降低，由于 $\mathrm{Cov}(U',\mu)<0$，所以 $\left.\frac{\partial Z}{\partial p}\right|p_\pi>0$，因此 $p_u>p_\pi$。其直观含义为：当提高价格可以降低利润的不确定性时，风险规避的企业将制定高于风险中性企业的价格。

---

① 在风险中性下，"确定性得到 50 000 元"等价于"以 50%的概率获得 150 000 元；以 50%的概率亏损 50 000 元"。如果 $U(50\ 000)>50\%U(150\ 000)+50\%U(-50\ 00)$，其中 U 表示企业的效应函数，那么，企业是风险厌恶的。显然，厌恶风险意味着边际效用递减。

如图8.11所示，纵轴表示咖啡机企业的利润或毛利，横轴表示咖啡机销量；企业当前的价格位于 A 点且正在考虑是否降低咖啡机的价格。如果降低咖啡机价格，比如在 B 点，则企业的利润减少了 a，但增加了 b（不考虑边际成本）。问题是，如果 $b=a$，那么企业是否对降低价格或维持原价无所谓？事实上，降低价格后，a 的损失是确定的，而 b 的增加是不确定的，因此，除非 $b>a$，否则，厌恶风险的企业认为 $U(b)+U(-a)<0$，因而不愿意降低价格。因此，对于厌恶风险的企业，其降价的前提条件是需求具有足够的价格弹性——比如，降价后销量能够增加到 E 点。

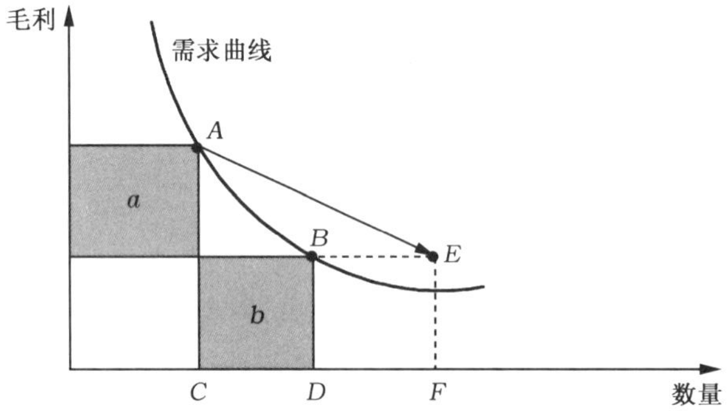

图8.11　厌恶风险与降低价格(Jagpal,1999)

二、成长期产品的定价策略

在成长期，随着信息开始传播，首次购买产品的顾客可以参考革新者的意见，此时，顾客的注意力不再单纯停留在产品效用上，开始精打细算比较不同品牌的成本与特性。因此，在成长期，供应商竞争的焦点不再停留在价格优惠上，而是开始转向非价格竞争手段，在实施低成本战略的同时，实施差异化战略。比如，航空公司已走出价格战的泥潭，开始追求航线网络、服务延伸、人性化服务、客舱升级等方面的竞争优势。在市场成长期，企业可选择的营销战略包括：寻找并快速进入专业化的细分市场，通过改进产品质量或增加新产品的特色以树立产品形象，进入新的分销渠道，广告重点从产品知名度转向产品偏好，把握价格杠杆局部降价。

由于产品有独特的价值与属性，定价的任务是收取由于产品的差异化而应得的回报。如果只有个别企业采用产品差异化战略，企业可在对产品评价很高的细分市场上使用撇脂定价策略，如Godiva（巧克力）、宝马（汽车）、Gucci（服饰）就是采用撇脂定价策略来突出其产品差异化。但是，如果行业普遍实行差异化战略，企业应使用适中定价或渗透定价来吸引顾客，从大量的销售中得到回报，如柯达（Kodak）、丰田（Toyota）就是使用适中定价的成功案例。

一般来说，成长期阶段应尽量避免价格战。但是，在以下条件下价格战难以避免[①]：(1)规模经济性显著，因而大规模生产可大幅度降低成本，而且市场对价格非常敏感；(2)销量决定了哪种技术将成为行业标准(如计算机软件、录像机、通信产品等)；(3)生产能力的扩张速度超过销售的增长速度。

三、成熟期产品的定价

在成熟期，产品差异化日益缩小，产品日趋同质化；消费者由于重复购买，已积累了相当的经验，消费者的品牌崇信度有所降低，而价格敏感性提高，他们将寻找具有最高性价比的供应商。因此，成熟期有效定价的着眼点不是努力赢得市场份额，而是尽力创造竞争优势，比如，通过品牌延伸(Brand Extension)获得相关多元化的产品空间优势，或者通过加强成本控制(Enhance Cost Controlling)获得显著的成本优势。

成熟期两种常用的定价策略是：(1)打破产品组合销售，将相关的组合产品与服务拆开销售(比如，面对日趋成熟的桌面计算机市场，供应商不再单纯销售组合产品，而是向顾客提供各种配件)C2M(Customer to Manufacturer)个性化定制。(2)扩展产品线定价。比如 Watterau Inc. 是一个百货批发商，其目标顾客是独立的小型超市。在成熟期，它向客户提供包括店面设计、获架排放、店员培训、供应链金融等衍生的综合服务，与客户建立了共赢的长期关系。

四、衰退期产品的定价

衰退期的基本特征是供过于求，而创新产品(或者新一代的产品)已逐渐进入市场。如果行业的退出壁垒较低，将出现频繁的退出现象，存活下来的企业将获得可观的回报；但是，如果专业性投资引发的沉淀成本过高，价格战将难以避免。比如，本世纪初，彩电市场已出现供过于求的供需结构性矛盾；而背投、数字电视等新一代产品又层出不穷，此乃国内彩电巨头纷纷打出价格战之牌的基本原因。

Nagle & Holden(2003)归纳了衰退期企业常用的调整战略：(1)收缩战略(Retrenchment Strategy)，即全部或部分放弃一些细分市场，将资源集中在企业更有优势的领域，而不是四面开花；(2)收割战略(Harvesting Strategy)，即逐步退出行业；(3)巩固战略(Consolidation Strategy)，即在衰退期企业通过巩固核心能力来提升竞争优势。[②]

比如，20 世纪 70 年代，由于石油价格上涨，美国轮胎行业受到需求下滑的冲击，

---

① Thomas T. Nagle，Reed K. Holden. 定价策略与技巧——赢利性决策指南. 应斌等译. 北京：清华大学出版社，2003，p. 141.

② Thomas T. Nagle，Reed K. Holden. 定价策略与技巧——赢利性决策指南. 应斌等译. 北京：清华大学出版社，2003，p. 144.

市场萎缩了1/3。凡士通公司选择了收缩战略:凡士通公司关闭了7家老式工厂,大幅度削减存货,撤销生产塑料制品的附属公司,还卖掉凡士通乡村俱乐部,此举获得6亿多美元的流动资金,使得设备使用率从60%提高到90%。古德里奇则采取收割战略:在20世纪70年代中期就开始有计划地退出市场,而那时很多竞争对手还在徒然希望行业能够复兴。1980年,古德里奇关掉了所有亏损的生产线,卖掉欧洲的工厂,放弃了大部分仓储和零售出口业务,由此获得了1.5亿美元的流动资金。此后,古德里奇转向了牧场经营,并涉足利润较高的聚乙烯产品。到了1981年,古德里奇超过50%的收入来自轮胎之外的销售,公司便宣布退出轮胎市场,成功完成收割过程。而固特异公司则采取巩固战略:固特异是轮胎行业中最大且最赚钱的企业,在对手采取紧缩、收割战略的同时,固特异投资了新厂房和新设备。到20世纪70年代末,投资已达20亿美元,公司还计划在20世纪80年代每年追加投资4亿多美元,以实现成为低成本的优质子午线轮胎制造商的目标。之后,固特异通过削价不断向弱小的竞争者施加压力①。

专栏8.3

非对称性企业的产能扩张与缩减

微观经济学中的寡头理论表明,一个产业由一家垄断企业来运营的利润大于由几家寡头企业来运营的总利润。产业中的企业规模越不对称,则产业利润越大(独家垄断或合谋的产业利润最大)。也就是说,大企业从额外一个单位的产出所获得的边际利润要高于小企业。因此,在产业扩张期,大企业更具有扩张生产能力的愿望[严格的证明可参见:Chemawat(2002)、Schmalensee(1987)等]。

Chemawat(2002)所提供的《二氧化钛产业中先发制人的生产能力扩张》印证了博弈论模型所揭示的大企业更具扩张产能积极性的理论观点。20世纪70年代初,美国的二氧化钛产业有两种制造技术,一种是采用传统的硅酸盐批量法处理钛铁矿,另一种是采用氯化连续处理工艺——既可处理高级别的金红石矿也可处理低级别的钛铁矿。当时的七家制造商中,杜邦是唯一能够采用氯化技术处理钛铁矿的企业,其主要竞争对手(National Lead、American Cyanamid、SCM、Gulf & Western)都只能采用氯化技术处理金红石和采用硅酸盐方法处理钛铁矿,而边缘竞争对手Kerr McGee和Sherwin-Williams则只能采用金红石氯化技术。1970~1971年间的环境规制(澳大利亚限制从海滩的沙石中开采金红石导致金红石价格飙升,而美国的排放标准控制使硅酸盐方法的成本急剧上升)帮助杜邦获得显著的成本优势。比如,1972年杜邦生产每磅二氧化钛的成本为17美分,而NL、AC、SCM的单位成本分别为20美分、22美分、23美分;到了1975年,上述四家企业的单位成本分别为38美分、44美分、42美分、47美分。此种技术差异所导致的成本差异最终形成了企业的规模差异:1972年杜邦的市场份额为34%,NL为23%,AC为14%,SCM为10%。面对供需缺口的增

① Thomas T. Nagle,Reed K. Holden. 应斌等译. 定价策略与技巧——赢利性决策指南. 北京:清华大学出版社,2003,第144~146页.

加和成本上升的压力，Kerr McGee 等制造商纷纷涨价，而杜邦则决定采取增长战略来进一步扩大市场份额。杜邦于 1973 年 11 月开始酝酿在密西西比州 De Lisle 建设新的铁矿石氯化处理生产线，希望借助新的生产线将杜邦的市场份额提高到 55%。经过详细的财务分析，杜邦的 De Lisle 生产线于 1979 年正式投产。

另一个相关问题是，在产业衰退期，大企业还是小企业会首先缩减甚至退出行业？从效率角度看，高成本的企业会首先退出，而小企业往往具有较高的单位成本，因此，小企业会率先退出。但是，从博弈论的角度看，Chemawat & Nalebuff(1985)提出了“规模会影响企业的生存能力”的命题，并在一定条件下运用博弈论模型证明了：(1)如果企业只能选择“按初始产能继续运营”或“退出”，那么，大企业将率先退出而小企业将以垄断者身份继续运营一段时间。(2)如果企业可以连续调整其生产能力，那么，大企业将率先缩减产能，直到与小企业的规模相同，然后两者同时压缩产能，最终同时退出产业。在 Chemawat(2002)提供的《衰退中的化学加工产业的生产能力缩减》案例中，“铅基抗暴添加剂”和“人造纯碱”案例佐证了“大企业率先缩减产能”的观点——在缩减阶段，产业内的企业规模趋于均衡，说明大企业缩减产能更积极。

参考资料：(1)Ghemawat，Pankaj. *Games Business Play：Cases and Models*. Boston：The MIT Press，1997.

(2)Ghemawat，Pankaj. 产业竞争博弈. 胡汉辉、周治翰译. 北京：人民邮电出版社，2002，pp. 45～83.

(3)Schmalensee，R. Collusion Versus Differential Efficiency：Testing Alternative Hypotheses. *Journal of Industrial Economics*，1987，35：pp. 399～425.

最后，Kotler & Keller(2006)对产品生命周期各阶段的主要特征及相应的定价策略做了归纳，如表 8.10 所示。

表 8.10　　PLC 特征及相应的定价策略

	导入期	成长期	成熟期	衰退期
销售/利润	低销售/亏损	销售/利润上升	销售/利润高峰	销售/利润衰退
竞争者	极少	逐渐增加	数量稳定	数量衰退
顾客	创新者	早期采用者	多数	落后者
定价目标	创建产品知名度和试用	最大限度占有市场份额	捍卫市场份额	削减成本、收割利益
定价方法	成本加成	渗透定价	较量、击败竞争者的定价	削价
产品	提供一个基本产品	产品扩展，提供服务与质量担保	品牌或样式多样化	淘汰疲软项目
配套策略	选择性分销，加强促销	密集分销，适当减少分销	更密集分销，鼓励消费者转换品牌	淘汰无利的分销网点，促销最小化

资料来源：改编自 Philip Kotler & Kevin Lane Keller. 营销管理. 梅清豪译. 上海：上海人民出版

社，2006，第 367～368 页。

思考练习题

1. 产品生命周期分为哪几个阶段？每个阶段的基本特点是什么？结合一个定价实例说明产品生命周期各阶段的定价策略。

2. 无论是滴滴出行、美团打车，还是摩拜单车，在切入市场之初其补贴力度都很大。请解释，为何在平台成长期，补贴用户是常用的启动策略。

3. 在产品导入期，是选择“撇脂定价”还是“渗透定价”策略，主要考虑哪些因素？请你分别给出“高开低走”和“低开高走”定价例子。

4. 如何避免在产业衰退期的价格战？

5. 在涉及多期的动态定价中，如何管理消费者的价格预期？

6. 某人在预定某个航班 10 天后的机票时，被告知折扣票已售罄。但是，第二天再定时却被告知可以买到折扣票。请你给出合理的解释。

7. 许多服装店在销售末期对时装打对折(即 5 折)；圣诞节过后，许多礼品店对圣诞礼物也打对折。在线性需求和边际成本不变的条件下，运用一个简化的动态定价模型并结合图示，解释商家在清仓期打对折销售的合理性。[提示：考虑一个两阶段的定价决策，在线性需求函数及边际成本 c 为常数的条件下，证明第 2 阶段的最优定价 $(p_2-c)=\frac{1}{2}(p_1-c)$，特别地，当 $c=0$ 时，$p_2=\frac{1}{2}p_1$]。

8. 某供应商到某地开展产品展销活动。假设消费者对产品的估价在 0～100 元之间均匀分布，供应商的边际成本为 0，每天只能制定一个统一的价格。

(1)如果记消费者的总量为单位 1，则对应于价格 P，只有估价超过 P 的消费者才会购买产品。据此，写出该供应商面临的需求函数，并图示之。

(2)如果供应商只展销一天，试确定利润最大化的价格？

(3)假设供应商准备展销两天，试确定最优的双价格体系$\{P_1,P_2\}$。

(4)如果供应商准备展销 n 天，推断其最优的多级价格体系$\{P_1,P_2\cdots,P_n\}$。

(5)如果供应商的边际成本变为 10，试确定以上(2)(3)(4)小题对应的价格体系。

[提示：(1)对应于价格 P，只有认知价值超过 P 的消费者才会购买；而在消费者认知价值均匀分布于$[a,b]$的假设下，认知价值超过 P 的消费者比例为$\frac{b-P}{b-a}$。(2)假设需求函数为 $Q(P)$，则第 2 天的销量为 $Q(P_2)-Q(P_1)$。如果采用图示法分析，结合第二章习题 8 的结果，将更加直观。]

9. 考虑两个耐用品厂商(记为 A 和 B)的两阶段定价博弈：第 1 阶段为销售期(Primary Markets)，比如硬件系统的销售；第 2 阶段为维修服务期，即售后市场(After Markets)。假设两个厂商在第 1 阶段的单位成本均为 a，第 2 阶段的单位成本均为 b。假设厂商 A 的销售价格和服务价格(p_A,s_A)，贴现率为 ρ，请为厂商 B 制定相应的销售价格和服务价格。[提示：记厂商 B 在第 2 阶段对应于成本 b 的垄断服务价格为 $s_B^M(b)$，同时注意到厂商 B 在第 2 阶段的服务定价不能高于 p_A，否则，已购买产品 B 的消费者将选择以价格 p_A 重新购买一个产品 A。]

10. (Ghemawat，2002)1986 年 12 月，在获得英国政府正式授予的高功率卫星电视直播(DBS)15

年的专营权后，英国卫星广播公司(BSB)便募集了大量资金用于发射两个高功率的卫星，并制定了碟形卫星天线安装计划：1990 年秋季前安装 40 万个、1992 年达到 200 万个、1995 年达到 600 万个、2001 年达到 1 000 万个，预期在 1993 年实现盈亏平衡(300 万～400 万个)。但是，让 BSB 公司措手不及的是，在传媒产业经略已久的新闻公司(News Corporation)于 1988 年 6 月成立了天空电视公司(ST)，进入卫星电视产业。ST 公司没有发射自己的卫星，而是通过中等功率的 Astra 卫星。由于技术改进，Astra 的卫星接收器也较小(尽管比 BSB 公司的略大)，能为普通家庭接受。但是，ST 公司不但具有节目制作能力，还具有管理成本优势。ST 公司预计到 1989 年底安装 100 个天线，大约在 1991 年底或 1992 年初实现盈亏平衡，到 1994 年底实现 500 万～600 万个的安装目标。面对半路杀出的程咬金，BSB 公司一方面提速了卫星天线的安装进度，另一方面提高了广告和渗透水平。由此，双方进行了一场为时将近两年的争夺战——争夺好莱坞电影在英国的独家发行权和争夺用户。尽管 ST 公司率先在 1989 年 2 月投入运营，BSB 公司也在 1990 年 4 月正式运营，但双方不但均未能实现预期的安装目标，而且都在忍受巨额亏损。截至 1990 年 10 月，BSB 公司每周亏损 600 万～700 万英镑，而 ST 每周亏损 200 万英镑。1990 年 11 月，这场消耗战以 BSB 和 ST 合并成立英国天空电视广播公司(BSkyB)而宣告结束。①

为分析 BSB 公司在 ST 公司进入后的广告渗透是否合理，Ghemawat(2002)对 Butters(1977)、Salop(1979)和 Grossman & Shapiro(1984)的广告模型②做了简化：假设企业 1 和 2 的技术是不兼容的(实际上，BSB 公司强调了它和 ST 公司的卫星天线不能相互接收节目)，其单位成本均为 c，每个企业发送的广告信息次数为 N_1, N_2，广告价格为 p_a；假设潜在消费者总数为单位 1，每个消费者对两个企业的产品的估计均为 b，但他至多购买一个企业的产品；一条广告信息送达一个目标消费者的概率是 $\rho(0<\rho<1)$，没有接收到任何广告信息的潜在消费者不会购买，同时收到两个广告主信息的消费者也不会购买(因为技术不兼容，他需要等待技术标准确立后再购买)，只收到一个广告主信息的消费者会向该广告主购买产品，那么，企业 1 的利润(企业 2 的利润只要将下式中的 1 换成 2 即可)为

$$\pi_1=(b-c)\cdot(1-\rho)^{N_2}\cdot[1-(1-\rho)^{N_1}]-p_a\cdot N_1$$

其中，$(1-\rho)^{N_2}$ 表示一个特定的潜在消费者在企业 2 的 N_2 次广告中均未接收到信息的概率，而 $[1-(1-\rho)^{N_1}]$ 表示该潜在消费者在企业 1 的 N_1 次广告中至少接收到一次信息的概率。

问题：

(1)证明两个企业关于广告的反应函数是递减的，即 $N_1^*(N_2)$ 是递减的③。

(2)在 ST 进入后，你认为 BSB 公司应采取什么样的应对策略？

---

① Ghemawat，Pankaj. 产业竞争博弈. 胡汉辉、周治翰译. 北京：人民邮电出版社，2002，pp. 129～146.

② (1)Butters，Gerard R. Equilibrium Distribution of Sales and Advertising Prices. *Review of Economic Studies*，1977，44：465～491. (2) Salop，Steven C. Monopolistic Competition with Outsided Goods. *The Bell Journal of Economics*，1979，10：141～156. (3)Grossman，Gene M.，Carl Shapiro. Information Advertising with Differentiated Products. *Review of Economic Studies*，1984，51：63～81.

③ 其直观含义是，在技术不兼容的情况下，当一方增加广告时，另一方应削减广告(以防止广告信息同时送达特定的消费者导致其推迟购买)。

第九章　整合营销定价

在产品线定价中已经指出，一个产品的定价不但影响其市场份额，还影响到相关产品（如互补品或替代品）的市场份额。此外，产品的定价还会影响到广告的效果及其在分销渠道中受重视的程度。因此，定价与营销组合策略中的其他要素是密切相关的，成功的定价决策需要整体营销策略的高度协调。

第一节　价格促销

价格不仅仅是促销活动的辅助手段，价格还是促销活动中不可分割的一部分。对消费品的价格优惠已成为最流行的促销方式。价格优惠是在正常价格的基础上给予折扣，常见的形式包括：对特别标记包装（Specially Marked Package）的商品予以价格折扣（一般是自有品牌产品或者无品牌商品）、优惠券（Coupons）、返利（Rebates）、批发折扣（即对大客户予以折扣，以鼓励客户集中采购）。

一、基于优惠券的定价策略

首先，读者也许会感到纳闷：发放优惠券一般会导致营销成本的上升，那么，商家为什么还要发放优惠券而不是直接降低价格（又称为货架折扣）来进行促销？对此问题的解释包括三个方面的理由：(1)制造商希望最终用户知道价格促销只是短期的特殊行为，以免给消费者留下价格低廉是因为产品品质较差的负面印象。我们在第五章的定价心理分析中已经看到，参考价格对购买决策至关重要。如果采用货架折扣，此价格将成为顾客日后购买的参考价格。这样，当商家决定恢复正常价格时，顾客会认为价格上涨了。采用优惠券方式不容易在顾客心中形成破坏性的过低参考价格。(2)优惠券比货架折扣的选择余地更大，可以控制获得价格优惠的客户群——事实上，利用优惠券购物的顾客一般是初次购买的客户，而降低价格将使所有客户（包括新老客户）都获得价格优惠。(3)制造商希望促销价格的受益者是最终用户而不是分销商。

如图 9.1 所示，直接降低批发价不能达到与发放优惠券（降低零售价）相同的降价效果，这里假设分销商是充分竞争的，显然，最终用户获得的价格优惠只是制造商所降低价格的一部分，其大小与最终需求曲线及零售商的供给曲线的相对弹性有关。

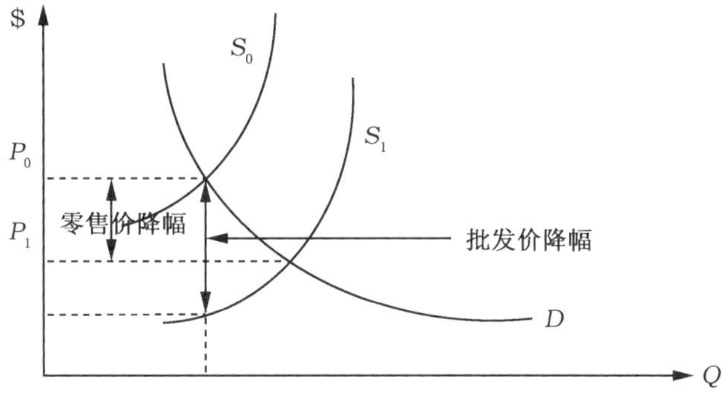

图 9.1　制造商降低价格与发放优惠券比较

其次，优惠券实际上是一种价格歧视手段。拿着优惠券购物的消费者传递出其对价格更为敏感的信号，因而商家应予以价格优惠。假设每个家庭用 1 张优惠券购买 1 个单位产品时可获得价格优惠 $\Delta P=s$；每个家庭收集优惠券的成本为 $c(q)$，其中 q 为优惠券数量①。那么，q 张优惠券对每个家庭的总附加值为 $v(q)=q\cdot s-c(q)$。因此，每个家庭的优惠券使用量（等于购买的商品数量）满足

$$c'(q^*)=s \tag{9.1}$$

即：使用优惠券的边际成本等于边际收益。可见，满足以下条件的家庭将不使用优惠券购物：对于所有 $q>0$ 均有 $c'(q)>s$。也就是说，使用任何优惠券的边际成本均大于边际收益，如图 9.2 所示。可见，是否使用优惠券是消费者自我选择的结果，而非商家实施约束的结果。

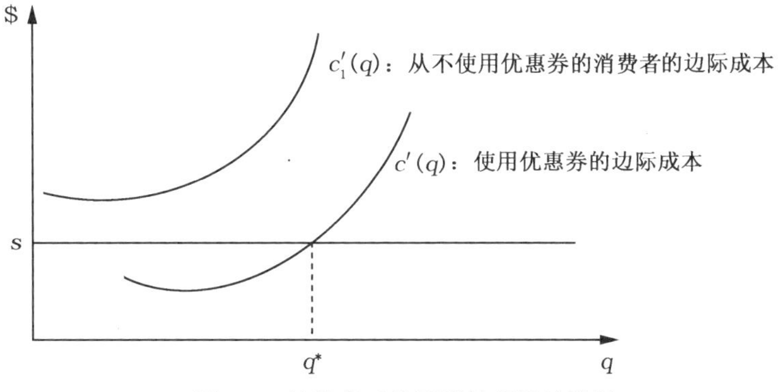

图 9.2　消费者对优惠券使用量的选择

① 优惠券的收集成本包括阅读杂志、剪切优惠券及存放成本，反映了每个家庭时间的机会成本。

最后，分析优惠券在定价策略中的应用技巧。表 9.1 显示两个细分市场 A 和 B 对某种化妆品的需求情况。假设厂商生产每盒化妆品的边际成本为 0.50 元，那么，如果厂商采用单一定价策略，它为每盒化妆品定价 0.90 元，获得利润 3×(0.90－0.50)＝1.20(元)；市场 A 获得的消费者剩余为(1.0＋0.90)－2×0.90＝0.10(元)；市场 B 获得 0.10 元的消费者剩余。

表 9.1　　**两个市场的需求及单一定价决策**　　单位：元

价格	市场 A	市场 B	市场总需求	利润
1	1	1	2	2(1－0.50)＝1.00
0.90	2	1	3	3(0.90－0.50)＝1.20

为剥夺消费者剩余，在边际成本固定不变的情况下，厂商可以采用设计不同包装的做法。比如，常规包装定价 1.00 元，而双倍包装定价 1.90 元。那么，市场 A 将购买双倍包装的产品，而市场 B 将购买常规包装的产品；厂商的总利润为(1.90－2×0.50)＋(1.00－0.50)＝1.40(元)。另一种办法是为常规包装产品定价 1.00 元，并对购买 1 个单位常规包装产品的顾客发放 1 张价值 0.10 元的优惠券，同时规定优惠券仅限本期使用(否则，市场 B 的消费者将储藏这张优惠券在下期购买时使用，获得 0.10 元的剩余)。显然，在采用优惠券的方式下，厂商获得的利润也是 1.40 元。

现在将上述简单模型扩展至动态的情形。假设细分市场 C 和 D 的消费者在每一期愿意为每一个单位的常规包装产品支付的最高价格均为 1.00 元；但 C 和 D 的储存或持有成本(Storage Costs 或 Holding Costs)不同，假设 C 的持有成本较高(比如资金的机会成本较高)而 D 的持有成本较低。如果厂商在每期为常规包装产品定价 1.00 元，为双倍包装产品定价 1.90 元，那么，市场 D 的消费者可以选择在当期以 1.90 元的价格购买双倍包装的产品，也可选择在当期及下期分别以 1.00 元的价格购买常规包装的产品，我们来求解正好使得两者无差异的贴现率。显然，两者正好无差异意味着

$$1.90=1+\frac{1}{1+\rho_D} \tag{9.2}$$

解得 $\rho_D=11.1\%$。因此，如果 $\rho_D<11.1\%$ 而 $\rho_C>11.1\%$，那么 D 将在当期以 1.90 元购买双倍包装产品，在下期不购买，在下期的下期又以 1.90 元购买双倍包装产品……；而 C 将在每期以价格 1.00 元购买常规包装产品。

表 9.2　　C 和 D 的购买决策　　单位:元

	$t=1$	$t=2$	$t=3$	$t=4$	$t=5$
C	以价格 1 元购买常规产品	以价格 1 元购买常规产品	以价格 1 元购买常规产品	以价格 1 元购买常规产品	以价格 1 元购买常规产品
D	以 1.90 元购买双倍包装产品	0	以 1.90 元购买双倍包装产品	0	以 1.90 元购买双倍包装产品
利润	0.50+0.90	0.50	0.50+0.90	0.50	0.50+0.90

显然,如果厂商只提供常规包装产品,则每期获得利润(0.50+0.50)=1.00(元);如果厂商每期除了提供常规包装产品外,还以价格 1.90 元提供双倍包装产品,则动态利润为 0.50+0.90、0.50、0.50+0.90、0.50……如表 9.2 所示。因此,提供双倍包装产品增加利润的必要条件是

$$(0.90-0.50)>\frac{0.50}{1+\rho_F} \tag{9.3}$$

也就是说,当厂商的贴现率 $\rho_F<25\%$ 时,厂商将提供双倍包装产品,或者对购买常规包装产品的顾客赠送 1 张当期使用的价值 0.10 元的优惠券。

二、返利政策

另外一种常用的价格促销策略是销售返还款,即制造商给予经销商返利激励,或者制造商和经销商共同为消费者返利。返利政策(Returns Policies)的优点包括:(1)销售返还款避免了零售商伪造优惠券和欺诈性兑换优惠券的道德风险问题;(2)销售返还款使公司能够限制给每一个家庭的优惠,从而控制给长期用户的优惠;(3)与优惠券相比,销售返还款的行政管理成本较低(特别是给不同产品一起返款的时候)。(4)销售返还款的方式能给公司提供愿意交易的顾客的联系方式,为今后的促销活动提供方便;(5)很多消费者冲着返还款购买商品,但最后不去兑现[①]。

专栏 9.1

家电企业的返利政策

返利政策在家电连锁零售业中颇为常见。家电连锁企业,如苏宁、国美、顺电等,其利润来源大致上有三个途径。(1)进价。专供机的进价比常规机一般要低。厂家肯让利的原因除了货量大,还因为包销合同的签订大大分担了生产厂家的市场风险。(2)商场销售环节。实行专供机包销方式,有效地规避了不同商场间同种机型的恶性价格竞争。消费者主要依据其对不同外观、技术和功能

---

① Thomas T. Nagle,Reed K. Holden. 定价策略与技巧——赢利性决策指南. 应斌等译. 北京:清华大学出版社,2003,第 207 页.

的喜好来选择机型，再加上这种包销机一般又比常规机价格稍微便宜，所以反而更易出手。(3)年底返利。在包销方式下，年底返利一般可以达到3个点左右。

Padmanabhan & Png(1997)通过一个M-R博弈模型分析了返利政策对制造商利润的影响①。记上游企业为制造商M(可以是制造企业、服务提供商、出版商等)，记下游企业为销售商R。假设M的边际成本为$c>0$；R的相关成本是批发价格，其面临线性的需求函数

$$Q=\alpha-\beta P \qquad \alpha,\beta>0 \tag{9.4}$$

M和R的博弈顺序如图9.3所示：(1)M首先制定分销政策，包括制定批发价w和返利政策，这里的返利政策包括两种类型：一种是完全不返利(No Returns)；另一种是完全返利(Full Returns)——即M将以批发价格补偿R所有没有销售出去的存货积压。假定信息是对称的，特别是M不但知道零售需求信息，还可以理性预期到R的库存决策和定价策略。(2)在第二阶段，给定M的分销政策，R决定订货量即库存量s(假设R在销售前必须拥有库存)。(3)在第三阶段，R确定零售价格p。

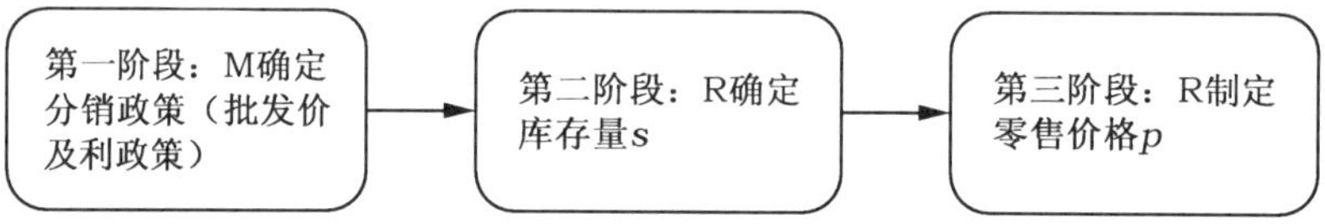

图9.3　M和R的博弈顺序

在一个垄断M和一个垄断R的情形下，Padmanabhan & Png(1997)采用回溯法求解纳什均衡，比较了制造商在完全不返利(NR)和完全返利(FR)下的利润。(1)在NR情形下，R在第二阶段确定订货量时，由于M不给予还利，此阶段的订货成本到了第三阶段便成为沉淀成本。(2)在FR情形下，M将返还R其未销售出去的库存量的批发成本。具体地，若$Q<s$，则R将获得还利$w(s-Q)$，其实际支付的批发成本为wQ。其分析结果显示，在制造商和零售商都垄断下，还利政策并不能提高制造商的利润。

在一个垄断M和两个竞争性R的情形下，Padmanabhan & Png(1997)研究得到

$$\Delta=\pi_M^{FR}-\pi_M^{NR}>0$$

$$\frac{\partial\Delta}{\partial c}<0;\frac{\partial\Delta}{\partial\alpha}>0 \tag{9.5}$$

(9.5)式说明，在零售商竞争的条件下，制造商对零售商提供完全还利政策的利润

① V. Padmanabhan, I. P. Png. Manufacturer's Returns Policies and Retail Competition. *Marketing Science*, 1997, 16(1): pp. 81～94.

大于不提供还利政策的利润,这里所讲的完全还利政策是指制造商将零售商未销售出的存货的批发成本退还给零售商,可理解为回购(Buy Back)或退货(Money Back);而且,两种利润差异随着制造商边际成本的上升而下降,但随着零售市场规模的扩大而增加。

第二节　广告与定价的关系

由于广告对消费者价格敏感性产生重要影响,定价与广告之间的协调显得特别重要。那么,定价对广告有何影响? 反过来,广告对定价有何影响? 更一般地,企业应如何选择匹配的广告—价格组合策略?

一、最优广告的条件

假设产品的需求函数为 $Q=Q(P,A)$,其中 P,A 分别为价格和广告投入水平。利润为

$$\pi=P\cdot Q(P,A)-C[Q(P,A)]-At \tag{9.6}$$

其中 $C(\cdot)$ 为成本函数,t 为单位广告成本。最大化(9.6)式的一阶条件为

$$\begin{cases}\dfrac{\partial\pi}{\partial P}=Q+PQ'_P-C'_Q\cdot Q'_P=0\\[2ex]\dfrac{\partial\pi}{\partial A}=PQ'_A-C'_Q\cdot Q'_A-t=0\end{cases} \tag{9.7}$$

得到

$$\frac{P-C'_Q}{P}=\frac{1}{-\varepsilon_p};\frac{At}{Q}=(P-C'_Q)\varepsilon_a \tag{9.8}$$

其中,ε_p,ε_a 分别为需求的价格弹性和广告弹性。(9.8)式说明,广告投入与价格正相关。或者说,当价格较高时,相应的广告水平应该越高。进一步,得到著名的 Dorfman-Steiner(1954)广告强度公式[①]为

$$\frac{At}{PQ}=\varepsilon_a\cdot\frac{P-C'_Q}{P}=\frac{\varepsilon_a}{-\varepsilon_p} \tag{9.9}$$

(9.9)式说明,最优的广告水平取决于两个因素:增量毛益和广告弹性。因此,当企业为产品制定高价(或提高价格)时,应大力做广告(或增加广告投入)。Dorfman-Steiner 公式可以采用图 9.4 予以直观解释。假设目前的广告强度为 A_0,对应的需求

---

① 参阅 Oz shy(1995)或 Jean Tirole(1988)的产业组织理论著作中对 Dorfman-steiner 公式的推导。

曲线为 $P(Q,A_0)$；增加广告强度至 A_1 使得需求曲线向外移动至 $P(Q,A_1)$。增加广告 $\Delta A=A_1-A_0$ 对企业利润的影响可分解为两个部分①。(1)数量效应(Quantity effect)：广告后需求增加 $\Delta Q=Q_1-Q_0$，使得利润增加 $\Delta\pi^{QE}=(P-C')\cdot\Delta Q=(P-C')(Q_1-Q_0)$，即矩形 a 的面积；(2)价格效应(price effect)：增加广告后使得价格上升，价格增量为 $\Delta P=P_1-P_0$，对应的利润增加为 $\Delta\pi^{PE}=\Delta P\cdot Q_1=\Delta P\cdot(Q_0+\Delta Q)=b+c\approx b$，其中 $c=\Delta P\cdot\Delta Q\approx 0$。因此，增加广告后利润的增加为 $\Delta\pi=\Delta\pi^{QE}+\Delta\pi^{PE}=a+b+c\approx a+b$。显然，如果广告的额外支出小于其所增加的利润，即 $\Delta A=A_1-A_0<a+b+c$，则增加额外广告可以增加净利润；反之，如果广告的额外支出大于其所增加的利润，即 $\Delta A>a+b+c$，则减少广告可以增加利润。因此，利润最大化的广告支出应使得广告的额外收益正好补偿广告的额外成本，即广告的边际收益等于广告的边际成本，或

$$\Delta A=a+b+c\approx a+b=(P-C')\cdot\Delta Q+\Delta P\cdot Q_0 \tag{9.10}$$

对(9.10)式进行简化，并注意到广告弹性的定义，容易得到(9.9)式。

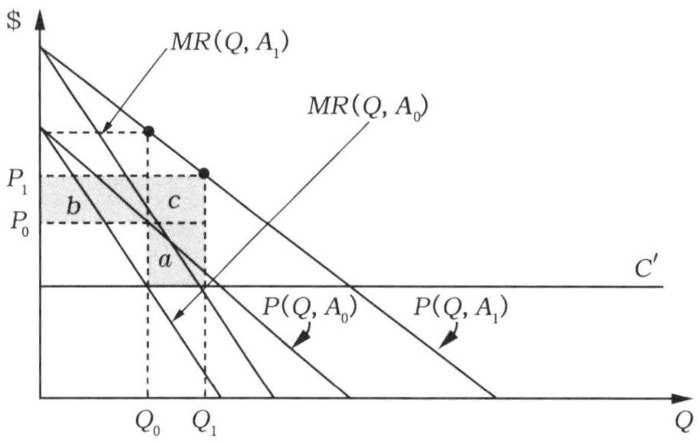

图 9.4 广告对利润的影响

二、广告与定价的匹配

但是，广告如何影响顾客的价格敏感性至今没有一致的研究结论。一般认为，针对产品的价格所做的广告，即信息性广告(Informative Advertising)可以提高消费者的价格敏感性。比如，食品杂货店的广告让顾客在购物前就知道一些商品的价格；邮购折扣商的广告让购买者了解向他们购买商品可以节省多少……此即通过替代效应增加价格敏感性。再如，一些商店采取抵消独特价值效应以提高顾客的价格敏感性，利用广告向消费者传递信息：他们以更低的价格提供同样的价值。

① 这里所讲的利润未扣除广告成本，可理解为广告的毛利润。

有些广告是为降低消费者的价格敏感度而设计的,称为诱导型广告(Persuasive Advertising)。比如,拜耳(Bayer)制药公司的广告想通过让用户相信“并不是所有的阿司匹林都一样”(All Aspirin is Not Alike)来构建品牌效应;而尊尼获加(Johnnie Walke)则利用质量价格效应,对其黑牌威士忌广告:“当您接触到超凡出众的东西时,它的价格是无关紧要甚至不屑一顾的”,对于喜欢上等威士忌的您来说,尊尼获加黑版(Johnnie Walker Black)是无价的①。

关于广告和价格的组合策略,Eskin(1975)对一种经常购买的方便食品进行市场实验,分析价格上涨对食品销售变化的影响,见表 9.3[转引自 Nagle & Holden (2003),第 200 页]。

表 9.3　　价格调整与销量变化率

价格变动	广告水平	
	少　量	大　量
从 0.50 元至 0.60 元	−21%	−29%
从 0.60 元至 0.70 元	−19%	−33%

可见,当提高产品价格时,广告宣传少的地区销量减少的幅度,比广告宣传多 70%的地区要小得多。也就是说,在低广告水平或者禁止广告下,消费者关于价格相对缺乏敏感性;而当需求被大量广告炒作起来后,消费者关于价格的敏感性提高了。所以,与高广告水平配合使用的低价格策略更能刺激消费,或者说,广告的效应在价格水平低时更有效。

但是,在市场需求高度不确定下,高价格和高广告组合是较优的选择。比如,企业正在考虑三种价格水平(12;15;20);四种广告支出水平(0;10 000;20 000;30 000)。这样,总共有 12 种可能的价格—广告组合,各种组合下的盈亏平衡产量如表 9.4 所示。

表 9.4　　价格—广告组合下的盈亏平衡产量

	广　告			
价格	0	10 000	20 000	30 000
12	25 000	30 000	35 000	40 000
15	10 000	12 000	14 000	16 000
20	5 000	6 000	7 000	8 000

---

① Nagle,Thomas T,Reed K. Holden. 定价策略与技巧——赢利性决策指南 . 应斌等译 . 北京:清华大学出版社,2003,第 198~199 页 .

显然,当价格水平较高时(比如 20 元),在各种广告投入下的盈亏平衡产量较稳定,从 5 000 至 6 000 至 7 000,直至 8 000;但是,当价格水平较低时(比如 12 元),在各种广告投入下的盈亏平衡产量变化较大,从 25 000 到 30 000 到 35 000,再到 40 000。因此,选择高价格和高广告的匹配组合,使得盈亏平衡产量关于广告的敏感性较低。

第三节　定价与渠道管理

纵向关系是非常丰富而复杂的。一般将处于价值链上游(即远离最终消费者)的企业记为 U(Upstream),将处于价值链下游的企业记为 D(Downstream)。中间环节的出现提高了商业活动的专业化程度,降低了交易成本。以销售代理商为例,如果制造商数量为 m,每个制造商将产品销售到 n 个市场,假定每次交易的成本为 r,那么,在直销模式下,交易总成本为 $TC_D=mnr$。但是,如果这 m 个制造商共享一个销售渠道公司(比如总代理销售商),那么交易总成本为 $TC_A=(m+n)r$。因此,中间环节的出现使得交易次数由 $m\times n$ 互动变为$(m+n)$互动,大大降低了交易成本,如图 9.5 所示。实际上,如果 $m=n\geqslant 2$,则 $mnr-(m+n)r=(n^2-2n)r=[(n-1)^2-1]r\geqslant 0$。

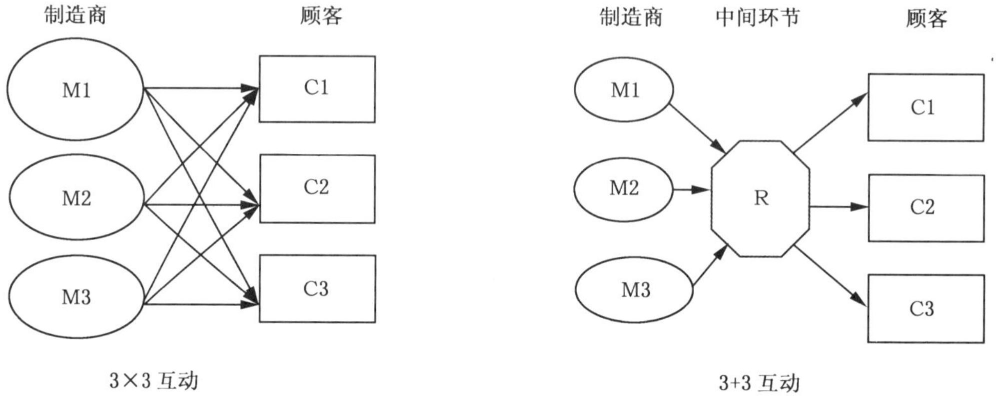

图 9.5　中间环节的价值

渠道在降低交易成本的同时也引发了一些新的问题,特别是渠道冲突。比如,Compaq 电脑具有强大的分销系统,包括 11 000 个零售商与增值转售商,这些渠道公司一般持有 3～6 个月的库存。由于顾客不断成熟及需求日趋个性化,催生了 Dell 与 Gateway 的直销模式,对 Compaq 的渠道策略提出挑战。如果 Compaq 简单地降低零售价格,由于零售商需要店面租金、库存费用及销售费用等成本,将对零售商产生打击。Compaq 最后的应对策略是直销渠道与零售渠道并存，但供应给直销渠道与零售商的型号不同。传统渠道与新型渠道并存将引发渠道冲突，因为渠道争夺的是消费者的购买力。因此，Compaq 对渠道的协调与整合势在必行。

一、双重加价

（一）基本原理

考虑一个上游制造企业 M 和一个下游销售企业 R 组成的纵向结构：假设 M 的边际成本为 $MC_M=0$，R 面临的最终市场需求为 $P=1-Q$。

（1）在 M 和 R 纵向一体化（Vertical Integrated）的情形下，记一体化企业为 I，由 $MR_I=1-2Q=MC_I=0$，得到企业 I 利润最大化的产量和价格组合为 $\left(Q_I=\frac{1}{2},P_I=\frac{1}{2}\right)$，对应的利润为 $\pi_I=\frac{1}{4}$。

（2）在 M 和 R 纵向分离（Vertical Separated）的情形下，M 首先制定批发价格为 P^W，然后 R 制定零售价格为 P^R。显然，给定批发价格 P^W，R 的边际成本为 $MC_R=P^W$，因此，R 的利润最大化条件为 $MR_R=1-2Q=MC_R=P^W$。所以，M 面临的需求函数为

$$P^W=1-2Q \tag{9.11}$$

由(9.11)式，得到 M 的边际收益为 $MR_M=1-4Q$。由 M 的利润最大化条件，即 $MR_M=1-4Q=MC_M=0$，得到批发量和批发价格组合为 $\left(Q=\frac{1}{4},P^W=\frac{1}{2}\right)$，再由零售需求函数得到零售价格为 $P^R=1-Q=\frac{3}{4}$。此时，M 和 R 的利润组合为 $\left(\pi_M=\frac{1}{8},\pi_R=\frac{1}{16}\right)$，联合利润小于一体化企业的总利润。

由以上分析可见，在 M 和 R 分离下，最终零售价格偏高（相对于联合利润最大化的零售价格水平），其原因在于 M 和 R 分别加了一重价格，出现所谓的“双重加价”（Double Markups），参见图 9.6。

（二）双重加价的协调机制

（1）最大零售价格。制造商与零售商签订合同，约定最高零售价格 MRP（Maximum Retail Price）协议，比如零售价格 $p\leqslant p^{\max}$。其结果是在较低的零售价格水平下零售商可以销售较多的产品，制造商因此可以提高利润。在法律允许下，此种约束常见于书籍、报刊中，出版商将价格直接印在书籍与报刊的后面。

但是，由于法律约束，制造商“建议”零售价格的做法难以实施。因此，在计算机和汽车销售中，制造商通常限定销售商的最低销售量 MRQ（Minimum Retail Quantity），比如

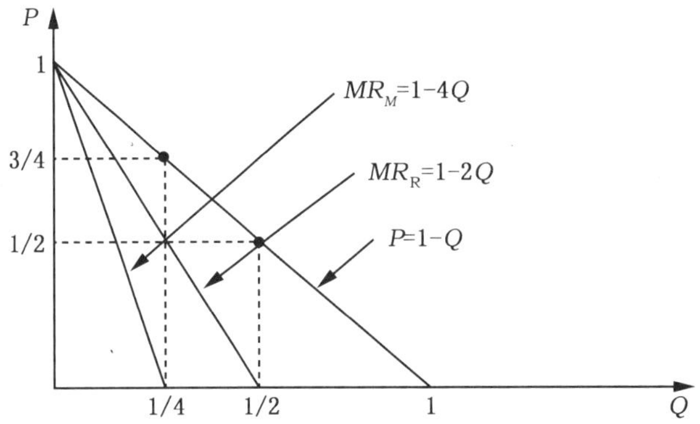

图 9.6 双重加价原理

$q \geqslant q^{\min}$。此种销量配额(Quota)的方法可以迫使零售商以较低的价格销售产品,达到与MRP相似的结果。

(2)零售商竞争。制造商也可以让零售商竞争来削弱零售商的"加价"能力。在同质产品的 Bertrand 竞争中,最终零售价格接近于边际成本,即 $p^R = MC_R = p^W$,其中 p^R,p^W 分别为零售价格和批发价格。但是,零售商竞争会引发零售商在广告等促销方面的"搭便车"行为,也可能引发价格战损害制造商利益。

(3)特许经营。制造商还可以通过设计利益分配合同来控制零售商的加价行为,其中典型形式是特许经营(Franchise)。此种方法在餐饮、消费品零售、汽车交易、软饮料瓶装生产等领域经常使用。连锁经营和贴牌经营是两种典型的特许经营方式。特许经营的收费方式实质上是第四章讨论过的二部定价(Two Part Tariff),即特许经营方缴纳特许经营费加上销售收入的返还,返还比例一般小于10%。之所以采用销售收入返还而不采用利润返还,一个合理的解释是在特许经营中,由于特许授予者难以监督特许经营者的行为而难以防止特许经营者转移利润。当然,在特许经营中,特许者会向经营者提供培训和购买、定价、选址、会计程序等方面的帮助;特许者还会通过其他经营者及顾客的"检举",以及调查等方式对经营者实行纵向约束。

专栏 9.2

美国录像带产业的双重加价

1999 年,美国录像带出租占演播收入的 55%(其中剧院演出占 22%,电视版权占 23%)。1998 年以前,所有的录像带出租商店都从发行商那里以一个批发价购买录像带(价格大约 70 美元)。这就引发了录像带出租定价过高,并且发行商与出租商店都未最大化自身利润。为分析此问题,假设:第一,大多数商店除去购买录像带的费用后成本固定不变;第二,发行商制作录像带的边际成本很小,我们假设为 c。

假设 2 意味着发行者制作录像带的边际成本接近于 0，并且发行者想使其 $MR=c$ 以最大化利润，实际上也就接近于最大化其收益($MR=0$)。图 9.7 中发行者与出租商店的总利润最大化的点接近于收入曲线的最高点。

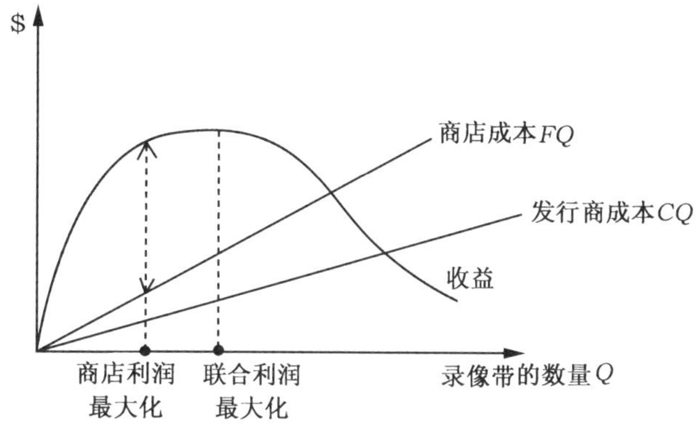

图 9.7　录像带行业双重加价示意图

每个出租商店都以批发价 F 为边际成本，来制定出租价格，所以商店购买的录像带数量由 $F=MC=MR$ 决定。商店的其他成本，如房租、人员开支等都是固定成本，只有 F 为可变成本。这导致出租商店减少录像带购买，总利润下降。

美国录像带行业双重加价有两种解决办法：(1)发行者迫使出租商店设定一个特定的价格，但这在录像带行业中是不合规定的(转售价格维持协议)。这在其他行业是允许的，例如，Maytag 可以迫使零售商按其制定的价格出售商品。(2)二部定价机制(Two Part Tariff)，即设定一个最优的批发价，发行者与出租商店分享部分收益。比如，1998 年，Blockbuster 的新任主席努力争取到了新的合同形式：一个固定的费用(每单位 0～8 美元)；共享部分出租收益(40%～60%)；大型机构(Blockbuster)组织谈判；小型出租商店就收入监控技术与 Rentrak 签约，并且应用该技术参与谈判；10 000 家公司有能力加入收益共享合同；10 000 家公司没有技术加入收益共享合同。结果发行商与出租商店的总利润上升 8%。这是因为更低的边际成本促使出租商店愿意购买更多录像带，并以更加低廉的价格出租给顾客。最令人惊讶的是顾客提议这种合同形式，而不是发行商。

以下通过一个简化的数值例子来说明此种利益分享契约。假设最终市场需求为 $p=200-q$，制造商的边际成本 $c_M=2$，当前批发价格为 $p_w=80$，则零售商的边际成本为 $c_R=p_w=80$。显然，在纵向分离下，零售商的利润最大化决策为

$$\text{Max}_{q_R}\{\pi_R=(p_R-c_R)q_R=(200-q_R-p_w)q_R\} \tag{9.12}$$

由一阶条件解得：$q_R^*=60$；$p_R^*=200-q_R^*=140$；$\pi_R^*=(140-80)\cdot 60=3\ 600$，对应的 $\pi_M^*=(p_w-c_M)q_w=(80-2)\cdot 60=4\ 680$，总利润为 $\pi^*=\pi_M^*+\pi_R^*=8\ 280$。

注意，制造商和销售商的联合利润为

$$\pi_J=(p_w-c_M)q_R+(p_R-p_w)q_R=(p_R-2)q_R=(198-q_R)q_R \tag{9.13}$$

所以，π_J 最大化的销量和价格为 $q_R^{**}=99$；$p_R^{**}=101$，联合利润为 $\pi^{**}=(p_R^{**}-c_M)q_R^{**}=$

9 801。

我们来设计一种能实现联合利润最大化的“成本分担、利益共享”的分配契约结构(F,s)，其中F表示零售商为单位产品支付给制造商的批发价格；s为零售商应该返还给制造商的收入比例。制造商在设计分配契约(F,s)以最大化自身利润时受到两个约束：(1)给定分配契约(F,s)，零售商选择$q_R=99$能最大化其自身的利润；(2)制造商不能强迫零售商购买，零售商也不会接受比当前合同(即批发价格等于80)下的利润更差的其他合同。

注意到，在分配契约(F,s)下，零售商的利润为$\pi_R=(1-s)p_Rq_R-Fq_R$，利润最大化的一阶条件为$(1-s)(200-2q_R)=F$。由于实现联合利润最大化的销售量为$q_R=q_R^{**}=99$，所以一阶条件变为$2(1-s)=F$。另外，分配契约应该使得销售商的利润不低于纵向分离下的利润，否则，销售商拒绝此种契约，即$(1-s)p_Rq_R-Fq_R\geqslant 3\ 600$。

所以，制造商所设计的分配契约(F,s)应满足

$$\begin{aligned}&\text{Max}\{\pi_M=s\cdot p_Rq_R+(F-c_M)q_R\}\\&\text{s. t.}\\&q_R\in\arg\cdot\text{Max}\{\pi_R=(1-s)p_Rq_R-F\cdot q_R\}\\&(1-s)p_Rq_R-F\cdot q_R\geqslant 3\ 600\end{aligned}\tag{9.14}$$

其中，第1个约束条件为零售商的利润最大化条件，称为激励相容条件(Incentive Compatible Constraint)；第2个约束条件为个人理性约束条件(Individual Rationality Constraint)。经过变换，上述决策问题变为

$$\begin{aligned}&\text{Max}\{s\cdot(200-q_R)q_R+(F-2)q_R\}\\&\text{s. t.}\\&2(1-s)=F\\&(1-s)(200-q_R)q_R-F\cdot q_R\geqslant 3\ 600\end{aligned}\tag{9.15}$$

个人理性约束条件的不等式采用等式代替，即制造商提供给零售商“接受或拒绝”(Take-it-or-Leave-it)契约，可以解得$s\approx 64\%$，$(1-s)=36\%$，$F=2(1-s)=0.72$；利润分别为$\pi_R^c=3\ 600$，$\pi_M^c=6\ 201$。所以，最优契约为：批发价格$F=0.72$，即零售商分担0.72的成本，制造商承担1.28的成本；而制造商提成64%①。

另一种更为简单的求解方法：记$\text{Rev}=p_R\cdot q_R$，则产业利润为$\pi=\text{Rev}-2q$；假设在合同(F,s)下，零售商的利润为$\pi_R=\alpha\pi=\alpha\cdot\text{Rev}-2\alpha q$，制造商的利润为$\pi_M=(1-\alpha)\pi$；由于$\pi_R=(1-s)\text{Rev}-F\cdot q$，因此有$\alpha=1-s$，$2\alpha=F$，则$F=2(1-s)$。注意到，在合同(F,s)下，R的利润不能低于3 600，即$\alpha\pi\geqslant 3\ 600\Rightarrow\alpha\geqslant 3\ 600/9\ 801=36\%$，因此$s=1-\alpha=64\%$，$F=2\alpha=0.72$。

二、“搭便车”行为的纵向约束

当制造商为控制双重加价而引进零售商进行竞争的同时，也就“引进”了风险，即

---

① 制造商的边际成本为2元，零售商为单位产品支付批发价格0.72元等于分摊了36%的成本，因此，零售商分配了销售收益的36%。

零售商采取机会主义行为的道德风险。另一方面，当多个制造商同时让一个零售商代理其产品时，制造商会产生机会主义行为。

专栏 9.3

教育机构也兴连锁加盟

据《泉州晚报》报道，只要按照加盟的协议，加盟商就可以借助加盟经营机构的品牌效应，以及获得包括员工的培训、课程的设置等一系列的帮助，所有的运作都是"复制"总部的模式进行的。业内人士认为，加盟不是一种短期行为，而是长期运作的经营模式，如果只是看中目前的市场利润，而缺乏教育经验的投资者，并不适合做加盟商。由于加盟商的运作模式是"复制"加盟经营机构的，所以他们必须接受加盟经营机构所传授的技能，更重要的是接受管理和监督。从消费者的角度看，自己付出了学费，能否得到相应的服务则是其所关注的。教育领域不同于快餐行业，厨师按照配料比例制作食物，是有统一标准的。所以，加盟经营机构能否让各加盟商按照自己的要求生产出高质量的产品，保证品牌在复制过程中没有损失，一个完善的监控系统必不可少。所以，并非交了加盟费就万事大吉，如何保证课程品质是头等大事。

（一）零售商"搭便车"及其约束

当多个零售商销售同一个制造商的产品时，此种模式类似于代理理论中的 1 个委托人（Principal）n 个代理人（Agents）的代理模型，由于难以监督，作为团队成员的销售商会出现道德风险（Moral Hazard）。

在图 9.8 所示的代理模式下，代理人的道德风险主要表现形式有三种。(1)串货行为：零售商以渗透定价方式将产品打进另一个零售商的"地盘"，触发价格竞争，扰乱制造商的价格秩序。(2)一个零售商搭另一个零售商广告的"便车"。由于零售商销售的产品几乎是同质的，一个零售商的广告投资对其他零售商制造了正的外部性，因此，零售商们都在等待其他零售商做广告，收取"溢出"效应（Spill Over Effect）。比如，在汽车销售中，销售商一般需要投资建立汽车展示厅。如果缺乏有效的约束机制，一个规模较大的零售商建设了汽车展示厅后，另一个规模较小的汽车销售商将会将其商店紧挨在展示厅旁边，写上广告语："到隔壁挑货，在这里取货和付款。"（卡尔顿 & 佩罗夫，1998）[①]

针对零售商"搭便车"行为的纵向约束机制，可以归纳为以下四种：

(1)监督（Monitoring）：制造商监督零售商是否严格遵守代理协议的约定；检查零售商是否单方面降低零售价格；是否损害其他零售商的利益；是否损害声誉。制造商对积极投入广告及声誉建设的零售商予以奖励；对损害声誉及"搭便车"行为的零售商

---

① 丹尼斯·卡尔顿 & 杰弗里·佩罗夫著. 现代产业组织. 黄亚钧等译. 上海：上海人民出版社，1998.

图 9.8　一个制造商多个销售商模式

予以处罚，甚至取消其代理资格。

(2)零售价格维持协议 RPM(Resale Price Maintenance)：制造商规定最低零售价格主要是为了防范削弱促销成本的销售商利用成本优势降低零售价格，损害其他零售商的利益。另外，制造商也可以通过提供专供产品来遏制零售商的价格战行为。

一种主流观点认为：RPM 是制造商在人为地抬高价格，是以牺牲消费者利益为代价的。但是，基于 Lester Telser 的"特殊服务"理论，许多经济学家强调 RMP 是确保零售商向消费者提供高质量售前服务的制度保证①。实际上，RPM 限制了零售商通过降低价格进行竞争的空间，使他们转向通过努力提高服务来相互竞争。一个著名例子是，在缺乏 RPM 制度下，巴诺 & 诺贝尔(Barnes & Nobel)的高成本阅读服务受到虚拟书店亚马逊(Amazon. com)低价格的强有力挑战。

图 9.9 直观显示了 RPM 的福利效应，其中 P_0 为批发价格，充分竞争的零售需求 D_0，对应的需求量为 Q_0；RPM 规定零售价格最低为 P_1，零售商通过提供服务竞争，服务成本为(P_1-P_0)，服务使得需求移动至 D_1，对应的需求量 $Q_1>Q_0$，消费者剩余由$(A+C)$增加为$(A+B)$②。

1988 年 5 月，美国最高法庭发布一条法令，放松了对 RPM 的限制，使得制造商更容易阻止零售商的降价行为。《纽约时报》社论对此明确表示反对，提出：应赋予制造商有权制定高标准的服务，拒绝不符合要求的零售商；但应否定其定价权力。但是，实际上制定一个服务标准和制定一个零售价格并不矛盾：给定服务标准，价格一定会上升，直到刚好抵消为达到此标准所花费的成本；反之，给定价格，服务标准也会上升，直到为达到某一标准所花费的成本使得利润趋于零。

(3)区域排他协议或限定零售商数量。制造商通过减少同一销售区域内销售商的

---

① 在其特殊服务理论 SST(The Special Service Theory)的经典文献中，Telser(1960)认为，零售商提供售前服务有四个优势：由于接近终端消费者，零售商具有推动更高销售量的能力；由于专业化分工和规模经济性，零售商提供额外服务的成本更低；零售商能够获得品牌专用性信息；更为重要的是，零售商难以将额外服务的成本转嫁给消费者。但是，如果供应商未对零售价格作出任何限制，那么，一部分零售商将停止提供额外服务，并利用成本优势降低零售价格以吸引消费者。因此，Telser(1960)认为，RPM 是供应商为防止零售商在售前服务上采取"搭便车"行为的一种制度安排。

② 参考：Blair，Roger D.，James M. Fesmire. The Resale Price Maintenance Policy Dilemma. *Southern Economic Journal*，1994，60(4)：1043～1047.

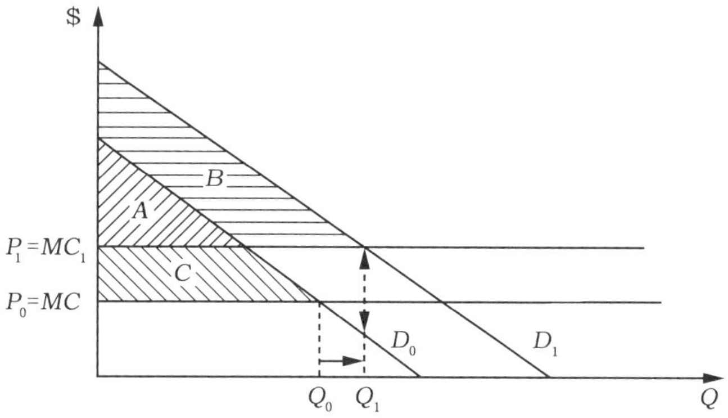

图 9.9　RPM 的福利效应

数量,可以降低销售商的价格竞争与“搭便车”行为。但是,在区域零售垄断下,会出现前面所分析的双重加价问题。因此,制造商需要做出平衡(Trade-off)。

(4)制造商代做广告或合作广告。制造商也可以与零售商合作广告,甚至制造商代为广告,再将广告成本分摊到批发价格上。著名的广告“Intel Inside”就是上游企业英特尔和下游企业康柏(Compaq)合作广告的结果。Compaq 是 PC 行业的主导厂商,其计算机产品须要安装英特尔的微处理器。但是,安装英特尔处理器的计算机厂商很多,比如 Dell、IBM 等,因此,Compaq 为其产品安装英特尔的广告动力被削弱了。为鼓励计算机厂商为英特尔微处理器做广告,英特尔公司对做“Intel Inside”广告的计算机厂商承担一部分广告费用。

(二)制造商“搭便车”及其约束

多个制造商让共同的销售商为其销售产品的模式类似于代理理论中的共同代理人(Common Agency)模型。

在图 9.10 所示的共同代理模式下,制造商会产生机会主义行为。(1)制造商都不愿意培训销售商,当一个制造商培训了销售商,其他制造商想免费“共享销售渠道”。(2)制造商开拓市场的动力被削减了。特别是,当一个制造商开发了重要客户名单,其他制造商就有可能从销售商处获得这些重要客户资源,并让销售商将其产品销售给这些重要客户。

解决制造商“搭便车”行为的方法之一是要求专卖(Exclusive Dealing),即销售商只能销售某个制造商的产品,不能同时销售其他制造商的产品。另一种方法是制造商直销。关于直销,我国商务部正在紧锣密鼓地制定。目前已对即将出台的直销法形成共识:第一,中国政府监管非常严格;第二,着眼于维护消费者权益;第三,最终建立有中国特色的直销体系。目前中国的直销模式主要包括雅芳的“单层”模式和安利的“多层”模式。业内人士指出,一旦对店铺不加限制的直销时代来临,并未真正转型的安利

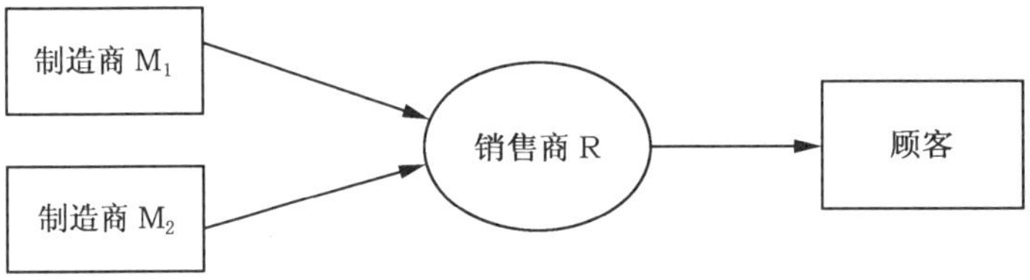

图 9.10　多个制造商一个销售商模式

可以轻松转身；而按照我国政府指令彻底转型的雅芳将再一次承受转型的成本。从模式本身看，安利是真正的直销，雅芳是一定程度的直销。从政府监督管理的角度看，雅芳的经营模式更易于管理，而安利靠人员销售，对其监督的程序更复杂，成本更高。

专栏 9.4

图书出版行业的纵向控制

图书出版和销售业是一个特殊的行业，因为它经营的不是一般的产品，而是精神产品的载体。其他商品的价格都是由销售商根据成本、税率、利润等因素决定的，不同商店有很大的差别。而图书在不同的市场价格都一样，它的价格是由出版社决定的，书店不能随便改动。这种图书价格约束政策有助于保持图书零售价格的相对稳定，这对于促进图书出版业的发展非常重要。

在图书行业中，作者、出版社(商)和书局三者分别处于价值链的上、中、下游。其中作者向出版社收取稿酬，一般稿酬结构为：(1)基本稿酬，以每千字计算；(2)印数稿酬，按累计印数计酬。印数稿酬的计算是根据相应累计印数的百分比，乘以再版印数，得出印数稿酬百分率，按此百分率乘以基本稿酬，即为印数稿酬。图书出版社(商)向书局(图书零售商)收取一个批发价格，书局则直接与读者进行交易。图 9.11 显示了作者和出版社(商)之间的价格冲突。

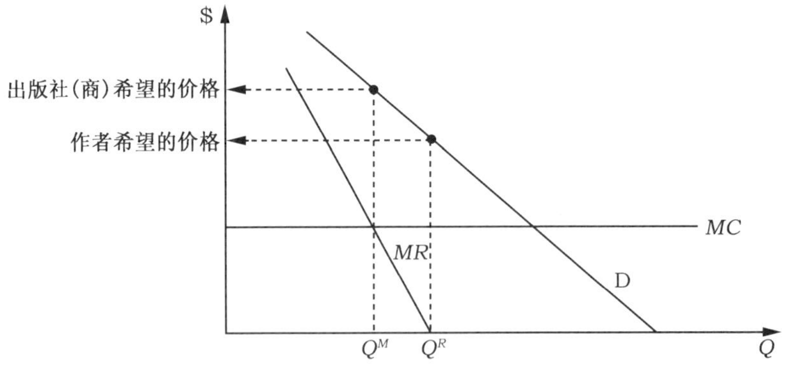

图 9.11　作者和出版社(商)的目标冲突

在图书产业中，主要有以下几种纵向约束：作者签章售书、出版印数、书价控制、区域代理等。其中书价控制是图书行业普遍采取的一种控制形式。下面，就各种纵向控制形式作详细分析。

(1)签章售书：这种形式在香港地区出版业非常普遍。作者在图书发行时，会在图书背后印上自己的个人印章。这种约束主要是控制出版社的印数，一方面是为了使图书发行量达到作者心中的最低限量；另一方面，也是为了制约出版社大量发行，危害作者的利益，因为过量发行图书，会使作者的边际收益小于0，损害作者的利益。对于这种约束方式，是通过人为的监督来达到约束的目的，比较“原始”，常常累得作者头昏手软，是很奇特的一种形式。

(2)出版印数：出版印数是指印在图书扉页或封底上，用来标明图书发行量。这也是作者对出版社约束的另一种形式，与上述的签章售书作用相同。但是，这种约束形式还可以起到传递图书质量信息的作用，即印数的大小直接反映了书的畅销程度。由于信息不对称，出版社便会利用其信息优势产生道德风险(Moral Hazards)：虚报印数，通过故意扩大图书的印数来传递虚假的信息，以扩大利润。

(3)书价控制：这种纵向约束方式在出版业是最普遍的，所有的书都会明码标价出售。为什么图书出版社采用这种约束方式来约束零售商呢？这里有它的社会原因：图书零售价的稳定对于促进图书出版业的发展非常重要，特别有利于中、小型出版社和书店的发展，使它们不致被大公司依仗财大气粗的薄利多销行为所挤垮。欧洲其他一些国家废除图书价格约束政策后出现的教训也从反面证实了这一政策的积极意义。比如，1970年瑞典放开图书价格后，导致了书价的大幅度上涨，中、小型出版社和书店纷纷倒闭，出版品种和数量不断下降，最后不得不求助于国家对出版业进行财政补贴。法国在1953年放开了图书价格，经历了一番挫折后，1981年又恢复了对图书价格的约束。

(4)区域代理：图书发行的区域代理是指出版社将图书在某一地区的销售权授予一销售商，批发价会比一般零售商的批发价低，而且允许该销售商对书的零售价作恰当的折扣。但是，出版社会限制销售商的经营范围，并收取一定的特许费。换句话说，双方会签订一个二部定价的合同(Two-Part Tariff Contract)。可以证明，在零售商之间差别不大，而且零售商是风险厌恶类型时，如果出版社对于零售商的销售成本不能确定，出版社会选择区域代理的方式来约束零售商；而且这种约束方式比起上面提到的转移价格支付起到的作用要大，出版社会获取更大的利润①。

(5)畅销书的上柜补贴：畅销书是指既有良好的社会效益，又有较大的经济效益，发行数量较大、可以一版再版、深受读者喜爱的图书。我们知道，对于书局零售商来说，书架的数量是有限的，这意味着陈列特定产品的机会成本相当高，而出版社通常制定较高的批发价格，同时限定零售价。对于畅销书，出版社为了刺激需求，零售价通常会定得比较低。此时，书局就面临着较高的固定成本和较低的边际利润，再加上畅销书的促销费用和陈列费用，利润很可能就是负的。换句话说，书局对于畅销书销售并不会有太大的动力。所以，通常出版社为了激励书局的销售努力，会向书局支付上柜补贴(Slotting Allowance)。

---

① 张林，骆品亮．图书出版行业的纵向约束分析．上海管理科学，2003(5)：第28～30页．

三、纵向整合①

如图9.12所示，在一个制造商M和两个零售商R_1、R_2的纵向关系中，如果R_1、R_2能够看见它们各自与M签订的采购合同，那么M可以提供“接受或拒绝”的强制性合同为

$$\begin{cases} q_1=q_2=\dfrac{Q^*}{2} \\ T_1=T_2=\dfrac{P^*Q^*}{2} \end{cases} \tag{9.16}$$

其中，(P^*,Q^*)为一体化企业利润最大化的价格—产量组合，(T_1,T_2)为零售商R_1、R_2为其批发量所支付的总价格。在(9.16)式所示的采购合同下，M实现了最大化的垄断利润。实际上，$\pi_M=(T_1+T_2)-c(q_1+q_2)=(P^*-c)Q^*=\pi^*$，其中$c$为$M$的边际成本。

但是，在信息不对称下，如果存在秘密协议(Secret Contracts)或者采购合同可以私下谈判，那么，(9.16)式的采购合同就难以实施。事实上，给定$\left(q_2=\dfrac{Q^*}{2},T_2=\dfrac{P^*Q^*}{2}\right)$，$R_1$会与$M$私下谈判调整合同，使得采购量能够最大化$M$与$R_1$的联合利润，即

$$q_1^*\in\arg\cdot\max\left\{\left[P\left(\frac{Q^*}{2}+q_1\right)-c\right]q_1\right\} \tag{9.17}$$

显然，$q_1^*>\dfrac{Q^*}{2}$。也就是说，R_1会要求增加采购量，而这也是符合M的利益的。反过来，R_2也会要求增加采购量，最终导致M的利润损失。解决这种私下协议的一种方法是M对R_1实行纵向整合，然后按照内部转移定价与R_1签订采购合同，对R_2仍然提供$\left(q_2=\dfrac{Q^*}{2},T_2=\dfrac{P^*Q^*}{2}\right)$的采购合同。

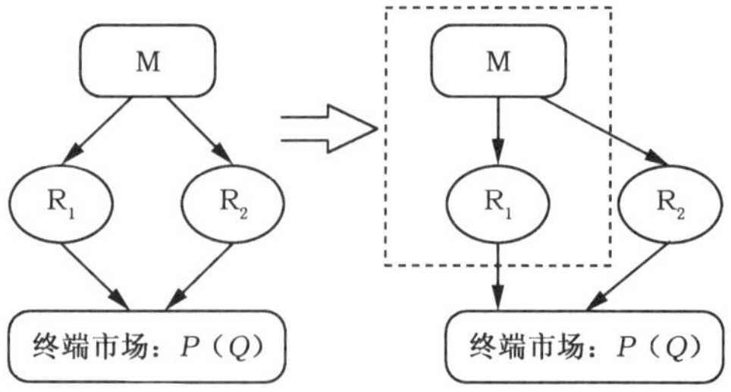

图9.12　纵向整合

---

① Rey, Patrick, Jean Tirole. A Primer on Foreclosure. Handbook of Industrial Organization Ⅲ. edited by Mark Armstrong, Rob Porter, 2003.

第四节 转移定价

企业经常按照事业部制的利润中心组织生产。当产品或服务从一个利润中心(比如上游供应部门或制造部门)转移到另一个利润中心(比如下游制造部门或销售部门)时,就涉及内部转移定价(Transfer Pricing)。

当上游部门提供的产品或服务能向任何其他企业销售时,称该产品或服务存在外部市场;如果上游提供的产品或服务被限制在企业内部使用,称该产品或服务只有一个内部市场。如果产品或服务存在外部市场,可以根据市场价格制定内部转移价格;但是,如果产品或服务只有内部市场,转移价格的制定比较复杂。许多大型企业的部门之间对服务的收费过于简单,一般是收取一个固定的年费。如果下游部门认为它们支付的费用过高,通常会采用一些低效率的方法获得这些服务,而不是利用上游部门提供的服务。

转移定价实际上是企业内部资源配置的一种手段,让每个利润中心在实现利润最大化的同时使企业的总利润达到最大化。为实现这个目标,转移价格应通过令生产和销售这一产品的边际成本等于边际收益来确定,其中边际成本应等于该产品内部转移时涉及的各利润中心的边际成本的总和①。一般地,假设最终需求为 $Q=Q(P)$,为生产一个单位的最终产品,下游部门需要上游部门提供一个单位的中间品,记上游部门和下游部门的成本函数分别为 $C_U(Q)$ 和 $C_D(Q)$,则企业的总利润为 $\pi_J=PQ(P)-C_U(Q)-C_D(Q)$,利润最大化的一阶条件为 $MR_J=MC_J=MC_U+MC_D$。

特别地,假定企业的销售部门和制造部门的成本函数分别为 $C_S=150\ 000+20Q_S$ 和 $C_M=100\ 000+25Q_M+0.01Q_M^2$,其中,$Q_S$ 和 Q_M 分别为销售和生产的产品数量。那么,联合边际成本为 $MC=MC_S+MC_M=45+0.02Q_M$。再假设销售部门的需求函数为 $P=200-0.001Q_S^2$,那么销售部门的边际收益(也即企业的边际收益)为 $MR=200-0.002Q_S$。令 $MR=MC$,得到 $Q_S=Q_M=7\ 045$。因此,内部转移价格为 $P^T=MC_M=25+0.02\times7\ 045=166$,如图 9.13 所示。

如果存在外部市场,比如企业的上游开采部门向下游生产部门提供铁矿石,投入产出关系为 1∶1。此时,若开采部门向生产部门提供的铁矿石少于生产部门想要的,生产部门可以向外部市场购买;反之,如果开采部门出现过剩生产能力,它可以在外部

---

① 以下讨论主要参考:Pindyck, Roberts, Daniel L. Rubinfeld. *Microeconomics*. Pearson Education International,2005.

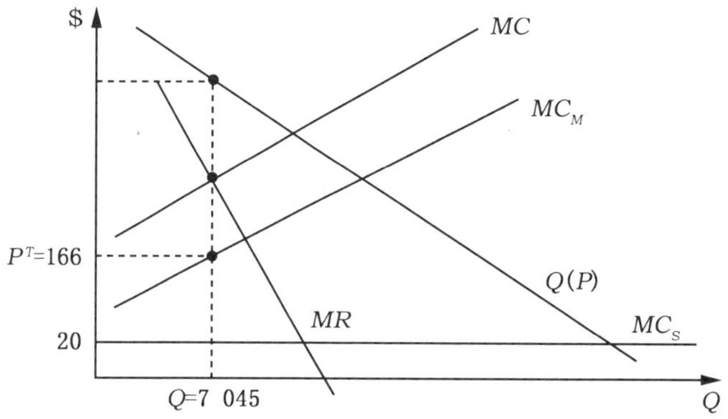

图 9.13　无外部市场的内部转移价格示意图

市场销售铁矿石。假设最终产品的需求函数为 $P_M=50-0.5Q_M$；生产部门的生产铁矿石的成本函数为 $C_M=400+10Q_M$；开采部门的成本函数为 $C_E=40+8Q_E+0.2Q_E^2$。假设外部铁矿石市场价格为 30 元，则开采部门可以按 30 元的价格出售其所有铁矿石，因而边际收益 $MR_E=30$。由于 $MC_E=8+0.4Q_E$，根据 $MR_E=MC_E$ 解得 $Q_E=55$，此即上游开采部门的最优产量。那么，55 单位的铁矿石如何在内部市场和外部市场分配？这可以通过令企业的边际成本（上下游的边际成本之和）等于边际收益求得。注意到，$MC=MC_E+MC_M=30+10=40$，而 $MR=50-Q_M$，由 $MR=MC$ 得到 $Q_M=10$，即上游开采部门向下游生产部门提供 10 单位的铁矿石，而将其他 45 个单位铁矿石销往外部市场，内部转移价格等于外部市场价格 30 元，如图 9.14 所示。

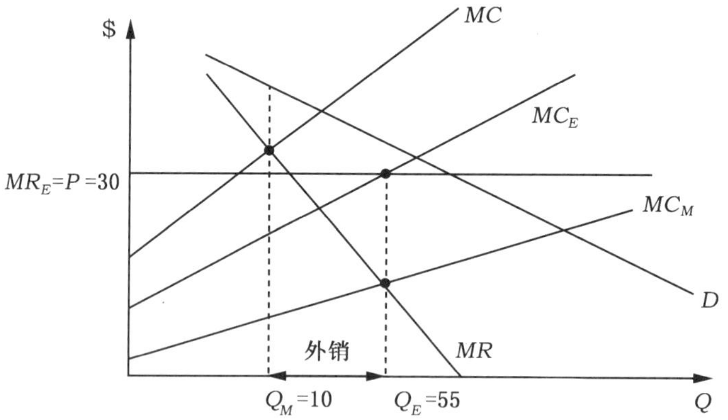

图 9.14　存在外部市场的转移定价示意图

总结一下，内部转移定价的基本步骤为：(1)由零售需求得到一体化企业的边际收益 MR_J；(2)将上游部门 U 和下游部门 D 的边际成本相加得到一体化企业的边际成本 MC_J；(3)由一体化企业利润最大化原则（即 $MR_J=MC_J$）得到最优零售量与零售价格(Q^*,P^*)；(4)测算在产量 Q^* 下上游部门 U 的边际成本 MC_U^*，那么，最优内部

转移价格为 $P^T = MC_U^*$。

专栏 9.5

跨国公司的转移定价

跨国公司通常利用其子公司所在的国家或地区的税率差异，通过转移定价将利润从高税率地区转移到低税率地区来逃税。据媒体披露，外资公司通过在我国内陆地区直接投资建立加工厂，采取高价格进口零部件而低价格出口制成品的方式制造"亏损假象"，导致我国每年损失数百亿税款。针对跨国公司的转移定价避税，各国正在加强监管，由此引发了一些著名的转移定价案件。①

1. 避税天堂

随着互联网和信息技术的不断发展，以电子商务为核心业务的大型跨国互联网公司茁壮成长，给反避税带来新的挑战。

2016 年，彭博社曾报道过关于谷歌通过双重避税结构，让其大部分海外利润免于缴税的问题。其具体做法是：谷歌爱尔兰子公司(Google Ireland Ltd)将收集到的谷歌大部分国际广告收入转移到谷歌的荷兰子公司(Google Netherlands Holdings BV)。这家不雇用员工的荷兰公司再将钱款转移到谷歌的百慕大壳公司——这家壳公司可以认证谷歌的知识产权，并最终将之申报为收入。而百慕大被称为"避税天堂"，其企业所得税税率为 0。②

除百慕大外，英国的开曼群岛同样被称为"避税天堂"(开曼群岛是英国海外属地)。1978 年起，英国永远豁免开曼群岛的缴税义务，对个人、公司、信托行业都不征收任何直接税。美国的可口可乐、宝洁、英特尔、甲骨文等大型公司都在开曼注册了子公司，并通过一系列复杂的财务操作将利润转移到这些子公司，从而规避高达 35%的美国公司所得税。③

2. DHL 转移定价案件④

敦豪航空货运公司(DHL Express)于 1969 年在旧金山成立，其后不断扩张航线，并于 1972 年在中国香港地区组建了专门处理国际业务的 DHLI(Document Handling Corporation International)公司。1974 年，DHL 授权 DHLI 使用其品名 5 年，但并未规定 DHLI 必须向 DHL 支付的特许费。1990 年，双方达成一项新协议：DHL 在美国境内独占 DHL 商标的使用权和转让权，而 DHLI 独占 DHL 商标在海外的使用权利。同年，一家独立财团与它们达成一项协议：该财团获得 DHLI 的

---

① 比如，美国《国内岁入法典》第 482 节基于防止避税的目的，赋予税务局在必要时在由一个同样的利益主体直接或间接拥有或控制的两个或多个企业之间划分所得的权力。而我国 2008 年 1 月 1 日实施的《企业所得税法》中，专门新增了一章，明确了企业与关联方的业务往来和关联交易以及其他反避税措施。《企业所得税法》第四十一条规定，企业与其关联方的业务往来，不符合独立交易原则而减少企业或关联方应纳税收入或所得额的，税务机关有权按照合理的方法进行调整。其中"独立交易原则"定义为没有关联关系的各方按照公平成交价格和营业常规进行业务往来所遵循的原则。

② 承天蒙. 谷歌被曝双重避税结构：2016 年通过百慕大避税 37 亿美元. 澎湃新闻，2018. 1. 4，https://www. thepaper. cn/newsDetail_forward_1931704。

③ 孟敏. 开曼群岛如何成为投资圣地：没有直接税收. 齐鲁晚报，2015. 1. 16，https://finance. sina. com. cn/world/20150116/121921315365. shtml。

④ 案件的详细背景介绍参阅：http://202. 116. 83. 77//Hope/azhu/work/index_case. htm，这里做了精简。关于案件的法律思考，参见：王欢. 转移定价法律制度的晚近发展研究. 南开学报，2006(6)：14～20。

12.5%的股权，并获得按照DHLI的估价（4.5亿美元）购买另外45%股份的期权，以及DHL的2.5%股份。该财团在1992年执行了股票期权，将其实体重组进入DHLI，并以2 000万美元的价格购买了DHL商标权的执行期权。

针对以上交易，美国联邦税务法院对DHL商标的估价为1亿美元，并坚持依据《国内岁入法典》第482节的规定将交易所得划分给DHL，其中5 000万美元属于国内商标权，另外5 000万美元属于国外商标权。不仅如此，美国联邦税务法院还坚持要将DHLI过去使用DHL商标而未支付的特许费划还给DHL。按照此逻辑，美国联邦税务法院向DHL发出1990～1992纳税年度近6 000万美元欠税额的通知书。

对此指控，DHL提出的两点质疑为：一方面，由于该财团不是关联实体，不存在通过交易达到避税的问题；另一方面，联邦税务法院对DHL商标的估值过于主观独断。美国联邦税务法院的回应是：尽管交易是在一个关联实体和一个独立主体（即财团）之间进行的，但是，该独立主体的存在并不能证明税务法院对所得的划分是不合适的；鉴于该财团具有转移利润的优势，因此，不能排除其具有转移利润的动机。美国第9巡回法院支持了联邦税务法院关于1亿美元的商标估价，但是，按照美国《国内岁入法典》第482节的开发者—协助者法规，①于2002年4月22日撤消了联邦税务法院的判决书。其理由是：DHLI在全球许多国家和地区注册了"DHL"商标并承担了除美国市场外的所有营销活动成本，包括相应的法律事务，因此，DHLI即使不能被认定是DHL国外商标权的开发者，至少也是协助者——因而在划分收入时可以获得相应投入的抵扣。

思考练习题

1. 互联网具有"去中间环节"的功能，传统的经销商逐渐向平台商转型。请比较分析在经销商模式和平台商模式下，买卖双方的交易价格和交易成本有何差异。

2. 在"互联网＋"时代，许多餐饮店入驻"美团""饿了吗"等互联网餐饮平台，开展外卖业务。相对于外卖，堂食需要占用餐饮店的物理空间。但是，许多消费者发现，外卖比堂食更贵。请对此现象给出合理的解释。

3. 电商渠道对实体渠道冲击的一个表现是"店选网购"。请为品牌商提供协调管理电商和实体店两种渠道的策略建议。

4.（Salvatore，2009；Thomas 等，2010）通用汽车的土星部门在1990年开始实行一口价销售NFP（No Freely Pricing），即不允许经销商和顾客就汽车价格讨价还价，因而又称为不杀价政策（No Haggle Policy）。经销商对NFP的最大顾虑是，除非所有经销商均执行NFP政策并制定相同的价格，否则客户会在简单询价后获得向别的经销商争取优惠的筹码。《纽约时报》1999年8月29日报道，梅赛德斯—奔驰（Mercedes-Benz）在新泽西的一个经销商因拒绝接受NFP政策而被解除代理权。请你运用一个简单的博弈模型解释为什么该经销商拒绝执行NFP政策。

---

① 按照开发者—协助者法规，开发者在开发无形资产后，只有将其出售（或出借）给关联实体时，才必须进行收入划分；而对于协助者，其协助投入在收入划分时可获得相应的抵扣。

5. 假设某公司有 2 个独立核算的事业部，分别为制造事业部 MU 和销售事业部 SU，其中 MU 将产品以内部价格卖给 SU，由后者向终端市场销售。假设该产品的供应不存在外部市场。MU 每年的产量为 100 万件，单位变动成本为 5 元，单位固定成本为 3 元；SU 的单位可变销售成本为 3 元，单位固定销售成本为 1 元，产品的市场价格为每件 13 元。请确定公司的内部转移价格。

6. 2018 年夏天，一部票房破 13 亿元的《我不是药神》戳中无数人的生存痛点。电影中，正版格列宁一瓶售价近 4 万元，而与其药效基本无异的仿制药"印度格列宁"售价仅 2 000 元左右。如果以片计算，更加能感觉到抗癌药的昂贵：罗氏制药的"特罗凯"售价约为 689.57 元/片，诺华制药的格列卫售价约为 216.67 元/片[①]。抗癌药的暴利一方面归于其高昂的研发费用，另一方面药企在销售上同样耗费巨资。此外，正版抗癌药要落到患者手中，还要经过层层利润不菲的加价。理论上，我们可以考虑一个简化的 S-R-C 纵向结构模型来刻画药品的双重加价原理。其中，供应商 S 的边际成本为 2 元，零售商 R 面临的需求函数为 $P=100-Q$，其中 Q 为最终消费者 C 的需求量。

问题：

(1)如果 S 采用直销模式，利润最大化的零售价格为多少？

(2)如果供应商选择 R 作为零售代理，则零售价格又是多少？

7. 上游垄断厂商 A 为下游垄断厂商 B 提供原材料（比如飞机发动机、智能手机芯片），单价为 P_A。假设厂商 A 的边际成本为零。生产一单位的 B 产品需要投入一单位的 A 产品。此外，还需要额外增加的成本为 4。假设 B 面临的需求函数为 $Q_B=40-0.5P_B$，其中，P_B 为 B 的价格。试为 A 确定利润最大化价格。

8. 据《新华每日电讯》2012 年 1 月 3 日报道，黑龙江省五常市年产 25 亿斤水稻，按 60%的出米率计算，年产大米 15 亿斤；中等包装的五常大米每斤四五十元，精包装者超过百元；但是，加工企业向稻农收购的水稻价格却不足 2 元，加上每斤大米 0.2 元的加工成本（包括收储、烘干、水电、设备折旧、销售等费用），加工企业获利数十倍；而稻农种植每斤水稻的成本约为 0.90 元，每斤水稻的利润仅为 1 元左右。对此，《新京报》认为是当地政府的市场监管缺失导致利润分配扭曲——五常市绿色食品办公室维护的是加工企业的利益，未顾及稻农的利益。而洪巧俊在《东南早报》2012 年 1 月 5 日发表评论文章认为，目前我国农村所推行的"公司＋农户"模式"只学了美日的皮毛"，由于土地制度存在差异，加上农户未能控制资源及产业链，最终导致"米贵伤农"。

问题：

(1)在五常大米价格屡创新高的背景下，为什么水稻的收购价仍被压低？

(2)稻农如何在五常大米的价值链中获得合理的利益分配？

9. 高通垄断案

高通因掌握了大量的 3G 和 4G 移动通信的 LET 专利技术而成为全球手机芯片的主导厂商。高通的主要业务包括芯片和技术专利许可，其商业模式是将芯片和专利技术进行捆绑销售，对手机厂商收取巨额的"高通税"，并因此在多个国家遭遇反垄断调查。2013 年 11 月，因怀疑高通在无线通信领域滥用市场支配地位，收取过多的专利授权费用，中国发改委对高通进行立案调查。2015 年 2 月 11 日，中国发改委认定高通因滥用市场支配地位，实施了排除、限制竞争的垄断行为，决定对其罚款 60.88 亿元人民币，并要求高通进行一系列整改。除要求高通对 3G 多模设备的专利费由 5%

---

① 《我不是药神》13 亿票房背后：进口药遭层层加价，靠给患者找医生年赚 1 000 万元．新浪财经头条，2018.7.10。

降到3.5%(且计费标准调整为整机售价的65%),还要求其取消"无条件反向授权"的规定(手机厂商购买高通芯片时被要求将专利免费授权给高通)①。

问题:

(1)对国家发改委的罚款处理如何影响高通芯片的定价?

(2)授权费及其计费依据的调整如何影响高通芯片的价格决策?

(3)"授权费调整"及"取消无条件反向授权"对中国手机厂商将产生什么影响?

10. 封杀"进场费"②

在零售领域,进场费或货物上架费是超市和卖场的主要收入来源。所谓进场费(Slotting Allowances),是指供应商的产品想要摆上零售商的货架所必须支付的各种交易费用。据有关调查数据显示,2005年上海地区大卖场收取的各项费用总共占供应商总销售额的8%~25%。在中国,超市、大卖场以各种形式对供应商收取"进场费"已司空见惯,而商务部也未明确禁止此种做法。国内中小城市的税务部门认为,进场费、展示费、广告促销费等费用已成为大超市、大卖场的主要利润来源之一。据《泉州晚报》报道,泉州新华都、泉州大洋百货、泉州永乐家电等几家大型商贸企业在2003~2004年期间向供货商收取的进场费达3 800万元。零售商之所以对供应商盛气凌人,其主要原因有二:一方面,经济过热后导致中国制造业产能普遍过剩;另一方面,零售商处于价值链下游,接近最终消费者,因而具有强势地位。

业内一种观点认为,商业网点是一种稀缺资源,其本身具有一定的商业价值,而在商场内部,不同楼层以及同一楼层的不同位置,其商业价值也不尽相同。因此,收取一定的进场费是情有可原的。即便是在美国,20多年前,当美国工业开始依靠计算机时就出现主要用于支付编程费用的"进场费"。可以说,进场费是零供关系中的一个行规:一方面,进场费使得零售商可以保证经营利润,并可以转嫁经营成本,减少经营风险;另一方面,不需要进场费的小超市对供应商根本没有吸引力,因为商品摆在那里也卖不出去。

目前,零售商收取供应商的进场费主要有三种类型:(1)进场——允许你的产品进场销售;(2)专场——主卖你的产品;(3)专卖——不允许同类产品在该专场销售。大多数产品是以"进场"和"专场"的形式进入零售经营场所的,而"专卖"形式较多出现在餐饮场所的酒类产品中。针对这些形式的进场费,业内另一种观点认为,进场费实际是一种变相的商业贿赂款。进场费抬高了商品进入市场的门槛,提高了商品的单价,最终由消费者来埋单,损害了消费者的利益。同时,进场费在一定程度上排挤了其他经营者的公平竞争,限制了消费者的商品选择权,损害了消费者的合法权益,扰乱了正常市场秩序,是明显的不正当竞争行为,是一种变相的商业贿赂。

就在业内对进场费争论不休时,国家五部委(商务部、发改委、公安部、税务总局、工商总局)于2006年10月中旬联合发布的旨在禁止零售商"店大欺客"的《零售商供应商公平交易管理办法》规定:(1)零售商与供应商的交易活动应遵循合法、自愿、公平、诚实信用的原则,不得妨碍公平竞争的市场交易秩序,不得侵害交易对方的合法权益。(2)零售商不得滥用优势地位从事不公平交易行为。比如,与供应商签订特定商品的供货合同,双方就商品的特定规格、型号、款式达成一致后,又拒绝接受该商品;或者要求供应商承担事前未约定的商品损耗责任;或者事前未约定或不符合事前

① 关于高通垄断案的详细报道,参见王尔德2015年2月11日发表在《21世纪经济报道》的文章。关于高通垄断案的更多分析,参见:刘晓春. 高通苹果之战:专利与反垄断的制度较量. 财经,2017.11.1。

② 部分资料来源于《泉州晚报》2006年11月3日的报道《封杀进场费,零供双方难见喜色》。

约定的商品下架或撤柜的条件，零售商无正当理由将供应商所供货物下架或撤柜；或者强迫供应商无条件销售还返利，或约定以一定销售额为销售返利前提，未完成约定销售额却向供应商收取返利；或者强迫供应商购买指定的商品或接受指定的服务。(3)零售商不得从事以下妨碍公平竞争的行为：对供应商直接向消费者、其他经营者销售商品的价格予以限制；或者对供应商向其他零售商供货或提供销售服务予以限制；或者未事前约定却要求供应商派员到零售商经营场所提供服务。此外，为防止零售商恶意拖欠供应商的货款，《管理办法》明确规定零售商与供应商应按商品的属性在合同中明确供应商供货时约定货款支付的期限，但约定的付款期限最长不得超过收货后60天，并且不得以种种借口延迟支付。《管理办法》关于备受争议的进场费也有明确规定：零售商不得向供应商收取以签订或续签合同为由的费用；购买店内编码而收取的费用；超过实际成本的条码费；收取未专门用于该供应商特定商品销售区域的装修、装饰费；未提供促销服务，以节庆、店庆、新店开业、重新开业、企业上市、合并等为由收取的费用；等等。

由于《零售商与供应商进货交易管理办法》的出台，一些商场、超市已取消狭义的进场费，但条码费、陈列费、DM费、节庆费、店庆费、广告费、促销费等广义进场费还得向供应商收取。而一些商场采取"换汤不换药"的应对策略，要求供应商缴纳"新品费"。

问题：

(1)联系实际归纳总结在零供关系中，零售商主要有哪些妨碍公平交易与公平竞争的行为。

(2)你是否赞同取消进场费？为什么？试分析取消进场费对零售端的竞争将产生什么影响。

(3)为保证利润来源，为什么零售商不直接压低进货价格，而是采用费劲的进场费？

第十章　网络经济视角下的定价机制创新

自 20 世纪 90 年代以来，互联网在全球迅猛发展，网络股成为美国股市的新贵，带动了美国网络经济的发展。网络信息技术的迅猛发展正成为数字化产品的催化剂。数字化产品（又称网络信息产品，如软件、在线新闻、音乐唱片、影视光碟、电子书籍等）已成为人类社会生活和企业经营活动不可或缺的一部分。然而，. com 公司的批量倒闭使得人们对网络神话产生前所未有的怀疑，甚至惊呼“网络泡沫”。

伴随着网络革命进程的是国际电信产业的自由化改革。一方面，垄断在位者长期控制稀缺的网络资源，缺乏降低成本的动力，导致电讯资费价格扭曲，服务效率低下，反垄断之声此起彼伏；另一方面，电讯技术的创新推动了电讯产业规制的放松，电讯市场进入打破了在位者的垄断坚冰。在我国的电讯市场化改革进程中，电讯市场竞争格局初步形成，电讯增值服务如雨后春笋般层出不穷，电讯衍生服务产品正成为我国网络经济的一道亮丽的风景线。

但是，网络经济的三个基本规律使得网络信息产品或网络服务的定价完全不同于传统产品。这三个基本规律是：(1)信息技术性能价格比的摩尔定律（Moore Law），即计算机半导体芯片的功能每隔 18 个月就会翻一番。与此同时，芯片价格将会以减半的速度下降。(2)信息网络扩张效应的梅特卡夫法则（Rules of Metcalfe），即网络的价值等于网络节点数的平方，或者说网络价格随着网络规模的增加呈指数增长态势。(3)信息活动优势与劣势反差的马太效应（Matthews Effect），即在信息活动中由于人们的心理反应与行为惯性，在一定条件下，优势与劣势一旦出现并达到一定的程度，就会导致优势与劣势不断的自我加剧，使得优势越明显，劣势越明显，此即正反馈（Positive Feedback）的作用机理。

本章分析网络产品与服务的定价原理：首先归纳网络信息产品的基本经济特征，归纳信息产品的基本定价模式；然后分析电讯网络定价机制，特别是接入定价原理与规制模式；最后探讨银行卡网络的交换费问题。

第一节　信息产品定价创新模式

一、信息产品的经济特征

在网络经济时代，虽然技术不断改变，但经济规律还是普遍适用的，只要把握网络经济产品的经济规律，就能够正确制定价格策略[①]。

(1)信息悖论(Information Paradox)。信息产品是经验产品——只有在消费者尝试后才能判断其价值；但是，一旦消费者掌握了这条信息的内容后就不愿意付钱了。比如，你还没有读过今天的《华尔街日报》，怎么知道它值不值75美分？在传统的信息产业(比如印刷、音乐、电影等)中，生产商可以通过节目预告、浏览、海报等形式来克服经验性对信息销售的影响；还有一些知名媒体通过品牌和声誉建设来说服谨慎的顾客在知道信息内容之前就决定购买。

(2)边际成本递减。信息的生产成本很高，但复制成本很低，或者说生产第一份信息产品的成本很高，但是生产或复制之后的产品的成本就微不足道了。信息产品的边际成本几乎为零挑战了传统经济学中的边际成本递增规律，使得基于成本的定价策略不再适用。实际上，如果基于边际成本定价，意味着“免费”提供信息，或者说任何人对信息的消费都不应被限制，信息应成为自由产品，那么，信息提供商将无法回收固定成本，也就不愿意生产了。信息产品的成本特征使得基于顾客价值的定价策略成为合理的定价方式，其中差别定价已被广泛应用。比如，在一个提供证券分析的网站上，顾客每月支付8.95美元可以获得20分钟时滞的股市指数分析；而如果支付50美元，可以得到实时的股市指数分析。另外，此种成本结构决定了信息市场上的信息供应商的独家垄断性。

(3)边际收益递增。边际收益递增规律来自网络效应及其由此形成的网络外部性。所谓网络效应，是指网络信息产品使用者从用户网络中获得的额外福利变化。事实上，消费者获得价值＝自足价值＋网络价值。网络效应包括直接网络效应(如电话、传真、E-mail)与间接网络效应，如采用操作系统或录像机，用同一标准的人越多，开发的对口软件或录像带就越多。在网络效应无法内部化下，网络效应导致网络外部性

---

① 以下讨论主要参考：(1)张维华，骆品亮，郑绍濂．网络特性与网络融合．研究与发展管理，2001，14(2)：17～23；(2)Carl Shapiro & Hal Varian. 信息规则：网络经济的策略指导．张帆译．北京：中国人民大学出版社，2000，第2～16页，第73～90页，第152～162页；(3)Luis M. B. Cabral. 产业组织导论．胡汉辉等译．北京：人民邮电出版社，2002；(4)Oz. Shy The Economies of Vetwork Industries. Cambridge：Cambridge University，2001.

(Network Externality)。其中最为著名的是梅特卡夫法则(Rules of Metcalfe):网络(总)价值以用户数量的平方的速度增长。其直观解释为:n 个用户的电话网络中,有 $n(n-1)$ 个潜在产品(电话互通),当 n 比较大时,$n(n-1)$ 几乎与 n^2 为同阶无穷大。

网络效应给我们三个启示:第一,网络的需求取决于每个消费者对网络规模的预期。如果某个代表性消费者预期网络规模已经足以提升网络价值,其将可能加入用户网络中。由此,容易得到第二个启示:存在导致网络建立的购买者最小规模——关键数量(Critical Mass)。代表性例子是美国的传真机市场与中国的 E-mail 市场,只有当使用者的数量达到一定规模后,市场才会迅速膨胀。第三,成功的战略是制定较低的推介价格以获得"滚雪球"效应。如 eBay 及微软的操作系统推介策略等。当 1986 年前后达到关键数量后,传真机的增长呈现指数级爆炸式增长态势,如图 10.1 所示。

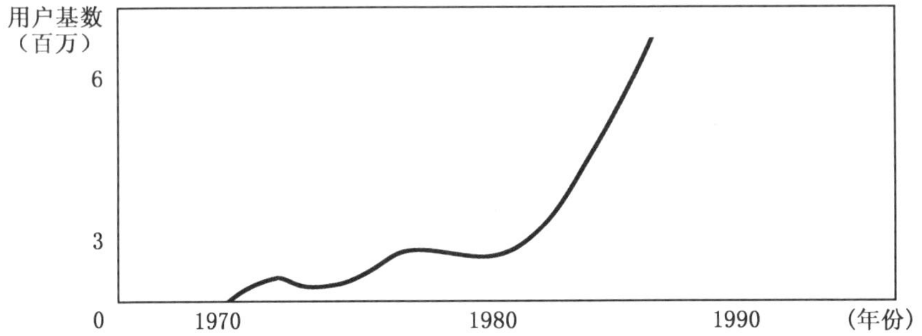

图 10.1 传真机在美国的增长情况(Cabral,2002)

(4)非竞争性与转售。信息是一种公共产品,一个消费者使用它并不会影响其他消费者的使用。信息的转售将导致信息市场崩溃。比如,生产者基于利润最大化原则制定信息价格 P^*,那么,已购买信息的消费者将以(P^*-d)的价格转售给那些对信息的价值评价低于 P^* 的消费者,如图 10.2 所示。

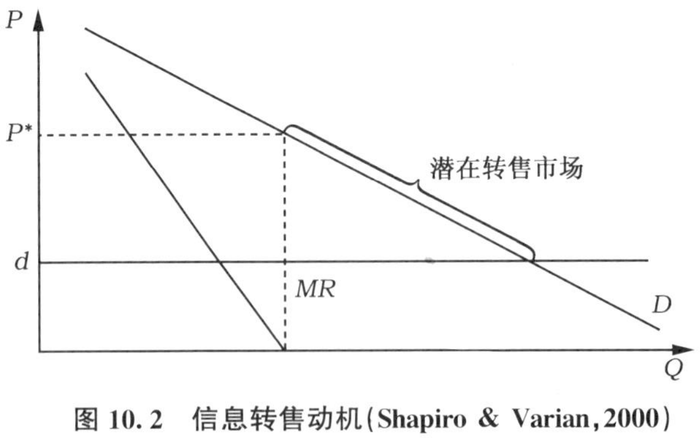

图 10.2 信息转售动机(Shapiro & Varian,2000)

与转售相关的一个问题是复制(Reproduction)。由于信息商品(如软件)的复制品与原始品价值几乎等同，开发商一旦销售了第一个产品后就很难控制市场了。数字化商品提供商可以安装保护设置在一定程度上防止复制行为——与传统信息产品相比（如书籍），数字化商品的使用更需要原始提供商的服务、维护及操作指导；而非数字化信息商品提供商可以通过对第一个单位商品制定超高价格以获取被复制的收益，因而定价的保护效果较数字化商品强①。

（5）相容性与标准。要在一个网络内成功进行交易，各种各样的结点和连接必须是相互可相容的（采用相同或相近的技术），如银行自动取款机（ATM）；网络成员获得相容性的一种方法是大家都赞同一组标准。

那么，标准是如何形成的？为什么不是 Betamax 而是 VHS 成为消费者接受的录像机标准？为什么是微软的 Windows 而不是苹果的麦金什（MacOS）占据了操作系统的主导地位？更一般地，为什么是英语而不是中文成为世界通用的语言？换句话说，历史是如何选择上述标准均衡的？答案取决于路径依赖。进一步讲，产业最终锁定的技术将取决于一个有限数量、甚至可能是小数量的最初使用者。第一个消费者的决定也许会成为重要的小历史事件，这种动态过程即路径依赖（Path-Dependent）。所以，一个产业迟早会锁定在给定的标准上；但是，在这个世界上，最好的不一定会赢——取决于路径依赖（Cabral，2002）。

考虑两种不兼容的技术标准（比如联通的 CDMA 和移动的 GPRS），记为 $j=C,G$，假定这两种技术的价格相等（注册费和资费相同）。记潜在消费者的总数为 1，假设存在两种类型的消费者，记为 $i=C,G$，其中 C 型消费者偏好 CDMA，而 G 型消费者偏好 GPRS。消费者序贯（Sequential）进入市场，每个时期消费者必须决定选择哪种技术。

C 型消费者的效用函数为

$$u_C(j)=\begin{cases}\theta_C+\mu\cdot n_C & j=C\\ \mu\cdot n_G & j=G\end{cases}\tag{10.1}$$

G 型消费者的效用函数为

$$u_G(j)=\begin{cases}\theta_G+\mu\cdot n_G & j=G\\ \mu\cdot n_C & j=C\end{cases}\tag{10.2}$$

其中，$\theta\geqslant0$ 表示自足价值，$\mu\in(0,1)$ 表示网络外部性强度，n_C，$n_G\in[0,1]$表示网络规

---

① 对于软件产品，实物版与电子版是完全替代的，一旦网络版（一般是盗版）在网上流行后，对正版的需求将急剧下降。而对于图书等非数字化（Printed）信息产品，实物版与电子版并不是完全替代的（至少对于高端用户而言），电子版出现后会降低低端用户对实物版的需求，但却可能增加高端用户对实物版的需求——电子版提供了甄别信息有助于用户对实物版的价值评价。从这个意义上讲，对图书而言，电子版是细分市场的一种策略，吸引了低端用户，但增加了高端用户对实物版的需求。

模，且有 $n_C+n_G=1$。

表10.1给出了C型消费者和G型消费者选择技术C和技术G的效用。显然，所有消费者选择CDMA当且仅当 $\mu n_C>\theta_G+\mu n_G$，即 $\Delta n=n_C-n_G>\frac{\theta_G}{\mu}$；所有消费者选择GPRS当且仅当 $\mu n_G>\theta_C+\mu n_C$，即 $\Delta n=n_C-n_G<-\frac{\theta_C}{\mu}$；而当 $\frac{\theta_G}{\mu}>\Delta n=n_C-n_G>-\frac{\theta_C}{\mu}$ 时，C型消费者将选择CDMA，而G型消费者将选择GPRS。图10.3显示了用户基数差异对标准形成的影响[①]。

表10.1　　不同类型消费者选择各种技术的效用矩阵

消费者类型	技术		
		CDMA	GPRS
	C型消费者	$\theta_C+\mu n_C$	μn_G
	G型消费者	μn_C	$\theta_G+\mu n_G$

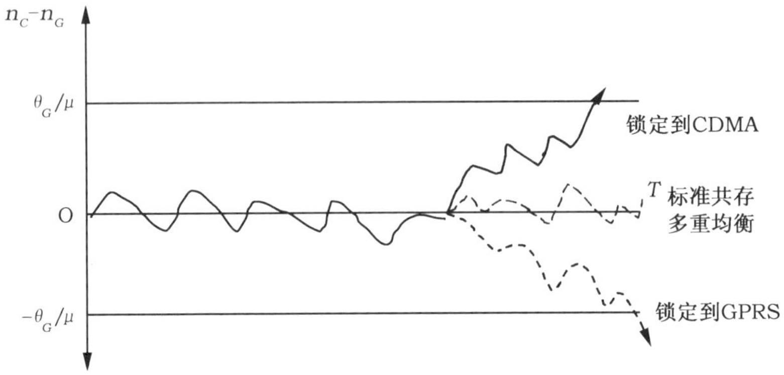

图10.3　市场对CDMA和GPRS选择的动态均衡(Cabral,2002)

钱春海和肖英奎(2003)给出了图10.4所示的标准生存空间，其中横轴表示CDMA的市场份额，纵轴表示消费者效用。GPRS成为唯一技术标准的市场份额临界值由等式 $\theta_C+\mu n_C=\mu n_G$ 确定，即 $n_C-n_G=-\frac{\theta_C}{\mu}\Leftrightarrow n_C^*=n_G-\frac{\theta_C}{\mu}\Leftrightarrow n_C^*=\frac{1}{2}-\frac{\theta_C}{2\mu}$。因此，当 $n_C<n_C^*$，GPRS成为唯一技术标准。CDMA成为唯一技术标准的市场份额临界值由等式 $\theta_G+\mu n_G=\mu n_C$ 确定，即 $n_C-n_G=\frac{\theta_G}{\mu}\Leftrightarrow n_C^{**}=n_G+\frac{\theta_G}{\mu}=\frac{1}{2}+\frac{\theta_G}{2\mu}$。因

① 关于2.5G标准选择的更多讨论，参阅：钱春海，肖英奎．网络外部性、市场锁定与标准选择．中国工业经济，2003(3)：14～20. 关于标准竞争的一般性讨论，参阅Oz Shy(1995)和Cabral(2002)。

此，当 $n_C > n_C^{**}$，CDMA 成为唯一技术标准。在两个临界值之间，CDMA 和 GPRS 同时成为标准，即多个标准并存。

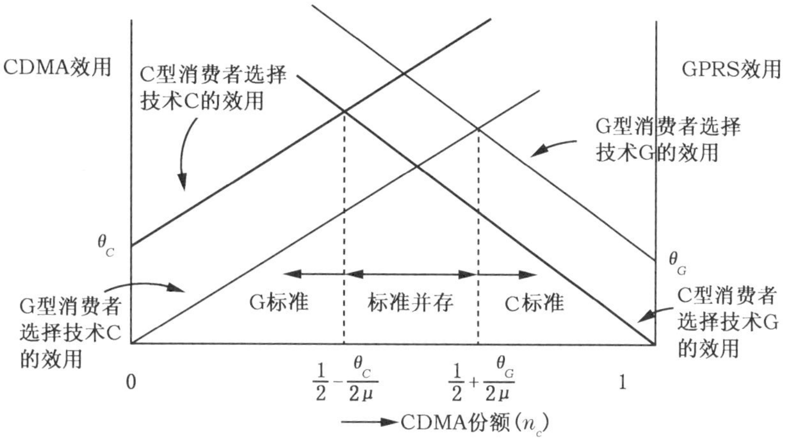

图 10.4　选择 CDMA 和 GPRS 的效用比较(钱春海和肖英奎,2003)

那么，每个厂商如何决策——是兼容还是不兼容？如何影响最初消费者的选择？这又取决于竞争度——标准竞争与市场竞争。直观地，如果标准竞争很激烈(需要花很大成本以确立标准——如英国的 BskyB 公司对购买接收其电视信号所必需的解码器的用户进行补贴)，那么企业偏好兼容；如果产品市场竞争很激烈，那么企业偏好不兼容。

事实上，假设市场上有两个企业，如果进行标准战，每个企业获胜概率各为 50%，则第二阶段达到垄断利润 $\pi(M)$ 的概率为 50%，利润为零的概率为 50%；如果兼容，则第二阶段两个企业都以 100%的概率获得利润 $\pi(D)$；可见，当 $\pi(M)\geqslant 2\pi(D)$，企业偏好不兼容。

标准给我们两个启示：第一，一个产业迟早会锁定在给定的标准上；但是，最好的不一定会赢——取决于路径依赖。一个典型的例子是四声道录放系统的标准之争导致没有赢家。第二，能否成为行业标准很大程度上取决于你是否与竞争对手合作，向竞争对手开放技术以扩大用户规模从而形成正反馈。

(6)转移成本与套牢。最后是转换成本(Switch Cost)与锁定(Lock In)：网络产业中的消费者一旦选择了某个网络的标准，若想在不同的网络之间更换须付出较大的代价。一般地，转换成本＝ 硬件成本＋软件成本＋湿件(Wet Ware)成本或学习成本。或者说，转换成本是指顾客从现有厂商处购买商品转向从其他厂商购买商品时面临的成本，包括交易成本(重新寻找交易者)、学习成本、心理成本等。Shapiro & Varian(2000)给出了图 10.5 所示的锁定的动态周期。

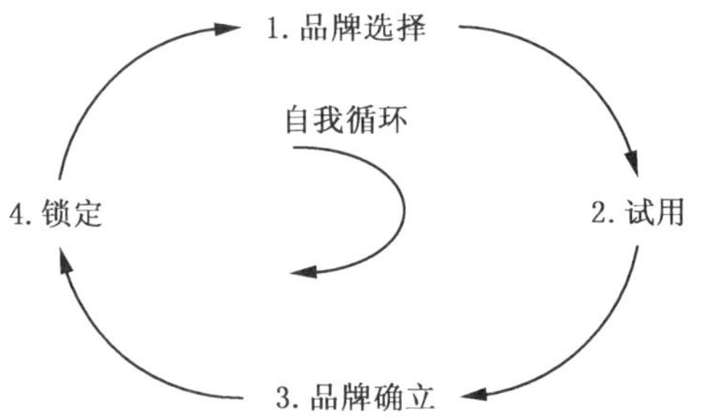

图 10.5　锁定的动态周期(Shapiro & Varian,2000)

转移成本给我们的启示是:第一,转移成本将削减顾客的转移价值,也会阻止新厂商的进入;第二,作为厂商,克服转移成本的有效方法之一是降低顾客的试用成本。

专栏 10.1

任天堂和世嘉的网络效应差异

任天堂(Nintendo)在 20 世纪 80 年代以 8 位(8-bit)游戏机及超级玛莉兄弟(Super Mario Brothers)游戏软件称霸家庭电子游戏(Home Video Game)产业,历史更悠久的世嘉(Sega)屈居第二。1988 年 10 月,世嘉捷足先登地推出功能更为强大的 16 位(16-bit)游戏机,而任天堂仍然在 8 位机市场中深耕细作(尽管任天堂早已开发出 16 位机,但考虑到 8 位机的利润尚未充分赚取,任天堂并不急于推出 16 位机),结果世嘉在 20 世纪 90 年代初的市场份额显著提高(Cabral,2002)。任天堂终于在 1991 年 9 月推出 16 位机,但它在 16 位机市场中已失去先机:1993 年任天堂 16 位机的销售额为 191 万美元,用户基数(Installed Base)为 480 万人;而世嘉 16 位机的销售额为 259 万美元,用户基数(Installed Base)为 760 万人(Shankar & Bayus,2003)。

当学者们还在批评任天堂"固步自封"时,1995 年 8 月任天堂的 16 位机销售额达到 52 万美元,超过世嘉的 45 万美元,用户基数达到 800 万人(世嘉为 1 170 万人)。此后,任天堂在 16 位机市场上后发制人,再现了其在 8 位机市场上的雄风。那么,任天堂在 16 位机市场上以小胜大的秘诀是什么?

实际上,任天堂是靠高价格和高强度的广告扭转了 16 位机的不利开局的。我们在正文中有关网络竞争的理论分析表明,在网络外部性系数相同的条件下,具有较大用户基数的技术在标准竞争中会胜出。但在 16 位游戏机中,任天堂和世嘉的网络效应(指用户基数对价格弹性和广告弹性的影响)存在显著差异——任天堂具有更大的网络效应,使得它可以制定更高的价格并投入更多的广告,而这种网络效应差异与任天堂在 8 位机市场长期累积的市场声誉有关。Shankar & Bayus(2003)假设 16 位游戏机具有 Cobb-Douglas 型的需求函数,即 $Q_i = \exp(\alpha_i) \cdot P_i^{\varepsilon_i} \cdot A_i^{\beta_i}$,其中 $i=N,S$ 分别表示任天堂和世嘉,α 代表品牌效应,P 和 A 分别表示价格和广告,利用 1993 年 1 月～1995 年 8 月任天堂和世嘉 16 位机的硬件价格、销售额、广告支出、用户基数等时间序列数据,估计了双方的网络效应差异。他们用 IB_{16}^i($I=N,S$)表示 16 位机的网络规模(对用户基数取对数),用 IB_8 表示 8 位机的网络规模,用 K_i($i=N,S$)表示 16 位游戏机的软件质量,得到:

(1)任天堂的品牌效应为 $\alpha_N=6.34+1.71IB_{16}^N+1.65K_N+0.33IB_8^N$；世嘉的品牌效应为 $\alpha_S=6.14+1.93IB_{16}^S+1.76K_S$。特别值得指出的是，任天堂 8 位机的用户基数每增加一个百分点，则其 16 位机的品牌效应就提升 0.33。

(2)任天堂 16 位机的价格弹性为 $\varepsilon_N=-3.23+0.10IB_{16}^N+0.0025K_N+0.06IB_8^N$；而世嘉 16 位机的价格弹性为 $\varepsilon_S=-3.46+0.06IB_{16}^S+0.0031K_S$。可见，任天堂自身价格弹性为－3.23，世嘉自身价格弹性为－3.46。任天堂 16 位机的网络规模对其价格的效应(Price-16-bit network size interactive effect)为 0.10。这意味着，16 位机的用户基数每增加一个百分点，则任天堂 16 位机的价格弹性就降低 0.10；而世嘉仅为 0.06。特别值得指出的是，任天堂 8 位机网络规模对其 16 位机的价格效应(Price-8-bit network size)为 0.06。这意味着，8 位机的用户基数每增加一个百分点，则任天堂 16 位机的价格弹性就降低 0.06。因此，任天堂的 8 位机用户基数越大，它就可以对 16 位机制定越高的价格(任天堂和世嘉的 16 位机相互不兼容)。

(3)任天堂 16 位机的广告弹性为 $\beta_N=0.13+0.08IB_{16}^N-0.003K_N-0.08IB_8^N$，而世嘉的广告弹性为 $\beta_S=0.21+0.03IB_{16}^S-0.0013K_S$。显然，任天堂和世嘉的 16 位机网络规模对其广告的效应(Advertising-16-bit network size interactive effect)存在显著差异，前者为 0.08——这意味着，16 位机的用户基数每增加一个百分点，则任天堂 16 位机的广告弹性就增加 0.08，而后者仅为 0.03。

参考资料：(1)Cabral，Luis M. B. 产业组织导论. 胡汉辉、赵震翔译. 北京：人民邮电出版社，2002，pp. 285～286.

(2)Shankar，Venkatesh，Barry L. Bayus. Network Effects and Competition：An Empirical Analysis of the Home Video Game Industry. *Strategic Management Journal*，2003，24：375～384.

二、信息产品定价策略[①]

(一)渗透定价

微软和网景关于浏览器之战就是网络经济下渗透定价的典范。网景一方面在零售店以 49 美元出售带有印刷品资料的导航者(Navigator)，一方面在互联网上免费派发软件。当然，从来没有接触过互联网的用户还不懂如何在不使用 Navigator 的情况下下载这种软件。微软采取追赶战略，在互联网上免费派发 IE(Internet Explorer)浏览器，甚至向 OEM 厂商和 ISP 付钱，通过将 Internet Explorer 设为默认的浏览器，将 IE 放在比 Navigator 更领先的地位。微软还公开宣布：现在和将来 IE 都是免费的！那么，微软和网景的渗透定价是因为边际成本几乎为零吗？事实上，它们都是为了获得浏览器之外的收入。网景希望将其网站建成全世界最繁忙的网站之一，使其能够与雅虎和 ARCHITEXT 的搜索引擎竞争。而网景知道，其 6 500 万用户中许多人从来

---

① Carl Shapiro & Hal Varian. 信息规则：网络经济的策略指导. 张帆译. 北京：中国人民大学出版社，2000，第 17～46 页，第 64～69 页，第 86～89 页，第 252～259 页。感谢余林微为本部分写作提供的部分实例。

不改变首页的默认设置。除此以外，网景还发布了一种 Netcaster 的外推式媒体(Push Media)软件，这种软件外挂在网景的浏览器上，当顾客选择下载浏览器时，可以选择将 Netcaster 作为 Navigator 的一部分下载。而使用 Navigator 和 Netcaster 的人越多，网景就可以获得更多收入。而微软的计划就是将浏览器捆绑到其操作系统中，将 Windows95 的用户界面更换为像现在的独立浏览器的形式。因此，微软不惜代价建立 IE 的安装基础，既有利于 Windows98 的外销，同时又剥夺了网景挑战微软对用户界面的控制权的机会。

(二)生存定价

由于信息产品的边际成本几乎为零，即使价格非常低仍可能收回增量成本。因此，当一个网络厂商发现自己在产业中落后时，一个具有诱惑力的措施就是减价刺激销售，此即生存定价策略。但是，鲜有成功生存定价的案例。1993 年宝蓝(Borland)处于 IBM 的莲花(Lotus1-2-3)和微软的 Microsoft Excel 的双重夹击下，Borland 将 Quattro Pro 的价格定得很低。但是，价格不是消费者购买时唯一关心的要素，顾客更关心的是谁会赢！Borland 在电子表格市场还是落在它们的后面。Lotus 不但不理会 Borland 的低价行动，还嘲笑其为边缘玩家，认为 49 美元的超低价是在垂死挣扎。

另外，大英百科与微软百科全书(Encarta)之战也说明生存定价并非英明之举(Shapiro & Varian，2000)。其背景是这样的，一套精装 32 卷的《大英百科全书》标价 1 600 美元；1992 年微软进军百科全书市场，购买二流百科全书《Funk&Wagnalls》的版权制作光盘 Encarta，定价 49.95 美元；微软以更优惠的价格向原始设备制造商(OEM)出售 Encarta，后者将其作为免费赠品捆绑销售。《大英百科全书》意识到需要发展电子出版战略了。第一步，以每年 2 000 美元的订阅费提供网上图书馆服务。第二步，《大英百科全书》决定进军家庭市场，向家庭提供一个每年订阅费为 120 美元的在线版本，但用户并不多，1996 年推出一个标价 200 美元的光盘版本，但仍比 Encarta 价格高得多。1996 年，Jacob Safra(瑞士银行家)购买大英公司，裁减 110 名代理人及 300 名独立承包商，并开始削价。由于《大英百科全书》比 Encarta 更权威、更完整，仅从容量上看，《大英百科全书》的 4 400 万词条已让 Encarta 望尘莫及，因此，《大英百科全书》的降价对微软造成冲击，1995 年 Encarta 的市场占有率为 44.8%，1996 年降至 27.5%。

(三)版权管理定价

假设一个知识产权的所有者，拥有权利对其产权进行营销，那么，他应该如何设计产品的条件和条款呢?

首先应该意识到控制和顾客价值的权衡关系。对顾客获得产品的条件制定得越宽松，产品对顾客的价值就越大，因为他可以与朋友分享产品，甚至可以出借、出租或者在二手市场销售。但是，宽松的条件会带来产品的竞争——出租或二手市场的出售会导致原始市场销售的减少。因此，对知识产权管理的重点在于对上述两种效应的权衡，选择使得产权价值最大化的条件和条款。

图 10.6 给出产权管理的一个分析框架。需求曲线符合顾客的边际价值递减的规律——价格越高，需求越少。图 10.6(a)显示了在标准条件下使得收益最大化的价格 P_0；图 10.6(b)显示了放松条件和条款的情形。显然，在宽松的条件下，顾客的价值提升了，需求曲线向右上方旋转。但是，在较宽松的条件下，复制和分享变多，实际需求量减少。比如，假设放松版权限制后消费者的感知价值翻了 1 倍，则价格也增加 1 倍，变为 $P_1=2P_0$；但是，由于可以复制和分享，对应于价格 $P_1=2P_0$ 的实际需求量 $Q_1<Q_0$，实际销售收益为 $R_1=P_1Q_1=2P_0Q_1$。因此，如果放松版权后消费者的价值翻了 1 倍，但需求量减少了一半，则放松条件使得销售收入保持不变；若需求量减少不多(比如 20%)，那么放松条件和条款可以增加收益(由于信息产品的边际成本为 0，因此，收益最大化和利润最大化几乎是等价的)。[①]

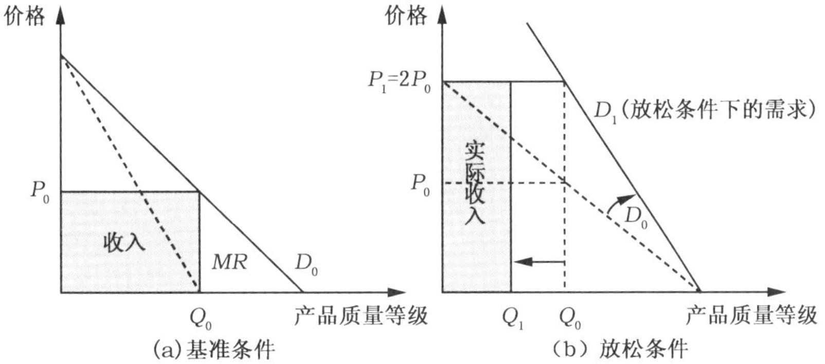

图 10.6　销售条件、条款和销售量之间的平衡(Shapiro&Varian,2000)

(四)个性化定价

网络公司的差异化与个性化定制(Customization)就是通过差异化，降低需求弹性，使得需求曲线由水平变为倾斜。而定制对于厂商可以防止消费者的套利行为，为差别化定价提供必要条件。而对于用户，定制可以避免资源浪费，但也意味着将被索取高价。比如，*Personal Journal*、*Wall Street Journal* 等期刊为用户提供专用信息，而 http://www.pointcast.com 为用户提供专用新闻。再如，网上数据库供应商 Lexis-Nexis 一般按照使用者所在公司的类型、规模大小、使用时间、使用量以及用途等因素对几乎每个顾客收取不同的费用。了解顾客个性化需求的途径主要包括：网

① Carl Shapiro，Hal Varian. 信息规划：网络经济的策略指导. 张帆译. 北京：中国人民大学出版社，2000，p. 86～88.

上注册、网上促销信息反馈、软件监控等。在电讯领域，资费方案也正在朝个人化定价方向发展。比如，上海联通的“手机资费DIY”方案充分考虑到用户的个性化需求，把手机资费拆分成话音、短信、WAP上网、其他数据业务等几大板块，每个板块都有高、中、低几款包月资费，用户只需在一张“工料”表单上打钩，就可以亲手定制出一份适合自己的最为经济实惠的手机资费套餐。

（五）群体定价

群体定价实际上就是三级价格歧视。对数字化产品实行群体定价的一个典型例子是，同样一部好莱坞影片，在中国电影院观看的价格远低于在美国电影院观看的价格。之所以会出现这种情况，与中国观众的消费能力相对较弱、美国发行商不得不以低于美国国内的价格向中国出口电影有关。又如，许多软件产品出售给公司的价格高于出售给个人的价格。在互联网高度发达的今天，越来越多的数字化产品可以从网上下载，因此对数字化产品实行群体定价将越来越困难。一种有效的方法就是将数字化产品本地化或专业化。这样一方面可以向更大的市场出售产品，另一方面可以防止各地区之间出现套利。例如，软件产品的本土化版本和专业化版本可以将不同区域和类型的消费群体区分开来；电影的译制片也是一个很好的例子。

（六）版本定价

版本定价是通过人为制造产品品质差别以拉开产品档次，满足不同消费层次消费者需要的定价方式。这种定价方式在传统高科技产品中十分普遍。比如，Intel公司的奔腾（Pentium）与赛扬（Celeron）系列处理器。Sony公司推出的MD数字播放机系列中，线控手柄有夜视灯光的款式与不带夜试灯光的款式价格相差很大，而其他功能则几乎完全相同。这种定价方式应用于数字化产品时更为形象的表达是信息版本划分（versioning），即根据不同的顾客需求提供不同质量、不同功能或者不同服务水平与信息量的版本，并索取不同的价格。比如，使用IP电话打长途通话质量虽然差一些，但价格便宜。许多软件产品推出不同版本，如完整板与简化版、企业版与教育版、普通版与升级版等，来满足不同消费者对软件产品不同的功能要求。另外还可以利用跨时歧视制造不同版本。例如，提供华尔街股票报价的金融网络公司对实时报价每月收费近百美元，对延时20分钟的报价每月收费不到10美元。再如，《英雄》的家庭影碟售价低于在电影院观看该电影的票价，但影碟只会在电影公映数月之后才公开发售。

（七）捆绑/搭配销售

捆绑销售（Bundling）是指将两种或两种以上的商品按固定比例同时销售。它可以分为纯捆绑（Pure Bundling）和混合捆绑（Mixed Bundling）两种。纯捆绑销售是指产品包内的商品只能按固定比例同时出售，不单独出售。比如，作为整车的一部分，方向盘和四只轮胎必须同时出售。《新民晚报》在出售新闻资讯的同时也将广告捆绑销售。不过,真正的纯捆绑销售在生活中很少见。上例中,即使整车中的方向盘和轮胎不可以零售,这两件物品也完全可以在汽车修理厂买到,但价格比整车购买要贵得多。混合捆绑销售是指一系列商品既可以以产品包的形式出售,同时也可以零售。比如,Micosoft Word、Excel、Powerpiont 等软件既可以 Microsoft Office 软件包的形式购买,也可以单独购买,但以产品包的形式购买将获得折扣价格。中国移动推出的"动感地带 M-Zone"就是将短信与通话捆绑销售的典型例子。

搭配销售(Tying)分为两种形式。一种称为静态搭售,它实际是一种半混合捆绑销售。比如,购买 A 物品的同时必须购买 B,但购买 B 物品则不一定要同时购买 A 物品。举个例子,某高校毕业办公室规定,任何公司要想从某热门专业招人,必须按 3∶1 的比例搭配接受某冷门专业学生,这就是典型的静态搭售行为。另一种称为动态搭售,实际上是纯捆绑销售的一种动态形式。比如,要购买 A 产品必须同时购买 B 产品,但 B 产品的购买数量不固定,可以因人而异。数字化产品搭配销售的例子并不多,最典型的是电影院在放映一部大片的同时往往会加映一部普通影片,虽然不同电影院加映不同的影片,但为了观看某部大片,消费者不得不为另外一部影片付钱。另外,唱片公司推出的新唱片中除了主打歌曲外往往也会搭配几首并不是很好听的歌曲,这也属于搭配销售。

(八)出租

由于数字化产品具有"The First Sale Doctrine"的特点,即购买者可以随时转售、转租其已使用过的产品,且基本上不贬值,所以数字化产品也可视为一种特殊的耐用品。由科斯猜想(Coase Conjecture)易知,具有耐用品特征的某些数字化产品对于厂商而言,出租比销售能够获得更高的利润。对此我们可以从消费者和厂商两个角度来解释。

第一,群租或群买决策。对于单个消费者来说,当单独购买数字化产品的边际收益小于边际成本(即 $MB<MC$)时,该消费者可以借助谈判并以集体购买的方式使得 $MB>MC$。在交易成本(包括谈判成本与等待成本,若成员越多,等待成本越高)并不很高的情况下,消费者集体租/买是合算的。当交易成本较高时,自己单独租/买比较合算。需要说明的是,若消费者采用租借,租借成本包括租借价格和交易成本(使用时间/次数限制)。第二,厂商租售决策。一方面,由于数字化产品的特殊性,尽管版权保护可以打击盗版,但无法控制购买者转售和转租行为,而以租代售则可以避免这个问题(比如,通过相应的软件检测并限制使用次数)。另一方面,对于数字化产品提供商而言,消费者的集体购买策略必然会使其遭受损失,因此通过出租而非出售应对消费者集体购买策略,可以大大提高利润水平。因此,电影公司通常只将拷贝出租给电影院放映,而许多音像商店只出租而不出售音像制品也是这个道理。

（九）注册或包月制（Subscription/ Flat Rate Fee）

注册指消费者与产品供应商之间建立长期消费关系，通过定期缴纳固定费用的方式长期稳定地获得某种服务。比如，只有在美国在线（American Online）注册并缴纳会费的消费者才能享受该网站提供的特色服务。有线电视“注册”用户必须每年缴纳一次收视费。许多电子杂志和网上数据库也只对注册用户开放。包月制实际上是注册的一种特殊形式，包月制用户必定是注册用户，同时包月制也可以看作二部定价法的一种特殊形式，即对用户收取很高的固定费和忽略不计的使用费。这种定价方法恰恰利用了数字化产品高固定成本和低边际成本的经济特征，有效促进了数字化产品的生产和消费活动。比如，中国网通 ADSL 宽带接入采用包月制形式，每月固定缴纳 80 元使用费后不限时使用。上海联通推出的“畅听更多”移动来话限量包月优惠活动，每月只需缴纳 26 元就能接听 800 分钟来电。过多的注册用户有可能会引起设备“塞车”，采用二部定价法（固定费＋使用费）或者提供用户套餐的方法能够有效“分流”使用量，比如 24：00 以后在固定电话上拨打长途电话资费减半优惠。然而，目前我国移动通信行业的通话能力存在“过剩”，为了鼓励消费，移动电话运营商往往对同一次通话中按不同的时段收取不同的费用以鼓励消费，比如：中国联通推出的“便宜更多”业务对标准协议用户本地通话第 1 分钟收取 0.4 元，从第 2 分钟起每分钟按 0.2 元计算。

专栏 10.2

互联网条件下的商业模式演进

互联网正在重构企业价值链，推动商业模式从经销商模式到吊钩模式，再到平台模式的演变（经销商模式→吊钩模式→平台模式）①；与此同时，盈利模式也发生了相应的变化，从经销商赚差价，到收取增值服务费，最后发展为平台的通道费（差价→增值服务费→通道费）。②

经销商模式 作为中间商，经销商以低价买进产品，再以高价销售给下一级经销商或者终端市场，赚取“差价”。比如，许多商业银行依赖“存贷息差”盈利，店铺依赖“批零差价”获利。经销商的业务模式比较简单，但面临诸多风险，比如由于市场进入门槛较低导致利润不断收窄，还有新兴渠

---

① 绿山咖啡的商业模式演进印证了此种规律。绿山咖啡案例的详细介绍参见：顾贝妮、龚焱．一杯咖啡的互联网思维．中欧商业评论，2014（6）：101～106。

② 比如，钢贸商属于经销商模式，主要赚取批零差价；而找钢网属于平台模式，靠撮合交易盈利，赚取佣金及增值服务费（物流、金融、广告等）。过去汽车厂商主要靠整车销售的差价盈利，现在的汽车厂商更多地依赖零部件（零整比）和售后服务来盈利，未来的汽车厂商将以平台商的角色盈利（互联网汽车就是将汽车当作互联网平台，整合车主、商户、车企等多行为主体共同打造移动生活服务平台）。再比如，随着存量房时代的到来，房地产企业正由开发转向运营，为业主提供一系列居家生活服务，逐步由开发商向平台商转型。关于商业模式创新的更多介绍，参见：Alexander Osterwalder、Yves Pigneur 著．商业模式新生代．黄涛、郁婧译．北京：机械工业出版社，2016。

道的冲击(比如电商对实体店的冲击),存货积压,甚至出现批零倒挂现象(比如汽油、钢材)。

“吊钩”模式　简单而言,就是向消费者出售具有“饵与钩”关系的产品或服务,先通过低价或免费的基础产品“钩住”消费者,再通过配件(或耗材)或增值服务等“饵”来赚钱①。比如,在利乐集团的“灌装机＋利乐包”模式中,利乐先向客户提供低价的利乐灌装机及相关技术指导,再向客户收取利乐灌装机所用的“利乐包”等耗材费用。类似的还有施乐的“复印机＋复印纸”、吉列的“剃须刀架＋刀片”等。近几年风靡的“互联网思维”实际上是“吊钩模式”的变形②。互联网思维的本质是“硬件＋软件”,不靠硬件(即基础)而靠软件或服务(即增值服务)赚钱。比如,小米的“智能手机＋周边产品＋应用服务”就是典型的互联网思维模式。它向消费者提供具有相当性价比的手机,再通过手机向周边硬件产品延伸,进而向消费者提供包括金融服务、应用下载服务、社交服务、精准推送等一系列增值服务。

平台模式　这是为双边或多边用户提供服务的商业模式③。比如,电商平台连着卖家和买家(称为纵向平台),社交平台连着具有沟通需求的不同用户(称为横向平台),内容平台连着内容供应商、广告商和观众(平台不靠内容赚钱而靠广告盈利)。平台的两个基本属性为:(1)交叉网络外部性:平台一边用户数量的变化会引发另一边用户数量的变化。这种影响可能是正的(比如卖家多了,买家就会变多),也可能是负的(比如内容平台的广告多了,观众反而变少了)。(2)价格非中性:平台交易量固然与平台收取的佣金比例有关,但更受佣金结构(在双边用户的分摊)的影响。因此,平台的双边定价策略(或倾斜性定价)对平台的构建和发展具有重要的意义④。

如果说经销商模式的核心能力在于供应链管理,互联网思维模式的核心能力在于增值服务的创新能力,那么,平台模式的核心能力在于“边”的拓展能力。每增加一个“边”,不但增加了新的盈利来源,还增加了用户对平台的黏性。因此,平台的多边化和生态化是平台发展战略的重点。比如,阿里巴巴从最初的向买卖双方提供交易平台服务,到支付安全服务、商品质量保证服务、正品商家认证服务、商品推广及精准推送服务、物流服务等,从而实现信息流、资金流、物流“三流合一”的生态闭环。

商业模式的演化要求定价策略进行相应的创新。在平台商业模式下,平台商是否要对双(多)边用户都收费?如果收费,是采用会员费还是佣金制,抑或是二部制收费?这些都是值得思考的问题⑤。

---

① 有关吊钩模式的更多讨论,可参见:龚焱. 用吊钩模式“钩”住终生价值. 中欧商业评论,2014,(6):107。

② 赵大伟(2014)归纳了互联网九大思维,分别为用户思维、大数据思维、简约思维、极致思维、迭代思维、流量思维、社会化思维、跨界思维、平台思维。具体参见:赵大伟. 互联网思维:独孤九剑. 北京:机械工业出版社,2014。但是,我们认为,互联网思维的本质是“基础＋增值”业务模式。因此,互联网思维并不是互联网公司的专有特征,传统企业也完全可以具有互联网思维,只要它具有“不靠基础业务赚钱而靠增值业务赚钱”的思维模式。

③ 关于平台商业模式的更多讨论,参见:陈威如、余卓轩. 平台战略. 北京:中信出版社,2013。

④ 关于平台的经济特征及其发展战略的更多讨论,可参见:Thomas Eisenmann, Geoffrey Parker, Marshall W. Van Alstyne,双边市场中的企业战略. 石志华译. 中欧商业评论,2008(5):124～136。

⑤ 骆品亮、傅联英. 零售企业平台化转型及其双边定价策略研究[J]. 管理科学学报,2014,17(10):1～12.

第二节　电信网络定价机制

一、电信竞争的效率

（一）垄断网络的定价决策

参照 Oz Shy(1995)和 Oz Shy(2001)假设存在一个垄断的电信网络运营商，其用户规模为 $n(0\leqslant n\leqslant 1)$，其边际成本为 $c_A=0$，用户注册网络的价格为 $p>0$；记消费者类型为 x，它反应了消费者对电信服务的“心理价位”，假设 x 在[0,1]上均匀分布，其中 x 越小的消费者越有动力注册电信网络。令消费者 x 的效用函数为

$$U_x=\begin{cases}n(1-x)-p,\text{注册}\\0,\text{不注册}\end{cases}\tag{10.3}$$

记对注册和不注册无差异的消费者为 x^*，则网络规模为 $n=x^*$。显然，有

$$0=n(1-x^*)-p=x^*(1-x^*)-p\ \text{或}\ p=x^*(1-x^*)\tag{10.4}$$

方程(10.4)刻画了电信网络规模和电信资费的关系，进一步，得到

$$x_L^*=\frac{1-\sqrt{1-4p}}{2};x_H^*=\frac{1+\sqrt{1-4p}}{2}\tag{10.5}$$

其中，x_L^* 表示建立电话网络的关键数量(Critical Mass)；x_H^* 为电话网络的稳定均衡规模，如图 10.7 所示[①]。

电信网络运营商的决策为

$$x^*\in\arg\cdot\mathrm{Max}_x\{\pi(x)=px=x(1-x)x=x^2(1-x)\}\tag{10.6}$$

由一阶条件，得到$\frac{\partial\pi}{\partial x}=2x-3x^2=0$，所以 $x_1=0,x_2=\frac{2}{3}$。但是，由二阶条件$\frac{\partial^2\pi}{\partial x^2}\leqslant 0$，得到唯一内部解 $x^*=\frac{2}{3}$，对应的价格为 $p^*=\frac{2}{9}$。

因此，垄断运营商利润最大化的网络规模超过潜在用户的 50%，但小于潜在用户的 100%。或者说，垄断运营商的定价使得潜在需求未得到全部满足。可见，垄断运营商缺乏提供普遍服务的激励。因此，欧美等国家对电信运营商提供普遍服务都有严

---

① 当 $q\leqslant\frac{1}{2}$时，网络效应占主导地位，因此需求量与价格成正向关系；当 $q>\frac{1}{2}$时，价格效应占主导地位，需求曲线与传统产品的需求曲线一致。在 $x=x_L^*$ 处，用户数的一个微小增加将导致$[x_L^*,x_H^*]$之间的所有消费者均注册网络，因此，$q(p^0)=x_L^*$ 是不稳定的均衡需求。

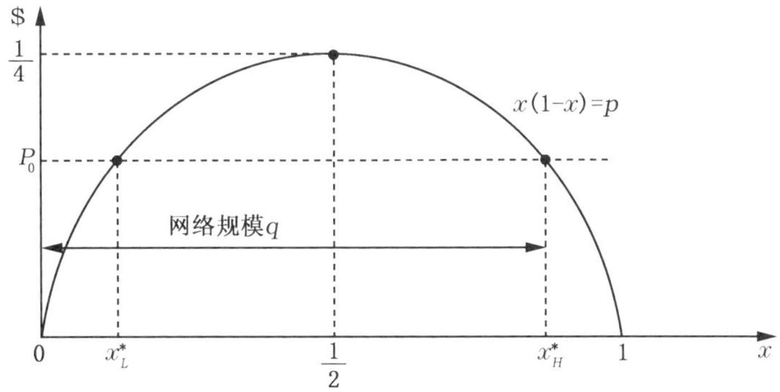

图 10.7 电信网络服务的需求曲线(Oz Shy,2001)

格要求。比如,美国 1934 年《电信法》要求,尽可能使全体美国人民获得迅速、高效、价格合理、设备完善的国内、国际有线与无线通信服务。该法所要求的可获得性、非歧视性和可承受性的宗旨一直成为电信普遍服务的基本准则,并为电信普遍服务提供了基本的法律依据。1996 年《电信法》第 254(c)条对电信普遍服务作了新的定义:电信普遍服务是要求 FCC 根据本条款,考虑电信与信息业务和技术的发展,定期确定的电信服务发展水平。联邦—州普遍服务联合委员会在提出建议以及 FCC 在确定电信普遍服务的定义时需要考虑以下业务:教育、公众健康和公共安全所必需的;已经通过市场选择被相当数量的居民消费者所使用的;已被电信公司用于公众电信网络中的;符合公众利益、便利和必要的。

(二)网络竞争

假设两个电信网络(A 和 B)进行具有差异化的 Bertrand 竞争;消费者有两种类型,A-爱好者和 B-爱好者;假设 A-爱好者的比例为 $a(0<a<1)$,B-爱好者的比例为 $b=1-a$;假设某个网络品牌的爱好者购买另一个网络品牌的心理遗憾值(或转移成本)为 $1\geqslant\varepsilon>0$;网络 A 和网络 B 的规模分别为 $x_A,x_B(x_A+x_B=1)$。令消费者的效用函数为

$$U_A(i)=\begin{cases}x_A & (i=A)\\ x_B-\varepsilon & (i=B)\end{cases};U_B(i)=\begin{cases}x_B & (i=B)\\ x_A-\varepsilon & (i=A)\end{cases}\tag{10.7}$$

其中,效用函数的下角表示品牌爱好者类型;$i(i=A,B)$表示消费者注册的网络。

显然,A-爱好者注册网络 B 的必要条件为 $x_B-\varepsilon>x_A$,注意到 $x_A=a,x_B=b=1-a$,因此,当 $\varepsilon<b-a$,即用户从网络 A 转向网络 B 获得的网络外部性收益超过转移成本时,所有消费者均注册网络 B,即网络 B 成为垄断者。反过来,B-爱好者注册网络 A 的必要条件为 $x_A-\varepsilon>x_B$,因此,当 $\varepsilon<a-b$,所有消费者均注册网络 A。所以,有

$$x_A=\begin{cases}1 & 若\ a-b>\varepsilon \\ 0 & 若\ b-a>\varepsilon\end{cases};x_B=\begin{cases}1 & 若\ b-a>\varepsilon \\ 0 & 若\ a-b>\varepsilon\end{cases} \tag{10.8}$$

显然，当 $x_A>x_B-\varepsilon$；$x_B>x_A-\varepsilon$ 时，即 $a>\frac{1-\varepsilon}{2}$；$b>\frac{1-\varepsilon}{2}$，A-爱好者将注册网络A；B-爱好者将注册网络 B。也就是说，当 $\mathrm{Min}\{a,b\}>\frac{1-\varepsilon}{2}$时，$(x_A=a,x_B=b)$是纳什均衡，即两个电信网络进行竞争是纳什均衡。

为分析电信竞争的有效性，定义社会福利为

$$W=aU_A+bU_B \tag{10.9}$$

显然，网络竞争是社会有效的，当且仅当

$$a^2+b^2\geqslant \mathrm{Max}\{a+b(1-\varepsilon);b+a(1-\varepsilon)\} \tag{10.10}$$

即

$$\begin{cases}\varepsilon\geqslant\dfrac{1-a^2-b^2}{b}=2a \\ \varepsilon\geqslant\dfrac{1-a^2-b^2}{2}=2b\end{cases} \tag{10.11}$$

即 $a\leqslant\frac{\varepsilon}{2}$；$b\leqslant\frac{\varepsilon}{2}$。但是，由于 $a+b=1$，所以(10.11)式不能同时是严格不等式。也就是说，只有 $a=b=\frac{\varepsilon}{2}=\frac{1}{2}$时，两个电信网络进行竞争是社会有效的；否则，从社会意义上讲，网络规模较大的电信网络应该成为垄断者，此即市内电话网络的自然垄断特征。可见，在网络规模非对等下，电信网络竞争是低效率的[①]。

上述模型假定运营商提供具有横向差异化的服务，如果 n 个电信运营商采用不同的技术标准提供同样的最终服务，那么将出现 Bertrand 悖论。实际上，由标准的 Bertrand 竞争模型可知，每个运营商的均衡利润与运营商数量的平方成反比。这正说明了电信市场引入竞争机制并不意味着同一业务领域或同一市场上的运营商越多越好——电信行业昂贵的固定成本与网络外部性特质决定了电信市场内不能够容纳过多企业参与竞争，只有通过管制机构的合理规划，由市场决定企业的数量与规模，才能形成有效的竞争格局，促进行业健康发展，抑制诸如“情若移动、心无联通”的恶性竞争行为。进一步，骆品亮等(2003)从 R&D 投入有效性的角度证明了，网络产业中大型对称性企业数最好为 3 个[②]。从这个意义上讲，在即将到来的 3G 时代，电信产业管理

---

① Oz Shy. *The Economics of Network Industries*. Cambridge: Cambridge University Press, 2001. pp. 109～117.

② 骆品亮，李治国. 具有外部性收益的 R&D 竞争效率分析. 复旦学报(自然科学版)，2003，42(5)：pp. 685～691.

部门发放 2～3 张 3G 牌照是合情合理的，可以避免企业在同一业务领域展开过度竞争。

二、电信接入定价原理

近 20 年来，电信业务一直由一个绝对的垄断者提供。最近由于技术创新推动的全球范围内的电信放松规制(De-Regulation)改革对在位者的垄断地位提出挑战。一方面，由于在位者缺乏降低成本的动力所导致的效率低下引起各利益相关者的不满。另一方面，垄断在位者的价格水平和价格结构都出现严重扭曲，价格由相当随意的成本分摊这一类会计程序决定，与企业合理的商业活动联系甚少。电信的市场化改革机制一般是引入竞争机制或分拆垄断在位者。电信市场引入竞争机制出现了对接入服务(Access Services)的需求。由于在位电信企业控制了稀缺的瓶颈资源(如市内电话网络)，其他新进入的竞争性电信企业要求在位者为其提供接入服务。一般地，将电信接入区分为单向接入(One Way Access)与双向接入(Two Way Access)两种类型。单向接入广泛存在于长途电话、电力、航空等行业中，比如长途电话的进入者和信息服务提供商(ISP)需要接入在位者的本地网络上，而电力公司需要接入在电网上才能将电力送达用户。双向接入广泛存在于长途电话网络之间、固定电话网络和移动电话网络之间、国际长途电话网络之间、银行 ATM 之间。

(一)单向接入定价

我们通过一个简化的数值例子说明拥有本地电话网络(基础设施)的运营商如何制定接入价格。假设上游为本地电话网络 LT(Local Telecom)；下游为长途电话网络 LD(Long Distance)；消费者需求函数为 $P=100-Q$，其中 P 为长途电话的零售价格，Q 为长途电话的消费量(以分钟为单位)；LD 公司为向消费者提供一个单位的长途电话服务，需要 LT 公司为其提供一个单位的本地电话接入服务；假设 LT 和 LD 提供电话服务的边际成本均为 0。记接入价格为 a，则 $MC_{LD}=a$；而由需求函数易知 $MR_{LD}=100-2Q$，由 $MR_{LD}=MC_{LD}$ 得到 $a=100-2Q$，此即 LD 公司对 LT 公司的接入需求函数。因此，$MR_{LT}=100-4Q$，由于 $MC_{LT}=0$，由 $MR_{LT}=MC_{LT}$ 得到 LT 公司利润最大化的接入量为 $Q^*=25$；对应的接入价格为 $a^*=50$。在此接入价格下，LD 公司制定的长途电话零售价为 $P^*=100-Q^*=75$[①]。

以下给出规制机构用于确定接入价格的两种常用方法。在图 10.8 中，在位者(Incumbent)既提供本地电话服务 LC(Local Calls)，又提供长途电话服务 LD(Long

① 显然，社会有效的接入价格为 $a^{**}=0$，对应的 $Q^{**}=50$，长途电话零售价格为 $P^{**}=50$。LT 公司基于自身利润最大化所制定的 $a^*=50$ 偏离了社会最优的 a^{**}，最终出现双重加价现象。

Distance)，进入者(Entrant)只提供长途电话服务；在位者的本地电话业务量(不包括所提供的接入服务量)为 q_L，长途电话业务量为 q^I；进入者的长途电话业务量为 q^E。

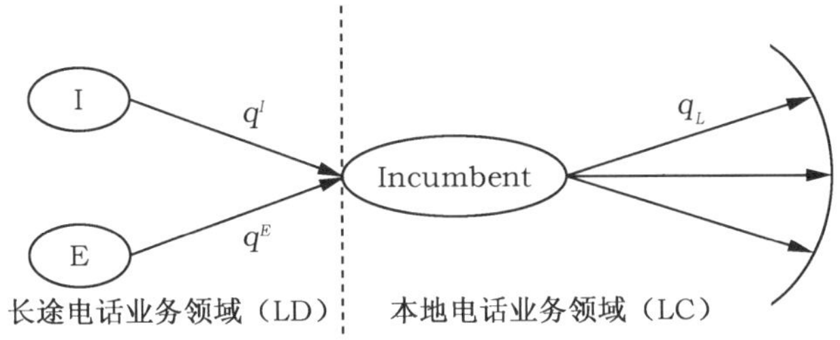

图 10.8 单向接入网络运行示意图(Oz Shy,2001)

假设在位者建设本地电话网络的固定成本为 C_F，提供本地电话服务的边际成本为 c_L^I，提供长途电话的边际成本为 c^I；假设进入者提供长途电话的边际成本为 c^E；再假设在位者向进入者收取的本地网络接入价格为 a，那么，在位者和进入者的业务总成本为

$$\begin{cases} C^I = C_F + c_L^I(q_L + q^I + q^E) + c^I q^I \\ C^E = (a + c^E) q^E \end{cases} \tag{10.12}$$

假设在位者收取的长途电话零售价格为 P^I，进入者的长途电话零售价格为 P^E，那么，基于完全成本分配 FDC(Fully Distributed Costs)的接入定价要求进入者除了支付接入的边际成本外，还需要按照业务份额补偿在位者的固定成本，即

$$a_{FDC} = c_L^I + \frac{q^E}{q_L + q^E + q^I} \cdot C_F \tag{10.13}$$

而有效元素定价 ECPR(Efficient Component Pricing Rule)要求进入者补偿在位者的接入成本及因提供接入服务而产生的机会损失①，即

$$a_{ECPR} = c_L^I + (P^I - c^I) \tag{10.14}$$

(二)网络互联问题

假设两个区域性垄断网络运营商 A 和 B，其中 A 在区域 1 垄断提供本地网络服务 LC，B 在区域 2 垄断提供本地网络服务 LC；此外，A 和 B 还向其用户提供跨区域网络服务 LD。但是，每个运营商的 LD 服务需要得到对方的帮助。比如，A 的 LD 服务包括三个服务环节：A 的本地服务、A 的长途服务、B 的本地服务，其中前两个环节由 A 独立完成，而最后一个环节需要由 B 完成，由此产生互联服务问题(Interconnections)，如图 10.9 所示。

---

① 由于进入者长途电话的零售价格不能高于在位者，因此，在 ECPR 定价法则下，进入者能够生存下去的必要条件是其在提供长途电话服务方面具有成本优势，即 $c^E \leqslant c^I$。

图 10.9 两个区域垄断网络运营商的 LD 与互联服务(Oz Shy,2001)

以国际长途电话(International Phone Calls)为例,它涉及本国电信运营商(Domestic Carriers)与外国电信运营商(Foreign Carriers)的接入服务结算体系(Settlement Rates)①。假设每个国家(D 和 F)的电信服务由本国垄断运营商 PTT(Public Telephone & Telegraph)提供,其用户规模分别为 N_D 和 N_F,其中 $N_D>N_F$;每个用户至多愿意拨打一个国际长途电话;国际长途电话资费 $p_k(k=D,F)$;消费者的效用函数为

$$U_k=\begin{cases}v-p_k,\text{拨打国际长途电话}\\0,\text{不拨打国际长途电话}\end{cases}\tag{10.15}$$

记 a 为 D 和 F 的 PTT 运营商之间的接入结算价格,则 PTT 的利润为

$$\begin{aligned}\pi_D&=(p_D-a)N_D+aN_F=p_DN_D+a(N_F-N_D)\\\pi_F&=(p_F-a)N_F+aN_D=p_FN_F+a(N_D-N_F)\end{aligned}\tag{10.16}$$

由于 $N_D>N_F$,因此,有 $\pi'_D(a)<0,\pi'_F(a)>0$。也就是说,随着结算价格的提高,本国 PTT 的利润下降,外国 PTT 的利润增加。

考虑以下两阶段博弈:第 1 阶段,D 和 F 的 PTT 公司共同商定结算价格 a;第 2 阶段,给定结算价格 a,D 和 F 的 PTT 公司同时独立决定国际长途电话资费 p_D,p_F。

显然,在第 2 阶段,给定 a,有

$$p_k=\begin{cases}v(a\leqslant v)\\a(a>v)\end{cases};\qquad q_k=\begin{cases}N_k(a\leqslant v)\\0(a>v)\end{cases}\tag{10.17}$$

因此,如果结算价格 $a\leqslant v$,那么,每个 PTT 公司从本国发起的每个国际长途电话中获得利润 (p_k-a)。

在第 1 阶段,D 和 F 的 PTT 公司就结算价格进行谈判。记 a_D,a_F 分别为 D 和 F 的 PTT 公司最大化(10.16)式的结算价格,那么,根据 Nash(1950)的讨价还价均衡解,可以假设双方达成的结算价格为 $a^*=\dfrac{a_D+a_F}{2}$。由于 $\pi'_D(a)<\pi'_F(a)>0$,加上

① Oz Shy. The Economics of Network Industries. Cambridge:Cambridge University Press,2001. pp. 125~130.

$a \leqslant v$，因此，有 $a_D = 0, a_F = v$，所以，$a^* = \dfrac{v}{2}$。

由(10.17)式，得到 $p_D^* = p_F^* = v$。再由(10.16)式，得到

$$\pi_D^* = \pi_F^* = \frac{v}{2}(N_D + N_F) > 0 \tag{10.18}$$

最后，在 $a^* = \dfrac{v}{2}$ 下，D 的 PTT 公司向 F 的 PTT 公司支付的结算费用为①

$$T_{DF} = a^*(N_D - N_F) = \frac{v}{2}(N_D - N_F) > 0 \tag{10.19}$$

三、接入定价规制模式

(一)规制目标

对接入价格进行规制可以有多种不同的目标，并且这些目标之间有可能存在冲突。常见的管制目标包括以下 4 种(骆品亮 & 林丽闽，2002)②：

(1)经济效益分配的有效性。按照经济学的基本理论，完全竞争市场的零售价格接近边际成本，其利益分配最为有效；垄断市场的垄断价格高于边际成本，存在社会效益损失，需要规制部门介入。基础电信市场最初由中国电信独家垄断，是中国联通进入长途电话市场竞争后，可以促使在位企业降低成本提高生产效率，最终降低零售价格。中国联通到电信本地网络的接入价格是决定中国联通零售价格的重要因素，对接入价格进行控制可以间接导致零售价格趋向于边际成本。

(2)生产的有效性。生产效率低下的企业进入市场会带来社会效益的损失，而过度进入会破坏电信产业应该保留的规模效应。接入价格的高低会直接影响到进入市场的企业的数目和生产效率。可以把接入价格的设计作为控制企业生产有效性的手段，当且仅当企业具有一定的效率时方可进入市场。

(3)促进竞争。合理有效的竞争对实现上面两个目标来说是一种有效的手段，除此之外，电信市场的竞争给消费者带来了明显的收益：电信服务质量提高，报修、投诉的回应速度提高，服务品种比以往明显增多；零售价格下降，特别是无线通信、传呼、信息服务等竞争度较高的市场，价格基本由市场决定，消费者满意度提高。竞争还会促进技术进步。由于信息获取难度过高以及信息的不完备和实现理想的、精确的管制并

① 在国际长途电话接入结算中，虽然用户规模较大的 D 净支付给用户规模较小的 F，但 D 的 PTT 公司仍然从国际长途业务中获得净利润。事实上，中国与美国的国际长途电话资费存在巨大差异在一定程度上可以由结算体系来解释：由于国际长途电话流量的非对称性，中国电信(PTT)需要向美国的 AT&T(PTT)净支付国际间结算费用，而这些费用最终需要由消费者来承担。不过，国际长途电话领域的回叫(Callback)业务正在平衡国际间流量的不对称性。

② 骆品亮，林丽闽. 网络接入定价与规制改革：以电信业为例，上海管理科学，2002(2)：14～17.

不容易，管制可能带来市场扭曲，而市场竞争可以帮助实现完全管制达不到的目的。因此，可以有目的地吸引企业进入市场。但是这就有可能放弃生产有效性这个短期要求，与前面的第二个目标相矛盾。因为进入市场的企业数目是接入价格的递减函数，管制部门可以降低接入价格来促进竞争。

(4)平等与社会职责。电信产业的产品或服务具有“公共用品”特性，特别是平等特点，又称为“普遍服务”。在地理分布上，电信的成本非常不均匀。某个市郊的小岛上仅有几户人家，铺线需要的成本比市中心还要高，而使用频率以及收入要比市中心低得多，投入建设从经济上说是“不可行”的。尽管如此，不向这几户人家提供服务或者以高价提供服务都是一种社会“不公平”。现有的主导企业承担了普遍服务的责任，其中建设与运营的亏损部分采用“交叉补贴”(Cross-Subsidization)的方式，或者从效益高的地区取得补贴，或者从下游业务获得补贴。新进入的企业没有普遍服务的负担，发展与建设都是选择利润最高的繁华地区，营运对象则选择富有的大企业，所以有“撇奶油”之称，引发主导企业对“不公平”竞争的问责。

对接入价格进行设计时可以考虑普遍服务的分担问题，但是由于对补贴的计算难度较大，通过提高零售价格或接入价格来获取补贴来源容易引起争议。英国电信就是一例，其管制部门 Oftel 采用的政策是，允许主导企业英国电信 BT(British Telecom)在各种接入服务的成本中加入一个增量，来补贴普遍服务。这个增量称为“接入赤字贡献”(Access Deficit Contribution)，其计算依据是 BT 不同零售服务的平均利润率。在这个政策实施过程中，许多从 BT 购买接入服务的竞争者就零售服务利润率的计算方法及普遍服务成本的计算方法产生了异议。目前，中国电信产业的管制部门对基础电信服务零售价格的管理，采用的是指导性价格方式——由国家发改委和信息产业部(现为工信部)制定指导性的收费标准，由省、自治区、直辖市物价局和邮电管理局参照国家规定的指导性资费标准拟订方案后逐级上报上级主管部门①。

在接入价格的制定方式上，首先由中国联通与各个地方电信公司协商谈判，遇到问题由管制部门出面协调。零售价格和接入价格是分两步制定的。管制部门对零售服务给出了指导性价格，因此社会经济效益的分配就已经确定。目前对接入价格的设计集中于上面的目标 2、3 和 4，但是零售价格是否达到社会经济效益分配的有效性则不得而知。

---

① 中国电信的长途电话价格原来是省际长途 800 公里以内每分钟 0.8 元，800 公里以上每分钟 1.0 元。中国联通从北京打出的长途 800 公里以内每分钟 0.6 元，800 公里以上每分钟 0.8 元。2001 年 3 月起以 6 秒为计价单位(每 6 秒 7 分)。

（二）规制模式[①]

（1）完全分配成本方法（FDC）。如（10.13）式所示，FDC 是指在测算单项电信业务或单个网络单元的成本时，将共同固定成本按照一定的原则分摊到该业务或网络单元中，再加上该业务或网络单元的专属成本后形成的成本结果[②]。也就是说，FDC 要求将在位企业的所有成本（包括可变成本和固定成本），按照一定的会计准则分摊到企业所提供的各种产品和服务中。具体实践中，常用的完全分配成本方式有两种：一种是基于需求按比例加价——将全部共同成本按照比例分摊到运营商的所有最终产品上（包括为其他运营商提供的接入服务），也就是在最终产品的边际成本中加上一个补偿 C_0/Q，其中 C_0 为共同成本，而 Q 为对应于这些共同成本的全部产品或者服务（$Q=q_L+q^I+q^E$）；另外一种方式是与价格成比例的加价方法——将每种产品或服务的价格在边际成本的基础上以相等的比例上浮，该比例的选择应使得按此比例加成的价格正好可以补偿全部共同成本。

FDC 是平均成本加成定价方式在电信资费定价实践的具体应用，其原理比较简单，可以保证企业所有的成本都能得到补偿，因此在现实中有广泛的应用。诚然，完全分配成本的定价思想还是存在效率上的不足：①它是一种基于成本的定价方式，由于垄断者所有的成本都将得到补偿，因而缺乏降低成本、提高效率的激励。②这种均摊成本的方式会扭曲价格结构。由于定价基于成本，因此会利用高需求业务来补贴低需求业务，从而对高需求用户造成损害。③另外，FDC 还可能吸引低效率的市场进入。由于缺乏降低成本的激励，在位者往往是成本低效率的；而新进入者只要相对于垄断者有成本优势就会进入，即使它相对于社会的效率标准依然是低效的。

（2）长期增量成本定价法 LRIC。LRIC 是近年来一些发达国家提倡的接入服务定价方法。其实施的初衷是要在一个有效的成本基准点（而不是运营商的实际成本）的基础上确定接入价格。长期增量成本考虑在一个相当长的时期内（国际经验为 10～15 年），确实是为增加产出量而形成的成本增量，它不仅包括短期内变动的可变成本，还包括短期内不发生变化但长期而言却是必需的固定投资。在网间互联情况下，对接入价格起作用的应是长期增量成本。电信主导企业为增加网络容量所支出的成本中有一部分是用来提供互联服务的，因此这部分成本应计入增量成本中。

长期增量成本法中成本的计算通常是基于前瞻性成本的，即在确定接入费时要根据最有效率的成本标准，而不是企业的实际成本。因而，LRIC 要求在计算资产成本

---

① （1）Jean-Jacques Laffount，Jean Tirole. 电信竞争. 胡汉辉等译. 北京：人民邮电出版社，2001.（2）陈代云. 电信网络的经济学分析与规制. 上海：上海财经大学出版社，2003. 感谢何玉玲对此部分文献整理的帮助。

② 共同固定成本（Common Costs 或 Joint Costs）是指为了支撑整个网络运行所发生的成本，并不与任何一种特定业务的提供相联系，如公司总部的管理费用、网络设施铺设与维护费用等。

时以当前等同资产(Modern Equivalent Asset)的重置价值为基础。由于电信技术的快速发展,当前等同资产价值常常小于现有电信运营商所拥有的资产价值,因此长期增量成本通常小于企业的实际成本。总之,在计算长期增量成本时,需要确定以下四个方面的因素:①收售有关设备成本的信息以确定有效设备当前的最低成本;②预测未来市场需求状况以确定某种网络设备是否符合效率要求;③预测网络使用情况以确定低于设备容量的状态下使用该设备是符合效率原则的;④预测技术进步速度以确定对成本调整时的技术折扣①。但是,判断和确定长期增量成本有很多人为确定的因素,比如设备重置成本的确定、技术进步率的估计等,这将增加规制部门的裁决权,为利益集团提供了寻租空间,使他们有很强的动机来影响规制机构制定的接入政策。同时,由于这种定价法使在位垄断运营商不能通过提供接入服务实现盈利,所以在提供接入服务时,总是偏向自己的附属企业,给竞争对手造成伤害。

(3)Ramsey 价格上限管制。假设提供产品的企业面对一个平均最高限价,每种产品的权重为 $\omega=(\omega_1,\omega_2,\cdots,\omega_n)$,则企业在最大化其利润时应满足价格上限约束,即

$$\begin{aligned}&\mathrm{Max}\{R(q)-C(q)\}\\&\text{s. t.} \sum\nolimits_{k=1}^{n}\omega_k p_k \leqslant p\end{aligned} \tag{10.20}$$

也就是说,价格水平是受限制的,但是价格结构并不受限制。最高限价相当于服务 $k(k=1,2,\cdots,n)$ 的价格提高的部分按服务 k 的权重 ω_k 收取成比例的“税款”。需要注意的是,这里的最高限价可认为是“理想的最高限价”,也就是假设规制者拥有充分的信息。在实践中,由于信息不完全带来的诸多困扰,Ramsey 定价可能会引起扭曲,例如在位企业可以通过以下方法来消除价格上限管理的影响:在低价格业务领域过度扩大销售,而在高价领域作合同销售。

(4)有效成分定价法则(ECPR)。ECPR 最早是由 Willig 在 1979 年提出的,后经 Baumol 等人共同完善,因此也被称为 Baumol-Willig 接入定价法则②。20 世纪 90 年代初英国电信管理局在设计接入定价时,就是受到了该法则的启发。该法则主张在位者的接入利润不得超过其在该竞争性业务中的利润。具体来讲,当潜在进入者提供的服务是垄断者所提供服务的替代品时,ECPR 认为进入者向在位者支付的接入费用应该包括两个部分:第一个部分是边际成本,即在位者提供接入服务所增加的成本;第二

---

① Laffont Jean-Jacques,Jean Tirole. 电信竞争 . 胡汉辉等译 . 北京:人民邮电出版社,2001,第 136～149 页。

② (1)Robert D. Willig. The Theory of Network Access Pricing. in H. M. Trebing(ed.). *Issues in Public Utility Regulation*. Michigan State University Public Utilities Papers. (2)W. J. Baumol, J. C. Panzar and R. D. Willig. *Contestable Markets and the Theory of Industry Structure*. New York: Harcourt Brace Jovanovich,1982.

部分为机会成本，即在位者因为给进入者提供接入而损失的利润。也就是说，ECPR规则下的接入定价等于提供接入的直接成本及提供接入的机会成本的总和，即

$$a=[c_a]+[P-c_I] \tag{10.21}$$

其中，第一项$[c_a]$是提供接入服务的边际成本；第二项$[P-c_I]$是在位者自己提供1个单位的最终产品的边际利润，相当于提供1个单位接入给进入者的“机会成本”。概括而言，ECPR有以下优点：

(1)利润中性，即提供接入量不影响在位企业的利润。竞争性市场的市场准入不会影响到原来竞争市场对“瓶颈”市场的“交叉补贴”机制，原来的利益格局得以继续维持，从而降低了在位者对电信市场改革的阻力。

(2)由于在位企业的利润不受影响，因此，至少在短期内消除了在位企业对新进入者采取垂直排斥行为的激励。否则，垄断运营商可能会故意降低接入质量，采取非价格手段破坏公平竞争的市场环境。

(3)ECPR利润中性还有利于激励在位企业放弃对进入者采取低价打压策略，防止在位企业的掠夺性定价行为。

(4)提供市场准入信号。根据ECPR原则，当且仅当潜在进入者比在位者更有效率时才会进入竞争性市场。也就是说，潜在进入者应该比在位者具有成本优势，进入才是有利可图的。

尽管有上述优点，但同其他接入定价方法一样，ECPR也存在着诸多缺陷[①]：

首先，假设条件难以满足。有效元素定价法有几个重要的假设条件：静态环境，不考虑社会需求和技术的变化；垄断者为零售服务定价遵守边际成本原则；提供接入服务的技术具有规模报酬不变的特征；垄断者的边际成本能被准确地观测到；等等。而实际上，这些条件在现实中很难同时满足。由于现代通讯技术正在飞速发展，也使得电信行业具有明显的规模报酬递增特征；在没有规制的情况下，在位者肯定会制定一个垄断价格，而不是按边际成本定价；即使存在政府规制，由于信息不对称，政府也很难将价格设定在边际成本的水平上。所以，有效元素定价法存在先天性的缺陷。

其次，机会成本的界定模糊不清。当缺乏清晰的定义时，在位者可能认为，垄断租金就是机会成本。

再次，过分保护了在位者的利益。ECPR的利润中性使得在位企业的既得利益不受进入企业的影响，因此在位企业缺乏降低成本、提高效率的激励。更重要的是，ECPR假定了新企业进入前在位企业的最终产品价格由规制机构事先确定并在进入者进入后仍保持不变。因此，如果在位企业拥有垄断市场势力，按照这一垄断价格水

---

① 陈代云．电信网络的经济学分析与规制．上海：上海财经大学出版社，2003，第145～148页．

平确定接入价格，将使得其继续保持垄断地位，这就违背了在竞争性市场引入竞争机制、消除垄断利润的规制改革目的。

最后，所需的信息量较大。要制定一个有效元素价格，需要社会需求、运营商的运营成本以及不同服务之间的交叉弹性等数据，而这些数据都是很难准确获得的。

专栏 10.3

美国电信接入规制改革

在 1996 年《电信法》颁布前，美国联邦通信委员会（FCC）采用基于前瞻性长期增量成本的定价法则对电信接入资费实行规制。为计算这些成本，规制者在一些定量模型的基础上进行成本优化，并综合考虑经济折旧、技术进步因子以及未来的长期影响因素①。但是，这一主导规制标准在实际应用中存在一些突出问题，归纳为：(1)它不符合经济学原理。由自然垄断规制的基本理论得知，在存在大量固定成本的电信业中，基于边际成本的定价将使得电信运营商无法获得回报，它们就不会建设固定成本非常高的网络设施。(2)基于边际成本的接入资费定价将妨碍在位者获得接入收入，从而刺激其将尚未充分利用的市场能力往其他业务领域扩张，并利用非价格方法拒绝竞争对手的互联要求。(3)边际成本定价使得规制者无法对具体价格的计算进行精确把握，导致接入价格的确定具有随意性。

1996 年的《电信法》强调互联的费用必须由运营商通过谈判协商确定。但是，谈判的均衡结果很大程度上依赖于各州公共事业委员会对谈判破裂时所设定的费用。1996 年《电信法》对互联费用的规定具有两个基本特征。

(1)对称的接入费(Symmetric Access Pricing)。在位的本地电话交换公司(ILEC)必须与其他电信运营商达成相互补偿的协议，包括蜂窝电话、宽带 PCS 等移动电话业务商。对称的接入费是 FCC 所极力主张的，旨在消除在位者滥用交易霸主地位制定霸权条约，同时尽可能降低进入者的终接成本(终接费用取决于 ILEC 的前瞻性增量成本)。

(2)非歧视性(Non Discrimination)。ILEC 应对所有电信运营商提供一视同仁的互联条件，并不能对移动运营商、竞争性接入提供商(CAP)以及有线电视公司(CATV)收取不同的互联费用。

但是，1996 年《电信法》对互联费的定价规则仍刻上增量成本的烙印。比如，在分项租用情形下，在位者的收费必须基于前瞻性增量成本。如果规制者缺乏对转售或分项租用的成本信息，它便为各州设定了一个价格范围。对终端用户而言，这个范围是每分钟 0.2～0.4 美分②。

1998 年，FCC 制定了新的接入费结构。接入费用包括两部分：一部分反映对使用敏感的成本(Usage-Sensitive Cost)，它由长途电话公司负担，并按用户通话分钟数计算接入费；另一部分是对使用不敏感的成本(Non-Usage-Sensitive Cost)，它由长途公司和终端用户以每月定额方式负担。

---

① 基于前瞻性长期增量成本的定价规则在欧洲还非常流行，英国电信管理局于 1995 年采纳此种方法。在测度成本长期成本函数方面，Mark Kennet 所开发的本地交换成本优化模型(LECOM)是一种本地网工程设计与优化的软件，可以通过软件模拟得到各种技术类型的电信公司在不同规制政策下的行为及其成本函数。

② Laffont，Jean-Jacques，Jean Tirole. 电信竞争．胡汉辉等译．北京：人民邮电出版社，2001.

FCC最初提出的方案是让长途公司负担25%的本地用户线路成本，然后将长途公司所负担的接入费逐渐减少，而用户负担的接入费逐渐加大，争取到1990年基本取消长途公司的接续费。FCC这一加大用户负担的定价方式旋即遭到社会的反对。FCC于是修改了接入费方案，在接续费标准上，AT&T与其他长途公司相同，但在未实现平等接入的地区，FCC采取了对竞争公司的接入费打折的方式来减免新公司的负担。当移动用户拨打本地电话公司的固定电话用户时，移动电话公司须向本地电话公司支付互联费；反之，当固定用户拨打移动电话用户时，无须向移动电话公司支付互联费，因为美国的移动电话业务采用的是双向收费方式。接入规制改革给美国电信市场带来了空前的繁荣，也给消费者增加了一定福利。

一是电话入户率提高。到2005年7月，美国电话用户率达到了94%。从收入角度看，1983年11月的统计数据表明，年收入低于5 000美元的家庭中有71.7%拥有电话，在2005年7月这样的家庭中有79.8%拥有电话。这也从一个侧面反映了竞争带来了资费的降低，使得更多的家庭能够享受电信服务。

二是服务质量提高。FCC在2005年11月的服务质量报告中根据以往的数据预测到，对于所有的本地电信运营商，每一百万条线路中的客户投诉率将降低8.1%，装机间隔时间将降低7.3%。

三是电信市场投资加大，各公司都在争取为消费者提供质量更高、更现代化的服务。1991年所有电信公司在本地服务的数据交换基础设施上共投资了17 286百万美元，其中用于ISDN的投入有920百万美元；1999年，这两个数据分别变为24 299百万美元和5 404百万美元。

四是电信市场营业额扩大。FCC在2005年发布的电信产业收入报告中指出，2004年全年的电信营业总收入为2 917.34亿美元，其中本地业务收入为1 219.53亿美元，无线业务收入为985.68亿美元，而1997年电信营业总收入为2 311.68亿美元，本地业务收入为974.26亿美元，无线业务收入为329.50亿美元，2004年的数据相对于1997年，分别上升了26.2%、25.2%和199.1%①。

第三节 支付卡网络交换费的利益博弈

随着我国电子商务的迅猛发展，借记卡(Debit Card)和信用卡(Credit Card)在支付领域得到一定程度的应用。2004年中国银联全年实现跨行交易18.3亿笔，交易金额6 859亿元人民币，其中ATM跨行交易13.8亿笔，POS(Point of Sales)跨行交易4.5亿笔。对于消费者，使用银行卡在POS机上刷卡消费不仅方便快捷，而且减少了携带现金的风险和不便；对于商户，接受刷卡支付不仅有助于降低现金处理成本，从行

① (1)FCC. Quality of Service of Incumbent Local Exchange Carriers. http://www.fcc.gov,2006－4－15.(2)Jim Lande and Kenneth Lynch. Telecommunications Industry Revenues 2004. http://www.fcc.gov,2006－4－15.

为经济学的角度看，还可以在一定程度上刺激消费者的购买欲。可以说，电子支付网络(Electronic Payment Network)正在重构现代商业零售的交易模式与交易流程。

一、支付卡网络交易原理①

当银行卡(借记卡或信用卡)用于支付功能时，我们谓之支付卡(Payment Card)。构成银行卡支付网络的利益主体包括：发卡行(Issuers)、收单行(Acquirers)、银行卡组织(Platform)、消费者(Buyers)以及商户(Sellers)。所谓的刷卡，是指客户在商家消费时，使用具有支付功能的银行卡，通过 POS(Point of Sales)系统完成支付交易。一个完整的交易流程直接涉及四方：商户的收单银行、商户、消费者和消费者的发卡银行，另外必不可少的提供收单银行和发卡银行转结服务的银行卡组织。图 10.10 刻画了 POS 交易的基本流程，其中，银行卡组织在刷卡交易中处于中心地位，它除了制定支付卡网络的交易规则外，还需要确定收单行向发卡行支付的跨行交换费 IFs (Interchange Fees)以及网络连接费②。

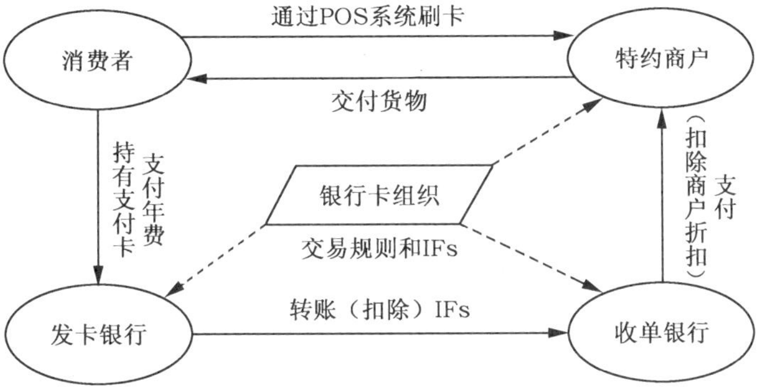

图 10.10 支付卡网络交易支付示意图

(1)消费者在商户处购买商品，通过 POS 系统刷卡，以密码或签名等方式授权商户收取与货物价格相等的金额。这里的商户称为特约商户，是指能够安装有 POS 机，与相关部门达成协议，能够接受刷卡支付方式的商户。

(2)由安装在特约商户处的终端通过网络向收单银行发出请款要求。

---

① (1)骆品亮，余林微. POS 交易费均衡分析及其政策含义. 产业经济研究，2006(4)：28～34；(2)胥莉，陈宏民. 银行卡定价理论的新进展. 中国工业经济，2006(6)：22～29.

② 目前，全球流行的三条交易规则为：HACR 规则(Honor-All-Cards Rule)，如果商户接受某一品牌的支付卡，则它应接受所有发卡行发行的同品牌的支付卡(比如，商户接受 ABC 银行发行的 Visa 卡，则它也应接受 XYZ 银行发行的 Visa 卡)；NSR 规则(No-Surcharge Rule)，即无歧视性定价规则，它意味着，商户不能对持有不同品牌支付卡的消费者制定不同的交易价格；ER 规则(Exclusive Rule)，即排他性规则，指银行卡组织限制发卡行发行其他品牌的支付卡。

(3)如果是跨行交易，则收单银行必须通过银行卡组织向发卡银行提出转账要求，发卡银行验证消费者的授权有效后，通过银行卡组织转账到收单银行，尔后向特约商户发出请款回复。

(4)如果付款成功，特约商户向消费交付货物，交易完成。

图 10.11 用一个实例说明了 POS 系统清算和结算的全过程。假设持卡人使用有"银联"标志信用卡，刷卡消费金额为 500 元，刷卡手续费率为 1%，其中跨行交易费率为 0.7%，银联网络服务费率为 0.1%，收单行服务费率(即商户折扣率)为 0.2%。

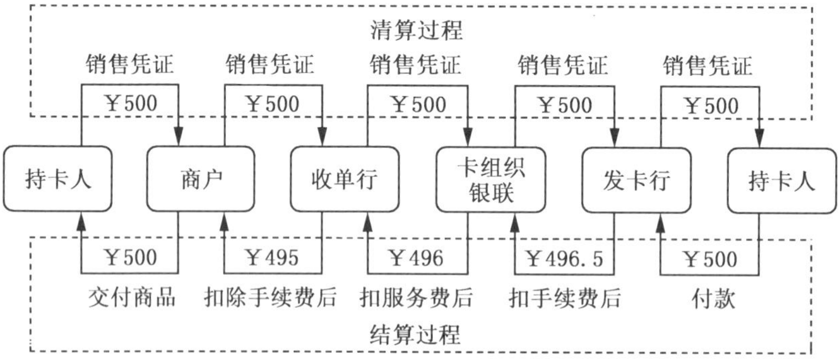

图 10.11 POS 系统清算及结算流程

二、交换费问题

在封闭式银行卡体系中，发卡行同时又是收单行，比如美国运通(American Express)、发现者(Discover)，日本的 JCB。在这种网络中，交易手续费包括银行卡年费(f)和商户折扣率(m)，不涉及交换费，如图 10.12 所示。在封闭式网络中，在保证($f+m$)维持在一定水平的条件下，银行卡组织可以通过调节(f,m)的结构来平衡两端用户(持卡人和商户)对卡支付的需求。比如，如果持卡人认为卡支付手续费 f 过高而不愿意采取卡支付，银行卡组织可以通过调低 f 而相应地提高 m 来刺激持卡人的需求；反之，如果商户认为接受卡支付的成本(m)过高而拒绝卡支付，那么，银行卡组织可以适当调低 m 而增加 f 来刺激商户的需求。根据 Rochet & Tirole(2003)的分析，影响银行系统交易手续费(f,m)决策的因素包括：网络交易成本 c、与其他支付卡网络的竞争激烈程度、替代性支付工具、消费者和商户对卡支付的需求弹性与价值评价。

在开放式银行卡体系中，消费者和商户由不同的银行服务，比如 Visa、万事达、中国银联网络。消费者一般以年费(Annual Fees)的形式向发卡行缴纳服务费用，特约商户缴纳的服务费用称为"商户抵扣"(Merchant Discount)。由于"无额外收费"原

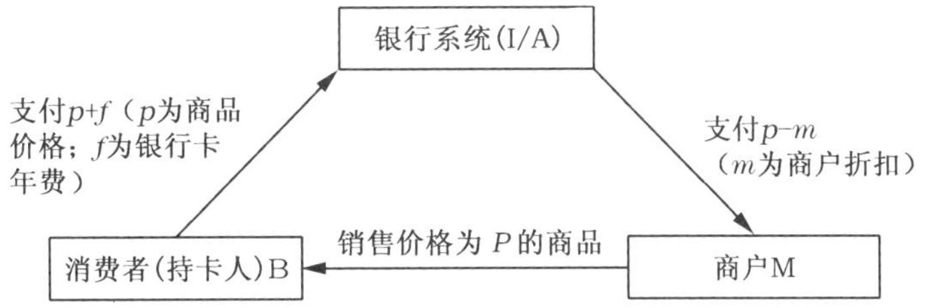

图 10.12　封闭式支付网络的手续费结构(骆品亮,段华翔,2009)

则,表面上消费者一般不必为每笔交易付出额外的费用,而只需按年付给收单行一定的支付卡管理费用;在单笔交易中,主要由商家承担刷卡交易的服务费用。实际上,在交易中,当消费者使用信用卡时,由于发卡行需要垫付资金等原因,收单行要把商户折扣的大部分以"交换费率"的形式支付给发卡行。交换费不仅影响银行系统内收单行和发卡行之间的利益分配,同时也会影响发卡行和收单行制定的服务费标准,进而对消费者和商户的决策行为以及整个支付卡市场的运行效率产生影响。

图 10.13 给出开放式银行卡体系中的手续费结构,其中 a 为收单行支付给发卡行的交换费,p^B 为持卡人为每笔交易支付的手续费,p^S 为商户折扣;c_I,c_A,c_N 分别表示发卡行、收单行和银联网络的边际成本,n_I,n_A 分别为发卡行和收单行支付给卡组织的网络费[①]。在开放式支付网络中,交易手续费结构为(p^B,p^S,a),其中交换费 a 的作用非常重要:一方面是收单行对发卡行的成本补偿以调节收单行与发卡行的成本与利益关系;另一方面,a 起到调节两端用户需求的功能。实际上,发卡行的收益为(p^B+a),而收单行的收益为(p^S-a),如果持卡人认为卡支付成本太高,卡组织可以通过提高 a(相应地降低 p^B)来刺激消费者通过刷卡支付;反之,如果商户认为接受卡支付的成本太高,那么,卡组织可以通过降低 a(相应地降低 p^S,增加 p^B)来刺激商户接受卡支付。总之,与封闭式系统相比,开放式系统的调节变量增加了。

交换费在开放式银行卡体系中具有重要意义。假设消费者 B 可以采用两种方式支付:卡支付或现金支付[②]。以某一特定交易为例,假设相对于现金支付,支付卡网络的额外边际成本为 c,其中发卡行的边际成本为 c^I,而收单行的边际成本为 c^A,且有 $c=c^I+c^A$;假设相对于现金支付,卡支付对消费者的额外收益为 b^B,对商户的额外收益为 b^S。显然,使用卡支付是社会有效的当且仅当卡支付的额外收益超过其额外成

① 关于我国目前的手续费结构的说明如下:(1)关于年费 f。截至 2007 年 8 月,我国各大银行信用卡的年费从 20 元到 360 元不等,大多数为 100 元左右。根据中国银联发布的数据,2007 年上半年 POS 交易金额累计达 9 383.34 亿元,其中贷记卡占交易的 16.5%,准贷记卡占 6.65%,借记卡占 76.8%。经过粗略计算,对消费者而言,贷记卡每元交易的手续费为 0.006 7 元;准贷记卡每元交易的手续费为 0.016 3 元。(2)关于商户折扣率 m。接受卡支付的商户必须缴纳参加费和年费,并承担相当于销售额 1.5%～5.5%的折扣率。

② 假设现金支付和卡支付的价格相等。

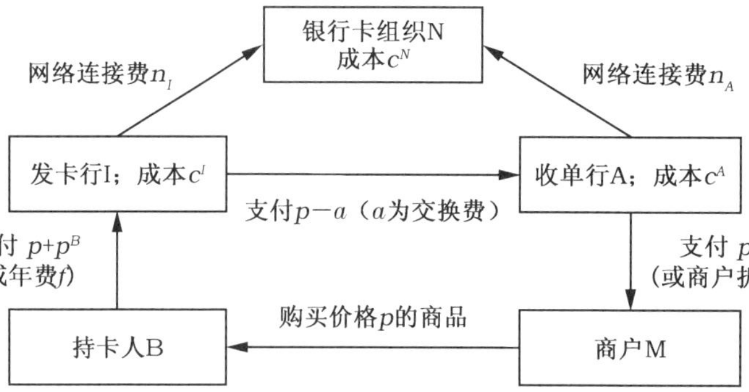

图 10.13 开放式银行卡体系中卡支付手续费结构

本,即

$$b^B+b^S\geqslant c \tag{10.22}$$

假设发卡行和收单行两端都是充分竞争的,那么,在卡支付条件下,发卡行对消费者收取的服务费(支付卡年费等)为 $p^B=c^I$;而收单行向商户收取的服务费(商户折扣率)为 $p^S=c^A$。因此,消费者选择卡支付而商户接受卡支付当且仅当

$$b^B\geqslant p^B=c^I;b^S\geqslant p^S=c^A \tag{10.23}$$

显然,条件(10.23)比条件(10.22)更严格,也就是说,如果收单行和发卡行之间不能实行单边支付(Side Payments)补偿,那么,卡支付的利用率过低(相对于社会最优水平)。比如,假设 $b^B=1,b^S=8,c^I=3,c^A=2$,由于 $b^B+b^S=9>c=c^B+c^S=5$,因此,卡支付是社会有效的。但是,由于 $b^B=1<p^B=c^I=3$,因此,消费者拒绝使用卡支付。另一方面,由于 $b^S=8>p^S=c^A=2$,因此,商户愿意接受卡支付。所以,如果收单行不能给发卡行补贴(以降低消费者必须交纳的服务费),消费者的"罢刷"行为给商户造成 6 个单位的损害。

为消除条件(10.23)和条件(10.22)的冲突,Baxter(1983)提出单边补偿条款①:收单行 A 支付交换费(IFs)给发卡行 I,交换费为 $a_0=b^S-c^A$。在 Baxter 补偿机制下,发卡行 I 的边际成本变为 $(c^I)'=c^I-a_0=c^I-(b^S-c^A)=c-b^S$,而收单行 A 的边际成本变为 $(c^A)'=c^A+a_0=c^A+(b^S-c^A)=b^S$。由于 I 和 A 所在的市场都是竞争性的,卡支付的服务费分别为 $(p^B)'=(c^I)'=c-b^S$,$(p^S)'=(c^A)'=b^S$。因此,(10.23)式变为

$$b^B\geqslant(p^B)'\Leftrightarrow b^B\geqslant c-b^S\Leftrightarrow b^B+b^S\geqslant c \tag{10.24}$$

---

① Carlton & Frankle(1995)认为可以采用对现金支付和卡支付实行差别化定价的方法来消除卡支付利用率的低效问题。卡支付给商户带来额外净收益 b^S-c^A,以此作为消费者采用卡支付的价格折扣,那么,消费者选择卡支付的充要条件为 $b^B-p^B+(b^S-c^A)\geqslant0\Leftrightarrow b^B+b^S\geqslant p^B+c^A=c^I+c^A=c$。

与(10.22)式相同。

可见,收单行支付给发卡行的"跨行交换费率"是影响支付卡网络利益分配的关键因素。按照国际的通行解释,跨行交换费率主要用来补偿发卡行在发展持卡客户和提供信息交换方面的成本投入。在我国,银联组织把这种"跨行交换费"称为"发卡行固定收益费",其费率在2004年初颁布的《中国银联入网机构银行卡跨行交易收益分配办法》中做了详细规定。跨行交换费率在POS支付体系中的重要作用体现在:收单行以它作为制定"商户抵扣率",即商户付给收单行交易手续费的依据;而发卡行也根据交换费率来制定持卡人的年费标准和信贷利息政策。因此,跨行交换费可以说是联系POS支付体系中各方利益的桥梁,它直接影响POS支付体系的运行效率,其重要作用不言而喻。

以下讨论在NSR规则下社会最优的交换费。假设相对于现金交易,消费者从"刷卡"交易中获得边际利益 b^B 的密度函数为 $h(b^B)$,那么,卡支付的社会福利为

$$W_0^{NSR}=\int_{p^B}^{+\infty}\Big\{\underbrace{(b^B-p^B)}_{\text{消费者剩余}}+\underbrace{(b^S-p^S)}_{\text{商户剩余}}+\underbrace{(p^B-c^I)}_{\text{发卡行毛利}}+\underbrace{(p^S-c^A)}_{\text{收单行毛利}}\Big\}h(b^B)db^B \tag{10.25}$$

$$=\int_{p^B}^{+\infty}(b^B+b^S-c)h(b^B)db^B$$

最大化(10.25)式的一阶条件为 $-(p^B+b^S-c)h(p^B)=0$,因此,$p^B=c-b^S$。但是,$p^B=c^I-a$,因而,社会最优的交换费为

$$a_0^*=b^S-c^A \tag{10.26}$$

也就是说,社会最优的交换费等于商户利益扣除收单行的边际成本,或者说等于收单方市场的刷卡交易净剩余。

以下说明SR规则导致支付卡的低使用率。在SR规则下,商户被允许对刷卡支付和现金支付制定不同价格,假设商户对选择卡支付的消费者收取附加费 Δp,那么消费者为卡支付承担的交易费包括:付给发卡行的持卡费(p^B)和付给商户的附加费(Δp)①。因此,消费者支付的卡交易成本为 $f^B=p^B+\Delta p$。消费者选择卡支付交易量 q 满足边际利益等于边际成本原则,即

$$b^B(q)=p^B+\Delta p \tag{10.27}$$

消费者采用现金支付的交易量为 $(Q-q)$,其中 Q 为总交易量。假设现金交易价格为 p,那么,在不考虑商户产品成本下,商户的利润为

① 从这个意义上讲,接受卡支付是一种价格歧视策略。Δp 等于卡支付价格与现金价格的差额,也即卡支付的附加费。

$$=\underbrace{\int_0^q b^S(x)dx+(p+\Delta p-p^S)q}_{\text{卡支付的净收益}}+\underbrace{p(Q-q)}_{\text{现金支付净收益}} \tag{10.28}$$

$$=\int_0^q b^S(x)dx+(\Delta p-p^S)q+pQ$$

商户在(10.27)式所示的约束条件下确定(p,Δp,q)以最大化(10.28)式所示的利润。可以证明,均衡的卡交易量 q 小于社会最优的可交易量 q^*。也就是说,在 SR 规则下,商户对刷卡支付额外收费是低效率的——由于持卡人承担的总交易费用高于社会最优的水平,导致卡支付交易量过低,或者说支付卡未被充分利用。

三、跨行交换费的规制

20 世纪末以来,欧洲委员会(European Commission,2002)、英国公平交易办公室(Office of Faire Trading,2003)等规制机构纷纷提出银行卡组织的竞争性规制政策(包括指控 Visa 和 Mastercard 定价太高),而澳大利亚储备银行 RBA(2002)等规制机构也指责垄断性的银行卡组织定价过高。从交换费规制的实践经验看,每个国家规制政策所针对的问题侧重点有所不同,法国主要针对国内的银行卡支付是否过剩,是否应对这一过剩的现象进行规制以及用何种方法进行规制;而墨西哥的银行卡规制则将重点放在了增强卡支付市场的透明度从而吸引更多的商户和消费者选择卡支付;而澳洲央行的规制对象主要是收单行,增加收单行市场的竞争性。比如,2004 年 6 月,墨西哥银行 BM(Banco de Mexico)开始了一系列旨在促进支付体系有效使用和促进银行业竞争的支付体系改革:第一,增加透明度的具体措施包括,银行必须让其客户了解他们所征收的全部卡费和其他费用、信用记录必须明确卡费和所收取的费用、银行必须汇报他们所征收的费用和卡费以及两者的任何变更;防止参与约束的措施包括,各银行必须允许其客户的信用卡通过电汇付款、商户可以决定只接受某种特定卡的支付方式而不是对所有卡支付方式全盘接受;而在交换费方面,2005 年 2 月起,AMB(Association of Mexican Banks)平均减少信用卡支付的中间费 43 个基点(即 0.43%),并且取消了信用卡支付中间费的最高上限。再如,2004 年 2 月澳大利亚实施新的银行卡行业标准,其特点是取消了无额外收费规则(NSR),并且规定交换费必须低于一个固定的标准;同时,行业进入法案要求信用卡支付行业能够接受新的金融机构(如 SCCIs)进入市场。

在我国,由于银行卡产业发展起步较晚,加上作为平台企业(Platform)的中国银联处于垄断地位,刷卡手续费(在开放式网络中,其实质是交换费)之争始终吸引着公众的注意力。特别是最近《反垄断法》的出台,使得人们对降低刷卡手续费又有了新的期盼。笔者认为,在讨论中国支付卡交换费规制时,首先应对以下三个关键问题达成共识。

（1）在衡量银行卡组织是否具有过强的市场力量时，不能仅仅从消费者支付的银行卡费率或商户折扣的高低得出结论，而是必须综合考虑消费者承担的费率和特约商户所承担的商户折扣。实际上，在银行卡市场中，需求不仅来自商户，还来自持卡人，而且两者的需求存在相互依赖性，即交叉网络外部性（Cross Network Externality）。当银行卡组织倾向于吸引特约商户时，会给出较低的交换费，从而商户承担较少的商户折扣；而当银行卡组织倾向于吸引消费者时，会给出较高的交换费率，从而商户承担较高的费用。理论上，一端价格高于边际成本而另一端价格低于边际成本的价格结构在双边市场中是很普遍的。因此，不能简单地沿用单边市场中的 Lerner 指数来判断支付卡网络的垄断势力。

（2）对银行卡组织及其成员共同制定交换费的做法应持宽容态度。虽然合谋定价是违背反垄断法的，但对于具有双边市场特征的银行卡产业来说，交换费不仅可以调整发卡行和收单行的成本和收益，更重要的是它还可以平衡消费者和商户两端对银行卡的需求。如果禁止联合定价，这种平衡功能将丧失。而从交易成本的角度讲，联合定价可以降低收单行和发卡行谈判成本。此外，Schmalensee（2002）的理论研究证实，在一定条件下，联合制定的交换费可以保证支付卡网络的最大交易量，从而是社会有效的。

（3）在对 IFs 规制时，应考虑四个制约因素。①规模效应因素。由于银行在发卡和收单业务上投入了大量成本，交易规模将导致服务资源和设施闲置，发卡行和收单行服务成本居高不下。②银行收支结构因素。银行卡业务收入包括 POS 跨行交换费、年费、信贷利息、滞纳金、商户广告费。如果跨行交换费所占的比重很大，那么发卡行对于这一收入的依赖性就较强，均衡状态下跨行交换费水平就很可能处于相对较高的水平。③商户需求弹性因素。商户需求弹性的大小主要又由三方面决定：一是商户类型（高档餐饮、酒店等服务性行业由于毛利水平较高，而且持卡消费顾客占相当比例，因此对商户手续费率并不敏感，而家电零售和超市等行业，由于毛利水平相对较低，商户手续费对商家的利润的影响相当大，所有这些行业对刷卡手续费最敏感）；二是现金销售比例；三是竞争因素。④市场结构因素。由于银行支付卡市场是典型的双边市场，因此系统中任何一端被削弱，都会带来另一端需求的减少。比如，发卡行市场的激烈竞争会导致均衡交换费水平和商户手续费的上升，其结果必然会引起商户抵触甚至拒绝刷卡支付，导致银行卡需求的减少。

在此基础上，骆品亮和殷华祥（2009）对我国支付卡产业的竞争性规制，特别是交换费的规制政策提出如下三点建议。[①] 首先，继续促进中国银联发展壮大，暂不考虑引入支付卡网络竞争机制。虽然当银行卡网络进行 Bertrand 竞争时，均衡交换费率与垄断银行卡网络下发卡和收单端均为充分竞争的均衡结果一致。但是，目前我国消费者持卡成本接近于零，商户抵扣与发达国家相比绝对值并不高。根据前面的理论分析，当消费者持卡消费的意愿不甚强烈时，竞争性的银行卡组织的最优交换费率与垄断性银行卡组织的最优交换费率相同，此时银行卡组织竞争是无效的[②]。其次，在 SR 规则下，商户通过附加费将接受卡支付的剩余损失转嫁给消费者，导致消费者承担过重的刷卡交易成本。因此，SR 规则将以银行卡的低使用率为代价。鉴于当前我国"睡眠卡"过多的事实，限制 SR 规则，取而代之以 NSR 规则是非常必要的。否则，如果允许对持卡消费额外收取费用，那么，刷卡的交易成本将大部分由持卡人承担，持卡人将越来越少，导致转嫁的成本越来越高，进一步导致持卡人的减少，最终甚至导致支付卡消失[③]。最后，鉴于目前我国支付卡产业中发卡行拥有市场力量的事实，社会最优的交换费高于发卡行和收单行两端竞争状态下社会最优的交换费，目前应对交换费进行价格规制。

为说明可供选择的交换费规制方法，记 c^I，c_F^I，p^B 分别为发卡行的边际成本、单位交易的固定成本和每笔交易的平均收益；同样，记 c^A，c_F^A，p^S 分别为收单行的边际成本、单位交易的固定成本和每笔交易的平均收益[④]。令 a 为收单行为每笔交易支付给发卡行的交换费[⑤]。那么，可供选择的交换费规制方法包括以下五种：

(1)MasterCard 方法：交换费与每笔交易的单位固定成本无关，但应包括发卡行预付款的利息，即 $a=c_+^I$。

(2)平衡方法(The Balancing Approach)：交换费作为收单行和发卡行之间的单边支付手段调节两者的利益关系，即

---

① 骆品亮，殷华祥. 支付卡网络跨行交换的利益博弈与规制研究. 管理科学学报，2009，12(4)：23～34.

② 柳杰(2007)对银行卡产业双边市场特征的检验发现：法国等发达国家银行卡产业的双边市场特征比较显著，而中国银行卡产业的双边市场特征并不明显。也就是说，银行卡流通数量和 POS 机布放数量并不形成显著的因果关系。可能的解释是：(1)中国银联旗下的银行卡包括银联标志卡和银联标准卡两种，但在实际清算业务中，只有银联标准卡是实际上的银联卡，银联标志卡仍通过原有的四大商业银行间的清算系统进行结算。(2)我国银行卡产业尚处于抢占市场份额阶段，各商业银行纷纷推出各种形式的银行卡吸引消费者，产生大量的"睡眠卡"。(3)居民还没有形成用卡的消费习惯。

③ 尽管学术界对 NSR 规则的合理性仍存在诸多争论，但对我国而言，培育支付卡的用户规模是目前迫切需要解决的，因此，NSR 规则是当前的一种可供各方接受的交易规则。

④ Humphrey et al. (2003)整理汇总了一些国家中各种支付工具(现金、支票、信用卡、借记卡、自动现金处理机 ACH)的成本结构。

⑤ 如果 $a<0$，则交换费由发卡行支付给收单行。

$$a=\begin{cases}c^I+c_F^I-p^B>0 & (p^B<c^I+c_F^I)\\ 0 & (p^B>c^I+c_F^I,p^S>c^A+c_F^A)\\ p^S-c^A-c_F^A<0 & (p^S<c^A+c_F^A)\end{cases} \tag{10.29}$$

值得指出的是，平衡方法类似于 VisaCard 方法(Wright，2004)。按照 VisaCard 的定价原则，交换费应满足$(p^B+a-c^I-c_F^I)/(p^B+a)=(p^S-a-c^A-c_F^A)/(p^S-a)$，即

$$a=\frac{p^S(c^I+c_F^I)-p^B(c^A+c_F^A)}{2(p^S-p^B)-(c^A+c_F^A-c^I-c_F^I)} \tag{10.30}$$

(3)可避免成本方法(Avoidable Cost Approach)：交换费基于可避免成本(而不是传统的增量成本)而确定。规制者要求发卡行回答以下问题："如果发卡行仅仅提供卡支付服务，什么成本是不可避免的?"按照可避免成本定价方法，交换费为 $a=c_+^I+c_F^I$。

(4)前沿经济学方法(The Frontier Economics Approach)：与平衡方法不同，前沿经济学定价方法避免了发卡行获得超额的卡支付利润，$a=c^I+c^F-p^B$。

(5)RBA 方法(The Reserve Bank of Australia)：定义 c_-^I 为边际成本扣除管理信用卡及信用卡丢失的成本，那么，交换费为 $a=c_-^I$。

专栏 10.4

中国银商之争透视①

随着全球网络经济的快速发展及其商业应用，商家与消费者均对电子商务表现出高涨的热情。然而在 2004 年 3 月 1 日中国人民银行批复的《中国银联入网机构银行卡跨行交易收益分配办法》(简称《分配办法》)开始实施之后，刷卡费率虽然相较于 1999 年 1 月中国人民银行颁布的《银行卡业务管理办法》中规定的刷卡费率有一定的下调，但对于利润率只有 1%～2%的许多零售企业来讲仍是难以承受的。为此，2004 年上半年深圳 42 家零售商向深圳所有国内发卡银行"发难"，公开提出下调刷卡手续费率 0.5%的具体要求，但银行坚称成本高难以接受，由此爆发迅速蔓延的银商之争。2011 年 5 月，为了实现拉动内需、节约流通成本等目的，国务院批示由相关部门共同研究制定降低银行卡刷卡手续费方案。2012 年，银行卡刷卡手续费平均下调了 40%。

1. 商家无法承受之重

刷卡手续费成为商家无法承受之痛，这是银商之争爆发的根源。据 2004 年中国连锁经营协会的数据，随着刷卡消费习惯的形成，超市行业平均刷卡消费比例已经达到 35%，特别是百货、家电行业更是超过 60%，而同期零售行业的平均利润率仅为 2%左右，但刷卡手续费率却高

---

① 相关媒体报道参见：(1)吴素红. 深圳"银商之争有望得到缓解". 新闻晨报，2005 年 5 月 25 日；(2)胡谋，王伟. 深圳："银商之争"有下文. 人民日报，2005 年 5 月 30 日；(3)吴颖. 餐饮业刷卡手续费下调遇"卡". 北京商报，2012 年 9 月 25 日；(4)现代快报、深圳商报等相关报道。

达 0.5%～1%。

那么，时隔十余年后，刷卡手续费是否仍是商家无法卸下的沉重包袱？据商务部 2013 年在“生活服务业惠民生促销费”专题新闻发布会上公布的数据，[①]2012 年餐饮企业营业利润、利润总额增长率均不到 1%，而三项费用（营业、管理和财务费用）却比 2011 年增长 14.2%。据《北京商报》报道，中国烹饪协会的数据显示，2011 年餐饮业的平均纯利润不足 8%，但每笔交易的手续费却高达 2%。据报道，北京一家年营业收入近 6 亿元的餐饮企业，其每年的刷卡手续费近 700 万元，占其利润总额的 15%。

可见，刷卡手续费仍是我国商超、餐饮等行业“减负”的重点，其中的利益博弈仍处于胶着状态。

2. 银行的苦衷

按照相关规定，刷卡手续费的收入由发卡行、收单机构和中国银联按照“7∶2∶1”的比例进行分成。但是，由于发卡行和收单行获得了 90%的比例，银行也因此成为商户口诛笔伐的焦点。据各大上市银行年报显示，2011 年全国 13 家上市银行的刷卡手续费收入高达 4 100 亿元，平均每日 12 亿元。针对“银行消极对待”“银行拖延刷卡手续费下调”等质疑，中国银行业协会发布公告称国家有关银行卡刷卡手续费调整的文件尚未正式下发。[②]

其实，银行也有自己的苦衷。据媒体披露，一台 ATM 机的购置费需要几十万元，一台 POS 机也要几千元。而且，银行卡联网通用平台需要投入，POS 机有损耗，打印用的签购单成本，加上网络支撑费用、成套计算机系统和大量的清算人员，目前的手续费并不高——银协对刷卡手续费率过高的回应指出，目前境内银行卡刷卡手续费的标准实际上普遍偏低，平均费率仅仅相当于境外的 1/3。

3. 央行亲自参与费率分配

单从数据上看，很难判断谁是谁非。但从双方争执的核心——费率入手，或许可以找到银商之争的破解之道。信用卡交易的完整流程涉及四方：收单银行、商户、发卡银行和转结中心（即银联组织）。其中，发卡行因为要承担消费者先消费后存入的时滞期（信用卡最短为 50 天），所以要垫付大量资金，另外还要支付制卡成本，以及承担持卡人赖账和破产的风险，所以发卡行所要求的手续费补偿占大头，达到 70%左右。

特别需要指出的是，为跨行交易提供清算平台的银联要收取网络连接费和清算手续费。因此，商家被抽取的 1%费率（商户折扣）包括三部分：发卡行收益、银联网络服务费、收单服务费。但是，中国人民银行始终参与具体费率的制定。1996 年 4 月 1 日正式实施的《信用卡业务管理办法》规定：信用卡交易手续费率不得低于 2%。1999 年 3 月 1 日出台的《银行卡业务管理办法》规定按不同行业区分刷卡手续费，最低费率为 1%。2002 年中国银联成立后，银联成为连接商业银行与商家的唯一平台。2004 年 3 月 1 日，中国人民银行批复的《中国银联入网机构银行卡跨行交易收益分配办法》开始实施，按照不同行业规定了银行卡商户结算手续费收费标准及其分配办法。

中国银联的相关负责人表示，刷卡手续费的定价是各银行和中国银联根据市场情况协商制定

---

① 数据来自 2013 年 8 月 28 日中华人民共和国商务部召开“生活服务业惠民生促销费”专题新闻发布会实录，http://www.mofcom.gov.cn/article/fbhfn/fbh2013/201308/20130800272061.shtml.

② 中国银行业协会.“银行拖延刷卡手续费下调”等说法与基本事实不符，2012 年 9 月 21 日，http://www.china-cba.net/bencandy.php?fid=75&id=10097.

的，在制定过程中已经考虑了商户的成本问题。目前，境内刷卡手续费标准与境外相比已处于较低水平。比如，美国的平均刷卡手续费扣率是2%左右，日本的银行卡费率大约在3%～4%，新加坡为2%左右，中国香港地区为1.8%左右。

2002年3月成立的中国银联的注册资本为16.5亿元人民币，由80多家国内金融机构共同发起设立。对银联而言，一方面它隶属于央行，具有监督和平衡国内银行业利益主体的功能；另一方面，它又是一个营利性机构。虽然在《分配办法》所规定的刷卡费中，银联收费只占10%，但深圳银联的下属公司——深圳市银联金融网络有限公司，作为银行方代表与商家签订了格式合同——《特约商户受理银行卡协议书》，银联此举等于封杀了商家和银行进行的谈判渠道。因此，在2004年爆发的银商对抗中，商家不但提出了降低费率的具体要求，更将矛头指向银联的垄断地位，提出了再造一个银联的呼声。

关于银联的垄断地位，万事达中国区市场及业务发展总监在接受媒体采访时指出："银联作为转结中心的垄断地位，从全球范围来看并非孤例。比如，美国VISA和万事达卡等全球六大品牌，在全球的银行卡市场中就处于垄断地位。但这些转结组织的垄断地位是银行间自发形成的，一旦跟商家有了利益纷争，通常会采取谈判或诉讼的方式来解决。比如，1996年，包括沃尔玛，Circuit City和西尔斯在内的数千家零售商曾以垄断和刷卡费用过高为由对VISA和万事达卡提起集体诉讼。经过旷日持久的磋商，2003年4月VISA和万事达卡终于与起诉方达成和解，同意支付总额30亿美元的赔偿并下调借记卡的相关费率。"①

4. 刷卡手续费新规终出台

中国人民银行下发《中国人民银行关于切实做好银行卡刷卡手续费标准调整实施工作的通知》，要求自2013年2月25日起全面执行《银行卡刷卡手续费标准》。按照新标准，刷卡费率总体下调幅度23%～24%，并将原来的六大分类重新划分为四大类，分别为餐饮娱乐类、一般类、民生类及公益类，其中餐饮娱乐类下调幅度居首，达到37.5%。

表10.2　　银行卡刷卡手续费标准(2013)

商户类别	发卡行服务费	银行卡清算组织网络服务费	收单服务费基准价
1. 餐娱类：餐饮、宾馆、娱乐、珠宝金饰、工艺美术品、房地产及汽车销售	0.9%，其中房地产和汽车销售封顶60元	0.13%，其中房地产和汽车销售封顶10元	0.22%，其中房地产、汽车销售封顶10元

① 实际上，银联作为信息中介，降低了商户和银行之间的两两相连的总交易成本。作为平台商，银联具有自然垄断(获得全局规模经济性)的属性。因此，对银联的规制，需要平衡"竞争活力"和"规模经济"之间的关系。另外，随着第三方支付产业的创新发展，第三方支付平台与银联形成竞争关系，在线上支付领域出现了"银行直连"模式，绕开了银联的清算系统。其结果是，银联不能坐收线上支付清算手续费，监管机构无法掌握具体的交易信息，无法掌握准确的资金流向(给金融监管、货币政策调节等金融工作带来困难)。于是，2017年线上支付的统一清算平台"网联"横空出世，要求线上支付机构通过网联平台与各家银行对接，实现资金清算。关于网联的相关介绍，参见中国人民银行支付结算司〔2017〕209号文。

续表

商户类别	发卡行服务费	银行卡清算组织网络服务费	收单服务费基准价
2.一般类：百货、批发、社会培训、中介服务、旅行社及景区门票等	0.55%，其中批发类封顶20元	0.08%，其中批发类封顶2.5元	0.15%，其中批发类封顶3.5元
3.民生类：超市、大型仓储式卖场、水电煤气缴费、加油、交通运输售票	0.26%	0.04%	0.08%
4.公益类：公立医院和公立学校	0	0	按照服务成本收取

注：(1)单店营业面积在100(含100)平方米以下的餐饮类商户按一般类商户标准执行；(2)未在表中列出的行业按照一般类商户标准执行；(3)收单服务费标准为基准价，实际执行中可以此为基础上下浮动10%。

资料来源：国家发展改革委网站，2013年1月16日。

事实上，对于刷卡手续费的动态调整还在继续。为进一步降低商户经营成本，扩大消费，在2016年，国家发展改革委联合中国人民银行再次对刷卡手续费进行调整，取消了商户类别的限制，对借记卡、贷记卡进行差异化计费，并进一步降低了整体刷卡费率水平，参见表10.3。

表10.3　银行卡刷卡手续费项目及费率上限表(2016)

序号	收费项目	收费方式	费率及封顶标准
1	收单服务费	收单机构向商户收取	实行市场调节价
2	发卡行服务费	发卡机构向收单机构收取	借记卡：不高于0.35% (单笔收费金额不超过13元)
			贷记卡：不高于0.45%
3	网络服务费	银行卡清算机构向发卡机构收取	不高于0.0325% (单笔收费金额不超过3.25元)
		银行卡清算机构向收单机构收取	不高于0.0325% (单笔收费金额不超过3.25元)

资料来源：国家发展改革委、中国人民银行网站，2016年3月14日。

思考练习题

1. 净水器厂商低价为用户安装净水器，主要靠更换滤芯赚钱。还有净水器厂商免费为用户安装净水器和更换滤芯，根据用户的净水使用量收费。这属于何种形式的定价策略？

2. 假设A和B为长途电话公司，C为市内电话公司，其中A和C合并成一个一体化的通信企业，但是C同时还向B提供市内电话接入服务。假设C提供接入服务的边际成本为0.01元/分钟，A提供长途电话服务的边际成本为0.05元/分钟，B提供长途电话服务的边际成本为0.04元/分钟。再假设长途电话的资费为 0.15 元/分钟。请运用有效元素定价法则(ECPR)为 C 制定向 B 收取的市内电话接入价格。

3. 考虑一个双边平台(Two-sided Platform),它为商户和消费者提供交易服务,并对每笔交易收取手续费 $p=p^B+p^S$,其中 p^B 为消费者承担的费用,而 p^S 为商户承担的费用。假设商户对平台交易的需求函数为 $D^S(p^S)$,消费者对平台交易的需求函数为 $D^B(p^B)$,平台提供每笔交易的成本为 c。在平台谋求利润最大化的条件下,确定最优的价格结构(p^B,p^S)。[提示:平台的利润函数为 $\pi=(p^B+p^S-c)\cdot D^B(p^B)\cdot D^S(p^S)$,对利润函数取对数后,利用利润最大化的一阶条件,并引入需求弹性后可得到最优的定价规则。更进一步的探讨可参见:Rochet & Titole(2003)]。

4.《第一财经日报》2011 年 2～3 月刊发了阿里巴巴中国供应商涉嫌欺诈的系列报道指出:过去两年中阿里巴巴网站共有 2 326 名中国供应商涉嫌欺诈国际买家,近 100 名员工参与合谋。据介绍,比较典型的欺诈流程为:客户 A 在阿里巴巴寻找到供应商 B 公司后,B 公司要求客户 A 提交 1 万元“押金”到指定账户上,而当这笔押金支付之后,B 公司就消失了。这里的 B 公司就是涉嫌欺诈的“中国供应商”。“金牌供应商”是阿里巴巴网站推出的高级会员,每年都要缴纳近 5 万元的会员费。在 2008 年 11 月席卷全球的经济危机中,阿里巴巴推出了入门级会员服务,年费尚不到 2 万元。另外,“诚信通”是阿里巴巴为供应商提供的一种认证服务,诚信通会员费 1 688 元。但是,据报道,阿里巴巴的一些业务员在向客户推介诚信通产品时,有疯狂招揽会员之嫌。阿里巴巴的姊妹网站淘宝网为避免商户对消费者的欺诈,在卖家和买家交易过程中拥有一个第三方支付担保平台——支付宝。当买家确认下单时,先将货款统一付至支付宝账号,支付宝在确认买家收到货物后再转账给卖家①。

问题:

(1)结合阿里巴巴 B2B 公司,说明平台型企业定价时应考虑的主要因素。

(2)涉嫌欺诈的“金牌供应商”如何能混进这个高级会员阵营?该事件对阿里巴巴 B2B 公司的业务人员激励机制设计有何警示?

(3)阿里巴巴正在推动按照交易收费的模式,改变此前单纯收取会员费获利的形式。试为阿里巴巴提供定价建议。

5. 据《第一财经日报》报道,2010 年 7 月,国内四大商业银行将同城跨行取款手续费由每笔 2 元上调至 4 元标准②。银行表示,根据央行 2004 年的跨行交易收益分配办法规定,持卡人在他行 ATM 机上办理取款时,发卡行均按每笔 3.0 元的标准向代理行支付代理手续费,并按每笔 0.6 元的标准向银联支付网络服务费。如果跨行取款手续费每笔 2 元,等于倒贴 1.6 元。评论家普遍认为,此次涨价完全是“合谋”的结果而不是成本方面的影响,并纷纷指责银行提高跨行手续费是“店大欺客”,呼吁进行反垄断调查。部分专家认为,国内银行调高跨行手续费属于擅自变更合同内容,是违反合同法、漠视客户权益的表现,是对契约精神和社会责任的无视。

问题:

(1)你是否同意银行关于“亏本”的说法?

---

① (1)孙进.阿里巴巴大欺诈背后.第一财经日报,2011.2.24;(2)张京科,孙卓.阿里巴巴诚信通不诚信,B2B 海外声誉受损.第一财经日报,2011.3.15.

② 刘田.定价机制不合理　银行再陷收费门.第一财经日报,2010 年 7 月 31 日。截至 2018 年 8 月,国内四大商业银行主页公布的服务价目表显示,同城跨行取款手续费标准仍为 4 元/笔。

(2)为何银行不直接降低跨行交换费(Interchange Fees)来降低相互的成本?

(3)分析提价后对我国银行卡市场竞争格局的影响。

6.《新华每日电讯》2010年7月26日发表的文章《网媒"付费免费"之辩无果而终》说道,2010年7月在科罗拉多州论坛上,传媒大鳄们就网络媒体是否应该向读者收费展开激烈争论,最终不欢而散。其中,新闻集团的默多克坚持认为不花钱看不上好新闻,因为传统报纸和杂志无论在发行还是广告层面都受到网络的严重冲击,向网络读者收费不但是"必须"而且是"方向"。而雅虎新闻认为,未来的网络免费是主流,在网络上的竞争应以免费为基础。知名网站Scribd的CEO阿德勒认为,如果互联网收费系统很便捷,那么,网媒收费或许将成为趋势。对此,雅虎副总裁皮塔罗依旧认为不可行:"简单的支付系统是个选择,但我的观点是,只要你的竞争对手还在免费,收费就是一件麻烦事。"

问题:

(1)相对于传统平面媒体,网络媒体具有哪些网络经济特征?

(2)网络媒体提供商的商业模式对"是否向读者收费"有何影响?

(3)如何理解雅虎副总裁皮塔罗的观点?

(4)如果向网络读者收费,应如何设计定价机制?

7. 知识付费

易观咨询在2017年2月的《中欧商业评论》发文指出,从免费共享到付费问答与订阅,知识共享经历了静态知识获取、动态知识社区、知识变现平台三个阶段。实际上,正如练洪洋在《广州日报》(2017.9.19)发表的评论文章所指出的:当下人们为学习付出的最大成本是时间而不是金钱,而专业人士对知识的过滤和加工,帮助人们节省获取知识的时间,提高了学习效率,因此,为知识付费是值得的。当然,知识付费产业的形成还与其他因素有关,比如,知识消费观念的转变、知识付费能力、知识获取的便捷性、移动支付的普及等。特别地,知识付费产业的发展离不开监管创新。练洪洋认为,交易合同、知识产权保护、产品质量问题、用户体验是制约知识付费产业发展的关键因素。

问题:

(1)分析知识的生产和消费的基本经济学特征。

(2)分析知识付费产业发展的驱动因素及其制约因素。

(3)如何为知识定价?请你提供定价策略建议。

(4)你对知识付费产业监管有何建议?

8. 支付争夺战

2003年,为解决交易双方的信用问题,阿里巴巴旗下的淘宝网推出了支付宝——带有虚拟账户功能的第三方支付工具。虚拟账户的出现改变了支付行业的竞争格局,使得支付机构直接触及到客户资金。为此,央行于2010年颁布了《非金融机构支付服务管理办法》,将非金融支付机构纳入监管体系,除了对沉淀资金实现严厉监管外,还对支付机构采用牌照制。

2015年之前,支付宝在第三方支付市场可谓一手遮天。艾瑞的数据显示,2014年底支付宝在第三方移动支付市场的份额超过80%。然而,支付宝的先发优势很快受到崛起于移动社交的微信支付的挑战。双方在经历补贴大战后,旋即进入更高层次的竞争,包括争夺支付场景、抢占社交高频入口,并不断通过技术创新提升用户体验。支付竞争促进了支付技术和支付产品的不断创新,虚拟信用卡、二维码及扫码等面对面支付服务得到监管机构的正式认可。[①]

作为我国银行卡支付清算领域的垄断者，中国银联在移动支付领域却远远落后。其实，银联并非无动于衷。2015 年“双 12”，中国银联曾联手数十家银行推出基于手机 NFC（近场支付技术）的“云闪付”。此后，银联云先后与苹果、华为、小米等手机厂商合作，推出 Apple Pay、华为 Pay、小米 Pay 等闪付系支付工具。但是，在与扫码支付的对抗中，NFC 还是败下阵来。2016 年 12 月，中国银联推出了银联二维码支付标准，正式进军二维码支付市场。但是，获客成本始终是银联头痛的问题。2017 年，中国银联与京东金融宣布“结盟”，京东网银在线被纳入银联收单体系，双方将在移动支付产品创新、联名卡、大数据应用、农村金融等多个领域开展合作。[②]

2017 年之前，我国的网络支付主要采取“直连银行”的三方模式，即支付机构绕开银联进行网络支付。而国际银行卡组织主要采用“四方模式”（卡组织、发卡行、收单行、商户）。在支付市场开放的背景下，一些国际支付巨头觊觎我国移动支付市场。2016 年 2 月，中国银联与 Visa 在上海签署合作谅解备忘录，双方准备联手加强“四方模式”。[③]

问题：

（1）第三方支付有哪些基本特征？

（2）为何金融机构和非金融机构竞相争夺第三方支付业务？

（3）2016 年 2 月，五大国有银行签约承诺取消跨行转账收费，而微信却“逆流直上”，对超过 1 000 元额度的提现收取 0.1%的手续费。请评价微信的提现收费策略。

（4）银联在移动支付市场如何实现“逆转”？

9. 共享单车

为解决“最后一公里”的出行问题，共享单车迅速发展并成为一种潮流。《2017 年共享单车经济社会影响报告》[④]显示，截至 2017 年年底，我国共享单车覆盖超过 200 个城市，单车投放量超过 2 500 万辆；共享单车用户在网民中渗透率已达 41%。根据交通运输部科学研究院提供的数据[⑤]显示，先后共有 74 家企业进入共享单车市场，累计融资超过 230 亿元，市场规模不断扩大。经过市场激烈竞争，行业格局愈加清晰，ofo 小黄车、摩拜单车两家企业，日订单量占行业 90%以上，市场呈现高度寡头垄断的格局。

在成本方面，共享单车的成本不仅仅是单车的制造成本，还需要考虑运营成本（包括维修人员的工资、活动折扣、车辆折旧费用等）。同时，已经有越来越多的用户不断反映“很难找到一辆能骑的单车”，如此高的车辆损坏率，后期维修成本堪忧。

在收益方面，目前共享单车的收费模式比较单一，仍以计时收费、包月/包季卡等模式为主。而

---

① 2014 年央行曾一度叫停虚拟信用卡和二维码支付。虚拟信用卡包括三类：一种是不依赖于实体信用卡的主卡型虚拟卡，另一种是依附于实体卡的附属卡，还有一种是映射型虚拟卡（比如应用于 Apple Pay、Samsung Pay、HCE 云闪付等的信用卡）. 具体参见 http://mt.sohu.com/20170428/n491092310.shtml。

② http://finance.sina.com.cn/roll/2017-01-07/doc-ifxzkfuh5893579.shtml.

③ http://www.bj.xinhuanet.com/hbpd/jrpd/jrpd/2017-07/17/c_1121318286.htm.

④ 该报告由中国信通院与北大光华—ofo 小黄车共享经济研究中心于 2018 年 2 月 6 日联合发布。

⑤ 数据来自《2017 年中国主要城市骑行报告（第四季度）》，由交通运输部科学研究院联合 ofo 小黄车、城市智行信息技术研究院于 2018 年 1 月 9 日共同推出。

原来希望利用车身设置商业广告实现“流量变现”的算盘，却因共享单车新政策①中的一条“车辆不得设置商业广告”而落空。总体看来，仅靠收取租赁费用来实现盈利仍然很困难。而通过押金等类金融业务来盈利也越来越不现实。2018 年 7 月，摩拜单车在全国推行无门槛免押金服务。

虽然共享单车的数量增长给用户提供了更多的选择，但野蛮生长和无序竞争也带来了诸多负面影响。企业为抢占市场盲目投放车辆，为城市管理带来了巨大的负担，导致上海、广州、南京、杭州、福州、郑州等地相继暂停共享单车投放。关于押金管理方面，2017 年下半年以来，已经先后有酷骑单车、小蓝单车、小鸣单车、町町单车等共享单车企业被曝光存在押金无法退还问题。公众对押金管理加强监管的呼声日益高涨，交通部和国家发改委等 10 部门也联合出台指导意见，②要求押金应专款专用，接受监管，同时建立完善用户押金退还制度等。

问题：

(1)分析共享单车市场运行中存在的主要问题。

(2)你认为，共享单车能否通过收取骑行租赁费实现盈利？

(3)如果让你来设计，你如何实现共享单车盈利模式的突破？

(4)对共享单车的监管，你有何建议？

10. 绿山咖啡

1981 年，Bob Stiller 及其合伙人创建了绿山咖啡馆(Green Mountain Coffee Roasters)，后转变为绿山咖啡供应商。从 1993 年开始，经多次收购，到了 2006 年，咖啡机制造商克里格(KEURIG)公司成为绿山咖啡的全资子公司。克里格公司针对美国人煮咖啡的痛点(费时费力、口味单一、容量相对固定等诸多痛点)，开创了“K 杯(K-CUP)模式”：克里格开发的咖啡机由 K 杯机和 K 杯组成，其中 K 杯由大小两个纸杯嵌套组成——小杯里咖啡粉，大杯用来装咖啡；而 K 杯机具有智能化，可事前精确控制水量、水温和压力，冲泡咖啡式只要选择相应的模式并按下按钮就能自动完成与“煮咖啡”效果相近的冲泡过程。当时一台 K 杯机的平均售价约 100 美元，而一杯 K 杯咖啡的售价经折算约为 66 美分。由于 K 杯模式极其简约，其销售呈现井喷状态。至 2013 年已售出 1 600 余万台 K 杯机，2013 年一年售出近 10 亿个 K 杯。值得一提的是，K 杯机除了提供绿山品牌的咖啡外，还有其他品牌的咖啡可供选择。此后，绿山咖啡还与各种冷饮料供应商合作，逐步推出碳酸饮料、运动饮料、果汁等各种 K 杯。2018 年，绿山咖啡以 187 亿美元的价格被收购。③

问题：

(1)简述绿山咖啡商业模式的演变。

(2)说明绿山咖啡 K 杯的平台化发展面临哪些挑战。

(3)如果让你来设计，你将如何设计绿山 K 杯平台的生态圈？

(4)绿山咖啡案例对传统产业(特别是制造业)的转型发展有何启示？

---

① 北京市人民政府网，《北京市鼓励规范发展共享自行车的指导意见(试行)》，http://zhengce.beijing.gov.cn/library/192/33/50/438650/1283011。

② 中国政府网，关于鼓励和规范互联网租赁自行车发展的指导意见，http://www.gov.cn/xinwen/2017-08/03/content_5215640.htm。

③ 关于案例背景的更详细介绍，参阅：(1)毛涵丹．卖杯子的绿山咖啡．中欧商业评论，2012(1)：116～119；(2)顾贝妮、龚焱．一杯咖啡的互联网思维．中欧商业评论，2014(6)：101～106；(3)唐烨．绿山咖啡的互联网思维．解放日报，2014.1.6；(4)顾贝妮．一杯咖啡的互联网思维．广州日报，2014.6.24.

第十一章　公共资源的定价模式

公共资源是一种公共物品(Public Goods),比如交通、电力、电信、煤气、剧院、旅游景点等,由于与人们的日常生活息息相关,其定价颇受各界关注。从理论上讲,公共资源具有自然垄断(Natural Monopoly)的性质,表现为单位成本随着业务量的增加而持续不断地减少。因此,从成本效率角度来看,公共资源不宜通过重复建设引入竞争机制。在无法依靠市场竞争实现有效的均衡价格的前提下,只能依靠政府监管机构对垄断资源进行价格规制。在垄断资源的价格管理中,由于信息不对称,政府管理部门未能获得垄断运营商的真实成本信息,导致价格管理效率低下。吸纳消费者参与价格决策成为当前的一种时尚,比如许多城市出现对公园门票、交通公司的"价格听证会",说明消费者已逐渐"知情参与"公共资源的定价决策。而不久前首都机场所售商品及餐饮的价格改革以及厦门鼓浪屿、黄山、武当山、张家界、九寨沟等旅游景点门票的"调价听证会",掀起了一股公共资源价格体系改革的热潮,提高了公共资源价格决策的科学性与透明度。本章在分析公共资源价格管理一般模式的基础上,分别以公共交通、旅游景区为例深入探讨公共资源的定价原理。

第一节　公共资源价格管理模式

一、价格上限管理模式

政府经常采用价格上限(Price Ceiling)控制来指导水电煤等公共资源的定价[①]。价格控制可以实现提高经济效率和利益再分配的双重效果。价格上限控制是把"双刃剑":一方面,垄断资源的价格下降会提高业务量,使得边缘化消费者有能力消费公共

① 2008年4月实施的手机漫游费新标准再度掀起人们对价格上限管理模式的广泛关注。

资源[①]；另一方面，如果价格控制过低则会损害运营商的生产积极性，导致短缺现象。

图 11.1 显示了有效的价格控制和导致短缺的价格控制。其中，未受规制的垄断价格和竞争性价格分别为 P^M、P^C；图 11.1(a)中的价格上限 $\bar{P}=P^C$；而在图 11.1(b)中，由于信息误差，价格上限为 $\bar{P}<P^C$，导致实际供应量 $\bar{Q}<Q^M<Q^C$。实际上，价格上限管理的有效区域是 $\bar{P}\in[P^C,P^M)$。

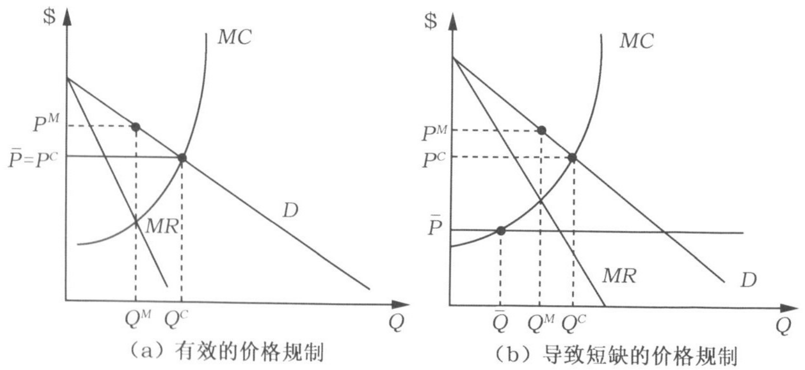

图 11.1 价格上限管理下的均衡(卡尔顿 & 佩罗夫,1998)

$(RPI-X)$是一种典型的价格上限管制模式，它事先限定了一个在一定时期内相对固定的价格水平。英国的最高限价模式采取将价格变动与通货膨胀率挂钩的上下限管理模式，价格变动比例等于通货膨胀率与政府管制率的差，即采用 $RPI-X$ 计算自然垄断企业的最高价格，其中，RPI 为零售价格指数(Retail Price Index)或通货膨胀率；X 是政府确定的一定时期内生产率增长的百分比。按照 $RPI-X$ 模型，自然垄断企业的价格变动率最高为

$$\frac{\Delta p}{p}=p\%=RPI-X \tag{11.1}$$

比如，某年通货膨胀率为 $RPI=8\%$；而政府规定 $X=5\%$，那么，自然垄断企业提价的最高幅度为 $8\%-5\%=3\%$。根据(11.1)式，自然垄断企业每时期的价格序列满足

$$p_t=p_{t-1}\cdot(1+RPI-X)\qquad t=2,3,4,\cdots \tag{11.2}$$

对于自然垄断行业，单位成本通常是随着产量的增加而降低。在图 11.2 中，垄断

---

① 根据长尾(The Long Tail)理论，在边际成本较低时，对价格敏感的边缘化消费者对企业利润的贡献很大。长尾理论是由克里斯·安德森提出的，强调分散的细分利基市场(Niche Market)对企业利润的重要性。顾客对企业利润的贡献大致可以用正态分布曲线来描绘，工业经济时代的大教堂模式关注曲线的头部(所谓二八定律)。而利基市场就像一条尾巴，这条尾巴越长，对“二八定律”的颠覆就越厉害。在网络经济时代，企业就有可能以很低的成本服务一度被忽略的曲线尾巴的顾客，关注尾巴所创造的效益甚至会超过头部。参见：克里斯·安德森著．长尾理论．乔江涛译．北京：中信出版社，2006.

利润最大化决策为(P^M,Q^M);而社会福利最大化的定价①为 $P^{FB}=MC$,对应的需求量满足 $AC(Q^{FB})=MC$;但是,在 FB 定价下垄断厂商亏损,亏损额为$[AC(Q^{FB})-MC]Q^{FB}$。因此,如果自然垄断企业采用 FB 定价,政府应给予补贴 $S=[AC(Q^{FB})-MC]Q^{FB}$。

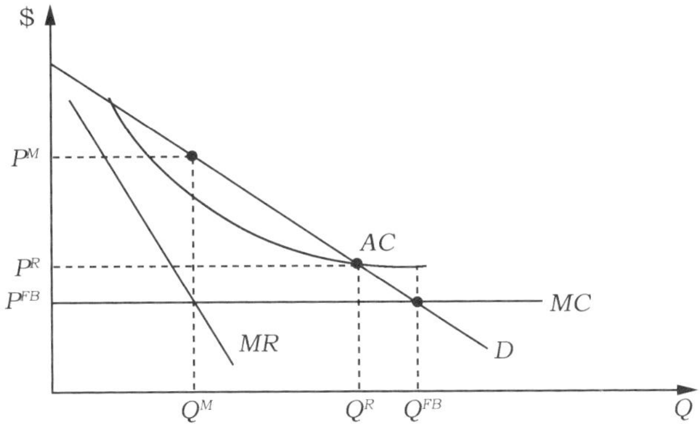

图 11.2　自然垄断的价格管理

除了对自然垄断企业补贴外,政府还可以要求自然垄断企业按照 Ramsey 原理定价,即按照平均成本定价以保证自然垄断企业不亏损。在图 11.2 中,Ramsey 价格由需求曲线 D 和 AC 曲线的交点得到,即

$$\begin{cases} Q^R=D(P^R) \\ AC(Q^R)=P^R \end{cases} \tag{11.3}$$

在要求自然垄断厂商执行 Ramsey 定价时,规制者需要掌握需求和成本信息,但是,拥有关于成本私有信息的自然垄断厂商将隐藏真实的成本信息,或者夸大成本,使得 Ramsey 定价在实施中产生效率扭曲。针对执行的信息失真问题,Vogelsang & Finsinger(1979)提出一种动态执行 Ramsey 定价的 VF 机制。VF 机制的核心思想为:规制者只需观察价格、需求量及对应的成本等信息,而不必获得有关需求函数及成本函数的信息;规制者可以利用当前观察到的(价格、销量、成本)信息组合来约束自然垄断厂商将来的定价行为。换句话说,自然垄断厂商今天的行为将成为其将来的约束条件。

考虑一个单一产品的自然垄断厂商,在时期 $t(t=1,2,\cdots)$,它被允许制定任何满足下列条件的价格 p_t:

$$p_t \cdot q_{t-1} \leqslant C_{t-1} \tag{11.4}$$

其直观含义为,在现行价格下,如果自然垄断厂商仍按上一期的销量销售产品,则

① 即 FB 定价(First Best Efficient Pricing)。

其收益将未能补偿其在上一期的总成本。换句话说，自然垄断厂商只有扩大需求才能获得利润。(11.4)式可改写为

$$p_t \leqslant \frac{C_{t-1}}{q_{t-1}} = AC_{t-1} \tag{11.5}$$

其含义为：自然垄断厂商当期的定价不能高于上一期的平均成本。

图11.3刻画了VF机制如何诱导自然垄断厂商不断沿着平均成本曲线改变定价，最终使得价格趋向于Ramsey价格。假设在时期1，自然垄断厂商的价格—销量组合为(P_1, Q_1)；规制者观察到此信息后，要求自然垄断厂商在时期2的定价不能超过$AC_1 = \frac{C(Q_1)}{Q_1}$，显然，厂商将选择价格$P_2 = AC_1$①，对应的销量为$Q_2 > Q_1$；到了第3期，厂商将定价$P_3 = AC_2$；……，此过程不断继续下去，最终厂商将按Ramsey价格定价，即$P^R = AC^R$。

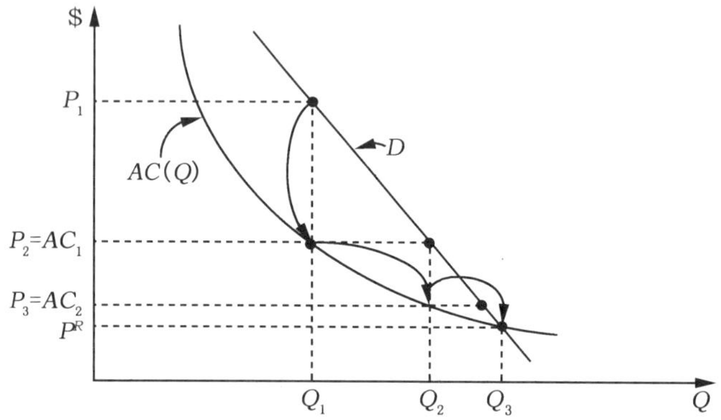

图11.3 Ramsey定价的VF执行机制(Jeffrey & Ware, 2000)

专栏11.1

电影票价变化折射电影市场改革

2000年以来，我国的电影市场改革进程不断深化，“制片—发行—放映”的产业链结构发生了深刻变化。随着“院线”竞争格局的形成，电影票的市场化定价机制逐步完善。

1. 低价促销只是饮鸩止渴

据《羊城晚报》《武汉晨报》报道②，2000年11月3日，成都的十余家电影院同时将电影票价下调为5元，试图重振当时正处于低迷状态的影市。“5元电影票”在国内产生示范效应，先是郑州部分影院推出“2元看进口片”活动，后是新疆维吾尔自治区电影公司、珠海某剧院仿效实行“5元票价”

---

① 假设AC_1小于垄断利润最大化的价格。

② 吴阿伦. 5元票价冲破电影公司垄断格局. 财经，2001年1月；5元票价招惹各方争议. 羊城晚报，2000年11月8日.

制，推动电影院降价潮由中西部向沿海地区蔓延。在对电影票价下调的一片欢呼声中，也不乏理性的反对声音。一些电影发行公司表示，成都等地的降价属于恶性竞争。中影公司表态称，“5元票价”违反了中影公司关于首轮放映“大片”票价不能低于10元的有关规定；在价格弹性相关缺乏的条件下，低票价等于“自杀”行为。果然，影市很快由喧嚣回归平静，只过了3个月，“5元票价”便不复存在。但是，2004年，四川成都峨嵋院线再次推出“10元票价”的促销活动，但效果依旧不明显。

2. 高价的3D电影票

3D电影的风靡推动电影票价的上涨。2008年9月，3D电影《地心历险记》在上海部分影院的票价为50元，而在广州部分影院的票价高达120元，分别为当年电影的平均票价的1.67倍和4倍。2009年的3D电影《阿凡达》甚至出现了电影票“黄牛”。3D时代的高票价将相当数量的观众挡在电影院门外。据《法制晚报》报道①，2012年国家广电总局电影局将治理票价“虚高”现象作为重要任务。

3. 作茧自缚的票价补贴

随着移动互联网时代的到来，文化娱乐的方式与途径越来越多样化，如何将观众再次拉回影院？2014年9月，《心花路放》通过猫眼影票平台实行的票补策略（即价格补贴，由制片方拿出部分预算在上映初期进行促销，拉动票房）大获成功，吸引了大量观众。但是，票补策略本质上就是一种变相的价格战，形成“囚徒困境”的两难局面：对影院而言，自然愿意给进行票补的制片方安排更多的放映场次，而制片方为了能够得到更多的排片机会，就不得不通过票补吸引观众。针对票补形成的竞争困局，为稳定电影市场的价格体系，有关部门要求各影票平台在2018年春节档期减少票补。据《北京商报》报道②，国家电影局即将实行新规，停止一切线上票补行为，包括第三方及影院的自有线上渠道（但不含影院线下渠道）。

二、价格下限管理模式

政府经常对一些行业实施价格下限（Price Floor）管理，规定价格不能低于某个临界水平。以航空业为例，航空公司票价一度明争暗斗，3折、4折屡见不鲜，由于价格低迷间接引发的安全隐患让乘客提心吊胆。国家民航总局一度严把机票价格关，出台“禁折令”。美国CAB也对航空业实行指导定价，制定价格下限。同时，航空公司也形成价格联盟。那么，航空公司的价格下限管理的政策效果如何呢？

图11.4给出航空公司价格下限政策效果的动态分析框架。假设某一航线上的所有航空公司服务一个乘客的边际成本为 c_0，那么，充分竞争下的均衡价格为 $P_0=c_0$，对应的均衡服务量为 Q_0。如果航空委员会限定价格 $P \geqslant P_{\min} > c_0$，那么，短期内价格

① 广电总局新举措治理电影票价虚高. 法制晚报，2012年7月27日.

② 电影票补被传终止　低价票或将成为过去式. 北京商报网，2018年9月13日，http://www.bbtnews.com.cn/2018/0913/265980.shtml.

上升了，虽然航空需求量将减少至 Q_1，但航空公司的毛利还是增加了。但是，如果市场准入条件允许，高价格会吸引一些高成本航空公司进入该航线，导致供给增加，出现供大于求，航空公司上座率下降。

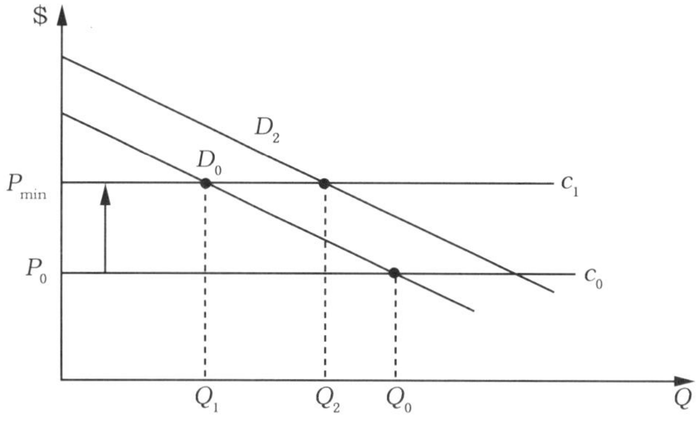

图 11.4　航空业价格下限的福利评价(Oz Shy,1995)

更糟糕的是，当航空公司不能通过降低价格来吸引旅客后，许多航空公司会通过"软"价格竞争手段来吸引旅客，比如增加航班频率、提高食品和饮料质量等非价格竞争手段。所以，航空公司致力于非价格竞争会导致其边际成本上升至 $c_1=P_{min}$，长期看航空公司实际上并没有增加利润。那么，航空公司通过提高服务质量等非价格竞争策略能否使得消费者剩余大幅度增加？虽然服务质量提升使得需求曲线移动至 D_2，对应的服务量为 Q_2，但是，Posner(1975)指出：消费者从航空公司提高服务质量中得到的剩余增量是非常有限的。实际上，如果消费者非常看中服务质量的话，在价格竞争下航空公司完全可以展开非价格竞争手段，而没有必要聚焦于价格上，也就没有必要实行价格下限管理了。

所以，航空业的保护价格只是权宜之计，航空业的市场化改革趋势不可逆转。从 FC(Fully Connected)和 HS(Hub-Spoke)模型分析得知，计划者的紧迫任务是建立几个中心城市的航空枢纽或航空港，推行 HS 航空运营模式[①]。

三、收益率管制

许多国家不是直接控制价格，而是采用收益率管制方法来限制电力、煤气等公共事业企业的资本收益率。考虑一个简化的公共事业模型，假设电力生产的投入要素是劳动力 L 和资本 K，电力公司的收益率(ROR)定义为利润除以股本价格，即

$$ROR=(pQ-wL-uK)/p_K K \tag{11.6}$$

① Oz Shy. *Industrial Organization: Theory and Application*. Boston: The MIT Press, 1995, pp. 446－448.

其中，w，u 是工资率和资本成本(利率或折旧率)；p_K 是存量资本的单位成本。

例如，假设华唐电力使用劳动和资本生产电力，假设工资和资本成本 $w=u=168$；假设华唐的资本价格 $p_K=1\ 680$；假设华唐电力产品的需求函数为 $p=100-Q$；最后，假设生产函数为 $Q=LK$，该生产函数是规模报酬递增的，因此具有自然垄断特征①。表 11.1 给出在不同的资本和劳动组合下电厂可以生产的电力产量。显然，如果垄断厂商没有受到管制，在使用 6 单位劳动和 6 单位资本生产 36 单位产量时，利润达到极大值，即 288，对应的收益率为 2.86%。

但是，如果管制委员会确定合理的收益率为 1.61%，华唐电力就要在收益率小于或等于 1.61%的条件下努力实现利润最大化。华唐的选择是降低利润或者提高资本，或者同时在降低利润的同时提高资本，即过度投资。从表 11.1 可见，华唐通过将资本 K 提高到 8，劳动 L 降低至 5，就能满足 1.61%的收益率管制。为了将增加的产量(4 个单位)销售出去，必须将价格从 64 降低至 60，降幅 6.25%；利润由 288 降低至 216，降幅 25%。因此，面对 1.61%的收益率管制，华唐需要增加资本 K 的投资同时降低利润。

表 11.1　　收益率管制的一个数值例子

资本 K	劳动 L	产量 Q	价格 P	利润 π	资本劳动比 K/L	收益率 ROR(%)	消费者剩余 CS	福利 SW
5	4	20	80	88	1.25	1.05	200	288
5	5	25	75	195	1.00	2.32	312.5	507.5
6	4	24	76	144	1.50	1.43	288	432
6	5	30	70	252	1.20	2.50	450.0	702.0
6	6	36	64	288	1.00	2.86	648.0	936.0
7	6	42	58	252	1.17	2.14	882.0	1 134.0
7	7	49	51	147	1.00	1.25	1 200.5	1 347.5
8	5	40	60	216	1.60	1.61	800	1 016
8	6	48	52	144	1.33	1.07	1 152	1 296
8	7	56	44	−56	0.87	—	1 568	1 512
8	8	64	36	−384	1.00	—	2 048	1 664
9	9	81	19	−1485	1.00	—	3 280.5	1 795.5
9.02	9.02	81.38	18.62	−1 515.4	1.00	—	3 311.4	1 796.5
10	10	100	0	−3 360	—	—	—	—

① 丹尼斯．卡尔顿，杰弗里．佩罗夫．现代产业组织．黄亚军等译．上海：上海人民出版社，1998，第 1313～1317 页.

表 11.1 中,(6,6)对应于利润最大化的决策;(8,5)对应于符合收益率管制的决策;(9.02,9.02)为社会福利最大化决策,如图 11.5 所示。

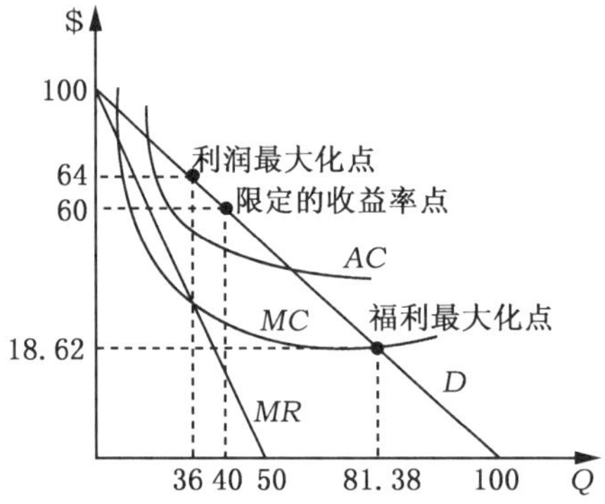

图 11.5　收益率管制(卡尔顿 & 佩罗夫,1998)

专栏 11.2

机场餐饮降价

机场餐饮零售价格偏高一直受到诟病。实际上,机场是餐饮场地的垄断供应商,而中标者拥有独家经营权,由此形成上下游垄断链,价格自然居高不下。但是,机场作为平台商,对物价进行管控义不容辞。在具体做法上,一是降低场地租金,并实行零售价格控制;二是变"租赁"为"自营",减少中间环节①。

据《人民日报》等媒体报道,首都机场通过"自营"方式平抑机场物价。2002 年,首都机场便回收地下食街的经营权,由机场餐饮服务公司统一经营。2005 年 10 月,首都机场统一自营候机楼内所有的餐饮店,并通过限定菜品毛利率来进行价格调控,包括中餐、西餐、快餐、正餐、饮品,占整个航站楼整体 1 700 余餐饮品种的一半以上。其中,咖啡类价格下调达到 40%②。即使如此调价,首都机场的餐饮仍被指责价格昂贵。2007 年 11 月 30 日,首都机场餐饮公司承诺的价格调整方案全面实施,共调整 248 种单品,价格下调幅度在 2%～45%③。

时隔十余年,广州白云机场的餐饮降价事件又一次引起关注。2018 年 1 月,广州市政府出台的《广州市民用运输机场管理办法》要求:从 2018 年 2 月 1 日起,机场零售、餐饮等价格不得高于本市中心城区的价格。实际上,自 2010 年亚运会开始,广东省物价局对白云机场的一些商家明令"同城同质同价"。此前,白云机场餐饮实行的是"价格星级管理"——每个商铺门口都有明显的星级标

① 具体可参阅:张琦. 多方利益博弈:首都机场餐饮大收编. 每日新报,2004.3.20;林红梅. 10 日起首都机场调低餐饮价格,最高降幅 40%. 新华网,2005.10.10.

② 资料来源:白天亮. 88 元的咖啡不见了,首都机场餐饮价降到位了吗? 人民日报,2005.11.7;刘洋. 首都机场 852 种餐饮降价 降价之前先降商家租金. 人民网,2005.10.11,http://society.people.com.cn/GB/41158/3756375.html.

③ 资料来源:李震. 首都机场餐饮 11 月 30 日起降价. 北京日报,2007.11.30,http://www.gov.cn/fwxx/ly/2007—11/30/content_820910.htm.

识：一星餐厅单品上限为10元、套餐18元、自助餐28元、饮用水3元、饮料5元；二星餐厅单品上限为20元，套餐38元，自助餐48元；三星餐厅单品上限48元、套餐58元、自助餐68元；四星餐厅的单品、饮用水及饮料不限价；五星餐厅的各类产品则不作限制[①]。但是，白云机场内肯德基、麦当劳等洋快餐的价格仍比市区高，且商品选择不多。

实际上，不只是在机场，车站等场所的餐饮价格也备受公众关注。在高铁引入"属地化订餐和土特品订购"(实际上相当于高铁的订餐平台化)引起热议后，开始出现了对火车站餐饮降价的呼声。2018年7月，武昌火车站率先进行餐饮价格整治。旅客投诉后，凡经查实价格超出市场价20%或有诱导消费之实的商家即被警告；若因同一原因被投诉两次者，将面临最高罚款2 000元和停业整顿的惩处[②]。

四、公共资源的PL定价策略

许多公共资源的需求呈现季节性，出现需求高峰期(Peak)和需求低谷期(Load)。比如，航空公司在每周开始和结束时会面临客流的高峰期，而在每周的中间时段和周末则出现供给能力过剩的情况；同样，电信公司在每个工作日的中间时段会面临需求的高峰，而在晚间和周末则会出现生产能力过剩的情况。此种现象在旅游景点、公共交通、电力、煤气、宾馆等服务业中均广泛存在。由于过剩的生产能力无法储存，如何在高峰时段和低谷时段合理分配生产能力的投资成本成为公共资源PL定价(Peak-Load Pricing)的关键。

以航空公司为例[③]，一家垄断的航空公司在一条固定航线上提供旅行服务，一年的需求分为高峰期(H)和低谷期(L)。记高峰期和低谷期的价格需求组合分别为(P^H, Q^H)，(P^L, Q^L)；需求函数分别为

$$\begin{cases} P^H = A^H - Q^H \\ P^L = A^L - Q^L \end{cases} \tag{11.7}$$

其中，$A^H > A^L > 0$，如图11.6所示。

航空公司的成本结构包括：(1)产能成本(Capacity Cost)，即每年提供的飞行座位数。记单位产能成本为$r>0$，则若航空公司每年提供K个座位数，其产能成本为rK。(2)服务每位乘客的成本，包括办理登机手续、行李运送、食品饮料等支出。假设每位乘客的服务成本为c，则该航空公司一年的总运营成本为

① 资料来源：周羽．广州政府公布管理办法 机场餐饮等价格不得高于中心城区．央广网，2018.1.7，http://china.cnr.cn/ygxw/20180107/t20180107_524089848.shtml.

② 资料来源：万凌．出租车停留受限 餐饮乱涨价挨罚．人民网，2018.7.16，http://legal.people.com.cn/n1/2018/0716/c42510-30148945.html.

③ Oz Shy. *Industrial Organization: Theory and Application*. Cambridge: The MIT Press, 1995.

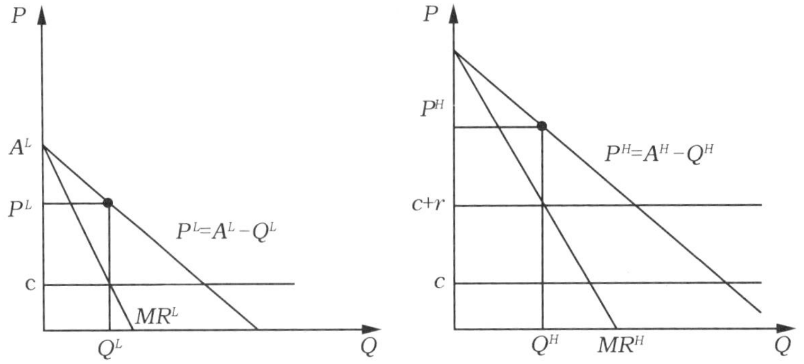

图 11.6　具有季节性需求的公共资源的 PL 定价原理(Oz shy,1995)

$$TC(K;Q^H,Q^L)=rK+c(Q^H+Q^L) \tag{11.8}$$

其中 $0<Q^L<Q^H\leqslant K$。

(11.8)式说明,产能成本 rK 是高峰期和低谷期的共同成本(Joint Costs)。

问题是如何将单位产能成本 r 在高峰期需求市场和低谷期需求市场上合理分配?一种常见的错误是将其平均分配到每单位产品上,即

$$\begin{cases} r^H=\dfrac{Q^H}{Q^H+Q^L}\cdot r \\ r^L=\dfrac{Q^L}{Q^H+Q^L}\cdot r \end{cases} \tag{11.9}$$

其中,r^H、r^L 分别为高峰期和低谷期应该分配的单位产能成本。

实际上,因为 $Q^L<Q^H\leqslant K$,所以,低谷期航空公司的边际成本只有服务成本,即 $MC^L=c$;而高峰期航空公司的边际成本包括服务成本及产能的增量成本,即 $MC^H=c+r$。所以,社会最优的(FB)定价为

$$\begin{cases} P_{FB}^H=c+r \\ P_{FB}^L=c \end{cases} \tag{11.10}$$

即高峰期的消费需要支付边际服务成本加上边际产能成本,而低谷期的消费只需支付边际服务成本。换句话说,生产能力成本完全由高峰期需求承担。

由利润最大化的定价原理,有

$$\begin{cases} MR^H(Q^H)=MC^H=c+r \\ MR^L(Q^L)=MC^L=c \end{cases} \tag{11.11}$$

再由(11.7)式的需求函数,得到

$$P_M^H=\frac{A^H+c+r}{2}>\frac{A^L+c}{2}=P_M^L \tag{11.12}$$

专栏 11.3

应对打车难:动态调价还是网约车?

大多数城市对出租车费用进行管制,通常是一个起步价加上对每公里(或 200 米)收取一个单价(随着里程的增加,单价可能会递增)。在许多城市,如果是下雨天或高峰期,路上扬招出租车很难。有何应对良策?

为此,需要分析高峰期打车难的原因。这可以运用供需理论来解释。首先,一个城市的出租车里程供给是向上倾斜的,但达到一定程度后就无法再增加了。也就是说,最后供给是刚性的(比如有 5 万部出租车,每车每天最多行驶 500 公里,那么,每天 2 500 万公里是该城市出租车供给的最大产能)。其次,对出租车的需求有三种状态:一种是低谷时段的需求,另一种是正常时段的需求,还有一种是高峰时段的需求①。最后,出租车价格(每公里的平均价格)是由正常时段的供需均衡状态决定的。但是,在此价格下,低谷时段的需求量小于供给量,导致部分出租车空载;而高峰时段的需求量大于供给量,出现打车难现象。

理解了打车难的成因,就可以给出应对高峰期打车难的策略了:(1)对出租车运用 *PL* 定价策略,提高高峰期的运行价格,使之等于高峰期的供需均衡价格。(2)增加供给,使得高峰期的供需均衡价格恰好等于正常时段的价格。而增加高峰期的出租车供给,不一定要简单地增加巡游出租车的数量,可以通过发展"网约车"(网络预约出租汽车)这种新业态来增加出租车行业的服务能力。(3)分流高峰期的需求,比如错峰出行,或者公交优先。

过去几年,网约车为出租车行业改革带来鲶鱼效应②。网约车是"互联网+"条件下共享出行的典型代表,包括网约出租车、网约平台专车、网约顺风车等多种服务形式。其运营模式大致为:用户利用打车软件(App)通过客户端发出预约,之后由司机选择接受预约并提供出行服务③。打车软件的横空出世改变了人们的叫车模式,提高了供需匹配效率,也提高了出租车的上座率。但是,网约车也带来一些负面后果④:(1)约车平台通常采用对司机和用户实现双边补贴的策略来培育市场,补贴吸引了原本无须打车的乘客,导致出租车资源更加紧张,还有部分不会使用软件的人更加打不到车。其原因在于,大量巡游出租车身兼网约车功能,通过网络预约只改变了出租车资源的分配,并未增加供给量。(2)网约车会根据供需状况利用"算法"实行实时调价,有趁火打劫之嫌。(3)网约车带来安全隐患,对监管创新提出新的要求⑤。

2016 年 7 月 28 日,交通部公布《网络预约出租汽车经营服务管理暂行办法》,对私家车转为网约车提出相应的标准要求,并允许私人小客车合乘(即"顺风车")。之后,各地网约车新规相继出台,对车辆、司机都有了明确的规定,悄然出现各种考核形式。与此同时,网约车市场变得越来越

---

① 出租车的需求具有潮汐性,而供给是刚性的,且产能不能储存,就会导致供需之间的错配。实际上,几乎所有的服务行业均存在此种供需矛盾。

② 比如,倒逼巡游出租车提高服务质量,推动出租车行业的"份子钱"及牌照制改革。

③ 关于网约车运行模式的更多讨论,参阅:(1)刘婕. UBER:打造租车新版图. 中欧商业评论,2014(3):100～107。(2)王学成、荣朝和. 基于时空经济视角的城市出行服务体系研究. 产业经济评论,2016(4):1～14。

④ 关于网约车运营中存在问题的更多分析,参见:赵文君. 网约车平台存在九大问题隐患,多种措施"补位"共同解决"打车难". 新华网,2018. 9. 27,http://www. xinhuanet. com/fortune/2018—09/27/c_1123493098. htm。

⑤ 网约车的监管体系设计需要处理好"政府—平台—司机"三者的关系。

“集中”。随着门槛的抬高和市场竞争的削弱，叫车难的现象再次暴露出来，加价叫车问题愈发严重①。

第二节　公共交通收费制度

交通拥挤与排队等待是现代人类生活中最头痛的事情。不管是出行，还是在家里上网、打电话，或者到银行，都要面临拥挤和排队问题。交通堵塞使得人们工作生活效率极其低下，每天要多花费许多赶路成本。上海市内交通堵塞之严重路人皆知，开车排队等上高架，上了高架等进入主干道，进了主干道排队等下高架……上海轻轨和地铁里人口密集度可能是全球最高的，甚至已出现专门帮人推上轻轨和地铁的职业。本节以交通系统为例分析公共设施的拥挤现象及如何通过收费制度减缓拥挤②。

一、基本模型

假设郊外住着 N 个人，每天清晨他们需要决定是乘火车还是开车到市中心上班。令乘火车的时间为 $t_T=1$；开车的时间为 t_C，包括发动汽车、停车、路上行驶时间，而路上行驶时间又与高速公路是否畅通有关。假设

$$t_C=\alpha+\beta n_C \tag{11.13}$$

其中，n_C 为开车去上班的总人数，则乘火车去上班的人数为 $n_T=N-n_C$。

假设每个人单位时间的机会成本为 v，火车票的价格为 p_T，不考虑汽车磨损与油费。那么，一个人乘火车上班的成本为

$$E_T=v+p_T \tag{11.14}$$

开车上班的成本为

$$E_C=vt_C=v(\alpha+\beta n_C) \tag{11.15}$$

那么，开车上班和乘火车上班的均衡人数（n_C^*，$N-n_C^*$）由（11.14）式和（11.15）式相等得到

$$E_C=v(\alpha+\beta n_C)=v+p_T=E_T \tag{11.16}$$

所以

---

① 更多分析参见：打车难、打车贵再度刷屏，网约车的问题出在哪？央视新闻客户端，2017.1.23。

② 以下模型主要参考：Oz Shy. *Industrial Organization*: *Theory and Application*. Cambridge: The MIT Press, 1995.

$$n_C^* = \frac{(1-\alpha)v + p_T}{\beta v}; n_T^* = \frac{(N\beta + \alpha - 1)v - p_T}{\beta v} \tag{11.17}$$

另一方面，社会最优决策是使得赶路的社会总成本最低，即

$$\text{Min}_{n_C}\{E_S = n_T(v + p_T) + n_C v(\alpha + \beta n_C)\} \tag{11.18}$$

由一阶条件，得到

$$n_C^{**} = \frac{(1-\alpha)v + p_T}{2\beta v}; n_T^{**} = \frac{(2N\beta + \alpha - 1)v - p_T}{2\beta v} \tag{11.19}$$

(11.17)式和(11.19)式的差别见图 11.7 的直观解释。显然，$n_C^* = 2n_C^{**}$。所以，从社会角度看，开车上班的人太多了(是社会最优的 2 倍)。因此，我们得到两个重要结论：(1)政府应该大力发展公共交通，减少开车上班人数(比如通过提高燃油税或者汽车牌照限制)。当然，像上海这种城市，还是鼓励骑自行车上班。(2)由(11.19)式，降低火车票价格可以减少开车上班的人数，使更多人乘火车上班。但是，即使火车免费也不能消除交通堵塞，因为均衡时开车上班人数总是社会最优人数的 2 倍。

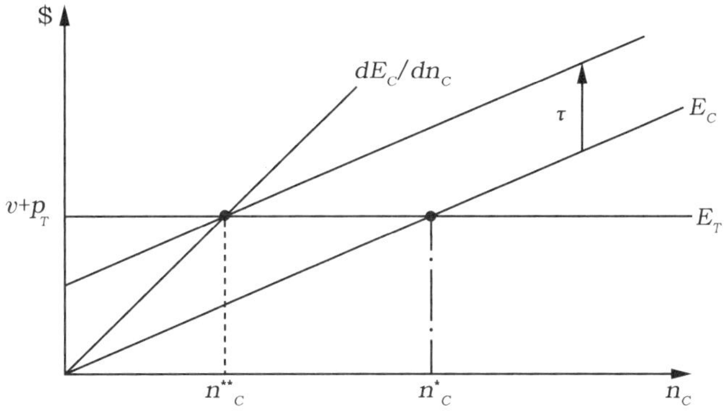

图 11.7　纳什均衡和社会最优比较(Oz Shy, 1995)

二、高速公路的收费制度

如果高速公路管理部门对车辆收取过路费 $\tau > 0$，那么，(11.15)式变为

$$E_C = v(\beta + \beta n_C) + \tau \tag{11.20}$$

那么，开车上班和乘火车上班的均衡人数$[n_C^*(\tau), n_T^*(\tau)]$由下式决定

$$v + p_T = v(\alpha + \beta n_C) + \tau \tag{11.21}$$

得到

$$n_C^*(\tau) = \frac{(1-\alpha)v + p_T - \tau}{\beta v} \tag{11.22}$$

进一步，得到最优的过路费为

$$\tau^{**}=\frac{(1-\alpha)v+p_T}{2} \tag{11.23}$$

所以，最优的过路费随着火车票价格的增加而增加；并随着人们时间机会成本的增加而增加。实际上，当火车票价格上涨时，原来乘火车上班的人就会转而开车上班；提高高速公路过路费就是为了削弱这些人开车上班的积极性。所以，高速公路过路费与火车票价格存在联动关系。当然，市内公交、出租车、轨道交通之间的价格也存在联动关系。

第三节 双重目标下旅游景区的定价决策

自 2004 年以来，我国许多旅游景点门票价格都出现了大幅上涨。2006 年“十一”黄金周故宫的门票高达 60 元(人民币，下同)，世界公园 68 元，武夷山、黄山等名山的票价更是超过了 100 元，其中黄山风景区旺季门票价格达到了 200 元。统计数字显示，我国主要景区门票的平均价格已接近我国年人均 GDP 的 1%。根据《瞭望东方》的统计，在国外(尤其是西方国家)博物馆和名胜古迹的票价与国民富裕程度相比都明显偏低，比如：比利时只占普通人月工资 1/300、巴基斯坦占 1/500、以色列占 1/600、法国占 0.4%、俄罗斯占 0.75%、菲律宾占 1.7%、日本占 1%，而美国仅有大约 1/3 的国家公园收门票、2/3 的国家公园免费开放。相对而言，我国的风景名胜旅游区门票价格偏高。

我国旅游景点(特别是世界遗产和国家级风景名胜区)门票价格的持续大幅上涨引起了消费者的不满和业界的关注，也引发了学界关于旅游景区门票定价机制及旅游景点管理体制改革的研究。从风景名胜和历史遗迹等旅游资源公益性的角度出发，许多学者强调，风景名胜具有公共人文资源的属性，既然其各项开支已由公共财政承担，便不应再从公众那里要钱，更不应像现在这样一路狂飙猛涨。也就是说，风景名胜属于非营利性(Non Profit)产品，地方政府不能出售“观光权”。有学者尖锐地指出，如果说地方政府不能向公众提供免费公共服务是一种责任缺失，那么，高价收取风景名胜的观光费无疑是一种“权利剥削”。有学者建议应借鉴公共人文资源与商业景点“分而治之”的国际通行经验模式，在我国建立国家公园管理部门，统一管理、统一定价。比如，徐嵩岭(2005)在概括西欧国家文化遗产管理制度的基础上为我国文化遗产的管理体制改革提供了建议。也有学者温和地指出，即使需要收取门票以弥补财政支出的不足，也应采取公开透明的定价机制，诸如价格听证会，而非动辄乱涨价(国人普遍反感的霸王条款)，比如，张雷等(2006)建议短期内采用社会平均成本定价法，而长期则采用边际成本定价法。[①]

实际上，从经济学意义上讲，旅游景区提供的产品属于 Buchanan(1965)所界定的俱乐部产品(Club Goods)的一种特殊形态。一方面，旅游景点可以通过对旅客收取门票实现产品的排他性；另一方面，旅客欣赏景点获得的效用受到与其同时欣赏景点的旅客人数的影响。特别地，当景点的旅客人数超过一定数量时，旅客欣赏景点时会明显感到拥挤所产生的负效用。俱乐部产品所具有的排他性使得俱乐部产品定价成为可能，俱乐部产品的拥挤现象又使得俱乐部产品的定价不同于私人品的定价——俱乐部产品的定价会受到拥挤现象给俱乐部成员带来的负效用的影响。俱乐部成员从俱乐部产品中获得的效用不仅与产品数量(准确地讲，是质量)有关，还与俱乐部成员的数量有关[②]。基于此逻辑，成员 i 的效用函数可以写成 $U_i=U_i(S,N)$，其中$\frac{\partial U}{\partial S}>0$；且当 N 达到一定规模时，有$\frac{\partial U}{\partial N}<0$。因而，在俱乐部产品定价时还需要确定俱乐部产品质量 S 与俱乐部容量 N 的优化组合，即(P^*,S^*,N^*)[③]。

目前，我国世界遗产地和风景名胜区普遍实行的分权化管理体制对管理机构的经营目标产生双重影响：一方面，景区管理机构具有追逐利润的目标；另一方面，景区管理机构需要坚持人文资源的公益性，综合考虑门票价格对社会福利的影响。因此，景区管理机构的经营目标就表现为双重目标——追求利润的动机和社会福利最大化的平衡。从经济学意义上讲，双重目标下管理机构的门票价格、资源质量、旅客容量的决策必然不同于纯粹公益性旅游产品或纯粹商业化旅游产品的决策。[④]

一、纯公益性和双重目标下景区定价比较[⑤]

(一)模型描述

假设旅客的效用函数为 $U_i=U_i(S,N)$，其中 S 为旅游景点的资源质量，N 为游客数量。此效用函数的两个基本特征为：第一，旅游资源质量越高，效用越高，即$\frac{\partial U_i}{\partial S}$

---

① 感谢殷华祥对本节文献整理分析的帮助。

② 消费俱乐部产品的效用固然与俱乐部产品的数量有关，但起决定性作用的是俱乐部产品的质量和游客消费旅游资源时的争夺程度，后者即拥挤效应。因此，我们弱化数量效应，在消费者效用函数中，只考虑资源质量与消费者人数。

③ 实际上，当(S^*,N^*)确定后，由需求函数可以确定相应的门票价格 P^*。

④ 2013 年 4 月，凤凰城实施进城收取 148 元门票制度，名为“规范市场”“保护游客利益”，但因游客骤减而引起当地商家的不满。

⑤ 本部分主要参考：骆品亮. 公益性与营利性双重目标下景区定价决策及其政策含义. ICBH 与学术会议论文集，2007.

>0；第二，而当旅客人数超过一定规模时，拥挤产生负外部性，即存在 N_0，使得 $\frac{\partial U_i}{\partial N}<0(N\geqslant N_0)$。一般地，拥挤效应给每个旅客带来的负效用是不同的，为便于分析，假设个人效用函数是可分的，即

$$U_i=U_i(S,N)=U_i(S)+U_i(N) \tag{11.24}$$

为简化起见，假设 $U_i(N)=U(N)$，$\forall i=1,2,\cdots$，或者说，拥挤效应给每个旅客带来的负效用是相同的，且拥挤的负效用与旅游资源的质量无关。市场需求函数为 $P(S,N)$，一般具有以下性质：(1) $\frac{\partial P}{\partial S}>0$，即景区资源质量越好，价格越高；(2) $\frac{\partial P}{\partial N}<0$，即随着旅客人数上升，价格下降；(3) $\frac{\partial^2 P}{\partial S\partial N}<0$，即随着旅客人数的增加，旅客对于旅游资源质量的边际评价降低。

另外，景区的总成本包括三个部分：维护景区的固定成本 F；拥挤成本 $CE(N)$，即旅客增多带来额外的维护成本以及拥挤效应给旅客带来负效用所要求的补偿；以及与提高景区质量相关的成本。一般地，有：(1) $\frac{dCE}{dN}>0$，$\frac{d^2CE}{dN^2}>0$，即旅客人数越多，拥挤成本越高，并且边际拥挤成本也随之增大；(2) $\frac{dC}{dS}>0$，$\frac{d^2C}{dS^2}>0$，即景区资源质量上升，成本也会上升，并且上升的速度越来越快。

（二）比较分析

在旅游景区管理机构受到盈利目标和社会福利双重目标驱动的情形下，其决策问题为

$$\mathrm{Max}_{S,N}\{\lambda\cdot\pi+(1-\lambda)\cdot W(N)\} \tag{11.25}$$

其中，$\pi=P(S,N)\cdot N-[F+CE(N)+C(S)]$ 为景区管理机构的利润函数；社会福利为 $W(N)=\int_0^N P(S,n)dn$；权重系数 λ 表示景区管理机构的盈利动力因子，或者说管理机构对双重目标的平衡系数①。双重目标下最优的景区质量 S_λ^E 与最优旅客人数 N_λ^E 为下列联立方程组的解

$$\begin{cases}\lambda P'(N)N+P-CE'(N)=0\\ \lambda P'(S)N+(1-\lambda)\int_0^N P'(S)dN-C'(S)=0\end{cases} \tag{11.26}$$

在政府提供景区各种费用（纯公益性）的情形下，景区管理机构无盈利目标，即

① 当 $\lambda=0$，管理机构谋求社会福利最大化，退化为纯粹公益性的情形；当 $\lambda=1$，管理机构谋求利润最大化，退化为纯粹商业景区的情形。

$\lambda=0$。那么,均衡状态下景区资源质量 S_0^E 和旅客人数 N_0^E 为下列联立方程组的解

$$\begin{cases} P-CE'(N)=0 \\ \int_0^N P'(S)dN-C'(S)=0 \end{cases} \tag{11.27}$$

由于 $\lambda P'(N)+P<P$,因此,在双重目标驱动下景区管理机构确定的旅客人数 N_λ^E 小于无盈利动机下的旅客人数 N_0^E;由于 $\frac{\partial^2 P}{\partial S\partial N}<0$,且 $N_\lambda^E<N_0^E$,因此有 $S_0^E>S_\lambda^E$,即双重目标驱动下景区管理机构提供的景区资源质量低于无盈利动机下的景区资源质量。

其直观解释如图 11.8 和图 11.9 所示。在图 11.8 中,双重目标下游客人数 N_λ^E 是 $\lambda\cdot MR+(1-\lambda)P$ 曲线与边际拥挤成本补偿曲线 $MCE(N)=CE'(N)$ 的交点时所对应的旅客人数,其中边际收益 $MR=P'_N(S,N)N+P(S,N)$;纯营利性目标下的旅客人数 N_1^E 由 $MR=CE'(N)$ 决定;而无盈利动机下的旅客人数 N_0^E 是价格曲线 $P(S,N)$ 与边际拥挤成本补偿曲线 $MCE(N)$ 的交点所对应的旅客人数。由于 $MR\leqslant\lambda\cdot MR+(1-\lambda)P\leqslant P$,因此有 $N_1^E<N_\lambda^E<N_0^E$。非营利目标下均衡状态时的社会福利为三角形 ABC 的面积;而在双重目标下,均衡状态的社会福利为梯形 AEFC 的面积。

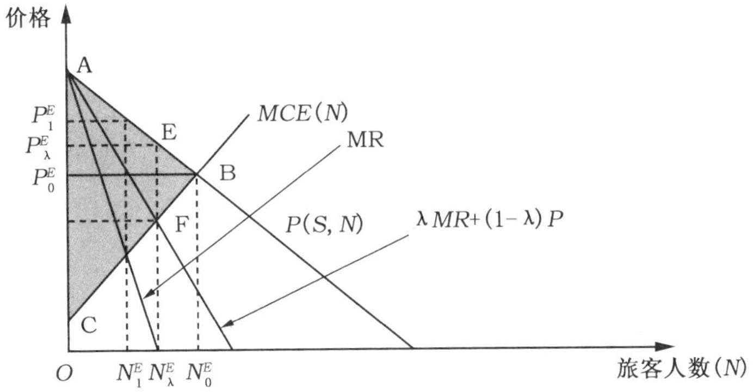

图 11.8　双重目标与无盈利动机情形下的旅客人数比较

如图 11.9,双重目标情形下旅客人数少于无盈利动机下的旅客人数,因而景区管理机构的收入和社会福利较少,即 $\lambda PN_\lambda^E+(1-\lambda)\int_0^{N_\lambda^E}PdN$ 曲线在 $\int_0^{N_0^E}PdN$ 曲线的下方,因而最优的景区资源质量低于无盈利动机下的景区资源质量。

(三)基本结论

从以上关于双重目标对于旅客人数影响的分析中可以看到:

(1)双重目标下景点门票价格比无盈利动机或纯公益性下的门票价格高。这是由

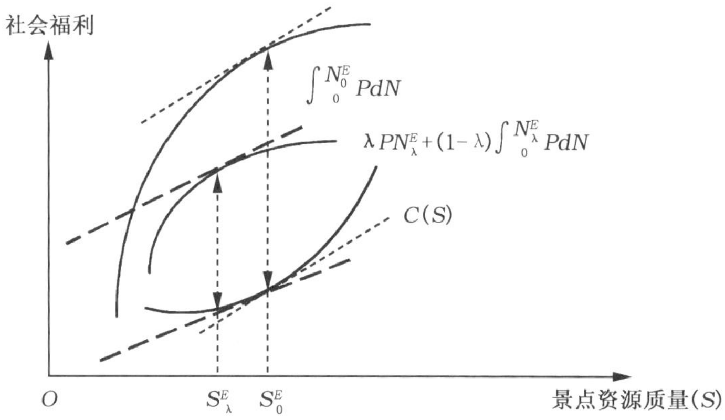

图 11.9 双重目标与无盈利动机情形下的景区质量比较

于无盈利动机时门票价格正好等于边际拥挤所要求的成本补偿;而在双重目标驱动下,管理机构受盈利动机刺激会寻求更高的门票价格,这正是最近我国各地世界遗产和国家级风景名胜区纷纷涨价的内在动因。显然,双重目标下景区决策结果的社会福利水平较低。

(2)与纯公益性的情形比较,双重目标下景区的旅客容量和旅游资源质量均较低。换句话说,在双重目标管制下,景区管理机构提高了门票价格,但并未相应地提供高质量的旅游资源,而是通过限制游客容量人为"制造"稀缺并从中牟利。这一点与规制经济学的基本结果是一致的:当公共财政承担景区的所有费用时,管理机构缺乏控制成本的动机,甚至出现"镀金水冷却器"效应(Gold-plated Water Cooler Effect)——旅游资源质量过度奢华①。

(3)另外,即使管理机构没有盈利动机,其价格也不会等于零,也就是说,没有"免费的午餐"。这是因为旅客人数参观的增加会增加景区的维护、修缮成本,更重要的是旅客人数的增加会产生拥挤效应,减少旅客参观的效用,从而需要相应的成本补偿,这部分随着旅客人数增加而增加的成本决定了即使是世界遗产和国家级风景名胜区也不应该完全免费提供,而需要收取一定的费用,以避免出现经济学中所说的"公地悲剧"。

二、对景区定价管理体系改革的启示

(一)我国景区定价的双重目标约束

我国景区景点主要分两类:一类是属于公共性人文资源的风景名胜和历史遗迹,

---

① 规制经济学主流观点认为,当一家纯商业性企业削减1元成本时,其利润就增加1元;而一个向政府部门拿钱的企业从预算中削减1元时,结果只是缩小了自己的权利。此即 H. Leibenstein(1966)所强调的 X－低效率观点:一个不积极控制成本的组织体现了 X 低效率(X-inefficiency)。

这类景区依靠政府投资，并不靠门票盈利；另一类是人工修建的景点和游乐场所，多属于商业性投资，需要依靠门票及其他其他收入来收回投资，获得利润。

据统计，我国拥有的公益性风景名胜和历史遗迹中，世界遗产30处、国家级风景名胜区177处、国家级自然保护区155处、国家森林公园439个、世界地质公园8个、国家地质公园44个。目前我国对于世界遗产地和风景名胜区普遍实行分权化管理体制，即由较低级别的区县（市）政府管理（谓之“属地管理”）。这种分权化管理模式的主要特征为：

（1）分散管理。不同类型资源的主管部门不同，对世界自然遗产和风景名胜区的管理职能归属建设部，对文化遗产的管理职能隶属文化部或文物局等。

（2）在实际操作过程中，主要管理权限大多下放到景区所在地的地方政府。在这种分权化管理体制下，对世界遗产和风景名胜区“只给政策、不给经费”，靠门票收入“自收自养”及对遗产资源实行保护管理。有些地区的部分门票收入被纳入地方财政收入以及企业（甚至上市公司）的经营收入而作其他用途。例如，八达岭长城门票收入的40％纳入北京市延庆县财政收入，另外的40％作为上市公司“北京控股”的子公司的经营收入；十三陵门票收入的30％作为北京市昌平区的财政收入；黄山和峨眉山门票收入的50％均作为上市公司的经营收入。

现有的分散管理和交叉管理体制给旅游景点（特别是世界遗产和国家级风景名胜区）管理机构的经营目标带来两方面的影响：

（1）一方面，景区的管理机构为保证收支平衡，具有追逐利润的动机。由于国家基本上只给政策、不给经费，有些地方还将旅游景区的收入部分纳入地方财政，管理机构必须提高收入以弥补景区的维护、修缮以及人工费用。

（2）另一方面，景区的管理机构还需要考虑景区的门票价格产生的成本转嫁对社会福利的影响。景区的管理机构受到地方旅游管理局和物价局以及国家发改委的领导，这些部门在公众和媒体的压力下，要求景区管理机构综合考虑景区的价格对于社会福利的影响①。因此，景区管理机构的经营目标就表现为双重目标，一方面有追求利润的动机，另一方面要考虑社会福利。

当然，现有的分散管理和交叉管理体制也给了景区的管理机构相当大的管理决策权限，使其拥有了较大的自主定价权。在分散管理的体制下，景区的管理机构在与政

---

① 据《新民晚报》报道，2007年“五一黄金周”来临之际，国家发改委颁布的《关于进一步做好当前游览参观点门票价格管理工作的通知》（简称《通知》）中指出：门票价格应充分体现公益性；不能以门票收入补贴游览参观点以外的其他支出；对确需要重点保护的游览参观点可限制游客数量；对具有社会公益性的城市公园、博物馆、纪念馆等游览参观点，要结合政府财政拨款情况从低制定门票价格或免费。《通知》同时明确规定：对实行政府定价和政府指导价管理的门票价格，因成本支出大幅增加确需调整的，应提前两个月向社会公布；同时，同一票价上调频率不得低于3年。

府部门(旅游局、物价局和发改委)的议价过程中,可以依照其他景区提高自身的议价能力。同时由于分散管理和交叉管理,管理部门受到的外界压力也相对较小。比如,2004 年,在北京故宫、天坛、颐和园、八达岭长城等 6 处世界文化遗产的门票上调后,各地景区的门票价格纷纷上涨;2005 年"五一"期间,九寨沟旺季门票涨价 75 元,涨幅为 50%;黄龙旺季门票涨价 90 元,涨幅超过 80%;黄山风景区门票旺季每票由 130 元调整为 200 元。

(二)美国国家公园管理体制经验模式①

自从世界上第一个国家公园——黄石公园于 1872 年在美国建立,迄今美国已有 384 个公园分别被界定为国家公园、国家纪念地、国家保护区、国家海岸、国家湖岸、国家历史公园、国家战争公园等各种类型的国家级公园。美国的遗产保护是建立在较为完善的法律体系之上的,几乎每一个国家公园都有独立立法。从 1872 年的《黄石公园法》,到 1916 年的《组织法》、1935 年的《历史纪念地保护地》,再到 1964 年的《野生动物保护法》和《土地和水资源保护法》、1968 年的《国家小径系统法》和《自然风景河流法》、1970 年的《一般授权法》、1978 年的《国家公园及娱乐法》、1980 年的《阿拉斯加国家土地保护法》、1998 年的《国家公园系列管理法》,美国国会的立法、决议、决定以及相关管理政策的制定始终伴随着美国国家公园的发展过程。

美国实施"国家管理、地区管理和基层管理"三级垂直管理模式,最高层级的国家公园体系管理者为内政部国家公园管理局 NPS(National Park Service),该局成立于 1916 年,专门负责全美的国家公园事务。1935 年通过的《历史纪念地保护法》规定将国家文化和自然资源统一交由国家公园管理局管理。NPS 下设 7 个地区办公室,分别为阿拉斯加地区、中部地区、中西部地区、国家首都区、东北地区、太平洋及西部地区和东南部地区。每个区域都在一个主任的直接管理之下,该主任由国内事务部任命并对其负责。地区办公室下面就是每个国家公园的管理机构,如图 11.10 所示。

国家公园管理人员的任务就是采取各种措施,避免或最大限度地缩小规模活动及其对公园资源及价值的不良影响。所有公园的基本目的都是为美国的全体公民提供对公园资源和价值"平等利用"的机会。美国国会认为,只有将高质量的公园资源和价值完整地保护下来,才能为子孙后代提供利用公园的机会,并强调:当公园资源的保护与它们的利用发生冲突时,资源的保护是优先的。

美国国家公园的规划设计由国家公园管理局下设的丹佛规划设计中心全权负责,

---

① (1)徐嵩岭.西欧国家文化遗产管理制度的改革及其对中国的启示.清华大学学报(哲社版),2005,20(2):87～100.(2)田喜洲,蒲勇健.论我国国家公园旅游产品的供给与价格.思想战线,2004,30(6):125～128.(3)徐嵩岭.中国的世界遗产管理之路——黄山模式评价及其更新(上,中,下).旅游学刊,2002,17(6):10～18;2003,18(1):44～50;2003,18(2):52～58.

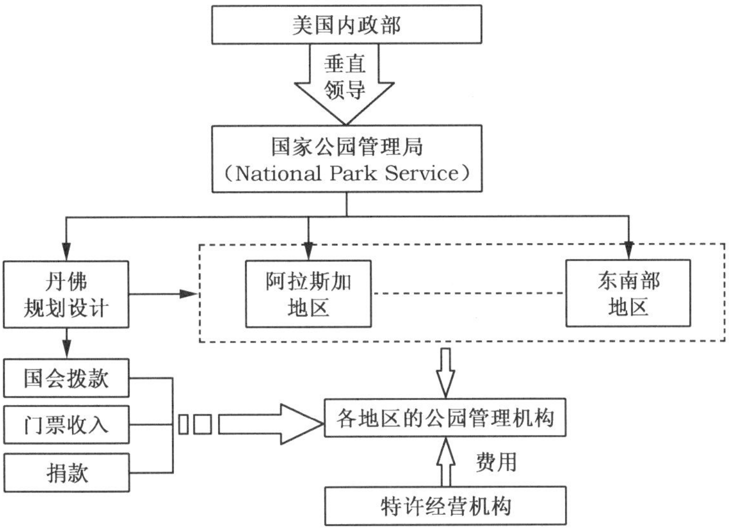

图 11.10　美国国家公园管理体系

独家垄断操作。丹佛设计中心的职员包括风景园林师，生物、生态、地址、水文、气象等方面的专家学者，以及经济学、社会学和人类学专家。

美国国家公园管理经费主要靠国会拨款。每年 NPS 都会根据公园的整体状况向国会提交一份预算报告，总结上一年度预算完成情况并对下一年度的预算提出要求。此外，门票也构成国家公园收入的一部分。目前美国约有 190 个国家公园向游客收取门票，200 多个公园还收取一些设施和服务使用费(如导游解说、停车、宿营等费用)。收费公园主要是那些进入被限制、资源亟须保护或提供了特别休闲和信息服务的公园，不收费公园则是那些位于城区或无法限制游客进入的公园。特许经营收入是国家公园收入的一个组成部分，1965 年美国国会通过了《特许经营法》，要求在国家公园体系内全面实行特许经营制度，即公园的餐饮、住宿等旅游服务设施向社会公开招标，经营上与国家公园无关，只需缴纳特许经营费，但国家公园本身不能从事任何营利性的商业活动。除此以外，一些个人、组织和机构的捐款也是国家公园收入的一部分。

1965 年美国国会通过的《特许经营法》，规定国家公园内商业经营项目必须通过特许经营的办法委托企业经营，管理机构可以从特许经营收入中提取一定比例的费用用于改善公园管理。作为非营利性组织，国家公园管理机构专注于自然文化遗产的保护与管理，日常开支由联邦政府拨款解决。特许经营制度促进了管理者和经营者角色的分离，避免了重经济效益、轻资源保护的弊端。特许经营项目的限制条件为：(1)不属于最基本的公益服务；(2)提供的产品(服务)与遗产管理机构的主要使命关系不密切，例如公园内的公共交通；(3)易于建立排他性制度将外部效应内部化——比如，住宿、餐饮等公园后勤服务，需要开发差异化产品以满足不同人群需要，同时又易于建立排他性收费制度,使消费者能够为其享受到的不同外部收益支付不同的费用。除了设立限制条件外,相关部门还建立了完备的监督机制(包括对业务量、服务水平和价格的监管)和退出机制以规范经营商的行为。

(三)我国国家级风景名胜管理体制改革政策建议

从模型分析中可以看出,导致各地世界遗产和国家级风景名胜区的门票价格大幅上涨的根本原因在于景区的管理机构受到盈利动机和社会福利压力的双重目标的制约。在这样的情况下,景区门票价格高于社会福利最大化下的门票价格,导致了旅客人数少于福利最大化下的旅客人数——剥夺了一部分本应该享受这些福利的公民参观景区的权利;另一方面,提高门票价格获得利润的同时景区管理机构不但没有相应地改善景区旅游资源的质量,恰恰相反,双重目标下景区旅游资源的质量反而低于社会福利最大化下的旅游资源质量。因此,在现有的管理体制下,希望通过提高门票价格来改善景区旅游资源质量的良好愿望是无法实现的。为真正实现世界遗产和国家级风景名胜区的社会公益性目标,建议实行如图 11.11 所示的管理体制改革。

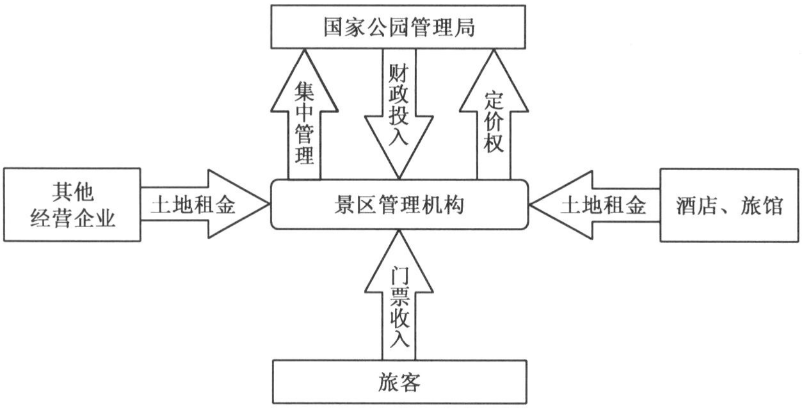

图 11.11　世界遗产和国家级风景名胜区管理建议模式

首先,改革现有的世界遗产和国家级风景名胜区的管理体制。建立国家公园管理局对世界遗产和国家级风景名胜区实行统一管理,将地方旅游局的景区维护和修缮方面的管理职能和物价局、发改委对这些景区的定价权或定价指导权集中到国家公园管理局中,保证管理局能够对景区质量和价格实施监管,同时撤销目前有些景区建立的地方行政机构。

其次,削弱世界遗产和国家级风景名胜区景区管理机构在门票以及其他景区相关产品或服务的定价权,将定价权集中到国家公园管理局中,从制度上削弱了景区管理机构的营利动机。

再次,增加对世界遗产和国家级风景名胜区的财政投入,弥补景区管理机构用于景区维护、修缮的费用。

最后，在现有的国家财政情况下，为兼顾各个景区的特殊性，充分利用景区的正外部性，赋予景区管理机构景区附近的土地使用权。景区管理机构可以从转让景区附近的土地给相关旅馆、酒店中获得部分收入。

专栏 11.4

旅游景点调价风波

据《新华网》和《北京娱乐信报》报道[①]，2005 年“五一”期间，神州胜景“涨声”一片：四川著名旅游风景区九寨沟旺季门票涨价 75 元，涨幅为 50%；黄龙旺季门票涨价 90 元，涨幅超过 80%；河南嵩山少林风景区门票也从 40 元涨到 100 元。当时旅游景点不仅涨幅惊人，涨价原因也如出一辙，曾引发了广泛的争议和思考。旅行社和游客纷纷指责旅游景点是“霸王条款”“强制消费”。而不少专家学者站在道德的制高点，对旅游景点的涨价行为口诛笔伐，认为景点随意涨价是对公共资源的社会属性的肆意践踏。当时在全国景点门票一片涨声中，杭州却反其道而为之，西湖免费开放，当年杭州旅游业却因此增收 80 亿元(门票免费吸引了客流量，再通过交通、食宿、旅游购物等衍生品销售来变现流量——这就是旅游业的互联网思维)，可谓别出心裁。

2018 年“十一”长假前夕，门票降价则是主旋律。据报道，全国包括嵩山少林寺、九寨沟等名胜在内的约 900 个景区纷纷降价或拟降价：[②]九寨沟风景名胜区与黄龙风景名胜区旺季门票价格均下调 30 元，嵩山少林寺景区门票下调 20 元。价格下调幅度虽然不大，但若按 2017 年景区游览人数测算，此举预计将降低少林寺景区 5 000 余万元的门票收入。

不过，据凤凰网报道，[③]有部分景区是通过拆解收费项目等方式来实现降价(实际上基本保持票价不变甚至明降实升)。比如，江苏无锡的某 5A 级景区，将原来包含车船票的 105 元门票调整为未包含车船票的 90 元，通过剔除项目实现“降价”，名为“改变原有的捆绑销售模式，将更多的选择权交还给游客”。

此外，据《法治日报》报道，[④]还有部分景区对本地人和外地游客设置了两种门票价格(类似于本地人—旅游者模型)，甚至对本地人免门票(也有景点对高端人才免费，还有一些景点对外国人免费)。此种“因人而异”的定价方式引发了一些争议。2018 年 5 月，江西提出“全省 10 个 5A 级旅游景区全年对落地昌北机场的国际游客提供免票优惠”政策，但此举并未得到一致认同。[⑤] 2018 年 8

① 陈芳. 方丈反对少林寺门票涨价. 北京娱乐信报，2005 年 4 月 22 日；刘谨，陈济朋等. 各地“涨价风”折射出中国旅游景区畸形发展观. 新华网；朱永红. 福建厦门鼓浪屿拟收上岛费引发争议. 新京报，2004 年 12 月 8 日。

② 近千个国有景区下调门票价格　半数以上降幅超 20%. 观察者网，https://www.guancha.cn/society/2018_10_01_474067.shtml.

③ 国庆出游擦亮眼，一大批景区门票降价，也有明降实不降. 凤凰网，http://finance.ifeng.com/a/20180926/16523006_0.shtml.

④ 王阳. 多地景区票价因人而异引争议. 法制日报，2018 年 9 月 27 日.

⑤ 江西 10 景区对外国人免费，该不该. 新京报，2018 年 9 月 28 日.

月，庐山风景名胜区出台的门票优惠政策扩大了优惠人群，“对省外游客凭有效身份证件及落地南昌昌北国际机场一周内的机票（登机牌）给予景区大门票五折优惠”。[①]

思考练习题

1. 分析公共产品的经济学特征及其对定价的影响。

2. 分析最高限价和收益率管制各自的利弊。

3. 比较收益最大化、利润最大化、福利最大化下定价的差异。

4. 针对城市交通堵塞问题，国内部分城市正在酝酿对车辆收取“拥堵费”。你觉得收取拥堵费是否合理？如何科学制定？

5. 随着互联网出行时代的到来，网约车对巡游出租车改革的倒逼作用逐渐显现。但是，关于网约车的“动态调价”（即根据供需状况动态调整价格）也引起较大争议。你是否赞同网约车的“动态调价”？请给出理由。

6. 假设每日有 1 万人需要从崇明到启东，有两条线路可以选择：一是自行开车穿越崇启大桥，二是搭乘旅游快艇。搭旅游快艇的时间为 40 分钟；开车的时间与开车人数的关系为：$t=20+\frac{n}{2\,000}\times 10$。也就是说，不堵车的话，只需要 20 分钟，但是每增加 2 000 辆汽车就会堵车 10 分钟。求解：(1)自由选择下有多少人开车，多少人搭乘快艇？(2)对全部旅客而言，多少人开车，多少人搭乘快艇的总时间最少？(3)如何实现对全部旅客而言最优的结果？

7. 2009 年，国内经济学家对铁路春运是否该涨价展开争论。某知名经济学家旗帜鲜明地提出春运“一涨疗之”的观点。他认为正是因为不涨价才导致“一票难求”“黄牛活跃”“服务质量下降”等诸多问题。

问题：

(1)你认为涨价能否解决“一票难求”问题。

(2)是否有其他解决春运问题的办法？

(3)请结合“网运合一”的北美模式与“网运分离”的欧洲模式，对我国的铁路产业重组提出个人看法。

8. 2009 年 1 月启动新医改后，药品招标模式的“安徽模式”采用“技术标”＋“商务标”的“双信封”制。但在实际操作中，技术标只是起到约束作用，最终仍是低价者中标。据《第一财经日报》报道[②]，2010 年底，号称“中国普药第一品牌”的四川蜀中制药有限公司在安徽省基本药物集中招标中，其入围的产品价格低到令人难以置信。2011 年 5 月，蜀中药业终因部分中药产品抽检不合格而被当地药监局收回中药 GMP 证书。而四川省在 2014 年开始采用“挂网＋招标”双轨制，针对常用低价药品、医疗机构自行采购药品等实行集中挂网，针对《国家基本药物集中招标产品》实行“双信

---

① 江西否认对外国游客免票，到底假新闻还是假情义？环球网，http://china.huanqiu.com/article/2018-09/13148734.html.

② 钟可芬．基本药物中标价“虚低” 中成药行业造假难禁．第一财经日报，2011 年 5 月 20 日．

封”招标。与“安徽模式”不同的是，上海采用了定量综合评价方法，评价要素由质量、信誉与服务、价格三方面组成。另外，有专家建议基本药物应采用定点生产供应制度，由政府提供补贴。而在2018年4月3日，国务院办公厅印发的《关于改革完善仿制药供应保障及使用政策的意见》中，就仿制药的采购、使用等方面提出要完善支持政策。

请你对安徽、四川、上海三个省(市)的三种基本药物采购制度进行比较分析，你是否赞同对基本药物实行定点生产供应制度？

9. 手机漫游费取消

移动电话国内漫游费，是指移动电话用户离开其归属地网络而在国内其他地区使用移动电话业务所发生的基本通话费(不含长途费)。那么，手机是如何漫游的？比如，一部归属苏州移动(通信公司，下同)的机主进入上海地区后，机主向上海移动提出服务请求，上海移动识别其为外地手机，便向其归属网络——苏州移动发出询问，苏州移动将机主的相关信息反馈给上海移动后，上海移动为其建立临时账户并分配临时识别码后，该机主就可使用上海移动的通信服务了。但是，根据1994～2015年间的相关规定，该机主向上海用户拨打电话时，需支付漫游费；向上海地区以外的机主拨打电话时，需支付“漫游费＋长途费”。此后，国内部分地区相继调整或取消长途漫游费。到了2017年10月1日，中国移动、中国联通和中国电信三大运营商全面取消国内手机长途和漫游通话费(不含港澳台地区)。据媒体报道，三大运营商下一步还将逐步取消移动“流量漫游费”(参阅：http://tech.sina.com.cn/z/Roamingcharge)。

问题：

(1)有观点认为，手机漫游的边际成本几乎为零，不应收取漫游费。但是，运营商为何还要收取手机漫游费？

(2)取消漫游费对运营商和用户利益的影响有何不同？

10. 平价药房引发围攻

2018年7月5日，电影《我不是药神》正式上映。这个关于代购“印度格列宁”的故事引起了关于代购药及药品定价等一系列问题的激烈讨论。在老百姓看病难的今天，作为医药零售的新事物，平价药房何去何从备受关注。

据《南京日报》《北京晨报》《博锐管理沙龙》及《经济半小时》报道，[①]2001年，我国第一家平价药房在湖南出现；2002年8月，南昌市开心人大药房遭遇抵制，300家供货商断货；2003年，南宁老百姓大药房开业时遭遇恐吓；2003年，杭州天天好大药房遭遇行业联合抵制；2004年11月，北京德威治大药房分店玻璃被砸坏。在南昌、福州等地，部分平价药房被迫收回平价承诺。一系列事件自然引发猜想：平价药房是否因触动医药零售业的巨大利益链而遭受遏制？

到2005年为止，我国药品价格已11次下调，平价药房价格平均降幅大多为45%，但依然有10%左右的利润。事实上，药品的最终价格还取决于流通环节，就好比一般商品的出厂价和零售价之间存在差异，药品的价格会因为流通环节的层层加价，以及其他利益关系造成扭曲。[②] 而平价药

---

① (1)卢咏梅．平价药房引出市民“三问”．南京日报，2003年1月23日；(2)范晓林．平价药房面对四大“困局”．南京日报，2003年9月16日；(3)樽粮．平价药房在泡沫上跳舞．博锐管理沙龙．2005年5月24日；(4)郭蕾、陶海．平价药房能走多远．北京青年报，2002年9月15日．(5)陈里予．松江首家大型平价药房露面．新闻晨报，2014年8月3日．

② 2017年1月，国务院医改办会同国家卫生计生委等八部门联合下发通知，要求综合医改试点省(区、市)和公立医院改革试点城市的公立医疗机构要率先推行药品采购“两票制”，并鼓励其他地区执行“两票制”。

房获利的秘诀在于厂家的返利(Returns Polices)。业内人士透露,“平价售药主要是靠卖出数量来获利”。有些平价药店是通过减少中间环节来压低药品进价,还有些平价药店并不是通过零售药品直接获利,而是通过大量销售药品后从生产厂家获得销售返利。

2005 年 1 月 8 日,总部位于杭州的平价连锁药店“天天好”大药房进入北京市场,打出要将京城药价整体下调 10%的旗号,首日就吸引了超过 2 万人的客流量。然而,开业不到 3 天,“天天好”就遭遇竞争对手的围攻,150 多种畅销药品和保健品断货,20 多家药品生产商停止供货,30 多个供货商纷纷要求上调药价。业内人士认为,平价药店的低成本模式挑战了药品市场的利润空间,侵犯了普通药店的生存空间。对于“天天好”遭遇的困境,媒体都心照不宣地加以渲染。《中国青年报》在题为《医院高药价养懒了北京药店?》中指出,“问题的根子在于我国特殊的‘以药养医’制度。那些在北京有一定规模的药店,虽然可以从更高一级的代理商甚至厂家那里直接拿货,降低进货价格,但他们却懒得这样做,反正价格比医院低就有人买”。

据《新闻晨报》报道,2014 年 8 月 2 日,益丰大药房经多年努力,成为上海松江区第一家大型平价药房。而在此前,“开心人大药房”因为行政规定以及药品零售业整体的颓势,已于 2012 年被收购。在实体店的房租与用工成本不断上涨的压力下,平价药房真的需要寻找突围之路了。

据媒体报道,平价药房步履蹒跚的主要原因在于:(1)平价药房的经营者基本上都是“半路出家”,对医药经营是个门外汉。(2)药品品牌是个“软肋”。一味追求低价,恶性折扣让利,杂牌甚至伪劣药品趁机进入柜台。(3)遭受连锁药店和医院的挤压。一方面,平价药房的价格优势并不明显;另一方面,平价药房的门店数量有限,不够便捷。(4)药品进货渠道不畅。药厂一般会对一个地区的药品零售价格采取 RPM(零售价格维持协议)控制,以此来协调批发商和零售商之间的利益。因此,平价药房的低价策略可能会遭到厂家的限制。

问题:

(1)查阅有关文献,解释国内医院药品采购中“中标价”和“两票制”的含义。

(2)分析“医药分离”的难点有哪些。

(3)以平价药品的利润其实并不“平”来解释平价药房的利润来源。

(4)为何平价药房会遭受围攻?

(5)请你给出平价药房的出路。

附录　参考答案

第1章　思考练习题参考答案

1. 该定价策略一般适用于清理库存、营销引流等情况。按重量计价，也可视为一定程度上的按成本定价(但未将版税等考虑在内——作者的写作成本并未考虑在内)。另外，论斤卖书未考虑知识的价值——对于书籍，即使重量相同，对读者的价值也是千差万别的。

2. 不应仅仅考虑会计成本，考虑到机会成本，涨价是合理的。详见本章第三节中“确认相关成本”相关内容。

3. 步行游览全程的游客可能会在游览过程中进行其他消费，而乘坐缆车的游客却并不会在过程中进行其他消费。

4. (1)商家无法限制饮料的“灰色交易”——售出的饮料售在儿童与成人间进行转售或代购，而电影票市场的区分比较容易。(2)主要是需求(价格)弹性差异和供给方的产能约束问题。宾馆、航空公司的淡季需求弹性更足，增加供给也没有大问题(产能利用率较低)；高峰期折扣后虽然需求也会有所增加，但产能并不能相应增加，因此，高峰期的销量增加不明显。而服装、游戏软件等耐用品可在淡季生产形成库存，因而需求旺季的供给也是可以增加的。(3)尽管有成本方面的差异，但主要原因是汽车品牌商在美国和中国市场实行价格歧视(在中国市场，根据竞争状况及需求特征，设定较高的毛利率)。而书籍的价格差异，则更多地反映了价格弹性的差异(比如对知识价值的认可与补偿、对知识产权的保护力度)。

5. 单独定价时的最优价格为教育频道定价 80，音乐频道定价 85，此时收入为 330；纯捆绑定价时，最优捆绑价格为 105，此时收入为 420；混合捆绑定价时，最优捆绑价格为 130，教育频道定价 90，音乐频道定价 90，此时收入为 440。

6. 当月通话时长小于等于 200 分钟时，应选择第一种付费方式；当月通话时长大于等于 200 分钟，小于等于 300 分钟时，应选择第二种付费方式；当月通话时长大于等于 300 分钟时，应选择第三种付费方式。

7.(1)以年用水量为横坐标,综合水价为纵坐标,分段画出水价曲线。新方案的合理性可以围绕节约用水、阶梯定价背后原理等进行阐述。(2)可以比较采用阶梯定价与采用单一定价(如仅采用第一阶段的价格对所有用户收费)时,各级用户用水成本的差异。(3)可能会出现变相的"团购"(比如合用水表)。另外,对于价格不太敏感的一些用户可能会因为支付了更高的价格而对过度用水心安理得。(4)目前是按流量收费,可从用水时点或用途等角度展开思考,具体从略。

8. 自带酒水意味着消费者在店家的酒水消费(潜在酒水消费可能)降低,可从机会成本等角度考虑。

9.(1)记外地车辆停留时间为 a 天,则令 $(a-3)/2\times10+10=680$,可得 $a=137$,故当外地车辆在柳州市内停留 137 天以上时购买年票更为合算。(2)一方面,逗留时间长短体现了对市内路桥等公共资源的占用成本高低;另一方面,逗留时间长短也反映了开车进城的价值差异。(3)有些城市对外地牌照车辆实行"限时限路段"出行(比如高峰时段不能在市内高架路行驶)。

10. 设谷段用电为 a 度,则峰段用电为 b 度,则采用峰谷分时定价,可节省电费 $0.2a-0.03b$,令 $0.2a-0.03b>0$,则 $\frac{a}{a+b}>\frac{3}{23}$。故当比例超过 13%时,应选择分时定价方案。

第 2 章 思考练习题参考答案

1. 适用条件:单位成本容易确定;需求富有弹性;市场环境稳定等。优点:定价较简单,容易应用;保证利润;对买卖双方相对公平;不太容易引起价格战。缺点:未充分考虑不同顾客的价值认知差异;成本波动时价格变化较频繁;逻辑上可能陷入恶性循环,成本→价格→销量→成本。

2. 价格=单位成本+毛利(Mark Up)=单位成本+价格×销售利润率,由此,可得:价格=单位成本/(1-销售利润率)。

3. 长期应考虑包括固定成本在内的总成本(长期内每天的平均价格应超过 150 元,否则该房间亏损),短期内仅需考虑变动成本(某天的售价只需超过 30 元就有毛利)。

4. 前提条件:存在对价格敏感的利基市场,且低价不容易引起在位者的反击。实施策略:分析消费者的需求痛点→以低价解决消费者的需求痛点→注意所提供产品或服务与在位者错开→通过低价吸引价格敏感型消费者,但要尽量分散对在位者的影响→防范在位者的遏制或联合封杀。

5. 消费者对新产品、产品标准、未来价格走势的预期可能导致"策略性推迟购买”，从而影响厂商的跨期差别化定价能力。常用的应对方法包括：只租不售、价格承诺、公布未来价目表、限定产能、开拓新市场等。

6.（1）APP 是承诺自身降价则退赔差价；EDLP 是承诺自身为最低价，若对手价格更低则（多倍）退赔差价。（2）改变消费者推迟购买的策略行为，让消费则在合适的时间以合适的价格购买产品。（3）综合考虑需求的变化情况以及降价对总利润的影响；品牌差异化宣传等。

7. 潜在进入者尚未进入时，垄断者利润为 400。潜在进入者进入其中一个市场时，垄断者若放弃该市场，则会获得 9 个市场的利润 360；若不放弃该市场，则调整价格为略低于 p 并在 10 个市场销售，获得利润 $(p-10)\times10$。为成功进入市场，潜在进入者将选择价格 p，使得 $(p-10)\times10<360$，可得 $p<46$，即潜在进入者应选择一个略低于 46 元的价格进入。同理，当潜在进入者进入其中两个市场时，应选择一个略低于 42 元的价格进入。

8.（1）厂商收入 $R=PQ=(a-bQ)Q$，$MR=a-2bQ$。收入最大化要求 $MR=0$，得 $Q=\dfrac{a}{2b}$，则此时 $P=\dfrac{a}{2}$；（2）利润最大化要求 $MR=MC$，即 $a-2bQ=c$，得 $Q=\dfrac{a-c}{2b}$，对应的 $P=\dfrac{a+c}{2}$。

9. 参考《价格法》对价格欺诈的定义。

10.（1）参考《价格法》对价格欺诈的定义。（2）旅游景点的目标顾客是外来旅游者，属于低频消费者，且搜寻成本较高，其价格弹性较缺乏。（3）可应用“随机博弈”策略：通过随机监管来降低检查成本，但提高惩罚力度。（4）过于关注“门票经济”，一味提高门票价格，甚至出现各种“价格陷阱”，忽视消费体验、“复购率”和衍生消费。可应用“入口经济”“场景经济”和“互联网思维”来重构旅游产业生态圈。

第 3 章　思考练习题参考答案

1.（1）未必是一个好的策略。尽管电影院是垄断的，但存在对电影需求的替代（实际上替代品争夺的是消费者的时间），因而电影的需求仍然是有弹性的，不能随意提价。（2）可选的办法包括：按座位优化价格体系、内容创新（选片）、“电影院+”生态体系构建。

2.（1）周润发的目标函数里包括固定片酬和票房分红（即收益分成）：$A+\alpha\times Rev$；姜文的目标函数里包括票房分红，$\beta\times Rev$；制片公司的目标函数为利润最大化，即票房扣除支付的报酬及各种运营成本：$(1-\alpha-\beta-\gamma)\times Rev-C$。（2）演员的目标是票房（收益）最大化，而制片公司的目标是利润最大化。显然，收益最大化所要求的价格更低。

3.(1)盈亏平衡时,$\pi=(P-MC)\cdot Q-FC=(20-10)\times Q-100=0$,可得到 $Q=10$。同时,可得 $Q=\frac{FC}{P-MC}$,盈亏平衡产量随着边际成本的增加而增加。(2)在预计销量为 15 的情况下,该企业的利润为 $\pi=(P-MC)\cdot Q-FC=(20-10)\times 15-100=50$。损益平衡线从略。(3)利润最大化的价格为 30,故应当提价。

4.(1)零部件业务外包后,成本结构发生的变化为:固定成本下降,变动成本上升。(2)采用 P4P,原来的固定工资变为绩效(比如计件)工资,固定成本下降而变动成本上升。(3)转向资本密集型生产方式,固定成本上升而变动成本下降。因此,外包和 P4P 的盈亏平衡产量通常降低;而采用资本密集型生产方式后,盈亏平衡产量通常提高。

5.(1)Alpha 利润为−35 万元,Beta 利润为−85 万元,SM 利润为−160 万元,UM 利润为−280 万元[Alpha:(0.2−0.05)×100−50=−35;Beta:(0.3−0.15)×100−100=−85;SM:(1−0.6)×100−200=−160;UM:(1−0.3)×100−350=−280,后续问题计算方法类似]。(2)降价 10%,Alpha 利润为−32 万元,Beta 利润为−82 万元,SM 利润为−164 万元,UM 利润为−278 万元。提价 10%,Alpha 利润为−38 万元,Beta 利润为−88 万元,SM 利润为−160 万元,UM 利润为−286 万元。(3)降价 10%,SM 销量增加 33.33%,UM 销量增加 16.67%;提价 10%,SM 销量降低 20%,UM 销量降低 12.5%。

6. 方案(1)单位毛利变为 15 美元,销量不变;方案(2)单位毛利变为 40 美元,销量降低 83.33%;方案(3)单位毛利变为 22.5 美元,销量降低 25%。与(1)比较,(2)总毛利降低,(3)总毛利上升。

7.(1)A 与 B 的定价均为 4 元。(2)A 定价 4 元,B 定价 3 元。A 公司损失 39.6 元。

8.(1)出租车公司向出租车司机收取份子钱;乘客乘坐出租车,并付费给出租车司机,向出租车公司反馈问题等。(2)提高运营价。相关的建议可以从起步价和单价对乘客短途、长途需求的影响等角度思考。

9.(1)16.56%;调价后的单位毛利是 0.794,调价前的单位毛利是 4.97,则调价后盈亏平衡产量变为原来的 6.26 倍。是采用撇脂定价还是适中定价,除了考虑成本因素外,还需要考虑卡罗莱纳鱼儿引诱剂的市场接受程度、经销商的态度以及竞争性产品的可能反应。综合考虑后,建议采用高价策略。(2)应该扩大销量,但未必降价。(3)进入沃尔玛是把“双刃剑”:可以快速扩大销量,但也会降低其品牌形象。(4)产品战略方面,可以考虑品牌延伸,开发系列产品;渠道方面,可以考虑全渠道营销,还可以考虑建立虚拟社群,利用钓鱼爱好者之间的口碑营销;促销方面,可以通过赞助钓鱼比赛活动等事件营销来推广；定价方面，建议设计更加灵活的多价格体系。

10.(1)淘宝商城为B2C纯平台交易模式，平台提供交易撮合，并向卖家收取交易服务费。后来逐步演化出平台生态圈，除了交易服务费，还有金融服务、征信、大数据分析、物流服务等收入来源。(2)提高门槛(年会员费费)发挥过滤机制的作用，提高商户端的质量。(3)电商平台的竞争状况、B端的商户结构及其对淘宝商城的黏性、B端和C端用户的价格敏感性，以及淘宝商城的未来盈利模式。(4)涉及平台的双边定价策略，即向谁收费的问题。平台收费类似于对交易征税，由买卖双方来分担。如果买家支付绝大部分交易费，则卖家的入驻成本降低，卖家多了以后对买家而言意味着选择空间增大、购买价格下降。在平台经济学中，只对B端收费(比如苹果电脑操作系统)、只对C买家收费(比如微软操作系统)、双边收费(Uber打车平台)的例子都有。

第4章 思考练习题参考答案

1. 从价值定价原理出发，某个时间段内(比如1年)VIP卡的价值等于该时间段内持卡消费后所增加的消费者剩余。

2. 属于价值定价。此种定价策略，相当于将广告位进行拍卖，实行了价格与价值的匹配。但是，PPC定价会引发一系列问题，比如恶意报价导致“劣质品驱逐优质品”现象，搜索平台屏蔽未出价的广告主导致显示的信息不够客观、造假(虚假点击)等。

3. 分析顾客的价值系统构成→分析产业内的通常标准→重构顾客价值曲线(按照“蓝海战略”的四步骤：加强顾客认知价值高的维度、减弱顾客认知价值低的维度、去除顾客认为没有必要的价值维度、增加顾客认为必要的维度)。这样，在提高顾客综合认知价值的同时，反而可以压缩成本，实现“低成本和差异化的统一”。

4. 经济价值等于参考价值(最理想的产品或服务的价值)加上差异价值(实际提供的产品或服务与理想的差异)。使用价值是指消费者从产品中获得的全部利益或得到的满足。经济价值强调交换或比较的价值，而使用价值强调功能或效用的满足。经济价值的传递应强调与参照系的比较，突出差异价值。价值定价的核心思想在于根据经济价值来为产品或服务定价，实现价格与价值的匹配。其适用条件为：存在明确的价值参照系、产品或服务存在差异化、消费者相对成熟(对价值有较准确的感知)。

5. 从奢侈品的基本特征和价值定价原理的角度阐述。奢侈品不是简单的功能消费品，而是具有身份特征的“标签”或“符号”，其价值因人而异。

6.(1)来往车辆在目的地的停留时间越长，意味着开车到目的地的使用价值越大。(2)可从价格弹性和收益管理(Yield Management)的角度来阐述。预订回程的时间越提前，越有可能是因私旅行者，其价格弹性越富有；另一方面，越早订票等于为航空公司消除了未来机票销售的不确定性。

7.(1)电话运营商的利润为 $\pi=(P-MC)\cdot Q=(120-2Q-20)\cdot Q$，利润最大化的一阶条件为 $\frac{d\pi}{dQ}=100-4Q=0\cdot Q=25, P=70$，故每分钟的电话费为 70 美分。(2)此时可收取的月租费最高为 625 美分，运营商利润为 1 875 美分。(3)利润最大化时的二部定价为：每分钟电话费为 20 美分，收取月租费 2 500 美分。

8.(1)价值定价。(2)消费者先设定价格，但对产品或服务的属性只有部分设定权，可能会导致产品或服务与预期不符，影响消费者的体验；退货条件严格；供应商降低质量。(3)可以建立合适的质量控制体系，引入更多服务商，通过双边网络效应来吸引消费者。

9.(1)实现价值定价，提高利润。(2)优点：用户参与、倒逼供应商提高服务质量、关注用户体验。缺点：顾客不成熟(无法准确认知价值)、不诚实(支付低价)、竞争对手破坏。(3)PAYW 定价策略的应用条件：边际成本较低、消费前无法给出认知价值(体验类消费)、认知价值差异大。其潜在应用领域包括：本来拟免费的基础品、特定情境下的消费(比如情人节的玫瑰花)、信息产品(比如为知识付费)、店中店(比如高星级酒店内的咖啡店)。

10.(1)将价格与顾客价值相匹配，简化了原来复杂的价格体系。在细分需求的基础上，基于价值差异实行差别化定价。(2)不相违背。一方面，全程航班竞争激烈，属于竞争导向定价；而中途航班较少，属于垄断定价。另一方面，中途航班对于只到中途的旅客来说价值很高，否则需要到终点站后再换乘其他交通工具返回中途。因此，半程票价比全程票价贵恰恰体现了价值定价原理。

第 5 章　思考练习题参考答案

1. 人们一般对利得表现为风险厌恶、对损失表现为风险偏好(得失风险态度)；人们对得失的判断是由参考点决定的(得失转化效应)；人们对损失比对利得的感受更强烈(禀赋效应)；人们一般更在意实际损失，对机会损失熟视无睹(机会成本效应)；人们一般会为不同事件的收入和损失设立不同的心理账户(心理账户效应)。

2. 根据得失转化原理，航空公司和宾馆以高价标识，以实际的低价折扣售出，会让消费者拥有“利得”的感觉。火车高峰期价格上浮会让乘客有点“损失”的感觉。

3. 因素有许多。比如：商品的重要性(生活必需品更缺乏需求价格弹性)；商品的可替代性(难以替代的商品更缺乏需求价格弹性)；支出占比(支出占总成本比例越小的商品的价格弹性越缺乏)；消费频次(低频消费品的价格弹性越缺乏)；锁定效应(容易上瘾的消费品，以及被套牢的消费者，其价格弹性越缺乏)。

4. 不科学。在计算价格弹性时，需要注意保持其他影响需求的因素(比如收入、广告、环境、影片质量等)不变。

5.(1)消费升级拉动需求;供应商控制产量,且对经销商实施纵向控制。(2)飞天茅台酒的替代性较低,尤其对特定人群而言,市场中很难找到与之近似的替代品;另外,飞天茅台具有 OPM 效应。(3)假茅台酒的存在会降低消费者对于商品的预期价值,消费者的支付意愿因此降低,表现为需求曲线向左下方移动,而混合的供给曲线向右上方移动,导致均衡价格下跌,交易量降低(假酒对真酒产生挤出效应)。该过程还会持续下去,直至"劣品驱逐良品"。

6. 价格离散程度反而变大了。从需求角度看,互联网扩大了消费者群体分布的广度,特别是不同消费者的消费惯性和行为模式有较大的差异,为网络平台的差别化定价提供了基础条件。从供给角度看,在互联网条件下,随着交易空间边界的无限拓展,平台的声誉与服务越发重要,商户入驻不同平台的成本也就有较大的差异,成本差异最终会在价格上体现出来。

7. 一方面,根据组合损失原则,相比于逐年支付学费的方式而言,一次性支付学费带来的痛苦感相对较小;另一方面,支付方式会影响学员的消费频次。在一次性支付全部学费的情形下,学员起初学习积极性很高,但是,随着时间的推移,缺课的情况会有所增加(如果经常付学费则会增强学员对学费支出的感知痛苦),消费惯性就不够强。

8. $P=30+0.25RP$。厂商的收入为 $R=PQ=(50+0.5RP-0.5Q)Q$,则 $MR=(50+0.5RP)-Q$,令 $MR=MC$,即 $50+0.5RP-Q=10$,可得 $Q=40+0.5RP$,则 $P=30+0.25RP$。

9. $P_1=2.60$,$P_2=2.25$。(1)首先,单独考虑第二期的定价,可计算出在给定每一种参考价格 R_2 下,使得当期利润最大的当期价格 $P_2^*(R_2)$,可知 $R_2=2.25$ 时,$P_2^*(R_2)=2.3$;$2.3\leqslant R_2\leqslant 3.25$,$P_2^*(R_2)=2.25$;$3.3\leqslant R_2\leqslant 3.45$,$P_2^*(R_2)=2.3$;$R_2=3.5$ 时,$P_2^*(R_2)=2.35$。(2)其次,回到第一期,由于 $R_1=0.2R_0+0.8P_0$,且 $R_0=2.25$,则有 $R_1\leqslant 3.25$,对于满足条件的任意的 R_1 和 P_1 的组合,计算其当期利润 $\pi_1(R_1,P_1)$,并根据 $R_2=0.2R_1+0.8P_1$ 和(1)中得到的关系,计算第二期的利润 $\pi_2(R_1,P_1)$。(3)最后,求出使得其两期总利润$(\pi_1+\pi_2)$最大的 R_1 和 P_1 的组合,可解得 $P_1=2.60$,$R_1=3.25$,则可得 $R_2=2.75$($0.2\times 3.25+0.8\times 2.60=2.73$,以 0.05 为一个间隔,取为 2.75),则 $P_2^*(R_2)=2.25$,即定价为 $P_1=2.60$,$P_2=2.25$。

10.(1)运营商的价值曲线呈现边际价值递减的特征;用户的风险补偿曲线(即成本曲线)呈现边际风险补偿递增的特征。(2)价值曲线与成本曲线间隔最大化的时间,这里略掉图形。(3)如果预期未来通信资费下降,消费者被套牢的风险增加,因而要求的风险补偿提高,导致有效期缩短。(4)可以通过提示预存话费余额、互动(比如游戏、赛事评论参与等)等形式鼓励消费,提高用户的活跃度,增强用户黏性,发展成为终身用户。

第6章 思考练习题参考答案

1. 不同消费者对价格的敏感程度不同因而可以收取不同的价格,但需要设立一定的栅栏(比如需要等待才能享受低价、需要特定时间来消费等),对价格最为敏感的顾客最有动力越过栅栏获得低价,而对价格不敏感的用户则自动放弃享受低价的机会。

2. (1)150,250。(2)10,1 500,500(垄断企业希望获取每个消费者最大可能的消费者剩余,因此,会选择价格等于边际成本时的产量进行打包定价)。

3. 参考本章第二节"(二)拍卖或投标"相关内容。荷式拍卖的成交价等于最高估价,英式拍卖的成交价是第二高估价。

4. 在共同价值拍卖中,物品的价值(比如采矿权的矿产量)是唯一的,但不同人有不同的估价。赢家之所以赢,是因为其出价最高。但是,该赢家高估的可能性要大于所有潜在买家低估的可能性。这就是"赢家诅咒"的成因。投标人可以通过不约而同地往下调整出价来避免"赢家诅咒"。针对投标人的向下调价策略,拍卖者可以改变拍卖规则,比如采用"出价最高者得物品,但以次高价成交"的维氏(William Vickrey)拍卖机制。

5. 两种版本,($a=1$, $p=400$)和($a=4/7$, $p=400/7$)(为最大化收益,软件公司希望能区分开两类消费者,为此应制定满足激励相容条件的定价策略)。

6. (1)80,50。(2)$p=65$(假设高温天气和低温天气出现的概率各为50%)。(3)450美分/天。

7. (1)一般用户(50MHz,5 000元);商业用户(100MHz,20 000元);高级用户(150MHz,45 000元)。(2)会,(100MHz,20 000元)。

8. 单程乘客往往工作或生活在目的地,而往返程乘客一般是本地人。因此,航空公司一般可以通过乘客所购的是单程票或往返程票来识别其归属地,进一步可根据归属地的特征差异来制定相应的价格。另外,来回程机票的退改签限制也是应该考虑的因素。

9. (1)两大运营商对中型和小型接入商制定悬殊的网间结算价格是一种价格歧视,是滥用其在某一市场的支配地位打击另一市场中的竞争者。(2)细分定价的前提是能够设计有效的市场屏障来防止部分顾客在细分市场之间的套利行为。而中型接入商的"穿透流量"行为就属于这种套利行为,说明运营商在定价机制设计时未能有效防范灰色交易。(3)引入更多的竞争对手虽然会损害宽带接入网络规模经济性的发挥，但会带来速度的提升和资费的下降，最终会提高社会福利。

10.(1)奢侈品定价更多地基于价值定价。它的定价将更多地考虑自身的品牌定位、目标群体的心理特征以及预期价格等。(2)除关税外，可考虑奢侈品在国内需要缴纳的增值税、消费税等综合税负，以及奢侈品在中国的代理商的利润与成本等。(3)价格歧视是指卖方从不同买方那里所得到的回报率不同。也就是说，这两笔交易的价格之间的差异大于其成本之间的差异，因而卖方从这两笔交易中所获得的利润率不同。(4)本土企业应扎根自主创新寻求制造转型升级的路径；消费者应尽量避免对于奢侈品的狂热追逐与不理性消费；政府可以从调整关税、消费税等角度抑制外资品牌获取过高的利润率，并鼓励本土企业更多地进行自主创新和品牌培育。

第7章　思考练习题参考答案

1. 出价60美分。采用倒推法进行分析，考虑为阻止竞争者出价，报价者应使得竞争者出价的收益不高于不出价的收益。推演逻辑如下：最后以2.50美元胜出者(假设为A)，其损失为1.50美元；当A报价为1.50美元或更低时，另一个对手B出价1.55美元可以胜出，但B损失0.55美元；当A报价0.60美元时，B(已出价0.55美元或更低)的最优策略是退出。因此，最先报价60美分者胜出。

2. 实体店的对策：错位竞争；精选商品，降低成本，增加体验；全渠道营销，开展新零售，发挥O2O(Online-to-Offline)优势；形成生态闭环，比如购物＋体验消费。

3.(1)￥5；150。(2)￥10。(3)不建议进入，因为C以略低于￥5的价格出售商品占据全部市场仍不能弥补固定成本。也可建议进入，因为C可利用成本优势与A、B进行合谋或将其挤出市场再提价等。

4.(1)50，70。(2)合谋不稳定。(3)贴现率大于9/17[考虑对于厂商1和2来说，合谋时的利润各自为1 800，此时价格为70，产量均为30；我们考虑厂商1选择背离合谋的情况，此时厂商2产量为30，厂商1调整产量至45(可以根据反应函数求得)，厂商1利润对应为2 025。此后，厂商1每一期只能获得纳什均衡利润，即1 600。不妨设贴现率为δ，合谋稳定意味着：$1\ 800\times(1+\delta+\delta^2+\cdots)>2\ 025+1\ 600\times(\delta+\delta^2+\cdots)$，解得$\delta\geqslant 9/17$]。

5. 零售商收取供应商的入场费后，零售商向供应商采购的价格就要提高，这就意味着零售商的单位变动成本提高，进一步推高零售价格。沃尔玛收取的进场费较低，因而沃尔玛的进货成本就较低，为其低价策略提供了保障。

6. 中国制造业的转型升级路径有两条：一条是产业间升级，即发展新兴产业；另一条是产业内升级，寻求产业价值链相对位置的攀升，OEM→ODM→OBM，即从代工到自主创新，最终形成自主品牌。

7.(1)1.4 美元,12 千美元/月。(2)1.5 美元,20 千美元/月。(3)不稳定,受博弈期数、贴现率等影响。

8. 合谋产量为 100;纳什均衡产量为每家企业 50 磅,共 150 磅。当总产出超过 200 磅时,虾的价格低于边际成本,每个企业都亏损。

9. 假设当市场上的企业进行价格联盟时,市场价格为 P^*,获得的总利润为 π^*,每个企业获得的利润为 $\frac{\pi^*}{n}$。当企业 i 背离联盟时,它将略微降低价格并独自获取近乎垄断的利润 π^*,但此后,市场上的企业联盟将瓦解,企业间将进行伯川德竞争使得市场价格降低为企业的边际成本,所有企业的利润都将为 0。因此,若企业的价格联盟稳定,则意味着任何企业都无法从背离中获利,即 $\frac{\pi^*}{n}(1+\delta+\delta^2+\cdots)\geqslant\pi^*$,解得 $\delta\geqslant\frac{n-1}{n}$。当 n 增加时,联盟稳定的条件要求折现率要随之增加,因此,更难实现。

10.(1)之前国内成品油价格和国际原油价格的变动差异较大,不但出现滞后,甚至出现反向变动;之后两者之间的变动趋势更为相似。(2)关键是"22 天+4%"的调价窗口不容易打开,特别是上涨 4%和下调 4%是不对称的。缩短调价周期使得我国成品油的价格对于国际原油价格的反应更为灵敏,从而可以遏制市场投机行为,有利于进一步规范成品油市场秩序。(3)油价过低会抑制我国石油的自主供给和新能源的发展,不利于能源产业的安全性。

第 8 章 思考练习题参考答案

1. 产品生命周期分为导入期、成长期、成熟期和衰退期四个阶段。各阶段的特征参见表 8.10:在导入期,消费者对刚接触到的新产品的价格敏感性与其长期的价格敏感性无关,并且缺乏对产品的了解,具有从众心理,购买决策很大程度上取决于信息的传播;在成长期,顾客可以参考革新者的意见,并且开始比较不同品牌的成本与特性;在成熟期,产品差异化日益缩小,消费者价格敏感性提高;在衰退期,产品供过于求,创新产品已逐渐进入市场,若行业退出壁垒较低,将出现频繁的退出现象,存活下来的企业将获得可观的回报。

2. 在(共享经济)平台成长期,消费者尚未形成消费习惯,与平台也尚未形成信任关系,大多数消费者(以长尾需求为主)对价格也比较敏感。因此,采用低价格与高促销组合的渗透策略,有利于培养消费者的习惯,帮助平台积累用户。

3. 需要考虑的因素:新产品的经济价值及前期投入的成本,在位者的可能反应,需求的成长性。苹果 iPhone X 采用"高开低走"定价策略;房地产企业的楼盘定价一般是"低开高走"。

4. 有序退出(收缩战略或收割战略)、产能共享逐渐淘汰过剩产能、产业二次创新。

5. 管理预期的方法有许多,比如公布价格表、做出自动价格保护等价格承诺计划、周期性折扣、开发新版本。

6.航空公司对折扣票进行动态分配,并根据折扣票销售情况进行动态调整,见专栏 8.1。

7.假设需求函数为 $Q=a-bP$,其中 $a,b>0$,第一阶段定价 p_1,第二阶段定价 p_2,边际成本为常数 c。第二阶段的销量为 $Q(p_2)-Q(p_1)=b(p_1-p_2)$,第二阶段商家利润为 $\pi=(p_2-c)*b(p_1-p_2)$,给定第一阶段价格 p_1,则其一阶条件为 $p_1-2p_2+c=0$,则有 $(p_1-c)=2(p_2-c)$。特别地,若 $c=0$,则 $p_2=\frac{1}{2}p_1$(或者本题利用 $I-M$ 价格体系下商家利润求解方法亦可,可参考本章第一节相关内容)。

8.(1)当价格为 P 且 $0\leqslant P\leqslant 100$ 时,只有估价超过 P 的消费者才会购买产品,所以此时购买的消费者对产品的估价范围为 $(P,100]$,而消费者对产品的估价为在 0~100 间的均匀分布,所以此时供应商面临的需求函数为 $Q=\frac{100-P}{100}$。

(2)假设制定的统一的价格为 p_1,且 $0\leqslant p_1\leqslant 100$,此时需求量为 $Q_1=1-0.01p_1$,供应商的利润 $\pi=(1-0.01p_1)p_1$,利润最大化的一阶条件为 $1-0.02p_1=0\Rightarrow p_1=50$。

(3)假设第一天制定的价格为 p_1,第二天制定的价格为 p_2,此时第一天的需求量为 $Q_1=1-0.01p_1$,第二天的需求量为 $Q_2=1-0.01p_2-Q_1=0.01(p_1-p_2)$。供应商的总利润为 $\pi=(1-0.01p_1)p_1+0.01(p_1-p_2)p_2=p_1-0.01p_1^2+0.01p_1p_2-0.01p_2^2$,一阶条件为

$$\begin{cases}1-0.02p_1+0.01p_2=0\\ 0.01p_1-0.02p_2=0\end{cases}\Rightarrow\begin{cases}p_1=\dfrac{200}{3}\\ p_2=\dfrac{100}{3}\end{cases}$$

(4)不妨假设第 i 天的价格为 p_i,第 i 天的需求量为 Q_i,其中 $i=1,2,\cdots,n$。此时第一天的需求量为 $Q_1=1-0.01p_1$,第二天的需求量为 $Q_2=1-0.01p_2-Q_1=0.01(p_1-p_2)$,第 i 天的需求量为 $Q_i=1-0.01p_i-\sum_{j=1}^{i-1}Q_j=0.01(p_{i-1}-p_i)$,其中 $i=2,3,\cdots,n$。故供应商此时的总利润为:$\pi=\sum_{i=1}^{n}p_iQ_i$,此时总利润最大化的一阶条件为 $\frac{\partial\pi}{\partial p_1}=\frac{\partial\pi}{\partial p_2}=\cdots=\frac{\partial\pi}{\partial p_n}=0$。其中 $\frac{\partial\pi}{\partial p_n}=0.01(p_{n-1}-2p_n)=0\Rightarrow p_{n-1}=2p_n$。而

$\frac{\partial \pi}{\partial p_{n-1}}=0.01(p_{n-2}-2p_{n-1}+p_n)=0$，将 $p_{n-1}=2p_n$ 代入可解得 $p_{n-2}=3p_n$，依此类推可解得 $p_i=(n-i+1)p_n, i=1,2,\cdots,n$，且 $1-0.02p_1+0.01p_2=0$，故可解得 $p_n=\frac{100}{n+1}$。综上所述，$p_i=\frac{100(n-i+1)}{n+1}, i=1,2,\cdots,n$。

(5) 当供应商的边际成本为 $c=10$ 元的时候，不妨假设第 i 天的价格为 p_i，第 i 天的需求量为 Q_i，其中 $i=1,2,\cdots,n$，此时同样有第一天的需求量为 $Q_1=1-0.01p_1$，第 i 天的需求量为 $Q_i=1-0.01p_i-\sum_{j=1}^{i-1}Q_j=0.01(p_{i-1}-p_i)$，其中 $i=2,3,\cdots,n$。而供应商此时的总利润为 $\pi=\sum_{i=1}^{n}(p_i-c)Q_i$，假设 $p'_i=p_i-c, i=1,2,\cdots,n$，则除了 $Q_1=1-0.01(p'_1+c)$ 外，其余条件均与(4) 中相同。故可得到：$p'_i=(n-i+1)p'_n, i=1,2,\cdots,n$，且 $1-0.01c-0.02p'_1+0.01p'_2=0$。

可解得 $p'_n=\frac{100-c}{n+1}=\frac{90}{n+1}$，故 $p_i=\frac{90(n-i+1)}{n+1}, i=1,2,\cdots,n$。(2)和(3)小题的情况，代入 $n=1$ 和 $n=2$ 即可得到。

9. 在第二阶段，厂商 B 的服务价格为 $s_B=\min\{p_A, s_B^M(b)\}$，其中 $s_B^M(b)$ 为与成本 b 相对应的垄断服务价格。在第一阶段，厂商 B 的产品价格应满足：$p_B+\rho s_B \leqslant p_A+\rho s_A$。因此，B 在第一阶段的定价为 $p_B=\min\{p_B^M(a), p_A+\rho(s_A-s_B)\}$，其中 $p_B^M(a)$ 为与成本 a 相对应的垄断产品价格。

10. (1)企业 1 的利润为 $\pi_1=(b-c)(1-\rho)^{N_2}[1-(1-\rho)^{N_1}]-p_aN_1$，企业 1 选取的广告信息发送次数 N_1 满足一阶条件 $\frac{\partial \pi_1}{\partial N_1}=-(b-c)(1-\rho)^{N_2}(1-\rho)^{N_1}\ln(1-\rho)-p_a=0$，可得企业 1 关于广告的反应函数 $N_1^*=-N_2+\left(\ln\frac{p_a}{-(b-c)\ln(1-\rho)}\right)\Big/\ln(1-\rho)$，显然 $N_1^*(N_2)$ 是递减的。(2)安装补贴，增加用户安装基础；增加内容供给(版权购买及加强自身的内容制作能力)；产业链合作，倡导技术标准；与对手合作，走出“囚徒困境”。

第 9 章　思考练习题参考答案

1. 经销商模式存在多重加价问题，而在平台商模式下商家和消费者通过平台直接交易(平台从中收取一定的佣金)，故交易价格相对较低。在经销商模式下，经销商存在物流及仓储成本，消费者存在一定的搜寻成本；而在平台商模式下，平台商向双方提供交易信息，不承担物流及仓储成本，消费者与商家交易，搜寻成本相对较低，故交易成本也相对较低。但是，在经销商模式下，交易总次数较少，而在平台商模式下交易总次数较多。

2. 外卖的配送服务会收取一定的费用；堂食是消费者与商家直接进行交易，中间没有交易费用，而经由互联网餐饮平台的话，平台会从中抽取一定的佣金，故外卖比食堂更贵。

3. 由于实体店会产生包括人工、仓储、物流、店面等成本，相比较电商渠道成本会更高，故价格也相对较高。但消费者通过实体店能够更准确获得商品信息，所以会出现“店选网购”的现象。协调模式包括：O2O（通过线上下单和支付，线下体验和提货）；RPM（限制电商渠道利用成本优势以低价打击实体店）；产品区隔（线上去库存，线下销新品）。

4. 可以采用一个简化的“囚徒困境”（博弈矩阵）来解释。

5. 内部转移价格介于 8 元和 9 元之间。根据各部门的回报率相等原则（回报率为 1/12），建议为 8.67 元。

6.（1）S 采用直销模式时，其面临的需求函数为 $Q=100-P$，其利润函数为 $\pi_S=(100-P)(P-MC)=(100-P)(P-2)$，一阶条件为 $102-2P=0\Rightarrow P=51$。（2）当供应商选择 R 作为零售代理时，假设供应商以价格 p_0 将商品卖给 R，此时 R 的利润函数为 $\pi_R=(100-P)(P-p_0)$，一阶条件为 $100+p_0-2P=0\Rightarrow P=\dfrac{100+p_0}{2}$，需求量为 $Q=100-P=\dfrac{100-p_0}{2}$，供应商的利润函数为 $\pi_S=\dfrac{100-p_0}{2}\times(p_0-2)$，一阶条件为 $51-p_0=0\Rightarrow p_0=51$，所以零售价格为 $P=75.5$。

7. 由需求函数 $Q_B=40-0.5P_B$，得到 $MR_B=80-4Q_B$；由假设有 $MC_B=4+P_A$。根据 B 的利润最大化条件得到 A 面临的需求函数为 $Q_A=Q_B=19-0.25P_A$，容易解得 A 的利润最大化价格为 $P_A=38$。

8.（1）农户缺少对销售渠道等资源的控制，在与加工企业的讨价还价中处于劣势，只能是价格的接受者。（2）形成联盟；或者加盟大公司，由公司出面与收购商谈判。

9.（1）一次性罚款提高了高通的固定成本，不影响芯片定价。（2）授权费及计费依据的调整，降低了高通芯片的边际收益，导致芯片产量下降而价格上升。（3）对国内手机厂商而言，芯片的边际成本下降，手机的边际收益上升，手机价格具有下降的趋势；但是，对于缺乏核心技术的手机厂商，由于获取专利许可的成本上升，手机价格具有上升的压力。

10.（1）包括：单方面限制商品价格及销售量、收取“进场费”或赞助费、让供应商“二选一”站队（专供）等。（2）同意。进场费抬高了零售价格，还减少了产品品种（有些供应商被挤出)，损害了消费者福利。取消进场费能够一定程度上保护各类商品对货架资源的平等使用，促进了零售端的竞争。(3)进场费对零售商而言是相对固定的后端利润，不会因为零售端的竞争而减少。压低进货价并不一定会提高零售商的利润，因为前端竞争导致零售价格趋近于进货成本(压低进货价格的结果可能只是降低零售价格)。

第10章　思考练习题参考答案

1. 吊钩模式或互联网思维：主件＋耗材。

2. C提供市内电话接入服务的边际成本为 $C_L^C=0.01$，而A和B提供长途电话服务的边际成本分别为 $C^A=0.05$ 和 $C^B=0.04$，长途电话资费为 $P=0.15$。根据有效元素定价法则(ECPR)，C向B收取的市内电话接入价格为 $a_{ECPR}=C_L^C+(P-C^A)=0.01+(0.15-0.05)=0.11$。

3. 平台的利润函数为 $\pi=(p^B+p^S-c)\cdot D^B(p^B)\cdot D^S(p^S)$，取对数得到 $\ln\pi=\ln(p^B+p^S-c)+\ln D^B(p^B)+\ln D^S(p^S)$。根据Rochet & Tirole(2003)，写出利润最大化的一阶条件，容易解得 $p^B=-\dfrac{\varepsilon_B c}{1-\varepsilon_B-\varepsilon_S}$ 及 $p^S=-\dfrac{\varepsilon_S c}{1-\varepsilon_B-\varepsilon_S}$。

4. (1)平台型企业定价时应考虑的主要因素包括：每端用户的服务成本、价格弹性、多重注册(Multi-Homing)的可能性、交叉网络效应强度。(2)平台在扩张商户规模时监管不够严格，缺乏用户过滤机制。(3)收费模式演变：会员费模式→会员费＋佣金→佣金[参阅：骆品亮、傅联英(2014)]。

5. (1)不同意。只考虑使用它行ATM的流出，未考虑其他银行的持卡人使用本行ATM时的流入。对于ATM规模大的银行，会有净流入。(2)若降低跨行交换费，小银行会“搭便车”，更多地使用大银行的ATM设备。(3)手续费整体上调后不利于银行间的互联互通，降低ATM的共享性，导致各自为战，形成ATM终端的过度建设。

6. (1)网络媒体的基本特征：边际成本趋于零；边际收益递增；双边网络外部性；赢家通吃。(2)网络媒体主要靠免费内容吸引流量，再通过广告等增值业务将流量变现。(3)由于各网络媒体提供几乎同质的新闻内容，收费博弈是一个典型的囚徒困境。(4)可行的收费模式包括：固定会员费模式；按流量收费；按时间收费；个性化定价(向读者提供定制化的内容并应用价值定价法)。

7. (1)生产知识的固定成本很高但复制(边际)成本很低；知识是经验产品，只有消费后才能判断其价值；知识是一种公共产品，在消费上不具有排他性(知识共享)；知识具有耐用品的特性，知识转售或盗版会损害原创者的定价能力。(2)知识付费产业发展的驱动因素包括:知识需求增加;互联网等信息技术促进知识的获取与传播;移动支付工具发展;知识付费习惯形成。制约因素则包括:盗版行为、信息不对称、信息安全因素等。(3)会员费(年费);按时长收费;按流量收费;或者采用消费者自行定价的 PAYW 策略。(4)知识付费产业的监管重点:知识传播者的资质、内容监管、平台牌照制等。

8.(1)支付的基本特征包括:双边平台特征、边际成本趋于零、流量入口。(2)金融机构和非金融机构竞相争夺第三方支付业务的原因在于,第三方支付业务为资金及流量入口,可以通过第三方支付这一基础服务向用户提供更多的增值服务,以形成自身的金融体系。(3)收取提现手续费的目的在于过滤用户,让用户将微信账户中的资金用于消费而不是转账。(4)利用拥有的优势资源如合作银行、线下设备等,与微信、支付宝等进行合作,降低获客成本;瞄准长尾市场,针对不同群体提供差异化、个性化服务。

9.(1)同质化服务,过度竞争;占用公共资源;安全隐患;金融风险;诱发自行车产能过剩。(2)每车每日的运维成本近 10 元,每车每天 8 人骑行,人均租费需要 1 元多才能覆盖变动成本。(3)发展多边平台模式:以低价提供单车服务,引入更多的增值服务(包括征信、本地生活服务、社交互动等)。(4)押金监管;停放管理(推广电子围栏技术);投放数量控制。

10.(1)经销商→吊钩→平台化。(2)K 杯平台如何为商户和客户这两端用户提供价值以提高用户的黏性;K 杯平台如何平衡自营与平台业务。(3)目前 K 杯平台走的是横向扩展道路(不断拓展饮料品种,但消费者也是不断变化的),应走纵向扩张道路,形成生态闭环(比如 K 杯的硬件生态链,或者构建"咖啡+"的服务生态,为商户提供咖啡消费者的数据分析,为咖啡消费者提供文化、社交、健康管理等增值服务)。(4)制造→制造+服务(制造业的服务化)→制造+服务+应用服务(平台化)。

第 11 章　思考练习题参考答案

1. 消费的非竞争性和非排他性。公共品一般由国家提供,通过税收等手段来补偿成本,免费或低价向所有人开放使用;也有通过特许方式由企业提供公共品服务,但其定价受到规制或由政府指导。

2. 价格上限控制使得边缘化的消费者有能力消费公共资源,但过低的价格上限会损害供应商的积极性,导致短缺现象,甚至出现质量风险。收益率管制可能会诱发过度的资本投资。

3. 福利最大化时,价格等于边际成本。利润最大化时,边际收益等于边际成本。收益最大化时,边际收益为零。

4. 作为公共资源，道路在使用时存在一定的负外部性，市场配置是低效率。通过收取与其造成的外部性损害等价的“拥堵费”，可以实现公共资源的最优配置。

5. 一定程度上赞同。动态调价有助于平衡高峰与低谷时段需求的非均衡性。但是，动态调价有失公平，且可能出现霸王条款。

6. (1)对于个人来说，自由选择下会选择出行时间较短的出行方式，即比较开车时间($t=20+\frac{n}{2\,000}\times 10$)与搭旅游快艇时间 40 分钟的长短。因此，自由选择下会有 4 000 人选择开车，6 000 人选择搭旅游快艇。(2)对全部旅客而言，所用的总时间为 $T=nt+40(10\,000-n)=400\,000-20n+\frac{n^2}{200}$，总时间最少的一阶条件为 $-20+\frac{n}{100}=0\Rightarrow n=2\,000$。故对全部旅客而言，2 000 人开车、8 000 人搭乘快艇的总时间最少。(3)可以通过对大桥“限流 2 000 人开车”来实现对全部旅客而言的最优结果。本题也可采用图解方法来分析，参阅 Dixit & Nalebuff(2002)的《策略思维》的第 187～190 页。

7. (1)不能。一票难求的本质问题是存在大量需求未被满足，核心是供给不足，非涨价能够简单解决。(2)可以通过增加车次、提速等方式增加供给，解决春运中的超额需求。(3)轨道作为基础设施垄断性运营；运输公司实行跨地区竞争。

8. 低价中标模式可能导致质量风险，最终损害消费者利益。“挂网＋招标”双轨制对于低价药自主采购并挂网监督，针对《国家基本药物集中招标产品》实行“双信封”招标，比低价中标模式更为合理。综合评价模式是对“双信封”招标的改良，价格和技术综合考虑。定点生产供应制度，适用于需求量较大的常用药品，而政府补贴无法覆盖全部药物，适用的范 围相对比较狭窄。

9. (1)手机漫游费旨在防止手机用户的套利：到资费低的地区注册后到资费高的地区使用。(2)取消漫游费对用户来说降低了使用异地通信服务的成本，还会倒逼运营商提高服务质量；对运营商而言，会影响当前的网间结算体系，促进网络资源的共享。

10. (1)药品“中标价”是医院、卫生院等医疗机构购进药品的价格。(2)医院盈利模式的改变；处方外流；医药流通体系的变革。(3)通过大量销售获得厂家销售返利，且绕过许多供应环节低价进货。(4)低价模式对固有的药房体系产生搅局，触动了其他药房的利益。(5)细分市场定位；发展医药电商，通过线上与线下融合提高便捷性和降低运营成本；利用“医药分离”契机，租用医院药房。

参考文献

非连续出版物

1. 骆品亮. 定价策略. 上海:复旦大学管理学院 MBA 课程讲义(内部资料).

2. 骆品亮. 产业组织学. 上海:复旦大学出版社,2006.

3. 骆品亮. 管理经济学. 上海:上海财经大学出版社,2006.

4. 王建国. IP 理论. 北京:北京大学出版社,2007.

5. 项保华. 战略管理——艺术与实务. 北京:华夏出版社,2003.

6. 肖怡. 市场定位策略——找准顾客心. 北京:企业管理出版社,1999.

7. 方博亮,林祖嘉. 管理经济学. 台北:智胜文化事业有限公司,2003.

8. 屈云波. 市场细分——找对您的顾客. 北京:企业管理出版社,1999.

9. 奚恺元. 别做正常的傻瓜. 北京:机械工业出版社,2006.

10. 周惠中. 商战自有正道. 上海:上海人民出版社,2006.

11. 周惠中. 微观经济学. 上海:上海人民出版社,2003.

12. 陈代云. 电信网络的经济学分析与规制. 上海:上海财经大学出版社,2003.

13. 白波. 博弈游戏. 哈尔滨:哈尔滨出版社,2004.

14. 陈威如、余卓轩. 平台战略. 北京:中信出版社,2013.

15. 赵大伟. 互联网思维:独孤九剑. 北京:机械工业出版社,2014.

16. 芮明杰. 产业经济学. 上海:上海财经大学出版社,2016.

17. Alexander Osterwalder、Yves Pigneur. 商业模式新生代. 黄涛、郁婧译. 北京:机械工业出版社,2016.

18. Anderson,Chris. 长尾理论. 乔江涛译. 北京:中信出版社,2006.

19. Besanko,David,David Dranove,Mark Shanley,Scott Schaefer. *Economics of Strategy*. John Wiley & Sons Ltd,2010,第 5 版.

20. Boyes,William. 新管理经济学. 刘伟等译. 北京:中国市场出版社,2006.

21. Brierty,Edward G. ,Robert W. Eckles,Robert R. Reeder. *Business Marketing*. 北京:中国人民大学出版社,1999.

22. Cabral,Luis M. B. 产业组织导论. 胡汉辉等译. 北京:人民邮电出版社,2002.

23. Choi, Soon - Yong, Dale O. Stahl, Andrew B. Whinston. *The Economics of Electronic Commerce*. Indianapolis:Macmillan Technical Publishing,1997.

24. Corey,E. Raymond. *Industrial Marketing:Cases and Concepts*. Prentice Hall Inc. ,1976.

25. 丹尼斯·卡尔顿,杰弗里·佩罗夫. 现代产业组织. 黄亚军等译. 上海:上海人民出版社,1998.

26. Dixit, Avinash K. ,Barry J. Nalebuff. 策略思维. 王尔山译. 北京:中国人民大学出版社,2002.

27. Dixit, Avinash, Susan Skeath, David Reiley. 策略博弈(第三版)蒲勇健、姚东旻等译. 北京:中国人民大学出版社,2012.

28. Dolan ,Robert J. ,Hermann Simon. 定价圣经. 董俊英译. 北京:中信出版社,2004.

29. Frank, Robert H. ,*Microeconomics and Behavior*. 李绍荣译. 北京:中国财政经济出版社,2005.

30. Ghemawat,Pankaj. *Games Business Play:Cases and Models*. Boston:The MIT Press,1997.

31. Ghemawat,Pankaj. 产业竞争博弈. 胡汉辉、周治翰译. 北京:人民邮电出版社,2002.

32. Greeweald,Bruce,Judd Kahn. 企业战略博弈. 程炼译. 北京:机械工业出版社,2007.

33. Kotler,P. ,Kevin Lane Keller. 营销管理. 梅清豪译. 上海:上海人民出版社,2006.

34. Hirschey,Mark. 管理经济学. 李国津译. 北京:机械工业出版社,2005.

35. Jagpal, Sharan. *Marketing Strategy and Uncertainty*. Oxford: Oxford University Press,1999.

36. Jeffrey,Church,Roger Ware. *Industrial Organization: A Strategic Approach*. 北京:清华大学出版社,2000.

37. Johnson,Gerry,Kevan Scholes. 公司战略教程. 金占明,贾秀梅译. 北京:华夏出版社,1998.

38. Kopalle, Praveen K. *Pricing Strategy and Tactics: Reference Effects and Dynamic Pricings*. Hanover: Tuck School of Business at Dartmouth College,1999.

39. Kim,W. Chan,Renee Mauborgne. 蓝海战略:超越产业竞争、开创全新市场. 吉宓译. 北京:商务印刷馆,2005.

40. Laffont,Jean-Jacques,Jean Tirole. 电信竞争. 胡汉辉等译. 北京:人民邮电出版社,2001.

41. Lilien,Gary L. ,Arvind Rangaswamy. *Marketing Engineering*. Addison-Wesley Education Publishers,Inc. 1998.

42. Martin, Stephen. *Advanced Industrial Economics*. Malden, Massachusetts: Blackwell Publishers Inc. ,2002.

43. Nagle,Thomas T. ,Reed K. Holden. 定价策略与技巧(第二版). 赵平,杜晖、潘欣译. 北京:清华大学出版社,1999.

44. Nagle,Thomas T. , Reed K. Holden. 定价策略与技巧——赢利性决策指南(第三版). 应斌,吴英娜译. 北京:清华大学出版社,2003.

45. Nagle,Thomas T. ,Reed K. Holden. *The Strategy and Tactics of Pricing*. Prentice Hall Inc. ,2002.

46. Pashigian,B. Peter. *Price Theory and Applications*. McGraw-Hill Companies,Inc. 1998.

47. Pindyck, Robert S., Daniel L. Rubinfeld. *Microeconomics*. Prentice Hall Inc., 2001.

48. Poundstone, William. 无价：洞察大众心理玩转价格游戏. 闾佳译. 杭州：浙江人民出版社,2013.

49. Raju, Jagmohan, Z. John Zhang. 让顾客自己来定价. 刘媛媛译. 北京：中国人民大学出版社,2012.

50. Rey, Patrick, Jean Tirole. A Primer on Foreclosure. In *Handbook of Industrial Organization*. Edited by Mark Armstrong, Rob Porter. 2003.

51. Salvatore, Dominick. 管理经济学. 冷德荣、王伟译. 北京：清华大学出版社,2009.

52. Shapiro, Carl, Hal Varian. 信息规则——网络经济的策略指导. 张帆译. 北京：中国人民大学出版社,2000.

53. Shy, Oz. *Industrial Organization: Theory and Application*. Cambridge: The MIT Press, 1995.

54. Shy, Oz. *The Economies of Network Industries*. Cambridge: Cambridge University Press, 2001.

55. Stiglitz, Joseph E. 经济学小品和案例. 王尔山. 肖倩等译. 北京：中国人民大学出版社,1998.

56. Thomas, Christopher R., S. Charles Maurice. 管理经济学. 刘延平,李红昌译. 北京：机械工业出版社,2010.

57. 乔尔·沃森. 策略：博弈论导论. 费方域、赖丹馨等译. 格致出版社,上海三联书店,上海人民出版社,2010.

58. http://202.116.83.77/Hope/azhu/work/index_case.htm.

连续出版物

1. 骆品亮. 产品价格缘何而定. 安利公司内部刊物,2004 年 2 月.

2. 骆品亮,何之渊. 银商之争的经济学分析：从沃尔玛起诉案到中国的罢刷事件. 上海管理科学,2005(2)：20～23.

3. 骆品亮,林丽闽. 网络接入定价与规制改革：以电信产业为例. 上海管理科学,2002(2)：14～17.

4. 骆品亮. 3G 背景下电信竞争模型与接入定价规制政策研究. 产业经济研究,2006(1)：19～25.

5. 骆品亮,潘忠. 由软件开发的模块化理论解释与启示. 中国工业经济,2004(11)：75～82.

6. 骆品亮. 数字化产品的经济特性及其组合定价策略. 研究与发展管理,2005 年 10 月会议论文专辑,第 30～35 页.

7. 骆品亮,余林微. POS 交易费均衡分析及其政策含义. 产业经济研究,2006(4)：28～34.

8. 骆品亮. 大数据杀熟背后的定价思维. 复旦 MBA 公开课报道(复旦管院官微),2018.4.24.

9. 骆品亮、傅联英. 零售企业平台化转型及其双边定价策略研究. 管理科学学报,2014, 17(10)：1～12.

10. 张维华,骆品亮. 网络双向接入定价的效率分析. 系统工程理论方法应用,2002(4):319～323.

11. 张维华,骆品亮,郑绍濂. 网络特性与网络融合. 研究与发展管理,2002(2):17～23.

12. 钱君海,肖英奎. 网络外部性、市场主题与标准选择. 中国工业经济,2003(3):13～20.

13. 刘婕. UBER:打造租车新版图. 中欧商业评论,2014(3):100～107.

14. 刘啸. 关于旅游景点门票价格确定模式的探讨. 旅游学刊,2005(3):83～86.

15. 张雷,林越英. 世界遗产地景区门票定价理论研究. 北京第二外国语学院学报,2006(5):8～15.

16. 徐嵩岭. 西欧国家文化遗产管理制度的改革及对中国的启示. 清华大学学报(哲学社会科学版),2005(2):87～100.

17. 胥莉,陈宏民. 银行卡定价理论的新进展. 中国工业经济,2006(6):22～29.

18. Dolan,Robert J. 如何定价. 哈佛商业评论,2005(2):44～56.

19. Gourville,John ,Dilip Soman. 促进销售,更要促进消费. 哈佛商业评论,2002(11):54～61.

20. Sodhi,ManMohan,Navdeep S. Sodhi. 六西格玛定价法. 哈佛商业评论,2005(7):pp. 40～50.

21. Armstrong,Mark. Network Interconnection in Telecommunications. *The Economic Journal*, 1998,108 (5):pp. 545～564.

22. Armstrong,Mark,John Vickers. The Access Pricing Problem with Deregulation: A Note. *The Journal of Industrial Economics*,1998(1): pp. 115～121.

23. Armstrong,Mark,Chris Doyle & John Vickers. The Access Pricing Problem: A Synthesis. *The Journal of Industrial Economics*. 1996(2): pp. 131～150.

24. Baucells Manel, Nikolay Osadchiy, Anton Ovchinnikov. 合理定价,要懂得顾客心理距离. 中欧商业评论,2017(4):40～43.

25. Benham,Lee. The Effect of Advertising on the Price of Eyes Glasses. *The Journal of Law and Economic*,1972,15(2): pp. 337～352.

26. Blair,Roger D. ,James M. Fesmire. The Resale Price Maintenance Policy Dilemma. *Southern Economic Journal*,1994,60(4): pp. 1043～1047.

27. Bowman,Ward S. Jr. Resale Price Maintenance—A Monopoly Problem. *The Journal of Business of University of Chicago*,1952,25(3): pp. 141～155.

28. Chen,Yongmin. Equilibrium Product Bundling. *Journal of Business*,1997,70(1): pp. 85～103.

29. Economides,Nicholas. The Economics of Networks. *International Journal of Industrial Organization*,1996,14: pp. 673－699.

30. Fibich,Gadi,Arieh Gavious,Olded Lowengart. The Dynamics of Price Elasticity of Demand in the Presence of Reference Price Effects. *Journal of the Academy of Marketing Science*,2005,33(1): pp. 66～78.

31. Greenleaf,Eric A. The Impact of Reference Price Effect on the profitability of Price

Promotions. *Marketing Science*,1995,14(4): pp. 82～104.

32. Green, Paul E. , Abba M. Krieger. Segmenting Markets with Cojoint Analysis. *Journal of Marketing*,1991,55(10): pp. 20～31.

33. Guiltinan, Joseph P. , Gregory T. Gundlach. Aggressive and Predatory Pricing: A Framework for Analysis. *Journal of Marketing*,1996,60(7): pp. 87～102.

34. Hanson, W. , Martin R. K. Optimal Bundle Pricing. *Management Science*,1990,36(2): pp. 155～174.

35. Hilleke, Dr. Klaus, Dr. Georg Tacke, 陈凡, Jochen Krauss. 大多数企业不懂定价? 中欧商业评论,2013(2):138～143.

36. Jacobson, Tom, Cecilia Nguyen, Tiffany Gilbert, Julian Short. 如何为不同渠道定价? 商业评论,2014(4):135～143.

37. Joyce, P. , Merz T. E. Price Discrimination in Academic Journal. *Library Quarterly*,1985,55(3):pp. 273～283.

38. Kahneman, Daniel & Amos Tversky. Prospect Theory: An Analysis of Decision under Risk. *Econometrica*,1979,47(2): pp. 263～291.

39. Kimes, Sheryl E. Yield Management: A Tool for Capacity-Constrained Service Firms. *Journal of Operations Management*,1989,8(4): pp. 348～363.

40. Kopalle, Praveen, Ambar G. Rao & Joao L. Assuncao. Asymmetric Reference Price Effects and Dynamic Pricing Policies. *Marketing Science*,1996,15(1): pp. 60～85.

41. Laffont, Jean-Jacques, Patrick Rey , Jean Tirole. Network Competition: Ⅰ. Overview and Nondiscriminatory Pricing. *Rand Journal of Economics*,1998,29(1): pp. 1～37.

42. Laffont, Jean-Jacques, Patrick Rey & Jean Tirole. Network Competition: Ⅱ. Price Discrimination. *Rand Journal of Economics*,1998,29(1): pp. 38～56.

43. Lee, Stewart Munro. Problem of Resale Price Maintenance. *Journal of Marketing*,1959,23(3): pp. 274～281.

44. Marn, Michael V. , Robert L. Rosiello. Managing Price, Gaining Profit. *Harvard Business Review*,1992(5): pp. 84～94.

45. Matutes, Carmen. Ratail Pricing and Advertising Strategies. *Journal of Business*, 1994,67(3): pp. 345～370.

46. Mazumdar, Tridib, S. P. Raj & Indrajit Sinha. Reference Price Research: Review and Propositions. *Journal of Marketing*,2005,69(1): pp. 84～102.

47. Mirman, Leonard J. , Yair Tauman, Israel Zang. Ramsey Prices, Average Cost Prices and Price Sustainability. *International Journal of Industrial Organization*,1986,4: pp. 123～140.

49. Narasimhan, Chakravarthi. A Price Discrimination Theory of Coupons. *Marketing Science*, 1984,3(2):pp. 128～147.

49. Png, I. P. L. , V. Padmanabhan. Manufacturer's Returns Policies and Retail Competition.

Marketing Science,1997,16(1): pp. 81～94.

50. Raghubir,Priya. Coupon Value: A Signal for Price? *Journal of Marketing Research*,1998,35(3): pp. 316～324.

51. Rao, Akshay R., Mark E. Bergen & Scott Davis. How to Fight a Price War. *Harvard Business Review*,2000(3): pp. 107～116.

52. Rao, Ram, Rajiv Lal. Supermarket Competition: The Case of Every Day Low Pricing. *Marketing Science*,1997,16(1): pp. 60～80.

53. Rao,Ram, Frank M. Bass. Competition,Strategy,and Price Dynamics: A Theoretical and Empirical Investigation. *Journal of marketing Research*,1985,22(8): pp. 283～296.

54. Rochet,Jean-Charles,Jean Tirole. Platform Competition in Two-Sided Markets. *Journal of the European Economic Association*, 2003,1(4): pp. 990～1029.

55. Schmalensee,Richard. Commodity Bundling By Single-Product Monopolies. *Journal of Law & Economics*. 1982,25: pp. 67～71.

56. Shapiro, Carl, Hal Varian. Versioning: The Smart Way to Sell Information. *Harvard Business Review*, 1998(6) : pp. 105～115.

57. Smith, Gerald E., Thomas T. Nagle. Financial Analysis for Profit-Driven Pricing. *Sloan Management Review*,1994(1): pp. 71～84.

58. Smith, J. E., Thomas T. Nagle. Frames of Reference and Buyers. *California Management Review*,1995,38(1):pp. 98～116.

59. Smith, Stephen A. New Product Pricing in Quality Sensitive Markets. *Marketing Science*,1986,5(1):pp. 70～87.

60. 史蒂夫·罗斯. 差异化定价有窍门. 陈丹译. 中欧商业评论,2013(3):189～194.

61. Thaler,R. Mental Accounting and Consumer Choice. *Marketing Science*,1985,3(4):pp. 199～214.

62. Thomas Eisenmann, Geoffrey Parker, Marshall W. Van Alstyne. 双边市场中的企业战略. 石志华译. 中欧商业评论,2008(5):124～136。

63. Tversky,Amos,Daniel Kahneman. The Framing of Decision and the Psychology of Choice. *Science*,1981,211:pp. 453～458.

64. http://www. 21cn. com.

65. http://www. qzwb. com.

66. http://www. china-cbn. com.